東アジア歴史対話

国境と世代を越えて

三谷 博
金泰昌 編

東京大学出版会

Transnational and Transgenerational Dialogues on Histories in East Asia
Hiroshi MITANI and Tae-Chang KIM, Editors
University of Tokyo Press, 2007
ISBN 978-4-13-020143-8

目　次

凡　例

一、本書は京都フォーラム主催による第五四回公共哲学京都フォーラム「世代間問題としての歴史認識」（二〇〇四年三月一二〜一四日、リーガロイヤルホテル京都）で発表されたものにもとづいている。

二、第五四回公共哲学京都フォーラムの参加者一覧は巻末を参照されたい。

三、各報告論文および討論は、参加者の校閲を経ている。報告論文はフォーラム発表時と主旨が変わらない範囲で新たに書き下ろされたものを含む。討論は、短縮あるいは省略している部分がある。

序

未来のための歴史対話

三谷　博

　二〇世紀前半の記憶に東アジアに生きる我々はどう対処したらよいのか。いま日本と近隣諸国の間に生じている反感の悪循環はどうしたら断てるのか。東アジアの住民はどうしたら明るい未来を共有できるのか。本書は、このような課題に応えるため、二〇〇四年三月に開催された、公共哲学京都フォーラム「世代間問題としての歴史認識」の成果をまとめたものである。

　シンポジウムの一年後、二〇〇五年春、韓国と中国で激しい反日街頭行動が展開し、日本の世論もそれに反発して、東アジアには歴史認識を争点の一つとする厳しい緊張関係が生まれた。このような展開は、我々が懸念していた中で最悪の成り行きであったが、いま二〇〇七年春、事態は小康状態を迎えている。いまこそ関係国民がじっくり考え直すべきときであるが、我々が京都で討議したことは、依然として様々の重要なヒントを与えているように思われる。

　フォーラムを組織したとき、筆者は、次のような課題を考えていた。まず、二〇世紀前半の東アジアの歴史につき、主な当事国である日本・韓国・中国の歴史専門家を招き、直接対話してもらうこと。この数年、東アジアで歴史認識を共有しようと様々の努力が行われてきたが、それは容易なことではない。性急に認識共有をめざすより、そこに生ずる困難が何に由来するのか、まずそれを根底から考えてみることが必要である。京都フォーラムには歴史以外の専門家が数多く参加しているので、専門を越えた討議もそれを助けるのではないかと期待した。

第二に、二〇世紀前半の日本による朝鮮支配や中国侵略をどう受けとめるか、世代間でかなり差異があり、それをどう整理するかという問題である。韓国で「歴史認識」、中国で「歴史問題」と呼ばれているこの問題は、すでに半世紀以上前に生じたことであり、現在生きている人口の大半は直接の当事者でない。にもかかわらず、問題が生じた直後より、二〇世紀末以降の方が声高に語られるようになり、それに伴って、子・孫の世代ではむしろ認識の乖離と相互嫌悪が増大しつつある。どうしてそうなったのか、この不健全な状況をどう解決できるのか。これを世代や時代の差異の問題、さらに責任の在りかや取り方という一般的問題と関連づけて考え直してみたいと考えたのである。

二〇〇四年春の京都には、できるだけ多様な方々に参加していただくよう努力した。国籍の面では三カ国の方々をお招きできたが、世代構成については不十分で、戦場体験を持つ方々にはお出でいただけなかった。すでにご高齢の上、編者たちの伝手が及ぶ範囲にふさわしい方が見つからなかったためである。このため、参加した世代は戦争末期に一〇代だった方が上限となり、下限は三〇歳前後の大学院生となった。その一方、政策や価値観の面ではできるかぎり多様な方々にお出でいただこうと努力した。筆者の考えでは、この問題はナショナルな性質を帯びざるをえない問題であり、したがって党派を越えた議論が必要と判断したからである。ご出席いただいた方々は、その持論の如何を問わず、異質な意見との対話を好み、それに不可欠な勇気を持つ方々であった。

京都で交わされた議論は多岐にわたった。予想以上に豊富で、あちこちに重要な問題が姿を現した。ここでそれらを要約し、紹介するのは不可能であり、適切でもない。読者には、我々の行った試行錯誤の記録に直接に触れ、思考展開の媒介としていただければ幸いである。以下に記すのは、私自身が記録を再読し、今の時点で考えたことである。

一　時代の光景

二〇〇六年八月一五日、小泉純一郎首相は最後の靖国参拝を行った。これに対し、日本の世論の賛否は真二つに分かれた。この問題に深い関わりを持ってきた産経新聞の参拝後の調査によると、「評価する」が四一・四%、「評価しない」が四四・六%、「分からない、どちらとも言えない」が一四・一%であった。[1] 他のメディアの調査では、賛成の方が多いものもあったが、この問題については世論はほぼ半々に分かれていたと見てよい。歴史認識問題、隣国との関係について、いま「一つの日本」はないかのように見える。

しかしながら、これは、実は見かけ上のことではないだろうか。二〇〇六年一二月初旬に朝日新聞が行った愛国心に関する世論調査によると、[2] 回答者の七八%が愛国心があると答えたが、「日本が過去におこなったアジア諸国への侵略や植民地支配に対し、日本国民はどう向き合うべきだと思いますか」という質問に対して、反省の必要があると答えた人々も八五%に上った。とくに、愛国心が「大いにある」と答えたグループでは、「大いに反省する必要がある」と答えた割合が三九%あり、回答者全体の三二%を上回っていた。この調査によると、日本の世論は、全体として隣国との歴史問題を気にかけており、その度合いは愛国心の強いグループほど強いということになる。

靖国問題で国論が二分されたのは、国民としてなおざりにできない戦死者の慰霊という問題を前首相が故意に争点化し、それが近隣関係の処理という問題と絡みついたためであって、靖国参拝を肯定した人々の多くも決して隣国との過去を無視していたわけではないのである。この躓きの石を除いて見ると、日本国民の多数派は、健全な愛国心の上に立って、近隣諸国との過去を直視しようとしていることが分かる。

しかしながら、現在の日本に懸念すべき徴候がないわけではない。それは若年世代の一部に見られる嫌韓・嫌中の風潮、というより歴史忌避・対話拒絶という態度である。それは二〇〇五年春の韓国と中国での激しい反日街頭行動によってますます硬化したかに見える。「我々は何も悪いことをしていないのに、なぜ彼らは我々をあんなに非難するのか」。これは至極もっともな意見である。これを頭ごなしに否定してはいけない。「戦後」に育った年長世代の教師は、日本人が背負っている「過去の負い目」を自明視しがちで、それを若い世代に語り伝えようとするのだが、いま教育の現場では、少年たちがこのような「平和教育」を押しつけがましい強制として猛反発し始めているのである。日本と近隣諸国の間で歴史認識が主要な争点となったのはそう古いことではない。発端は一九八二年頃だが、深刻化したのは九〇年代の半ばからであった(3)。日本の植民地支配と侵略戦争が終わって間もない頃、その生々しい傷を負った世代が社会の主力であった時代にはさほど問題化せず、かえって日本人が列島に引き揚げ、閉じこもった後に生まれ育った世代が多数になってから、声高に語られるようになったのである。なぜそうなったのか。これを単に近隣政府の政治術策のせいと理解するのは不十分である。冷戦により抑圧されていた記憶が解放され、しかも韓国・中国がようやく経済発展の実績と展望を持つに至ったとき、先行者としての日本があらためて視界に入ってきた。「なぜ我々を侵略し、苦しめ、しかし敗北したはずの日本が前を走っているのか。どこかおかしい。ごまかしがあるのではないか」。いまや豊かさを手に入れ、自分自身の意見を持ちはじめた韓国・中国の人々は、政府同士が国交回復の時点で持っていた政治的文脈、時代の制約のもとに最大限の配慮を以て下した決断に、疑いの眼を向けはじめたのである。

本書の鹿錫俊論文は、中国の若年世代におけるこのような意見や態度を詳しく分析し、これを日本の若者における歴史への無関心、あるいは忌避と対照しつつ、両者の間のギャップの広がりに深い懸念を表明している。不幸にして、それは翌二〇〇五年、最も劇的な形で爆発し、的中してしまったが、その分析と解決のための提言はいまなお有効である。そのうち、もっとも重要な観察の一つは、日中ともに若年層のなかに、「事実を知ろうとしない」風潮が蔓延し始めているという点である。都合の悪い事実を無視し、異なった観察、異なった意見を持つ人とのコミュニケーシヨンを回避するのは、世にありがちなことであるが、緊密な関係を持つようになった間柄で、一方が深甚な関心を寄せる問題を無視すると、人間関係はこじれてしまう。どうしたら、人は他者に心を開き、振り向いて、対話を始められるのか。どうしたらそんな人が増えるのか。これはお説教では片づかない大事な課題である。

しかし、これは実は若年層だけの問題ではない。そう仕向けているのは大人である。本書で劉傑氏が述べるように、若者たちは、大人同士の喧嘩を目撃して、それに合わせようとしている。「日本の学校教師は教室で歴史の暗い側面を、それだけを、無理やりに押し付けようと、『反日』教育をしている」。日本のジャーナリズムの一部は、大学のアカデミズム史学や中高の教師にこのような非難を投げかけている。これは歴史に関する学問的な議論、すなわち史実はどうだったか、なぜそうなったのかという問題を、まともなデータをもとに考えようとする営みではない。人々に特定の歴史像を抱かせようとする露骨な権力的企みであって、初めから対話を拒否している。若者たちはこのような大人の態度を見て、それに荷担するか、その陰湿な場から立ち去るかを選択しているのである。私は年長世代の歴史家の一員として、若者の一部に、歴史的事実を無視した信念に固執し、対話を拒否する人々が増えつつあることを実感しており、彼ら自身の未来のため懸念に耐えないのであるが、それを生み出しているのは年長世代自身だということは、肝に銘じねばならない。

ところで、この歴史問題は、国境をまたがる相互作用から生じている。「我が国の歴史は我々のものであって、他国からとやかく干渉される謂われはない」。この「国民の歴史」への自閉の主張自体が、隣国との相互作用の中から生じているのである。この主張は、日本では一部の意見に止まるが、隣国では多数意見である。本書の林志弦論文は、韓国を例に取りながら、日本と近隣の「国民の歴史」が「敵対的共犯関係」、すなわち互いに嫌悪しながら、実は相互に依存・補強しあっている関係にあることを示し、韓国社会に流通する「世襲的犠牲者意識」を日本の植民地支配が遺した病理として解剖する。韓国の多数派は、世代交代を重ねても、自らを日本支配の被害者として表象し続け、したがって日本人を「世襲的加害者」と規定して、自らに「民族的無罪」、日本人に「植民地主義的有罪」を宣告し続けているというのである。この分析を敷衍すると、韓国多数派の歴史観では、日本人の歴史認識は必ず誤っているはずで、永遠に糾弾を続けねばならないこととなる。これに対し、日本人はどのような対応をしてきたのだろうか。多数は歴史から逃亡してきた。また、そうしなかった人々は、「世襲的加害者」を自認し、先祖に成り代わって謝罪を続けるか、逆に日本の植民地支配は経済的に恩恵を与えたはずと正面きって「歴史的無罪」を主張するか、という態度を取った。このような日本人の対応は、翻って韓国側に、日本人は無反省であるという信念、あるいは「世襲的加害者」であるという思い込みを確証し続けてきた。ここでは韓国を例に取ったが、この悪循環の構図は中国との関係でも全く同じである。

直接に加害も被害も経験していない孫・子の世代が、このような悪循環の罠にはまったままでいることは、はたして健全なことなのだろうか。本書はこのような疑問に答えようとする試みである。

二　歴史＝社会的記憶[4]の自己省察

我々はどうして、いま、このような記憶を持っているのか。筆者の経験では、諸国民の間に歴史対話を成立させるには、このような反省が不可欠である。[5]いま、世界では「国民史」の造型とその「国民」への普及が制度化されているが、[6]自らの「国民史」を絶対視するとき、他の「国民史」は、少なくとも自国と関係する部分では、まがい物に見えてしまう。そのような条件の下で「歴史認識の共有」を主張すると、そこには「唯一の正しい歴史」の争奪、したがってナショナリズム同士の相互否定が発生する。和解をめざすはずの「歴史認識の共有」という共同作業は、自己の見解を相手に強制し、敵対感情を増幅する悪循環を生みかねないのである。したがって、国境を越える歴史対話を成立させるには、自らの抱く歴史像がどこから来ているのか、これを反省的に考えねばならない。その極限には林志弦氏が主張するような「国民史」自体の脱構築があるが、そこまで徹底しないとしても、当事者が自らが自明視してきた歴史像から一歩距離をとり、その由来に省察を加えない限り、他者の意見を理解したり、自己の解釈に耳を傾けてもらうことはできないのである。

さて、我々が現に持つ歴史像はどんなメディアに由来するのだろうか。我々の過去のイメージの核には自分自身の経験がある。渡邉昭夫氏、趙軍氏そして長尾龍一氏が本書で証言するように、その個人的体験は、記憶されるとき、社会的文脈の中で解釈・定着され、さらに想起されるときも社会的文脈に即して語られる。つまり、我々の記憶は、少なくとも他者との関わりを持つそれである限り、社会に共有された、集合的な記憶と不可分なものとして存在する。これが、歴史像の由来を尋ねるとき、公共的な過去像の生成を担っているメディアや集団の影響にまず注目せざるを得ない理由である。

集合的記憶を作り出すもっとも身近な集団は家族と親族である。家族に起きたこと、町に起きたこと、学校で起きたこと、我々は家庭で日々それらを語り、解釈し合って、記憶を共有する。時にはそれを文字や写真に定着する。本書の討論で明らかになったように、韓国や中国に比べ、日本では家庭での会話が少なく、したがって家族による集合的記憶の生成機能が弱い。家庭外の話題についてはとくにそうであって、二〇世紀前半の父親は自らの仕事についてほとんど語らなかったようである。この傾向は、家族の規模が縮小し、親族の絆が薄れた上、家庭で食事を共にする機会が乏しくなって、ますます強まったようであるが、現在の韓国や中国の都会にもすでに同様の傾向が見えているようである。この事実は、公共的な記憶の形成にあたって、家族や親族からの生々しい経験談や噂話の役割が低下し、逆に、学校やメディアからの、間接的で抽象化された情報が大きな役割を演ずるようになったことを意味する。

公共的な記憶というと、我々はすぐ、学校での歴史教育、とりわけ教科書に注目しがちである。いま、それは適切なことだろうか。(7) 筆者の見るところ、その一半は、「戦後」の日本で、たまたま、歴史教科書の問題が政争の場に持ち出されたという歴史的履歴に起因する。(8) 戦後の日本では、民主化・自由化を争う手段の一つとして教科書問題が争点とされたのであるが、自由民主主義が定着した現在、その意味は失われている。日本の教科書制度は周知のとおり検定制で、文部科学省が複数の民間会社が作製した教科書を『学習指導要領』という簡単なガイドラインに基づいて検定し、各学校は、それに合格した本の中から中学校では全国六〇〇箇所近くの採択区、高等学校では各学校が選択して使用する。教科書の作製と選択は分散的に行われ、一九八〇年代後半以後、文科省による内容への介入は最小限に抑制されるようになっている。現在の中国では、形式上は検定制が採用されているが、実際は中国共産党宣伝部の方針に反する教科書は決して刊行されることはない。(9) いずれも政府公認の歴史（オフィシャル・ヒストリー）であるとはいえ、記述の自由度には大きな差がある。「戦後」の日本では、歴史教科書はいわば「左」「右」両翼の代理戦争の場として使われた。しかし、現在はそのような政治的負荷は軽減されている。いま、教科書はその本来の役割に即し、公共的な記憶の形成媒体の一つとして、どんなトピックを取り上げ、どんな書き方をするか、根本的な検討をなすべき時が来ているのではないだろうか。

日本の教科書は薄い。アメリカや中国の教科書と対照的である。これは文部科学省の定める制度がその価格に厳しい制限を課す一方、教科書を教室における教師の説明媒体として扱っているためである。また、世界的にはページの多くを近現代史にさく場合が多いのに対し、日本では原始・古代から現代に至るまでを万遍なく網羅的に記述している。このため、近現代史は、具体性に富んだ近隣諸国のそれと比べると内容が乏しい。量が少なく、通り一遍の記述で済まされているのだから、読み物として面白くないのは当然である。生徒の多くは試験、とくに入試のためそれを丸暗記している。それは知的拷問以外の何ものでもなく、上級学校に入った途端、これを速やかに忘れ、一生歴史嫌いで通す人が少なくないのも無理はない。現在の韓国や中国でも同様に「歴史離れ」が進行していると聞くが、民主主義の注入であれ、国家主義の注入であれ、生徒にとっては災難である。特定の歴史像を強要しようとする年長世代の目論見が裏切られるのは、当然というほかはない。

どうしたら学校の歴史教育を面白くできるのか。要は「血の通ったもの」「身近なもの」にすることだが、簡単なことではない。過去は異世界であって、我々がすぐ入り込めるようなものではない。我々がいま生きている世界とは異なる世界であって、その文脈を開示し、理解の鍵を与えることこそ、学問としての歴史の特性なのである。それは近現代史でも変らない。TVの歴史ドラマのように、現在の習慣や約束事を過去に持ち込んでしまっては、フィクションと相違がなくなってしまう。では、どうしたら、子どもに限らず、大人も含めて、普通の人々をその異世界に招くことができるのだろうか。本書の討議で白永瑞氏や有馬学氏が提起したのはその問題である。

白永瑞氏は、「歴史する」(doing history) 実例として、学生による親族の聴き取り調査を紹介している。大学生が、自らの家族の「三代の歴史」を尋ねて、親族にインタビューする。その時、被調査者も過去と係累の記憶を想起し、対話を通じて記憶の枝葉が拡がってゆく。無論、そこには思い出したくない過去もあるだろう。彼我ともに、その壁にぶつかり、覗くことを憚られる深淵を前にすることもあるだろう。石原昌家氏が沖縄戦の生存者への聴き取りの際にぶつかった壁がそのもっとも深刻な例である。しかし、いずれにせよ、ここには「生きた歴史」が生まれるチャンスがある。有馬学氏はかつて『家族の数だけ歴史がある』という本を編集した[10]。これは宮崎県日向市の諸家族から写真アルバムを提供してもらい、アルバムに現れる家族史の束として日向の地域史を再構成した書であって、そこからは、明治末・大正の人々が気軽に日本の国内・国外を移動していた姿が伝わってくる。我々が学校の教科書では決して眼にすることのできない、人々の生活のリアリティが見えるのである。無論、そこからは、生活史の背後にあった政治的・経済的な動きは直接には見えてこない。二度の世界大戦の経験に明らかなように、政治が招来した総力戦は庶民すべての生死に関わった。かつ、政治にせよ、経済にせよ、それは素人が直ちに理解したり、マネージできるものではない。しかしながら、家族史への注目は、まず人々の想像力を過去に誘い、その背後にあったものを考えるように導く良い方法の一つなのではなかろうか。現在の中等教育の歴史カリキュラムでは中心的な位置を与えられていないが、将来に向かって、真剣に考慮するに値するのではないかと思われる。

ところで、少なくとも日本の場合、公共的な記憶の形成にあたり、学校の歴史教育が果たす役割は部分的なものでしかない。大人たちの生活の背後に年少時に学校で習った歴史の枠組があり、そこに、例えば李成市氏が指摘するような、明治政府によって造形された「大化の改新」像などが埋め込まれているのは間違いないが、それよりは、日常的に接するTVや新聞や雑誌、小説、映画などのメディアの提供する歴史像の方がずっと大きな影響を及ぼしているのではないだろうか。各種の公共的なメディアで語られる歴史像は、民主社会においてはとくに、極めて重要な役割を果たしていると言わねばならない。

その場合、メディアで語られる歴史像は、はたして国境を越えて受容可能なものであろうか。ノンフィクションにせよ、フィクションにせよ、国境を越えて受容可能だろうか。その多くは、オフィシャル・ヒストリーではないが、しかし、ナショナル・ヒストリーとして構成されている。日本で絶大な人気を博してきた司馬遼太郎の歴史小説はまさにそのようなものであった⑪。司馬自身は大阪外国語学校でモンゴル語を学んだ経歴から示されるように、国境を越える視点を持っていたが、読者としては日本語人のみを想定し、日本人が日本の歴史を振り返り、反省的にアイデンティティを再構成してゆく媒介者として自らを位置づけていた。無論、優れた作品は、そのストーリー自体の力、その普遍性によって国外の享受者も獲得する。しかし、利害関係を持たない遠方の読者ならともかく、近過去に敵対し合った人々の間で、「国民史」を境界を越えて受容することははたして可能なのだろうか。

この問題は、実はアカデミズム史学にも当てはまる。李成市氏が紹介・分析するように、日本の「国史学」の創設者の一人であった黒板勝美は、同時に、日本最初のナショナル・ミュージアムであった朝鮮総督府博物館の企画・推進者でもあった。日本史上の基本文献を集成した『国史大系』を編纂して日本史の実証的研究に基礎を据えた人物は、同時に、朝鮮総督府の推進した朝鮮古蹟調査事業、およびそれと関連して創設された博物館、近代日本の朝鮮支配を正当化し、可視化する装置のプランナーでもあったのである。彼の夢は、宮内省と協力しつつ、朝鮮の地にうち建てたナショナル・ミュージアムを日本の内地にも作ることだったという。この事実には、近代日本の「国史学」が、先行する近代西洋の歴史学に範を取り、その発端から実証主義とコロニアリズムを不可分のものとして追求したことが示されている。

この「国史学」への衝迫は日本人が立ち去った後、朝鮮半島ではより強固な形で継受された。日本の植民地支配から受けたトラウマは、二度と犠牲になってはならぬという衝迫を生み、政治的立場の如何を問わず、国民国家という近代の課題を自明視し、国民的団結のためには何でもしようという思考を普遍化したのである。現在、韓国と中国の間には、高句麗と渤海という遠い過去について、これを現在の国境で仕切ろうとする歴史上の領土争いが生じているが、それは、双方におけるこうした心理に由来する。林志弦氏の論考は、韓国人自身の手によるこのような病理の徹底的な解剖であり、日本を経て継受したコロニアリズムの負の遺産を解体しようとする真摯な試みである。

このコロニアリズムのトラウマは中国の場合にも全く同様に妥当する。それは鹿錫俊氏の分析に明らかであるが、ここにも脱却の可能性はすでに存在する。劉傑氏が述べるように、現在の中国には、党が政策的に規定し、教科書に書き込ませた歴史解釈を反復し、時々の政府の政策を支持するような官製歴史、そして家族の伝承を基盤とし、ネットワークのなかで拡がってゆく私的歴史のほかに、「知識界」の作り出す歴史が生まれている。「知識界」では官製・私製の歴史像と距離を置きつつ、公共的な歴史議論が交わされ、歴史専門家の場合は基礎史料の広汎な収集に基づいた着実な検討、非歴史家の場合はより自由な立場からの批判的議論が行われるようになっている。ことの性質上、この公共的な歴史議論は、中国だけでなく、日本を含む国外とも繋がりうるものであって、この状況は一〇年以前とは大きな相違を見せているのである。[12]

いま、「国民史」に拘わり続ける限り、東アジア三国の学界相互の対話は絶望的である。しかし、当事国の歴史家たちが、自らが持ち来たった歴史像に留保を置き、反省的に眺めることができるならば、すでに地平は共有され、したがって実りある公共的な対話が可能となっているのである。

この点で、クリント・イーストウッドが撮影した第二次大戦の硫黄島は良いヒントになるだろう。[13] 彼は、硫黄島の戦いをアメリカと日本と二つの視点から描く映画を製作した。戦争を当事者双方の視点から描くのはおそらく画期的なことと思われるが、それらは二つの映画に分離して表現されている。しかし、これは二つのナショナル・ヒストリーの抱き合わせではない。むしろ、この分離は、戦争の実態を直視しようという共通テーマの下に、日米それぞれの観客を戦場に誘い込む工夫だったのではないかと思われる。アメリカ側版の主題は戦争の宣伝と記憶の関係、日本側版のそれは必死の運命であって、取り上げる視点が異なっている。これを一つの映画にまとめると観客は混乱してしまうだろう。おそらく、アメリカの観客が「自ら」の関心に即して入り込み易い映画をまず作り、さらにそこから生ずる「敵」・「他者」への関心を、別の映画で満たそうとしたのではないだろうか。日本の観客がアメリカ側版をどの程度見ているか、定かではないが、アメリカ側版は戦勝国側に内在した問題点を明示しているため、むしろ「敵」側の子孫にも反省的な思考を促す効果があるように思われる。このように、クリント・イーストウッドの硫黄島は、戦争のリアリティを見つめようという普遍的視点を持つゆえに、国ごとにヴァージョンが分割されていても、「国民史」の場合に起きがちな悪循環への巻込みを回避しえている。この事実は、学問的な歴史においても、参考になるのではないだろうか。

三　悪循環脱却への道

現在、東アジア諸国、とくに日本と近隣諸国との間に生じている歴史認識をめぐる相克、悪循環は、どのようにしたら解消できるだろうか。以下では、本書の内容を参考にしつつ、いくらか考えてみよう。

まず必要なのは、関係者が悪循環を断ち、友好関係を築こうとする意志を持つことである。これは自明のことではない。現在、各関係国の中には、自らの歴史解釈を自明の真理と考え、隣国との争いを辞さない、というよりむしろ歓迎する勢力がある。一部に過ぎないとはいえ、歴史認識で激突しても戦争は起きないと高をくくり、隣国に挑発を仕掛け、同国人に勇ましさをアピールしたがる人々がいる。二〇世紀前半までと異なり、相互依存が深まった現在では、感情的敵対が直ちに戦争を引き起こすことはないだろう。しかし、悪罵の応酬や敵意の内向は、人間関係では最悪の状態である。不愉快だからといって、国家は引っ越しできない。経済的・文化的関係が日増しに深まる中で、隣人と敵対し、いがみ合いを続けるのは、精神的に不健全である。のみならず、他に大きな問題が生じたとき、ことを悪化させ、予期せざる破局をもたらす可能性もある。このような不健全で無責任な態度は、世界の第三国から見ても不可解、かつ迷惑なものであって、名誉ある国民が取るべきものではない。である以上、目下の悪循環を正視し、これを正す意志を関係者は持つべきである。

その上で、取りあえず、何をめざすべきか。この数年、東アジア三国の間では、中等学校の共通歴史教科書を作製するために様々な試みがなされてきた(14)。会議での通訳や翻訳の手間を考えるだけでも、それがいかに困難な作業であるかは想像がつく。関係者の努力は多とせねばならない。しかし、それらの多くは、「国民史」を越えようとの触れ込みで始まったものの、その実現はできず、後に述べるような点で十分な配慮がなされていないため、日本の教室では所期の成果を上げていない。そこで、筆者は、歴史認識の内容の共有をめざすのでなく、まずどこに違いがあるか、どこに記憶の齟齬があるか、それが何に由来するのか、それらをまず関係者が検討し、意識することから始めるように提案したい。認識の共有でなく、争点の共有から始めるのである。無論、争点を持ち出すと、関係者は互いに不愉快な思いをする。それだけだと対立はかえって深まりかねない。そうではなく、互いに、なぜ食い違いが生じているのか、相手側の持っている文脈を探し、さらに今まで視野の外にあった史料を参照して、自らの解釈を相対化するのである。「国民史」の限界、さらに林志弦氏が指摘するような根本的問題性を念頭に置くならば、この作業はより易しくなるだろう。

さて、このような歴史対話を始めるとき、我々は何に留意すべきだろうか。二〇世紀前半の東アジアを見るとき、そこには帝国日本による朝鮮・中国などの侵略・支配という構図が浮かび上がってくる。この大局は何人も疑うことはできない。朝鮮や中国の軍隊が日本に攻めてきたことは一度もないのである。この事実を責任問題という次元に写し出すと、日本の近隣地域に対する加害、朝鮮・中国の被害という構図が成立する。近代ヨーロッパと異なり、加害・被害の関係は一方的で、お互い様ということは成立しない。

問題はその次である。帝国日本が勢力拡張の果てに崩壊し、日本人は占領地と植民地から日清戦争以前の領土へと引き揚げた。東京裁判をはじめとする戦犯裁判を受け、それを条件に連合国と講和条約を結び、国際社会に復帰した。さらに韓国・中国とも国交を回復した。政治的・法的には、前の侵略行為への責任は取ったことになる。にもかかわらず、その数十年後、とくに一九九〇年代になって、近隣諸国からはにわかに日本に対する責任追及の声が湧き起こってきた。戦後ならともかく、直接の加害・被害関係のない世代が主力になってからのことである。これを日本側から見るならば、戦前と逆に、現在は近隣諸国から一方的に攻撃が浴びせられていることとなる。戦前の日本の侵略はそれこそ鉄火・流血をもってしたことであって、現在の言葉による非難とは、打撃・破壊や痛みの程度がまったく違う。しかし、ここで問題なのは、現在では日本が一方的な非難の的となっており、しかもそれを受けている世代自身は近隣に対して侵略・加害をしたことがないという事実である。身に覚えがない一方的な非難にさらされる。これが現在の日本人が立たされている境遇であって、彼らは隣国の民が思い込みがちなように、もう一度侵略しようと企んでいるわけではなく、逆に隣国からの非難・攻撃によっていたく傷つけられ、被害者意識に囚われているのである。

現在、この戦前の加害と戦後の非難とは一つのループを形成し、東アジアに心理的な悪循環をもたらしている。この加害・被害の悪循環は放置して良いものだろうか。日本人の側が、戦前の加害行為を認め、隣国の民のトラウマを刺激しないのは最低限必要なことであるが、近隣の民の側でも、報復への衝動を自覚し、これを和解への意志に転ずることが必要なのではあるまいか。かつての加害者の子孫は被害者の子孫からの報復を恐れている。怖れるものは逃亡するか、あるいは、逆襲は万々あり得ぬとしても、自閉するほかはない。これは危険な状態である。以下では、この認識が共有され、東アジアの関係者が真剣に和解を求めているという前提の下で議論を続けることとする。先に述べたように、この条件は現に存在している。それは、本書で具体的な問題提起をし、解決策を提言している人々の多くが、近隣諸国出身の人々である事実に明らかであろう。

さて、和解をめざすとき、考えねばならぬ必須の条件が二つある。一つは責任の処理、もう一つは再発防止である。前者は今までも度々論じられてきたが、後者を眼にすることは少ない。しかし、この二つは常に併行し、関連づけて考慮されねばならない。両者は時に厳しい矛盾をもたらすこともあるゆえ、なおさらである。

責任追及と再発防止が矛盾を来すことが多いのは航空機事故の場合である⑮。航空機事故は大量死を招くため、常に世の注目を浴びる。原因としては機械的故障や悪天候、操縦ミス、稀であるが悪意による墜落もある。航空機事故に対しては、原因調査を司法的処置に優先するという国際的な取り決めがある。その例としては、日本航空のジャンボ機墜落事故を思い浮かべればよい。事故調査の結果、原因は製造元ボーイング社の修理ミスと判明したが、関係者は一切処罰されなかった。これは、再発防止のため、関係者から正確な証言を引き出さねばならないという要請が何よりも優先されたためである。死者の家族からすれば、責任者が何ら刑事的な責任を取らなかったのは納得できなかったに違いない。しかし、航空機事故には一旦事故が起きたらほぼ全員が生還を望めないという特徴がある。そのために徹底的に原因を明らかにし、次の死者を出さぬことを責任者の処罰とそれによる正義の回復に優先せざるを得ないのである。ただし、現実には、他の交通機関での事故は無論、航空機事故の場合でも、警察や検察はこれを刑事事件として取り調べようと乗りだす。それが、事故調査委員会の調査としばしば競合し、衝突を起こすのは、報道されるとおりである。

政治責任の問題は航空機事故と性質を異にする。しかし、責任追及とともに再発防止に力が注がれることもある。第二次大戦の戦後処理がそうである。連合国は敗戦国の日本やドイツに対し寛大な処置を取った。第一次世界大戦後、戦敗国ドイツに対して過酷な報復的処置を取った結果、ナチスを生んでしまったという苦い経験に鑑みてのことである。連合国は、戦争指導者の一部に対して政治責任を問う反面、徹底的な非軍事化を強制した上で、寛大な処置を以て臨んだ。日本の場合、大西洋宣言により、日清戦争後の台湾割譲のような領土割譲は初めから除外され、逆に再建のために経済援助すら受けることとなった。また、主な侵略対象国であった中国との国交回復にあたっても、賠償もなしで済ませている[16]。これが、「戦後」の日本やドイツで戦勝国への報復を主張する政治団体がほとんど生じなかった条件であったことは、間違いない。

しかし、この法的・政治的に寛大な処置は決して日本と近隣の間に国民レヴェルでの和解をもたらしたわけではなかった。寛大な処置に日本側が甘えた面もある。有馬学氏がフィリピンについて指摘するように、内地に引き揚げた後、日本人は戦前の加害行為を忘れがちとなり、時々思い出したり、忘れたりという状態であった。逆に、近隣国民の間では日本の支配が遺したトラウマが深く内向し、その間のギャップは極めて大きくなった。それが、近隣諸国が経済成長し、庶民レヴェルで彼我の往復が日常化したとき、問題化したのである。したがって、鹿錫俊氏が述べるように、日本と近隣の和解には法的な解決だけでは不十分なのであって、心の面、道義的・感情的なレヴェルでの和解が不可欠であり、そのために積極的な行動をとることが必要なのである。日本では、近隣からにわかに糾弾の声が高まったことについて、賠償への経済的欲求が原因なのではないかと推察する声を耳にするが、正確ではない。隣国民が求めているのは、何よりも、日本人がかつてもたらした加害と苦難の事実を認識すること、そして、悔恨と謝罪を言葉と態度で表現し、それを通じて心を癒されることなのである。

この事実は、日本人の側が責任問題に的確に対処せねばならぬことを意味する。その場合、責任主体は誰か、まず明確に把握せねばならない。本書の論者はこの点で異なる意見を述べている。現在生きている日本人、とくに戦後生まれについて、個々人のレヴェルで責任がないという認識では一致しているが、戦前の日本国家が遺した集合的責任をどう処理するかに関しては、意見が分かれている。一方の極には、外国人による東京裁判にすべてを委ねたことを反省し、日本人の手でもう一度、戦争指導に関わった人々について調査・糾弾するというアイデアがある。その場合、植民地支配も視野に入れうるだろう。また、長尾龍一氏が示唆するように、いま隣国民から非難を浴びせられている世代が、帝国に生きた前世代に対して責任転嫁の不当を問うということも、理屈の上ではあり得るだろう。他方、林志弦氏のように、未来のために過去の人物を司法的に糾弾することは無意味であり、現在の日本人に求むべきは、過去に関する健全な集合的記憶を形成し、把持することだという意見もある。世代間の責任継承に関する錯誤を回避するためには、これは適切な提言ではなかろうか。筆者は、現在の日本国は日本帝国の継承団体であるから帝国時代の責任を継承しており、したがってその国民も責任を負う立場にあると考える。ただし、現生世代の多くは帝国解体後の生まれである。自ら過誤を冒したわけではなく、直接の責任は持たない。前世代によって養育されたとはいえ、その責任を全面継承するのは不条理である。戦後世代の責任は、国家の継承関係を媒介とした間接的なものと考えるのが良いだろう。現在、隣国との間には、時折、過去の遺した様々の傷が姿を現す。戦後世代は、これらの個別問題に関しては、その都度、先祖の責任を引き受け、償う義務を負っている。しかし、一般的な態度としては、前世代の行為を直視し、それによってもたらされた隣国民の苦難を想像し、悼むというのが精一杯なのではないだろうか。それ以上の要求は無理というものであり、それが行き過ぎると、いま日本の若年層に見られる嫌韓・嫌中への傾斜はますますきつくなり、再発防止というもう一つの大目的が損なわれるのではないかと考える。

かつての加害国民が、過去の事実を認識し、それを国民単位で共有する。日本人がそうするとき、かつての被害国民とその子孫は、加害者とその子孫たちに対して心を開くことが可能となる。では、具体的に、過去の、当事者双方にとって「痛い」事実をどのように認識したらよいのだろうか。その一つには、惨禍の現場を見ることがある。本書の寄稿者の一人、石原昌家氏は、多年、沖縄戦の生存者にインタビューを繰り返し、その成果に基づいて、摩文仁の丘に「平和の礎《いしじ》」を築いた。その経験に耳を傾けよう(17)。

沖縄本島の東南端に日米最後の決戦場がある。一九四五年春、日本軍は本土決戦を少しでも遅らせるため、最初の拠点であった首里を放棄し、半島東南端の摩文仁に本拠を移した。沖縄県はその跡地に「平和の礎」という記念施設を築いた。ここを訪れるものは、犠牲者一人一人を表す白い標柱の整然とした列に強い印象を受け、さらに、それが敵味方を越えて日米双方の死者を含んでいることに驚く。氏によれば、ここで親族を追悼したり、慰霊の祭事を行う人も少なくないとのことである。しかし、これを立案した人々は、この礎を慰霊の施設として建設したのではない。また、日米双方の軍隊によって夥しい犠牲を強いられながら、なおこれを許そうとする沖縄人の寛大さを誇ろうとするものでもない。氏の説明によると、これは元来、敵味方・現地民の入り混じった死屍累々の戦場の光景を、そのまま、表現したものなのだそうである。南国の明るい陽光の下に整然と並ぶ白い清潔な標柱はそうした連想を生みにくい。それゆえ、「平和の礎」は、その意味を表現した隣接の沖縄県平和祈念資料館と対になって、初めて意味を持つのだという。

「戦場の光景をそのまま見る」。それは参観者から言葉を奪う。安易な解釈を許さない。この施設の場合、本土からの客は、日本軍のみならず、沖縄人の払った夥しい犠牲にあらためて眼を開かれるだろう。また、アメリカからの訪問者は、沖縄人や日本人以外に、米軍人も列せられていることに驚きを覚えるに違いない。戦場の、一種、浄化されたレプリカを見ることによって、来訪者は落ち着いて、沖縄戦の意味を考え始めることとなるのである。

ただし、日本の若い世代の一部には、このような施設に対して、作為された歴史記憶の強制を感じ取り、訪問自体を拒む人々も現れている。その頑なさは、しかし、強固な信念によるというよりは、未来への恐れと不安から来ているのではないだろうか。ある種の自信と世の中への信頼感なくしては、人はこのような心を揺さぶる光景に耐えられるものではない。この点は、平和教育に携わる人々が心せねばならぬことではなかろうか。日本人が外国に設けられた戦争博物館を訪ねる場合は、なおさらである。

戦場の象徴的代替を前にして考え込み始めたとき、そこには二つの問いが生まれる。なぜこのようなことが起きたのか。死者たちをどのように慰霊したら良いのか。いずれも自らのポジショニングと不可分の問題として立ち現れるのである。

なぜ、こんなことが起きたのか。それは再発防止のために不可欠の問いである。解答はそれぞれに容易ではないが、不可欠なのは信頼しうるデータを集めること、および極限状況下での人の集団的振る舞いについてよく考えることである。歴史学は前者を核とする学問であるが、このような場合、文献は決定的に不足なので、石原氏が長年行ってきたような聴き取り調査が不可欠となる。また、後者は政治学や社会学が担ってきた分野であるが、千変万化する状況、とくに極限的なそれを的確に理解するには、理論よりはまず様々な歴史的ケースについて考えた経験を持つこと、つまり歴史の学習が重要なのは、医療における臨床医と同じである。歴史学や政治学は普段あまり役立たないのであるが、このような場合は確かに徒手空拳では不可能な熟慮に導いてくれるように思われる。

他方、慰霊の問題は、専門家の占有する問題ではなく、市民たるものが直接に共有すべき集合的課題である。社会は大量死に直面するとき、それが天災によって生じたものであっても放置できない。人為に起因するものはなおさらである。ただし、ここでは誰が誰を慰めるのかという問題が生ずる。各国が外国との戦争で亡くなった自国民を祭ることは国民国家一般の制度となっているが、例えば、日中戦争以降の日本の戦死者を慰霊するについては、その方法如何を措いても、慎重な考慮が必要であろう。侵略戦争に携わった兵士や将校を祭るに関しては、侵略された側が異論を唱える権利を持つからである。他面、現在の日本国は帝国日本の継承国家である。そうである以上、戦死者を放置して良いわけではない。彼らの一部には喜び勇んで帝国の侵略に荷担したり、残虐行為を働いた者もあったであろうが、多くは祖国への忠誠を当然の義務と信じて従軍した人々だったはずである。敗戦後から見て、彼らが戦争の是非について十分考えなかったと非難するのはたやすいが、当時の世界の戦争観を前提とするとき、庶民にそのような熟慮、まして徴兵忌避を要求するのは無理というものである。侵略中の戦死者はそれにふさわしい形で慰霊すべきなのではあるまいか。

しかしながら、日本人が東アジアの諸国民との和解をめざすのであれば、別方面の慰霊も真剣に考えるべきではなかろうか。日本人が日本人だけでなく、隣国の民も祭ることである。日本の地方の神社に建てられた慰霊碑の中には、日露戦争の戦死者について、敵味方双方の死者を祭ったものがある。これを拡張すると、日本の慰霊施設に外国の犠牲者を祭ったり、また、日本の子供たちが修学旅行で広島・長崎の原爆資料館を訪ねるように、日本人が中国・朝鮮・東南アジアなどに旅したときにその慰霊施設に参拝したり、さらに慰霊の巡礼に出かけることもあって良いのではないだろうか。それは侵略の歴史の悔悟、かつ和解の意思表示として、大いに推奨すべきことではないかと思われる。

死者の慰霊は、しかし、参拝だけに尽きるものではない。無念の死者の史料を見出し、記録を作製すること自体が鎮魂の業となる。石原昌家氏は沖縄戦の生存者の聴き取りを粘り強く遂行したが、その成果は『証言・沖縄戦――戦場の光景』（青木書店）として公刊される一方、県平和祈念資料館で読むこともできる。聴き取りは、当初、沖縄の生存者から必ずしも歓迎されなかったという。極限状況の中で、米軍と日本軍だけでなく、沖縄人同士も自決の強要などに追い込まれる事態が生じ、その事実は当事者・目撃者にとって到底口外できるものではなかったからである。しかし、そのような惨い事実を証言する時、多くの人々は過去の負い目から解放される道を見出す。無念の死者たちに霊があるならば、彼らもまたこの行為を通じて癒されるに違いない。我々は心に深手を負ったとき、その苦難の物語に耳を傾けてくれる人が現れると慰められる。それと同様に、現在を生きる者が進んで死者・生存者それぞれの運命に心を留め、なぜそうなったのか理解しようとする時、彼らもまた癒されるはずなのである。

その先には、大いなる忘却がある。死者たちの家族や近しい人々が亡くなり、それを取り巻く集団も世代交代を重ねると、いずれ慰霊を行事として行わなくなる時が来る。しかし、そうなっても、歴史は過去の悲劇を語り伝え、人々は貴重な教訓をそこから汲み取り続けるはずである。現在、東アジアでは初・中等教育が普及し、そこには歴史教育が組み込まれている。時間の経過、世代の交代とともに痛みや怨念の記憶は消えてゆくが、事実の記憶は維持され、語り伝え続けられるに違いない。感情は消えても、記憶は残るのである。しかし、逆に言えば、事実の記憶は残っても、それが強い感情を喚起することは少なくなる。いま、日本人は元寇を記憶しているが、いくらこれが史上最大の日本の危機だったといっても、モンゴルから来た横綱を追放しようという人がいたら、それは奇妙な主張だと思われるに違いない。いま我々の目前には、感情と複合した記憶のもたらす問題が山積しているが、それが解決された後には、この感情と記憶の食い違った両義的な時代が長く、長く続くことであろう。しかし、それもまた、長い時の経過の中で、やがては忘れられる時が来る。その時、人類ははたして生存しているか否か、生存していたとしてどんな生活をしているのか、それは誰も分からない。しかし、もし人類が生存していたとして、いま我々が試みているような和解の努力が、未来世代の和やかで幸せな生活を用意したものだったとしたら、我々は文字通り、以て瞑すべきなのではなかろうか。

最後に、実践的な問題点にふれておこう。一つは、語り伝えの方法である。同一社会の中でも、世代を越えて過去を語るには工夫が要る。現在の日本では、年少世代が年長世代の物語に無関心であったり、頭から拒絶することが頻発し始めている。生まれた時代が違い、記憶の起点が異なる以上、それはある程度不可避の現象であるが、その隘路を克服するには、少なくとも若い世代のアイデンティティを根底から傷つけないように配慮することが必要である。二〇世紀前半の日本の歴史は、植民地支配にせよ、侵略戦争にせよ、若年層を含む現在の日本人から見て、快い物語ではない。隣国の民と和解をめざす以上、その苦い記憶をきちんと語り伝えることは必要であるが、それを若者自身が直接に責任を負うがごとく、威迫的に語るのは賢明ではない。あの辛い話に耳を傾けるには、前もって、自らの生きる社会への自信ができていることが不可欠である。筆者は、日本の大学生が中国の大学生と議論するとき、しばしば「我々が愛国心をもつのは当然だ。どうして君たちは愛国を明るく語れないのだ」と言われて戸惑うと聞く。「スポーツの国際試合では手放しで国旗を振れるが、他の場合にはそうでない。何で自分たちだけがそうなのだ」。若者はそのような居心地の悪さを感じ、差別待遇ではないかとの疑問を抱いているのである。この問いに答えるには、帝国日本の罪責に先立って、近代日本の達成を語らねばならないだろう。それは決して虚偽の物語ではない。幕末以来、七〇年近くにわたって、公議公論を可能にする政治体制を創るため自力で努力を重ね、一九二〇年代にはある程度実現したこと。(18) 維新後たかが二〇年ほどで、北里柴三郎のように、伝染病医学で世界的な業績を生み、自国民だけでなく、人類全体に貢献する人を生み出したこと。このような達成は、一九世紀半ばから約百年余の世界では西欧と北米以外には見られないことであった。これを否定できる人は世界のどこにもいないだろう。それを知り、誇りに思うのは決して自己満足や自惚れではない。むしろ、それを知っていて初めて、同じ帝国が冒した嘆ずべき所行を事実として受け留められるのではないだろうか。

第二は、被害国民が植民地主義のトラウマを癒す道を自ら見出すことである。被害者の子孫たちが過去を忘れるのは容易でない。多年その努力を重ねてきた金泰昌氏が自ら告白するとおりである。日本人は和解を求め、過去の認識をめぐって誠実に努力すべきであるが、被害者側のこの心の傷が癒されない限り、その願いが十全に実ることはないだろう。被害者とその子孫は、どうしたらこのトラウマから解放されるのだろうか。まず思い浮かぶのは、成功することである。経済的に裕福になり、国際的地位を高めることである。それはいま実現しつつあることであるが、日本人は「戦後」の時代にこの面で進んで協力してきた[19]。しかし、それだけで十分だろうか。成功はしばしば傲慢を呼び、見返しへの欲望も誘発する。成功は和解の必要条件であるが、十分条件ではない。林志弦氏は、日本の植民地支配が韓国民に対して一等国になろうとする熱烈な願望、焦燥を植え付け、それが様々の歪みを生み出していると剔抉している。中国も同じ事情にあると言って良い。この愛国の陥穽は、しかし予防可能である。それは、愛国の情熱を人類の共有財産に昇華することである。自らの生活の中から、世界の他地域に生きる人々に役立ち、歓迎されるようなものを創造することである。

林志弦氏は、ナショナリズムをはじめ、「近代」のプロジェクトを脱構築しようと主張している。これは、言葉の上だけでなく、実際に行うこともできる。例えば、有馬学氏が触れているように、我々の銘々が、自らの生きている社会が実は雑種的な構成を持っていることに気づくことである、国民国家というイメージは等質性を要求するが、実際の社会はむしろ多様な要素を入れ子のように内蔵し、取り込み、それらを絶えず相互作用させつつ、多彩かつ変幻自在な姿を見せている。人々がこのような事実に気づき、直視して受け入れるならば、硬い国境で囲まれた国民国家像は和らげられ、より柔軟で無理のない、そして柔構造高層建築のように強靱な社会を創り出しうるのではないだろうか。

しかし、より根元的には、我々が世界から広く歓迎される学問や芸術を創造することである。いま、日本のアニメーションが世界的な評価を得ているが、それは他国民への強制や政府による宣伝の結果ではなかった。ただ面白く、深い内容を蔵するゆえに受け入れられただけである。かつて明治の日本が西洋の学問を受け入れたのも、強制されたからではなく、そこに自らの課題と符合する深い何かを見出したからであった。学問や芸術は国境を越えた評価を獲得しうる。内部からそのような創造ができる社会は、世界から高い評価を得る。[20]「近代」という時代において、非西洋世界はひたすら西洋の創り出した学芸を模範とし、それを習得することにエネルギーのほとんどを注いできた。やむを得ぬ事情があったとはいえ、それは西洋への知的従属、自らを永遠の弟子の地位におく営みに他ならなかった。そうしている限り、西洋世界は我々を一人前と扱わず、したがって、我々東アジアの住人は、侵略戦争の加害者であろうと被害者であろうと、「近代」のもたらした深甚なトラウマから解放されることはないだろう。しかし、いま我々は、長年の努力の後に、それを克服しうるだけのリソースを手に入れつつある。文化の意味を真剣に考え、目前の必要、自己都合のみに奉仕しようとする発想を転換するならば、我々東アジア人は「近代」のトラウマの脱却に向かって、一歩を踏み出せるに違いない。

結びにかえて

二〇〇四年春に京都で交わした討議の記録を読み返しつつ、筆者の所感を記してきた。その過程で、ある重要な事実に気づいたので、それに触れて締めくくりとしたい。その事実とは、この会議に参加し、重要な問題提起と提言を行った人々の多くが、国家と国家の狭間に生きている人々だったことである。日本に生まれ、日本人として育った参加者が、近年の隣国との関係悪化に心を痛めているのは確かであるが、この問題をとりわけ鋭敏に感じ、積極的に論じているのは、加害者の子孫の日本人より、むしろ被害者の子孫でありながら、意図すると否とを問わず、日本と深い関わりを持つに至った人々である。かつての敵国を生涯の研究対象として、あるいは仕事の場として選んだ人物、また日本に生まれながらホスト社会から疎外され続けた移民の子孫には、関係各国の多数派が前提としている国民的運命共同体が自明の存在でない。その境界人として味わった苦悩が、国境が生み出し、生み出し続けている問題を直視させているのである。かつて、諸「国民」の多数派は彼らを無視し続けてきた。しかし、現在のように国境を越えた相互依存が進む時代には、むしろ多数派の盲点に敏感な彼らの声に進んで耳を傾け、その観察や提言に学ぶ必要が生じているのではないだろうか。本書の末尾には、特論として、いわゆる「在日」の若手の声を収録した。在日コリアンは、今日では極めて多様な生活形態や意見を持っていて、この論考はその一部に過ぎない。しかし、この挟まれた場所からの声は、それぞれの社会の多数派には気づきにくい、ある重要な真実を語っているのではないかと思われる。このような声に耳を傾けつつ、東アジアに和解、そして希望が生まれ、より住みやすい社会が形成されることを期待しつつ、ひとまず擱筆することにしたい。

(1) 産経新聞社・FNN合同調査「政治に関する世論調査」二〇〇六年八月一九・二〇日。参照、http://murayamam.iza.ne.jp/blog/entry/29731
(2) 朝日新聞、二〇〇七年一月二五日朝刊、一六面。
(3) 清水美和『中国はなぜ「反日」になったか』文春新書、二〇〇三年。同『中国が「反日」を捨てる日』講談社＋α新書、二〇〇六年。いずれも中国内部での動向を克明に追っており、脱却の可能性も含め、大いに参考となる。

(4) 我々の日常生活を規定している「記憶」は、学問の世界では、固定されたデータに基づく「歴史」と区別され、後者によってチェックさるべきものとされている。しかし、ここでは「生きられる歴史」が問題なので、とくに区別はしない。参照、油井大三郎「記憶と史料の対抗」、東京大学教養学部歴史学部会『史料学入門』岩波書店、二〇〇六年。

(5) 三谷博「二〇世紀前半の記憶への対処」、三谷博『明治維新を考える』有志舎、二〇〇六年。楊大慶「南京アトロシティズ」、劉傑・三谷博・楊大慶編『国境を越える歴史認識——日中対話の試み』東京大学出版会、二〇〇六年。

(6) 本書の渡邉昭夫論文も冒頭でこれに触れている。

(7) 参照、三谷博「日本の歴史教科書の制度と論争構図」、前掲『国境を越える歴史認識』所収。

(8) 例えば、家永三郎『一歴史学者の歩み——教科書裁判に至るまで』三省堂、一九六七年(『家永三郎集』第十六巻、岩波書店、一九九九年)。次のリーディングズも参照。三谷博編『歴史教科書問題』日本図書センター、近刊。

(9) 並木頼寿「解説・あとがき」、小島晋治・並木頼寿監訳『入門　中国の歴史』(世界の歴史教科書シリーズ5)、明石書店、二〇〇一年。

(10) 日向市『家族の数だけ歴史がある——日向写真帖』日向市、二〇〇二年。

(11) 三谷博「司馬遼太郎の国民史」、三谷博、前掲書。

(12) 上記の『国境を越える歴史認識』は、官製歴史と異なる解釈を多々含むにも関わらず、中国語版が同時に出版された。これは本文の事実を裏書きする。『超越国境的歴史認識——来自日本学者及海外中国学者的視角』社会科学文献出版社、二〇〇六年。

(13) 『父親たちの星条旗 (Flags of Our Fathers)』『硫黄島からの手紙 (Letters from Iwo Jima)』、共にクリント・イーストウッド監督、二〇〇六年。

(14) 代表的なものの日本語版として、日中韓三国共通歴史教材委員会『未来を開く歴史』高文研、二〇〇五年。

(15) とりあえず、Wikipedia (http://ja.wikipedia.org/wiki/) の「航空機事故調査」や「日本航空123便墜落事故」、「ユナイテッド航空二三二便不時着事故」を参照。

(16) 奥田安弘・川島真ほか『共同研究　中国戦後補償——歴史・法・裁判』明石書店、一九九九年。

(17) 石原昌家『証言・沖縄戦——戦場の光景』青木書店、一九八四年。

(18) 三谷博編『東アジアの公論形成』東京大学出版会、二〇〇四年。

(19) 例えば、上海の宝山製鉄所の建設にあたり、新日本製鉄の幹部は並々ならぬ助力をした。ある中国研究者によると、その様子について、次の小説はかなり事実に近い記述をしているという。山崎豊子『大地の子』全三冊、文藝春秋、一九九一年。

(20) ジョセフ・ナイのいう「ソフト・パワー」である。ジョセフ・S・ナイ『ソフト・パワー』日本経済新聞社、二〇〇四年。しかし、これを単に一国の勢力拡張の手段と見なすことは、その意味・効能を減殺してしまう。自国の利害・栄光を超えた普遍的な思想や公共財を惜しみなく提供するからこそ、人々はそこに集まるのであって、他国との競争を露骨に追求すると、人々はしらけてしまう。愛国心を利他的な目的に昇華するからこそ、その社会は魅力的になるのであって、逆ではない。

I

自分史を語る意味
——同時代史としての戦争と戦後

渡邉　昭夫

普通、自分のことを話す時は「私事でまことに恐縮ですが……」で始める。公《おおやけ》の場で私事を話すのは遠慮すべきであるというのが世間の通念だと思う。しかし、今私はその通念にさからって、私事を語らなければならない立場にいる。

歴史の実証研究ということとは区別した歴史の語り方として「来歴」という言葉がある。この言葉は、惜しくも二〇〇二年にお亡くなりになった政治学者・坂本多加雄さんが使っておられた。「来歴」と「歴史研究」。「歴史研究」のほうは、あることが起こったことに対する原因について外部の客観的な立場からなされる解明であるのに対して、「来歴」というのは当人が自己の人生や社会に対してある特定の実践的な態度や方針を取るに至った理由についての陳述である。当人が自己自身について語るものが一番オリジナルな姿であることは言うまでもない。そういう分け方をしている。

「物語としての歴史」という言い方をしたりする場合があると思うが、「来歴」を辞書で引けば「パーソナルヒストリー」と出てくる。日本語には「生い立ち」だとか「人となり」という、非常にいい言葉がある。その人がどのようにして「人」になったのか。その人の個性としての「人となり」という意味が「来歴」にはある。就職するときに履歴書を書くわけですが、「履歴」というのは「来歴」を一番シンプルな形にしたものだと思う。

言うまでもなく坂本さんは従来の「歴史」とは区別して「来歴」という概念を出された。「来歴」は個人に限らない。例えば、一つの国の国民としての来歴を語るのが国民の歴史である。そういう認識から問題提起をされたわけだ。

私は以下、私自身についての自分史を語るのだが、「自分史」を語るとは一体どういう意味をもつのか。本題に入る前に、多少申し上げておきたい。それは二通りの意味があると思う。

一つは、自分についての物語（自分史）と、国民についての物語（国史）とをいわば重ね合わせることによって自分のアイデンティティを確認する。そういう意味で自己の来歴を語るわけだ。つまり、自分自身を語ることを通じて、自分を包んでいるより大きな人間集団や共同体の来歴を語るということである。この場合、さしあたって私の場合でいうと、日本という「国」または「国民」の来歴を自分一個の「来歴」と重ね合わせて語るということになる。

一つの例として、三宅雪嶺という人物がいる。彼は一八六〇年に生まれて一九四五年に亡くなった。いわば明治国家の初めから十五年戦争の終わりまでを生き抜いた日本人である。その三宅雪嶺に『同時代史』という書物がある。雪嶺が一番社会的に活躍したのは明治時代である。雑誌『日本人』の主筆としてペンを振るったジャーナリストであり評論家だ。同書は三宅雪嶺が生まれた一八六〇年という年に何が起こったかということから書き起こし、次の年にはこういうことがありましたと一年一年、淡々と書き続けていく。それを自分の死ぬ年までずっと書いている。そういうスタイルの書物であるが、「同時代史」というものの一つのパターンだと思う。

私は勤務先だった青山学院大学を辞めるときに、同僚を相手に「人生と学問を語る」ということで自分の来歴を語った。もしも天が私に三宅雪嶺と同じぐらいの寿命を与えてくれるならば、最後の十年ぐらいは三宅雪嶺の例にならってそういうことをまねてみようと思わないでもない。今のところは、まだ一年分も書けていない。

「自分史」を語ることのもう一つの意味は、自分を語ることによって公定の歴史、つまり「国民の歴史」として公共化されている記憶（これは一般に国史と呼ばれていると思うが）との距離をとるための手法になるということだ。「公共の記憶」というものがあるけれども、しかし「私」という立場からみた物語はそれとはまた違う。その違いをはっきりさせるやり方として、「自分の来歴」を語るというやり方があると思う。

ところで、「同時代史」というのはどういう意味を持つのか。「世代」という概念を入れると、いわば同じ世代の個々人が語る複数の自分史というものがある。それらは当然、一人一人別々のものだということになると思う。そうすると、果たして、ある「世代」に属する人々の〈集合的な来歴〉というものを語ることができるのかどうか。私の中にはそういう問題意識がある。

自分が生きてきた一つの時代について、自分自身の来歴と重ねて考える。そして具体的に例えば日本という国、あるいは日本国民の来歴を考えるといっても、テーマは非常に大きく広がると思う。現在の日本に関する歴史認識と言うときに、一般的には二十世紀前半の歴史、あるいはもっと端的にいうと日本による植民地支配と日本による戦争という問題が中心になると思う。しかし、私が自分自身の来歴と重ねて話すという場合に、幸か不幸か、植民地支配の問題とはほとんど接点がない。

しかし、「戦争」ということについては非常に大きな重なりがある。むしろ「戦争」と「戦後」と言った方がいいのかもしれない。だから、私の話にあえて副題を付けるとすれば、「同時代史としての戦争と戦後」というようなことになると思う。

一　自分史

ここで私が語る「自分史」は、主としていわばその序章ともいうべき部分に限られる。「戦争」というと、これまた大変なテーマである。ここで語るのは「あの戦争」ということになる。しかし、「あの戦争」と言っても、京都に来て友人と話すと、「京都の人にとってあの戦争というと応仁の乱のことだよ」と半ば冗談で言われる。十五世紀の京都では、町を焼き尽くすような十年戦争が行われた。それを応仁の乱（一四六七〜七七年）という。応仁の乱の前後で、この京都の町は大きく変わった。京都の人にはそういう意識が今でもあるものだから、「あの戦争」「この間の戦争」というのは応仁の乱のことだというわけだ。しかし、今ここで私がお話する「あの戦争」というのがどの戦争をさすのかは多くを語るまでもない。

韓国の皆さん方にとって「あの戦争」といえば、多分、私のいう「あの戦争」とは違う戦争をお考えになるだろう。中国の方もまたそのようなことになると思う。つまり、それぞれの国民にとっての「あの戦争」には、どの戦争がその語り手にとって一番大事な戦争であるかという違いが反映されている。

また同じ戦争であっても、それをどういう呼び方をするかで立場が分かれる。私は何年か前にアメリカのウッドロー・ウィルソンセンターというところにいた。そこでいろんな人がいろんな研究テーマについて話すのを聞く機会があったが、日本語でいうアメリカの南北戦争をテーマに研究発表した人が、「あの戦争」（the Civil War）をどう呼ぶかについては、かの南北戦争をどの角度からどう見るかによって十指に余る幾通りもの言い方があるという話を冒頭二十分近く話されたのをよく覚えている。

ところで、私がここでお話する「あの戦争」についても、皆さんよくご承知のようにいろんな呼び方がある。いうまでもなく一九四五年八月十五日に終わった「あの戦争」のことを私は言っているわけだが、しかしそれについての物語をどこからはじめるかについてはいろんな選択がある。ある人々は「十五年戦争」と言うし、また別の人々は「三十年戦争」と呼んでいる。いずれにしろ私にとっての「あの戦争」は一九四五年八月十五日に終わった戦争である。今生きている日本人は、その時代にまだ生まれていなかった方々を含めて、「あの戦争」というときには一九四五年八月十五日で終わった戦争のことをまずは考えるだろう。

この日を「記念する」とはどういう意味か。「記念日」というのは、ある歴史家の言い方によると、悪しき過去からの断絶を画する出来事があった日を意味する。例えばフランス革命の記念日の「七月十四日」はそういう日として記憶されている。そうすると、我々が「あの戦争」について思い出す「八月十五日」を「記念日」だと考えるのは、それによってそれ以前の過去からの断絶としての八月十五日ということになると思う。その意味で、「戦前」と「戦後」という大きな区別は、今の日本人の歴史認識の中に貫かれている一つのパターンであると言っていいのではないか。トーマス・マン『魔の山』のひそみにならって言えば、「それが生活と意識を深刻に分裂させたある転回点・境界線」、すなわち、「その勃発とともに非常に多くのことが起こり、いまもって起こることをやめていないあの大戦」が、トーマス・マンや彼の同世代のヨーロッパの知識人にとっては第一次世界大戦であったのに対し、私たちにとっては、かつては「大東亜戦争」と呼ばれ、戦後は「太平洋戦争」と呼ばれるようになった「あの戦争」が、いまもって起こる多くのことに影響を与えているのである。

今言ったようなことを前提にして、恥ずかしながら私の「自己史」を若干お話ししたい。そして「世代」ということについては後でもう一度、別の角度から考えてみたい。とりあえず、私と家族の「来歴」について語っておきたい。

■私、家族の経歴と世の中の動き

昭和六（一九三一）年　九月十八日、満州事変。

七（一九三二）年　八月十三日、渡邉昭夫、生まれる。

十一（一九三六）年　昭夫四歳。父・正夫、第十四師団参謀長（宇都宮）。

十二（一九三七）年　昭夫五歳。正夫、少将に昇進、中部防衛参謀長（大阪）。

十五（一九四〇）年　昭夫八歳（久留米市西国分小学校へ転校）。正夫、第五十六師団長（久留米）。

十六（一九四一）年　昭夫九歳。十二月八日、真珠湾攻撃。

十七（一九四二）年　昭夫十歳。

十八（一九四三）年　昭夫十一歳、東京の中野区野方国民学校へ転校。のちに吉祥寺への転居に伴い武蔵野第四国民学校へ転校。

十九（一九四四）年　昭夫十二歳（大阪府岸和田市城内国民学校へ転校）。正夫、第三十二軍司令官として三月二十七日那覇に着任。八月十一日帰還（病気）、参謀本部付、その後予備役。岸和田へ転居、引退。

昭和二十（一九四五）年　昭夫十三歳（大阪府岸和田中学へ入学）。正夫、臨時招集、四月一日、大阪師管区司令官に親補。同じ日、米軍の沖縄上陸開始。六月二十三日、正夫の後任の第三十二軍司令官牛島中将自決、沖縄戦終わる。八月十五日、敗戦。

※この間、兄と母を病気で失う（一九四四年）。また戦後まもなくもう一人の兄も病没（一九四六年）。戦争と病気

（結核）で家庭崩壊。日本帝国の崩壊、家の崩壊、自我の崩壊とが重なり合う。

「あの戦争」を「十五年戦争」だと捉えるときには昭和六年九月十八日の満州事変（柳条溝事件）が起点になる。それから約一年後に、私は生まれた。誕生日の朝日新聞には、「満州国承認」の問題が紙面の真ん中に出ている。リットン調査団がどうしたこうしたとか、当時の内田康哉外相がどう言ったというような内容の記事である。私が生まれたのはそういう時代の日本であった。

昭和七年から私の自分史が始まり、昭和二十年八月十五日に「あの戦争」が終わったということになると、その時の私は満十三歳になってから二日目である。ということで、この十五年戦争（正確には十四年ということになるかもしれないが）と私自身の十三歳までの少年期とは、ほぼ完全に重なる。特に私の場合は、いわば戦前の日本でいえばエリート層ともいうべき、指導的な部分を占めていた職業軍人の家庭に生まれた。ところが、職業軍人の社会的な地位は、一九四五年八月十五日で逆転した。そういう家庭に生まれたために、自分自身についての歴史と、ファミリーヒストリーと、国家あるいは国民の歴史が「戦争」と深く関連しながら展開していく。

例えば、一九三二年に私の父（渡邉正夫）が何をしていたかというと陸軍野戦砲兵学校の教官をしていた。陸軍といっても歩兵と砲兵と騎兵というのがあって、父は砲兵の出身だった。その砲兵学校は千葉にあった。そういうわけで、私は千葉に生まれている。その当時、父は陸軍砲兵中佐であった。

先程も言ったように私の生まれるほぼ一年前に柳条溝の事件が起こっている。この事件の立て役者である建川美次という人は陸大の二十一期なので、陸大の三十一期だった私の父の十年先輩にあたる。後に日本の首相となる東条英機は四年先輩という位置付けになる。私は先程、私自身の歴史とその家庭の歴史と国家の歴史とが「戦争」との関連で密接に繋がって展開していると言ったが、私の父は、一切公《おおやけ》のことについては家庭では話をしなかった。もちろん私が幼かったということもあるが、私に限らず、家で天下国家のことについて語るということはまずなかったと記憶している。

一九三三年、私が満一歳のときに父は大佐に昇進して野砲兵第十連隊長になって姫路に赴任する。この頃に父がハルビンから幼い子供たちに宛てたハガキがある。このたった一通が、父の遺した筆跡として私の手許に残っている。どういう目的でハルビンへ行ったのかはよく分からない。今言ったように父は当時、姫路にある砲兵連隊の連隊長だったので、いわゆる満州事変そのもの・その後の満州の経営に直接関与したということは多分ないと思う。たまたま何かの視察のためにハルビンに派遣されたのではないか。従って、満州事変との関連について言えば、私の個人的な記憶と言えるかどうか分からないが、私との微かな接点は、ハルビンにいる父から貰った一片のハガキだけである。軍用ハガキに、これが松花江だよ、ここは川幅一町ぐらいあって日本の軍艦六隻がここにいるというようなことが書かれている。

その後、ほとんど一年ごとに転居するのが私の少年時代の生活であった。当然ながら、それは軍事的な施設のあったいわゆる軍都というところを巡り歩いているわけだ。やがて父が少将に昇任すると、大阪にある中部防衛参謀長というのになる。一九三七年七月七日、当時は支那事変と呼ばれた盧溝橋事件が勃発する。父は日中戦争についても直接戦場に行ったことがない。私の個人的な経験としても、あるいは私たちの家族の記憶としても、中国大陸での戦争とは直接の接点がない。十五年戦争というふうに言うと、私のような軍人の家ではどっぷりと戦争に漬かり切っていたように思われるかもしれないが、パールハーバー以前は、ごく普通の中流家庭ならどこでもそうであっただろうと思う雰囲気の日常生活だった。

やがて昭和十四年、私が七歳のときに東京にある杉並区桃井第二小学校に入学する。その当時、父は東京にある陸軍兵器本廠の長として少将に昇進しているという関係で私は東京で小学校に入る。

ここからが「戦争の記憶」ということと深く関わってくる。私が八歳のときに九州の久留米市にある小学校（やがて「国民学校」と言い方が変わるが）に転校する。その理由は父が久留米にある第五十六師団長として赴任するからだ。そしてそこにいる間に、父は一九四二年二月十六日、門司港から久留米師団を率いて南方へ出征する。三月二十六日にビルマのラングーン（ヤンゴン）に上陸し、北上してビルマと中国の国境地帯で、援蔣ルート遮断の作戦に従事するが、病気を得て十二月五日、福岡へ帰還。参謀本部付になり、後に再び東京に戻って陸軍科学学校（陸軍砲工学校の後身）の校長になる。従って私自身も東京に戻って幾つかの学校を転々とする。

一九四四年に、父は第三十二軍の司令官に任ぜられる。米軍がまもなく沖縄にやってくるだろうという情勢になって急遽編成されたのがこの第三十二軍である。戦前の日本においては明治以来、沖縄の戦略的な位置はそれほど重視されずにきた。従って、沖縄は軍事的にはほとんど空白であった。そこで米軍来襲に備えて急遽軍を編成するという任務を帯びて沖縄へ赴任するのがこの時である。当時私は小学校の五年から六年になるという時期で、吉祥寺の家から出征していく時の父の姿を今でも覚えている。沖縄での任務は、実はマリアナ沖海戦が近づきつつあるという戦況のもとで、西大平洋地域での海上戦を支援するための飛行場づくりであって、昭和十九年の春から秋にあけてその任務に従事したが、やがて沖縄に上陸する米軍を迎え撃つというように任務の内容が変わり、本人も体調を崩したという理由が重なり、東京に帰り、一旦退役になった父が父祖の地である岸和田に引退するのに従って、その年の秋、私は岸和田市城内小学校に転校する。

沖縄戦と父との関わりについてはこれ以上は省略するが、父が病を得て東京に戻ってきて、その後、牛島満中将が軍司令官として赴き、沖縄の地上戦がはじまって牛島中将は自決することになる。そういうことがなければ、私の父が沖縄戦で自決する立場になっていたのかもしれない。

私の父と私の家族の歴史を通じて、「戦争」というものの具体的な姿に触れたのは実はビルマ戦線と沖縄戦というこの二点だけであって、父は軍人といっても戦闘という場面に自らの身を置いたことはそう多くはないし、他の家族にも戦場に赴いたものはいなかった。

私は父からビルマ戦についても、あるいは沖縄戦についても、あるいは日本の国の動き全体についても直接語りかけられたことはない。しかし沖縄戦についてだけは、米軍が上陸して日々戦線が日本側にとって不利になっていくということが、非常に限られた情報であるけれども毎日、新聞紙上に出る。敵軍はここまで攻めてきて我が軍の状況はこうなっているということで、新聞紙上のその地図上で赤鉛筆と青鉛筆で敵・味方の配置を描き分けてじっと考え込んでいる父の姿を背中ごしに見ていたという少年の日の記憶があるくらいのものでしかない。

いずれにしろその戦争が終わることになり、一九四五年八月十五日に日本が敗戦の日を迎える。そのとき父は大阪城にある大阪師管区司令官という立場にいた。私が「戦争」というものについて、自分の家庭史あるいは父との関連で生々しい記憶としてどれだけのものがあるかというと、実はそれほどのものではない。父や兄や夫を戦場で失った日本中の多くの家庭と比べれば、とても典型とは言えない。

しかし、「あの戦争」が私にとって意味する痛切な部分は、むしろ家族を失ったことにある。戦争で父を失い、家を失った家庭は数多くあっただろうが、私の場合は戦争そのものというよりも、結核という病がその原因であった。一九四四年、父が沖縄へ行く前後に私は兄と母を病気で失い、まもなくもう一人の兄をも戦後すぐに病気で失う。そのうえ私自身も結核になって何年かをサナトリウムで過ごす。スイスのサナトリウムを舞台として展開するトーマス・マンの『魔の山』を追想するのは、そのためである。戦争と病気、特に結核というものが私の家庭を完全に崩壊させた。そういう形で私自身の家庭が崩壊するということと日本帝国の崩壊とが同時進行的に生じる。その中で私自身の自我がどうなったのかという問題である。

私がこういう問題を考えるときに非常に強く印象に残っているのは、戦後間もなく結核で死ぬ私の次兄との関係だ。

私はこれを「兄の世代」と呼び、私自身の「弟の世代」との対比で考えている。私は「父の世代」、「兄の世代」、「弟の世代」という三つの世代でこの時期のことを記憶し、思い出すことが多い。

兄は第三高等学校の学生としてあの戦争を迎えるわけだが、その頃の彼の日記がここに残っている。彼の第三高等学校の同窓生の三分の一は、動員されて戦場で死ぬ。三分の一は、病気（ほとんどが結核）で死ぬ。三分の一が戦後まで、生き残る。その意味で、兄の世代が最も深く戦争と関わり合った世代（いわば「失われた世代」）である。

もう一つは、私自身の生い立ちからすると、千葉から宇都宮、姫路、大阪、東京、久留米、そしてまた東京、大阪というふうに軍都を遍歴している。「戦争」といっても私の家族は、父を除いて戦場に行かなかった。むろん空襲は体験はしているが、実は私自身はたとえば東京大空襲とか広島・長崎などと比べれば、空襲らしい空襲の経験もほとんどない。戦争の末期、岸和田は、Ｂ29が和歌山県の潮岬から上陸して北上し、阪神に爆弾を落として帰っていく通り道にあたった。そこで残った爆弾をおみやげとして落としていかれたことが一、二回ある。その程度の空襲を体験しただけだ。

敗戦の年の春に中学校の一年になっていた私は、教室に行くということはほとんどなかった。生徒は教室に残らないで野外へ出て農作業に駆り出されていた。一番記憶に残っているのは、ガソリンが足りないので松根油を取るため、松の根っこの掘り出し作業に駆り出されたことだ。その作業をするために一里、二里の道を歩いて山まで行って、帰ってくる途中にアメリカの軍艦から飛び立った艦載機が射撃してきたことがある。それで、キビ畑のような高い草の影に隠れて艦載機を睨んでいたという経験がある。その程度で、私は多くの日本人に比べて戦争についての生々しい経験はたいしてしていないのかもしれない。

やがて占領軍としてアメリカ軍がやってくるが、米軍兵士との直接の遭遇もほとんどない。なぜなら、敗戦とほぼ時を同じくして発病した私はその間、山の中の療養所で療養生活をしていたからだ。私と同じ年生まれの江藤淳さんや石原慎太郎さんの名前は皆さんよくご存じだと思うが、こういう人たちには大変〈屈折した〉「戦争」というより「占領軍」についての記憶があるようである。それが戦後の彼らの日本「国家」についての立場、あるいはアメリカに対する態度に非常に強く反映していると思う。この人たちは東京の都会っ子。彼らにとっての最も直接的な戦争経験は、ある意味では私と同じように艦載機によって射撃されたという記憶のようである。その点は似ているところがあるけれども、彼らにとっての原体験はむしろ「占領軍としてのアメリカ」というものを通じての経験だったのではないだろうか。

二　世代とは何か？

そこで、もう一度始めに戻って、「世代とは何か」ということについて、多少ここで整理させていただきたい。

戦後、日本人が「あの戦争」について語るときに、私としては次の三つの世代あるいはグループを区別するのが良いと思っている。一つは「親の世代」である。私の父と母の生きた時代であり多少前後しても、東条英機、吉田茂、昭和天皇といったような人々と同じ世代ということになる。そういういわば戦争期の日本を指導した人から見た「あの戦争」というのが一つの語り口としてあると思う。だが残念ながら、私は私の父からまとまった形の物語を直に聞いたことがない。

・親の世代

父・渡邉正夫（一八八八―一九五〇）

東条英機（一八八四―一九四八）

表I-1　世代論からみた区分

	生年	20歳に達した時期	1945年当時の年齢	1970年当時の年齢	総数
第1世代	1875―1884年	1895―1904年	61―70歳	86―95歳	227,510
第2世代	1885―1894	1905―1914	51―60	76―85	1,678,867
第3世代	1895―1904	1915―1924	41―50	66―75	4,842,128
第4世代	1905―1914	1925―1934	31―40	56―65	7,945,347
第5世代	1915―1924	1935―1944	21―30	46―55	10,312,048
第6世代	1925―1934	1945―1954	11―20	36―45	15,321,411
第7世代	1935―1944	1955―1964	1―10	26―35	17,731,683
第8世代	1945―1954	1965―1974	出生以前	16―25	19,783,266

吉田茂（一八七八―一九六七）
母・渡邉蕃子（一八九九―一九四四）
昭和天皇（一九〇一―一九八九）

ちょっとここで寄り道になるが、表I―1は私が以前別のところ（『日本の近代8　大国日本の揺らぎ』中央公論新社）で使った世代論の表である。つまり、一九四五年を何歳で迎えたかということを基準に、それぞれ十年で括っている。十年ずつの人口が一九七〇年の時点でどれぐらいだったかを表にまとめてある。この表との関連で言うと、いま言った「親の世代」は第一、第二、第三世代ということになる。

・兄の世代（学徒動員、復員兵、失われた青春）
兄・渡邉信義（一九二四―四六）
古山高麗雄（一九二〇―二〇〇二）
司馬遼太郎（一九二三―九六）
大田昌秀（一九二五―　）
中曽根康弘（一九一八―　）
宮沢喜一（一九一九―　）
竹下登（一九二四―二〇〇〇）

村山富市（一九二四―　）
三島由紀夫（一九二五―一九七〇）

問題は、このロスト・ジェネレーション、「失われた世代」である「兄の世代」である。学徒動員も経験して、やがて復員して戻ってきた。いわば青春時代を戦争で費やした。戦争というものを、いわば自分のパーソナルなヒストリーとして深く深く刻み付けられた世代だと思う。私は「兄の世代」と呼んでおいたが、表I―1の分け方でいくと第五世代と第六世代がほぼその中心になる。

この世代の一人に古山高麗雄という作家がいる。二〇〇二年に亡くなったが、この人がビルマ戦記についての戦争三部作というのを書いている。彼の戦争についての記憶の仕方というのは一つの特徴的な例である。古山さんや司馬遼太郎といった人たちはいずれもいわばインテリ層ではあるけれども軍隊の中では一番下のほうの一兵士として戦争というものを経験した。古山さんの作品に描かれているビルマ戦記の悲惨なる経験。それから見ても分かるのは、上のほうが何を考えているかさっぱり分からない中で自分たち一兵卒は本当に歯車の一つとして、目前にある部分しか分からない。その中で泥水をすすり、どうにかこうにか生き延びてきた戦争である。だからといって自分は反戦だとか声高に叫ぶことはしない、という立場で語っているのが古山さんである。

司馬遼太郎も戦争について同じように非常に苦い経験を持っていると思うが、戦後の彼は日本の近代史全体をどう読むかという作業に移っていく。三島由紀夫は、直後の軍隊経験のあとは見られないが、むしろ思想的に戦争というより、アメリカ占領下の日本について全力で取り組むという形で、事後的に戦争を生きる。

「一介の兵士から見た戦争」というのは、今言った古山高麗雄や司馬遼太郎その他、それより少し上の世代の大岡昇平とか野間宏らが見た戦争である。学歴はあるけれども「一介の兵士」としての経験をした人たちの作家活動が非常に目立つ。「一介の兵士から見た戦争」のテーマに関連して、無名の古賀二等兵についてお話したい。久留米師団長として私の父が第五十六師団を率いてビルマ戦線に行く時に、私の小学校のクラス担任が古賀先生だったわけです。その古賀先生が召集されて、私の親父の率いる第五十六師団の一兵卒として行くことになった。

「君たち悪く思うな……」。先生自身は先生を率いて戦場に赴く渡邉の親父が悪いのだとは言わなかったけれど、我々生徒たちは急に先生なしのクラスになって、戦争をまずは実感する。古賀先生がその後どうなったか分かりません。もしも古賀先生が健在で生きていらっしゃれば、古賀先生は一介の兵士として「あの戦争」をどう語ったかを知る機会があったのかもしれない。師団長としての私の父はどう語ったか。この二つの「来歴」話は、残念ながら私は今持っていない。

ともあれ、そういうのが「兄の世代」の物語である。政治家でいうと、この世代に近いのが中曽根康弘さんとか宮沢喜一さん、あるいは竹下登さんとか村山富市さんという人々だったということを、とりあえず覚えておいたほうがいいかもしれない。沖縄の場合は大田昌秀さんという、この間まで知事をやっていらっしゃった方がその世代に入れられるでしょう。

・弟の世代　他ならず私自身の世代は戦争経験というより戦後経験（敗戦とそれに引き続く時代　原爆、空襲、焼跡、闇市、占領軍兵士など）のインパクトが大きい

渡邉昭夫（一九三二―　）

野坂昭如（一九三〇―　）

石原慎太郎（一九三二―　）

江藤淳（一九三三―九九）

加賀乙彦（一九二九―）
比嘉幹郎（一九三二―）
宮里政玄（一九三一―）

「兄の世代」が「あの戦争」についての経験を一番深く心に刻みつけられた世代であるのに比べると、「弟の世代」つまり私の世代は、戦争経験というよりもむしろ戦後経験が深く影響したと言ったほうがいいと思う。すなわち敗戦とそれに引き続く時代である。だから「戦争」と言っても、例えばそれは原爆であり、東京大空襲であり、戦争が終わった後の焼け跡であり、闇市であり、占領軍の兵士である。そういうのが我々が「あの戦争」について持っている個人的な印象の結節点になる。そういう占領体験のインパクトの方が大きいと思う。

私自身がそうである。石原慎太郎、江藤淳、それから野坂昭如がそうである。加賀乙彦という人は大変いい作家であって、この人の書いた『永遠の都』はそれこそファミリーヒストリーで、明治の自分の祖父の時代からずっと書いてきているのだが、その終わりの方に東京大空襲の物語が実に生々しく描かれている。

沖縄に関して言うと、私の個人的な友人の名を挙げて申し訳ないけれども宮里政玄さんとか比嘉幹郎さんなどのような人が私と同世代である。こちらは当然ながら沖縄戦というものを経験しているわけだから、「あの戦争」についての記憶の仕方は私のような意味での「戦後」というわけにはいかない。戦争と戦後とが密接に連続した形の記憶のあり方だという点では、同じ「弟の世代」とここに一括りにはしているけれど大きな違いがあるということを知っておかねばならないだろう。私の先の分類でいうと第六世代になる。

その後、私の分け方でいうと一九四五年当時にはまだ生まれていなかった多くの方々が第八世代にくる。従って、皆さん方が「前の世代」というふうに語るときにも、「私の世代」のもう一つ上の世代なのか、あるいはさらにもう一つ上の世代なのかというような形で「世代」としての共通の記憶というものが語られることになるわけだ。もう一つは、それぞれの「世代」と言っても、それぞれが語る「自分史」というものから見た「あの戦争」についての記憶のあり方はかなり違ってくると考えてよかろう。

三　教育制度と世代

より広く多少今風の言い方を借りれば「三つの異なる言説のシステムとの関連」として捉えるならば、「近代日本」を考えるときに、

第１　明治の教育改革
第２　戦後の教育改革
第３　現在進行中の教育改革

の三つが大きな分かれ目になる。明治の教育改革後の教育制度の中で大学教育を終えた人というのがまずある。それに対して、戦後の教育改革というものを通じて、その後に教育を受けてきた人たちがいる。そして、今の日本では現在進行中の第三の教育改革がどのような性質のものとなり、どのような言説のシステムを生み出すのかという問題がある、と私は思う。近代日本についての「公共の知」を考える場合の世代の大きな分け方としてはこの三つがあるのではないか。

従って、より正確にいえば、戦後の教育改革以前に大学の学歴を終わっている世代は、ここで言うと親と兄の世代であり、一九四五年までに半ばは教育を終わっているけれど、しかし残りを戦後で育ったというハイブリッドが「弟の世代」、すなわち私の世代だ。そのあとが一九四五年以後の戦後の教育改革後に学齢に達して、全教育課程を「戦

後」という新しい教育システムの中で受けてきた純粋な「戦後」世代である。この大きな三つの分け方があって、そのことがやはり「あの戦争」、より広くいえば「日本の近代」ということについて世代論で語る場合に弁えておくべき論点だと思う。

石原昌家　私は今、偶然にこの場にいます。しかし渡邉先生のお話を聴いて、偶然にしてはあまりにも出来すぎた偶然だと思っているのです。

日本軍の第三十二軍がどういうことをやってきたか。沖縄の人とどういう関わりを持ってきたか。私は一九七〇年から今日まで、一貫してその聞き取りをしてきました。第三十二軍の渡邉正夫司令官のお話も若干耳にしていました。沖縄に赴任して来られて、ご病気で帰られた。そのあとの牛島満司令官の話もずっと聞き取りをしてきたのですが、渡邉元司令官はその後どうなったんだろうとずっと気になっていたのです。まさかここでこんな形で息子さんからお話を伺えるとは夢にも思わなかった。「肝を潰した」というのはこういうことかなと思いながらお聴きしていました。

私が訊きたいと思っていたことがお話の端々から伺えました。もし渡邉司令官がお元気だったら一九四五年の沖縄戦の推移をどんな気持ちで聞いていただろう。きょうそのお話があったのですが、特に私の胸を打つのは、黙って赤線を入れながら経緯を追っかけていたというところです。

もし渡邉司令官がそのまま沖縄戦の時にもおられていたら、沖縄戦の住民の被害は最小限に食い止められたのではないか。あの渡邉司令官は第三十二軍の首里軍司令部に食糧などを詰め込んで、六カ月も籠城出来るぐらいの強固な司令部を作った。首里決戦で日米最後の戦闘を終わらせて降伏するという形を取られていたかもしれない。それによって沖縄の住民も何十万という人が助かったのではないか……。

あの牛島司令官は、住民が一大避難所にしていた地域を飛び越えて、摩文仁南端（沖縄本島最南端）に司令部を移し、持久戦に移っていった。つまり、非戦闘員を盾にして日米決戦を長引かせるという形をとった。歴史に「もし」はおかしいかもしれません。しかし、もし渡邉司令官の下でだったら、首里決戦ということになったのではないかという気がします。

渡邉元司令官の在任中に長勇参謀長が沖縄第三十二軍に移ってきて合流しますが、彼は昭和十二年の南京大虐殺事件を起こした日本軍部隊の一員でもある。実は牛島満さんも長勇さんも南京大虐殺の資料館に展示されている日本軍組織図の中に名前が記されています。そういう方々が沖縄へやって来て沖縄戦を指揮した。もし渡邉司令官の下であれば、戦闘の仕方は異なっていたかもしれないというようなことを思いながらお話を伺いました。

渡邉昭夫　本当に偶然ですね。沖縄戦についてある共同研究が行われていて、「お前もやれ」ということで私も今その研究グループに参加しています。私が追いかけているのは、戦前の日本の軍の観点から見て、沖縄がなぜあのような扱いになったのか？　沖縄に戦略的価値があるとはほとんど考えなかったからこそ軍らしい軍を配置してこなかったのです。ところが、あの戦争の最終局面になって、いわば泥縄的に軍を編成することになった。しかもそれについていろいろな混乱がある。

私の父がリコールされるのは確かに表面は病気のためですが、多分大本営から見た〝作戦の変化〟ということもその背景にあったのではないか。明治以後、日清戦争が一つの画期になるのですが、日本の軍隊の歴史ということから「沖縄」というものをどう見てきたか、そして第三十二軍の編成にどうして至るかというテーマを今追いかけています。石原先生の調査結果を是非参考にさせていただきたい。

もし渡邉、牛島司令官の交代がなければどうかというのは、私はあまり自信をもっては言えませんが、感ずることがないわけではありません。

黒住真　お父さんが「ほとんど語らなかった」と言われたことがすごく印象に残りました。私の父親も、ほとんど家でしゃべらない人でした。とにかく上のある世代の「父」というのは「語らない」というイメージが、私の子供時代にすごく残っていた。ある世代のマナーみたいなものになっていたような気がします。子供時代の私は、それを何かもどかしいような、不思議な気持ちで眺めていました。父の場合は戦争には行きましたが（渡邉司令官よりも）世代が少し後なので、後年、少しずつ語り始めたけれども、「語らなかった」ということは一体どういうことなんだろうと子供の私は感じていました。

そこに私は、ただ「善い」とか「悪い」とかではなくて、ある世代のもっている運命感みたいなものがあったのではないかと思う。例えば、父親が外に出て抱えている問題を家族に語らない。それはいわば家族を守るという面もあるかと思われますが、他方、家族の側としては、そのことによって突然いろんな変化が運命的に訪れるということがあるわけですね。で、父親はその外にいるかというとそうではなく、その運命をいっそう引き受けてもいるのです。

しかし現代の我々のことを考えてみると、例えば私が子供にずっと黙っていて、突然「こうなったよ」と家族と外の世界との関係を表に出すといったやり方は多分ほとんど出来ません。ところが、以前はそうだったわけですね。お父さんは「語らない人」だった。その辺りに一体どういうことが含まれているのか。これは意外と「公共性」の問題にも繋がるのではないか。そこに様々な含みがあるかと思われますが、先生のお考えをお聞かせください。

渡邉昭夫　私の父があまりしゃべらなかったというのは個性も関係しているでしょうが、一つは今の自衛隊の軍人さん（軍人さんとあえて呼びます）はどうか知らないけれど、戦前の軍人の一つのカルチャーとして「守秘義務」があった。ちょっと大袈裟かもしれませんが、国事のうちでもなかんずく軍事に関しては家族にも軽々にしゃべってはならないと教え込まれていたのではないでしょうか。

例えば、家族の前では、「明日どこへ行く」というような話もしない。我々子供から見ればどうってことないようなことでも、その点は徹底していました。ただ、私がまだ十代初めの頃に「建川の奴は……」というようなことを少し酒の入った夕食の席で言っていたことをおぼろげに覚えています。私の父は全く非政治的な軍人だったので、東条英機さんとか建川美次さんのような政治的な先輩を体質的に非常に嫌っているという感じが後になって多少分かりました。

もう一つ「父と息子の間の葛藤」というのが永遠のテーマとしてあります。それは私の父と兄の間にも見受けられました。兄の三高時代の日記の中で、問題の十二月八日（日米開戦）について書いているところがある。その辺りで父との関係も出ています。この時期は、私の兄は要するに父に対する反抗というポーズを取っていました。しかしこの兄は戦後すぐに病死してしまったので、残念ながら物語はそこで途切れてしまった。

この時点では、父に対して表には「いい子」であろうという兄の姿勢がよく見えているし、国に対しても十二月八日を「瞑すべき、嘉すべき日よ……」という感じで始まっていて、「もの皆全て奮起すべき時、ついに来たれり」という調子で書かれている。しかし、そのあとをよく読んでいくと、戦争のことや父と子の関係をめぐる屈折した気持ちがところどころに表れていて大変面白い。私は当時まだちょっとおさなすぎて、親父に反発するところまで行かない間に物事が終わりました。

三谷博　これを一般化して考えてみたい。実は戦後の日本において、父親が戦争で経験したことを息子に語らなかったことが問題になっています。職業軍人のしばりも戦後は解けたはずなのに、なお語らなかった。そういうことがあったようですが、先生のお父様の場合は……

渡邉昭夫　これは全く私事にわたりますが、私の親父は敗戦とともに終わった人です。端的に今の言葉でいうと惚けてしまった。従って、意味のある会話が出来るという相手ではなくなりました。戦後五年間は物理的な意味では生存していたけれど、社会的には敗戦で父の人生は終わりました。

金泰昌　渡邉先生はご自身を「弟の世代」とおっしゃりながら、例えば石原慎太郎とか江藤淳の「屈折した」戦争観にも触れられました。どういう意味で「屈折」していたのかをご説明いただけるでしょうか。

私は、「自分史」ということと「国民の歴史」ということとの間に、いわゆる〝公共の記憶〟を設定すべきだと考えております。

例えば親と子の間の文化的な現象は、いってみれば一つの美学なのかもしれませんね。特に日本の場合は「あまり語らない」ということが今も続いている。男の私がしゃべると、すぐ「しゃべりすぎだ」と否定的に言われます。親の世代が直接自分の息子に向かっては言わないとしても、やや開かれた形で不特定の対象に対して言うことまでが封じ込まれてしまえば、「世代間の継承と共有」が不可能になるわけですね。

ですから、親と子という「パーソン・ツー・パーソン」（個対個）の関係ではあまりしゃべらない文化だと言っても、親の世代と子の世代の間で直接・間接に継承というのがなければ、親の世代が持っていた考え方や、悩みや、苦しみや、嬉しさが公共する経験としては断絶・消失してしまうわけですね。ですから、何らかの世代間対話というのが必要ではないでしょうか。

「文化」が原因なのか、それとも別の原因があるのかは分かりませんが、今の「歴史認識の断絶」ということも、部分的にはそういうところから来ているのではありませんか。「滅私奉公の潔さ」の価値を認めるとしても、せっかく一つの世代が個人的にも集団的にも経験したことをその世代だけのものとして封じ込めてしまうことには問題があるとしか考えられません。それを次の世代へ何らかの形で伝える。それが次世代によって批判的、選別的に継承されるということがなければ、新しい「生生」の部分も出てこないのではないかと思われるのですが、どうでしょうか。日本の場合、例えば近隣諸国と個人的または集団的に付きあうときに、認識と記憶の〝空白状態〟が原因になって「対話」が成りたたないという問題をずっと引きずってきているわけです。

その当時の日本人の文化や美的感覚からみて、「あまり男はしゃべらない方がいい」というのを一応認めるとしても、「それでいいのか?」という問いかけが生じます。当時のことを語ることができる人たちはほとんど亡くなってしまいました。しかし、例えば渡邉先生と石原先生が偶然出会って話をしたことがきっかけになって新しい次元が開かれるということがあります。このような出会いと対話を通して、お互いあまり認識していなかったことを認識するようになり、国家が制定した公式的な記憶の向こうに忘却されていた次元が、生々しい記憶として、よみがえり、そこから新たな相互理解の地平が展開されるということであります。

いろんな人々と出会って話してみると、今まで知らなかった部分が明らかになります。それは、国家が作った教科書には出てこない部分です。そちらの方が、私たちの歴史認識をもっと活き活きしたものにするのに役立つだろう。

それを上の方から、誰かの観点から、全部一元化してしまおうというのは恐ろしい歴史の捏造にほかなりません。その創作にある意味では補足するというと少し弱い。「必ずしもそれだけではない」という歴史を、私たちが意図的にでもやっていくのが今残っている課題ではないでしょうか。

渡邉昭夫　「語らない父、聞かない子」という定式があると思います。子供は訊かない、聞きたがらない。私の子供の世代も訊きません。「安保騒動って何だったの?」という発想自体がないのかもしれない。「どんなふうに生きてきたか」という質問を発したこともない。その気配でもあれば、こちらは何かと言いたいことはあるけれどその気配がない。やや一般化して言いますと、「コミュニケーション」は母と子の間なんですよね。私の家庭を見ていてもよく分かる。子供は私のことを妻を通じて聞いて知っています。これがかなり大きなパターンとしてあるような気がする。従って、母が大事になります。

きょうは母については話しませんでした。残念ながら私の母は、父がまさに第三十二軍の軍司令官として吉祥寺の家を出るときに死の病床についていました。父が那覇に着いたころに母は亡くなります。そういうことがあるので、私にとって「戦争」は、私の家庭をぶっ壊したというイメージと密接に関わっている。母が生きていて様々なことを語っていてくれたとしたら、また少しは違っていたかもしれません。私個人にとって、それが非常に残念な思いです。

古山高麗雄という作家も三高をいわばドロップアウトします。選択すれば将校になれるのに、敢えて一兵卒の途を選んだ。そういうキャリアを辿ります。戦後になってビルマでどういうことを経験したかをしゃべりたくても聞いてくれる人がいない。「これは自分の家内も含めてだ」と言うのです。それで彼は文筆を通じてしか伝えられないと、しつこいほどそれを書いていきます。しかも自分自身だけのことではなくて、ビルマ戦争を共に戦い、当時はお互いに知らなかった一兵卒の一人ひとりを訪ね歩きます。「君は何を覚えているんだね」というようなことで聞きとりをしながら作品を作り上げていく。そういうスタイルの作家です。

しかし、かつての兵士たちもこれまたなかなか話をしてくれない、語りたがらない過去という壁があるのです。特に悲惨な戦争を自分の身に体験した人たちは、語りたがらない。「語らない父」というテーマに関連して、今そのことを思い出しました。

それから、「屈折」したというのはどういう意味か。『ノーと言える日本』を書いた石原慎太郎は江藤淳と、盛田昭夫の二人と本の中で対談します。その中でお互いの戦争経験を語っている。正確なところは覚えてませんが、例えば石原は湘南ですね。あそこに艦載機がやってきてバリバリとやられた。パッと見たらアメリカ兵が上からニヤニヤ笑っていやがった。けしからんと怒った。そういう物語がある。それは私に言わせれば、東京大空襲であわや死ぬかという悲惨な目にあった加賀乙彦なんかと比べればどうってことない程度の戦争経験なのです。

むしろ戦後の話が大半なのかもしれない。江藤淳は日比谷高校の出身だと思います。すぐ近くに米軍の司令部があった。都会っ子のませた小僧っ子たちが帝国ホテルだと思うがそのロビーに入り込んだりして何かやっているところへ米軍の兵士がやってきてどうのこうのという情景があるわけです。

だから米軍兵士によって占領されたという強烈なイメージがある。それが非常に屈折して出てきた。だから、彼らを動かしているのは「戦後」経験です。一般には、革新でなければ保守ですが、石原や江藤のようなタイプの人には非常に屈折した反米感情が有ることが、私には明らかに読み取れます。そういう意味で「屈折」しているのではないか。

金泰昌　今お話を聞いて、改めていろいろ理解出来ました。父親はあまり語らない。それは公的なことがらを私秘空間としての家庭にまで持ち込まないという考え方に基づいての行為かもしれません。このことは家庭内の問題として改めて注目する必要がありますね。公的な、国家に関わることを家族と共有する必要を感じないということは、大きな問題ではないかということです。そして、人々が語らないがゆえに、体制もしくは一部の人間たちが自分の都合にあうようにこれを捏造していく〝権力の横暴〟というのがあります。それに対して、「真実はそうではないんだ」という発言がないがゆえに、歪曲・捏造された歴史が定着してしまうということになります。

ですからそれは個々人の〝美学の問題〟で終わるようなことではありません。もしも日本が「国民共同体」というものだとすれば、語らないことは世代間の継承と生生の断絶となる。批判的でもいい。たとえ自分の気に合わない事柄であっても「語る」ということなくして、国民共同体というのが果たして成りたつのでしょうか。

一方では「国民共同体」ということを声高に議論する人々がおります。しかしながら、彼らは、(国民共同体の)他国の植民地化とか戦争に対する責任を問おうとはしない。それは大きな矛盾だと私は思います。「国民共同体」ということを言わないのなら分かるけれども、「国民共同体」を言いながら、「前の世代(国民共同体)がやったことに対して今の世代が責任を負う必要はないんだ」と言う。この感覚が到底理解出来ません。

一つは、「国民共同体」という概念を無くしてしまうことです。そうでなく「国民共同体」という概念に忠実に、そして今の世代に対して「お前らは日本という国民共同体の一員だから日本のために死ぬ必要がある」ということを言うのであれば、当然、「前の世代がやったことに対して今の世代は責任を負う」という論理に繋がるはずです。今、日本で歴史認識の問題を中心にして語られている「論争」がそこまで突っ込んで議論していない面に、私はもどかしさを感じます。

先生のお話を聴いて分かったことは、(今の子供は父親から聞く気配がない。それはまあ人によってそうでしょう。今の時代の若い人は、戦争の話が出るたびに、自分たちも悩み深い気持ちになるはずです。「我々がやったことでもないのに、なぜ他国の人々からあれこれ言われるのか……」と。

民放テレビ関連の一人の女性キャスターが従軍慰安婦の問題で韓国に行って、元従軍慰安婦だった方と話をして、あまりにも心が痛んだので帰って来て公のテレビ番組で、「なぜ我々の親の世代はこれに対してきちんと決着をつけてこなかったのか。それゆえに我々はこんなに悩み深いことをしなければならない」と、親の世代に問いかけていました。

「本当はどうだったの?」。その問いに対して、亡くなった人は言うに及ばず、まだ生きている人も、子供の世代から発せられた問題提起に対して真っ当に答えようとしない。これは「美学」の段階ではないのではないかという気がします。

ただ沈黙を守り続けるがゆえに、一方の議論だけが一方通行でどんどん強化されていって、それがあたかも国民全体の考え方とか記憶であるかのようになって行きますね。これではいつまでも現状のままで続くしかない。そこをどのようにすれば建設的な突破口が作られるのか。今、渡邉先生と石原先生が偶然を機会に対話されたように、例えば韓国と日本、中国と日本も「対話」が必要ですね。本当の、正直な、人間的な「対話」によって、両方ともあまり知らなかったことを知るようになる。そこから、今まで一方的に押し付けられた記憶を真実に近い記憶に再構築していくという道筋が開けるのではありませんか。地味ながらも必要なこのプロセスを踏んでいかねばならないと考えています。

渡邉昭夫 これは大きな問題だと思います。そのうちのごく一部について、取り敢えず申し上げておきたい。例えば古山高麗雄さんは、戦争についての公的な歴史、つまり当時偉かった人たちが書いた歴史というものに自分は納得していないという意識をはっきりもって書いています。だから、「公」の歴史に対して「自分史」という観点から切り込もうとした。彼は「私はここで戦争についての哲学を言うとか、日本の戦争全体を断罪するとかという姿勢はとらない。自分の見た戦争はこうだ……」と書いています。

しかし、例えば大岡昇平が書いたルソンの戦いにしろ、野間宏が書いた軍隊にしろ、私の言葉で言えばそういう「一兵士の目を通じて語った戦争」の方が遥かに一般の今の日本の人たちがもっている戦争のイメージに影響を与えているのです。

防衛庁が書いた公的な歴史は、我々専門家には、いろいろ事実を確定するのに便利なところがあるけれども、それは一般の人のイメージとはほとんど関係ない。だから、あまり公の歴史に引っ張られない方がいいのかもしれない。このことを取り敢えずは指摘しておきたい。

林志弦　私はこの問題を「男性性」と「公共性」の問題として考えてみたい。私から見ると、戦前の世代というのはおじいさんの世代になりますが、家で外のことを言わないというのはやはり、「公共性」から女性と子供を排除するということになります。犠牲世代と子供の世代（特に息子の世代）とは、やはり「公共性」を独占するヘゲモニー争いをしている。

それは決してアジア的、儒教的な話ではありません。十九世紀のドイツをよく見ると、それは近代的な男性性がいかに公共性を独占するかという問題であるとも言える。だから、歴史認識の問題を語るときに「公共性」ということを抽象的に言うのではなくて、どの社会のどういう集団が「公共性」を占有したのかを話さなければなりません。

「オフィシャルヒストリー」すなわち公的な記憶というのは、やはり「公共性」を独占したある特定の集団が全社会を代弁するということだと思います。だから、特にマイノリティーから見る「パーシャルヒストリー」というのは、そこからの抵抗としてそういう記憶というのを解体し、再構築する試みではないか。

李成市　渡邉先生は「世代」の区分ということについて何度か言及されました。その区分の由来をお話ください。というのは、先生の「親の世代」にあたる黒板勝美について、日本の国史の設計者だと私は見ています。黒板はまた、〈植民地文化政策〉の立案者でもありました。しかしながら国史の構想や、植民地政策の構想や意図については、まとまった形では全く語っておりません。そこで私は、先生の世代論で言うと「兄の世代」が「弟の世代」に、黒板が植民地文化政策で何を意図してどのようにやったのかを語る資料を通して、黒板の構想や意図を検討してみたいと思っています。そのような語りの資料を通してしか親の世代のことが探れないのです。

語らない「親の世代」がやったことを、「兄の世代」や「弟の世代」の学者たちが語る。即ち、黒板先生は何を目的に何をやったのかについて語っています。私はその「弟の世代」の先生から歴史研究の知的訓練を受けました。この人たち（「弟の世代」）が、日本で近代歴史学を作り出していった親の世代の全体像を摑み得ない。そういう継承関係があるのではないか。そういうところを手掛かりに話したいと思っていますが、渡邉先生から大変重要な枠組を教示していただきました。

渡邉昭夫　「世代論」というのはなかなか難しい。目的に応じていろんな切り方が出来るからです。その意味でいうと「何ら根拠がない」ということになってしまいますが、ここで私が世代論を使ったのは、一九七〇年代以後の日本を扱った作品を仮に書くとして、それを書くときに私が対象にしている人たちは戦前・戦後という時代をどんなふうに感じている人たちの集まりなのか。そういう思いから、彼らに接近する一つの手段として世代論をやりました。

その時の一番の基準は、先ほども申したように「一九四五年八月十五日」で何が清算されたか、清算されなかったか。これを軸にして考えました。八月十五日を何歳で迎えたかを基準に、十年ぐらいずつで（第〇世代というように）分けて見ると、多少議論の整理が出来るかなという程度です。それ以上のものはありません。

もう少し広くいうと、いわゆる明治国家というものを作り、運営してきた祖父の世代があり、父の世代がある。その後を受けて、今我々が生きているという捉え方に当然なります。明治国家を作った人たちが自分たち自身でどれだけ語っているかということがもう一つのテーマとしてあります。例えば、幕末明治に活躍して明治国家の基礎を作った人たちは自分自身についてかなり語っているような感じもします。そこは一概に言いにくいけれど、いずれにしろそれを受け継いだ「兄の世代」「弟の世代」がそれをどう解釈し、どう読み直すかという作業は避けられないと思います。

Ⅱ
戦中・戦後沖縄の歴史体験と歴史認識

石原　昌家

はじめに

　日本社会の中では、戦中・戦後沖縄における歴史体験と歴史認識は、きわめてユニークであるといえる。その要因は二つあげられる。第一は、アジア太平洋戦争という日本の歴史体験で、沖縄は県全体が日本で唯一、日米最後の地上戦闘（沖縄戦）に巻き込まれたということである。第二は、その戦闘から引き続き、日本国家から分断され、二十七年間も米軍の実質的な占領統治下におかれてきたことである。

　この沖縄住民の歴史体験は、日本本土国民とは決定的に異なるところである。その相違点の第一は、沖縄の日本軍が非戦闘員の一般住民までも戦場動員しただけでなく、その住民をスパイ視・虐殺したり、死に追い込んだりするなど軍隊と住民の本質的な関係を露呈したこと。第二の相違点は、米国軍隊による沖縄占領の継続を昭和天皇自身が望み、その考えに沿う形で講和条約第三条によって沖縄が実質的な米軍占領支配体制下におかれ、日本国憲法に程遠い非人間的状況の中で戦後生活を歩まされてきたこと、である。

これら二つの歴史体験が、日本本土国民と異なる歴史認識を形成してきたといえよう。そこで、戦中・戦後沖縄における歴史体験とそれに基づく歴史認識については、さまざまな角度から考察できるが、ここでは社会学の「生活史法」に基づいて調査し、集積してきた事象を類型化して、さらに典型的事象をいくつかのケースとして列挙することによって、具体的に認識していきたい。

一　沖縄戦の体験

時代背景の概略的説明

沖縄戦における歴史体験と歴史認識について論及するにあたり、明治期から沖縄戦直前の体験についても若干触れておくことが必要である。

まず、日本の歴史の中では、琉球・沖縄は天皇制の「化《け》外《がい》の民」であるということを認識しておかなければならない。

琉球が一六〇九年に、薩摩藩の武力侵攻をうけて、廃藩置県まで幕藩体制下に置かれていたとしても、中国の冊封体制の影響も受けつつ、一応、独立国的な「琉球王国」を形成してきたので、琉球人にとって「わが主」は、琉球王府ということが、歴史的に刷り込まれてきた。

一八七九（明治十二）年に琉球の「廃藩置県」を断行するため、明治政府が軍隊・警察権力で「琉球処分」し、首里城明け渡しを命じた。そのとき、琉球王府の使臣のひとりが中国（北京の李鴻章）に助けを求めたが、明治政府が琉球を日本の版図に組み込むことを、中国は軍事力で阻止しようとはしなかったので、北京で抗議の自殺をしてしまうということが発生するほど、王府への忠誠心が高かった。

かくて、琉球は強権的に沖縄県として日本国家の版図に組み込まれたので、明治国家成立以降、琉球人は天皇の臣民、すなわち皇国臣民としての日本人に同化を強いられることになった。

そこで、「国内植民地」的沖縄県では、これまでの琉球人を沖縄県民に改造するために、国家神道による皇民化教育が徹底的に行われることになった。

しかし、沖縄には形骸化はしていても、なお「琉球王府」を主と仰ぎつつ、土着信仰が根強く残っていたので、国家神道が浸透し得ない要素が残存していた。したがって、一八九八（明治三十一）年に沖縄県にも施行した徴兵業務を通して、日本の軍隊は沖縄県人に対して、①軍事思想に乏しい、②国家意識が希薄、③天皇制国家体制に対する観念が徹底していない、④事大主義のため外圧に屈しやすい——と把握していた。(1) さらに沖縄県が日本の中で「移民県」として、外国へ移民を数多く出してきていること自体でも、沖縄県人を警戒していた。つまり、沖縄には皇民化教育が徹底的に浸透し得ない間に、外国を見聞してきた移民帰りが多いので、防諜上、憂慮すべき状況にあると認識していたのである。日本軍部は、徴兵業務を通して直接沖縄住民に接することによって、「沖縄県人は民度が低くて、信用できない」という一貫した見方を持つようになった。

アジア太平洋戦争の末期、日米両軍の戦闘が日本本土近海へ北上してきた一九四四（昭和十九）年三月二十二日に、「南西諸島方面防衛軍」・第三十二軍が創設され、沖縄に軍司令部を設置し、まもなく日本軍部隊が大挙沖縄へ移駐を開始した。

日本本土国民と沖縄住民との戦争体験の決定的な相違は、この段階から始まった。

それは前述のとおり、日本軍部が「沖縄県人は信用できない」という特殊な歴史認識を抱いていたことと、一般的に、日本軍は、軍隊教育を受けたもの以外は「地方人」と称して、まず信用しないということを前提にしていたことがあげられる。

しかしながら、日本軍としては、兵舎建築や陣地構築に必要な資材や人力が極端に不足していたことや建設の準備期間もないままに移駐したことと敵の空襲か上陸が間近に迫っていることなどの条件が重なっていた。そこで民家を兵舎代用し、「信用できない」住民と同居せざるを得なくなったばかりではなく、陣地構築にまで住民を駆り出さざるを得なくなった。いわば、軍隊の最高機密に属する部隊の編成・動向や陣地（軍事基地）について、「信用できない住民」「地方人」に知られてしまうことになったのである。

日本国内で「皇土防衛」の最前線に位置づけられた沖縄住民と日本本土国民の戦争体験の相違点は、まず、米軍の本土進攻に先立って、軍隊と住民とが抜き差しならない関係に陥ったということである。

この沖縄の日本軍が抱え込んだ軍隊としてのジレンマを解決するために打ち出したのが、「軍官民共生共死の一体化⑵」の方針という「県民指導要綱」であった。それはまた大本営の意を受けて、「現地自給に徹せよ」「一木一草戦力化せよ」という第三十二軍がとった作戦の末路を示すものでもあった。

沖縄戦体験の特異性

一九四五（昭和二十）年三月二十三日に米軍は沖縄上陸前空襲を行い、引き続き艦砲射撃を開始して、二十六日に慶良間諸島、四月一日に沖縄本島へ上陸を敢行し、沖縄は全県的に日米両軍の決戦場となった。

つまり一九三一（昭和六）年に始まる十五年戦争の過程で、沖縄住民は「国体護持」のために日本で唯一、日米最後の地上戦闘に巻き込まれ、戦場に総動員されることになったのである。

その結果、沖縄住民は、二つの点で日本本土国民とは歴史体験を異にすることになった。第一に、三カ月余の長期にわたって、肉体的にも精神的にも究極の死の恐怖と緊張状態に晒されることになった。

第二に、国内が戦場になったときは、自国の軍隊と自国民はどのような関係に陥るかということを沖縄住民はつぶさに体験することになった。その体験を通して、軍隊というのは、戦闘のためには軍事最優先で、軍隊の論理が貫徹し、決して住民・国民の生命・財産を守らないということ、それどころか、軍事作戦のために、自国軍隊は自国の住民・国民の生命さえ奪うものだということを学んだのである。

沖縄戦体験の態様

さて、筆者は一九七〇年から今日まで、数千人に及ぶ人たちから戦争体験を聴き取りしてきたので、その体験内容を類型化していくことによって、その特徴を剔出していきたい。この体験の類型表は、一九九一年十月に「第三次家永教科書訴訟」の「沖縄戦に関する部分」について、筆者が東京高裁の控訴審で原告であった家永氏側の証言者として法廷に立ったとき、「意見書」の中でまとめた「住民犠牲の態様」の類型表が原型である。[3] 沖縄戦体験の態様は、沖縄戦における住民犠牲の態様ともほぼ一致する。なぜなら、「鉄の暴風」と形容されるほどの熾烈な戦闘下から生き延びた人たちというのは、死者とは紙一重で奇跡的に生存できた人たちだからである。したがって、生存者の体験は、戦争犠牲の態様に合致するのである。

なお、沖縄戦体験を記述するたびにこの類型表を掲載しているが、そのつど若干の修正を加えている。本表において、「Ⅱ　戦闘員と強制連行」の項目を新たに設定してあるが、沖縄戦で沖縄住民以外の戦死・戦没した人たちの存在を明記しておくためであり、具体的態様は記述していない。

沖縄戦体験の類型表

沖縄戦体験の態様にしたがって、「Ⅰ　住民　(1)　米英軍による被害、(2)　日本軍（皇軍）による直接・間接の被害、(3)　戦争に起因する被害」に大別、類型化し、「Ⅱ　戦闘員と強制連行　(1)　戦闘員である日本の軍人・軍

表II-1　沖縄戦体験の類型表

I　住民

(1)　米英軍による被害

①米軍の爆撃機による空襲
②米英艦船による艦砲射撃
③地上戦闘における米軍の砲・銃撃など
④米軍の「馬乗り攻撃」(避難している洞窟・壕内出入り口や洞窟の天井部分に地上から削岩機で穴を開け、ガソリン・爆雷・ガス弾などでの攻撃)
⑤米軍の最高指揮官、バックナー中将の戦死に対する無差別報復攻撃
⑥米軍が収容した住民に供血の強制・断行
⑦女性に対する戦場・収容所内での強姦

(2)　日本軍(皇軍)による被害

1)　日本軍に直接被害を受けた人の態様
①スパイ視(その理由は1日本軍陣地付近をさまよったため情報収集しているとの嫌疑、2本土出身兵士が理解できない沖縄方言を使用した、3米軍の占領地域から日本軍最前線に迷い込んだとき、敵が送りこんだものとの嫌疑)
②食糧強奪
③避難壕追出し
④軍民雑居の壕内で、乳幼児が泣き叫ぶのを殺害すると脅迫(軍事機密の陣地・日本軍の動向が敵に知られてしまうのを防ぐため)
⑤米軍の投降勧告ビラを拾って所持しているものをスパイ・非国民視
⑥米軍への投降行為を非国民視
⑦米軍の民間人収容所に保護された住民を非国民視・スパイ視して襲撃
⑧砲煙弾雨の中での水汲み・弾薬運搬の強要
⑨米軍に保護され、投降勧告要員にされた住民を非国民・スパイ視

2）日本軍に間接的に被害を受けた人の態様
①退去命令（退去先が食糧の入手困難な地域で栄養失調・悪性マラリア発生地で罹患）
②「作戦地域内」からの立退き、立入り禁止によって砲煙弾雨の中で被弾
③日本兵の自決の巻き添えによる負傷
④砲撃の恐怖・肉親の死などによる精神的ショックで精神障害者になり、戦場をさまよい被弾
⑤日本軍の集団死の強制（日本軍の「軍官民共生共死の一体化」の指導方針の下で、指導・命令・強制・強要・誘導・示唆・強引な説得などによって、親が子を、子が親を殺したり、友人・知人同士で手榴弾・爆雷・猫いらず・縄・鍬・カマなどで集団死したりするよう仕向けた。現在、いじめなどによる自殺を社会的他殺と表す用語を準用して、日本軍の作戦による軍事的他殺とも表現できよう）
⑥軍民雑居の壕内で泣き叫ぶ乳幼児を、肉親が殺害することを強要（軍事機密である陣地が敵に漏洩することを防止のため）
⑦立退き命令などによる肉親の遺棄（高齢者、障碍者＝精神障碍者・聾唖者、病人などの衰弱・被弾）

（3）戦争に起因する被害
①非戦闘地域における栄養失調（米軍が上陸しなかった地域でも食糧難のため）
②中毒（ソテツなど中毒を起こす植物を食糧難で食べたため）
③非戦闘地域における病気（医療品の不足のため）
④収容所内での衰弱（負傷・栄養失調）
⑤住民同士のスパイ視（米軍は住民でも絶対に殺すと日本軍にマインドコントロールされていた住民の中には、敵に捕まった後も出歩いている住民を全部敵のスパイとみなす人たちもいた。それで皇軍兵士と共に隠れている住民の所へ、敵に捕まった後で近づいてくる住民を住民が殺害・負傷させた例もある）
⑥住民同士の食糧強奪（避難民の農作物窃取に対する地主の過剰防衛）
⑦米軍の潜水艦攻撃等による撃沈（沖縄―本土航路の貨客船や疎開船、南洋などからの引揚船の撃沈）

II　戦闘員と強制連行

（1）日本軍の軍人・軍属

（2）米英軍人
（3）日本軍の強制連行による朝鮮人軍夫・朝鮮人慰安婦
（4）台湾人軍夫

に区分する。

この表では、十五年戦争という侵略戦争の過程におけるアジア民衆に対する加害の側面について触れていないので、沖縄の加害部分について若干のべておく。

つまり、沖縄県人が皇国臣民としての教育を受け、皇軍兵士として中国戦線に出征したという事実が存するということである。それは日露戦争以降、沖縄出身兵士も本格的に日本の海外侵出の過程で皇軍部隊の一翼を担ってきたという一環でもあった。そこで沖縄出身兵士が、少数ながらでも直接的加害者としての立場に立っていたり、中国各地を転戦するなかで皇軍部隊の残虐行為を見聞きしたりしてきた。かれらは除隊後、郷里にあっては「在郷軍人」として戦争指導者の末端機構の一員に必然的に組み込まれていった。そこで身内を含む周辺住民に対して「竹槍訓練」などの戦争指導を日常的に行っていった。これらの歴史体験が、沖縄住民の被害体験のなかに加害の部分として含まれることになった。

つまり、表Ⅱ-1にあるⅠの（2）2)における⑤「日本軍の集団死の強制」の項は、単に軍事機密保持のためという日本軍の作戦に起因するだけではないということである。

「聖戦」に従軍してきた皇軍兵士としての沖縄住民が、捕虜民に残虐非道な仕打ちをしてきた中国での体験にもとづき、身内や近隣住民に対する倒錯した愛情の発露として「敵に捕まる前にお互いで死んだほうが良い」と、「誘導・説得」していった。したがって、「絶体絶命の絶望的状況」のなかで親子・友人・知人同士で殺し合うことになった住民の行為には、中国での沖縄住民の加害の立場が、自らの被害をもたらした一因ともいえるのである。

　さらに、国策として南洋諸島へ移民していた沖縄県人は、意識すると否とに拘らず加害者の立場に立っていたことは明らかである。そのような移民者の中には、日米両軍の戦闘が北上するなか、沖縄へ引揚げてまもなく沖縄戦に遭遇し、日米両軍から被害を受ける形になっている人たちも存在する。

　また、サイパンなどで米軍の捕虜になった住民は、故郷の沖縄へ米軍が攻撃するための爆弾積み込み作業に否応なしに従事させられた。そして夜になると、米軍は沖縄爆撃の様子を撮影した映写フィルムを捕虜民に観せるという「心的障害」を引き起こすような仕打ちを取っていた（戦後沖縄の米軍基地労働者は、朝鮮・ベトナム戦争で米軍機への爆弾積み込み作業・爆弾磨き作業に従事させられ、アジア民衆に対しては加害者の立場に立たされている）。

深刻な戦争後遺症（トラウマ）となった沖縄戦体験

　一九六〇年代から七〇年代初期における米国のベトナム戦争後、帰還兵士に戦争後遺症が現れて、「心的外傷後ストレス障害」という病名が付けられた。沖縄戦で三カ月におよぶ極限状況下に置かれた将兵や住民のなかにも当然、一般的な人間関係を営めないほどの精神障害をもたらした人たちが存在していた。戦争体験の類型表とは別に、専門医による診断はなくても、精神的に深刻な体験によって戦争後遺症と称すべきさまざまな事例を列記することによって、戦中の歴史体験の精神的苦悩を詳らかにしたい(4)。

[事例1]
　沖縄女性と日本本土出身兵士との間に子どもが生まれた。しかし、父親は本土へ復員したので、妻子は遺棄されることになった。戦後、元日本兵の残虐行為が糾弾される中で、沖縄女性はその子どもを肩身の狭い思いをしつつ育ててきたが、父親の存在を知った子どもの精神的苦悩は相当大きかったようである。この種の事例はあまりの深刻さに

その存在すら触れることがタブーにされてきている。それはまた同時に、元日本兵の残虐行為を明らかにする調査をしているものにとっても、結果としてその妻子に精神的苦悩を与えているという心痛が伴なっている。

［事例2］

出征兵士の妻が、米兵に強姦されてまもなく夫が復員し、再会を喜んだ。その後、妊娠したことが分かってもその父親が誰であるかを知らないままに子どもを出産してはじめて、黒人兵あるいは白人兵との間の子であることが判明した。夫婦ともども、苦悩しつつその子を育てた。このように強姦されて妊娠した女性が、堕胎のため助産婦の家を訪れたが、なかには母子ともに死んでしまうことも起きている。

［事例3］

父子の目前で、妻（母親）が米兵に強姦され、親子ともども深刻な精神的苦悩を背負わされてきた。

［事例4］

米兵に強姦された女性たちが、加害米兵から食糧・衣料品をあてがわれているうちに、米兵との性的関係を生業とする「パンパン稼業＝売春」が自然発生的に形成された。

［事例5］

投降を絶対に許さない日本軍の存在が背後にあり、極度の恐怖心を植えつけられている米軍が迫ってくるという絶体絶命の絶望的状況下で、肉親同士でも殺しあう形になった。子どもを殺したが生き残ってしまった父親は凄惨な地となった故郷の島影さえみえない場所で、戦後生活を送らざるを得なかった。

［事例6］

家族揃って避難途中に爆撃をうけ、瀕死の重傷を負った夫を妻が息の根を止めて「安楽死」させ、血まみれの娘の首にも手をかけた。その瞬間、米兵に救出され、死ぬ覚悟でいたのに生き残った。戦後、再婚話が九九％煮詰まると、とたんに修羅場の戦場光景がよみがえり、決断できずに破談を繰り返した。娘の首に手をかけたことがトラウマになり、孫と添い寝ができず、「気が触れないように」と朝夕夫の位牌に手を合わせてきた。また、遠雷や夏祭りの打上花火は、その時の爆発音と重なって、胸騒ぎを覚え、楽しめない。

［事例7］
沖縄の離島で船便がなく入隊できない兵役合格者のため、兵事主任や駐在巡査が手を尽くして入隊させることができた。しかし、沖縄戦でそのほとんどが戦死したため、職務を忠実に実行したかれらは、戦後嘆き悲しむ遺族の激しい憎悪と怨嗟の的になった。

［事例8］
「移民帰り」や米軍に保護されて沖縄戦の最中にもかかわらず収容所で「戦後生活」を送っていた住民が、まだ保護されていない住民に日本軍へ誣告されたり、スパイ視・非国民視されて、殺害された。戦後、双方の関係者がコミュニティー内で生活していく中で、さまざまな軋轢が生じることになった。

［事例9］
個々人が、善意で行った行為の意図せざる結果として、戦死してしまった人に対して、間接的に「自分のせいで死んだ」と思い込み、戦後、遺族に顔向けができないと、罪悪感が消えない。

［事例10］
学び舎から戦場動員され、兵士同様に極限状況の戦場から生還した人たちは、多くの戦死した戦友に対して生き残ったものの後ろめたさがつきまとい、戦後、「いま、自分は幸せだ」と思った瞬間、戦死した学友たちの顔が走馬灯のように浮かんできて、結局心から「幸福感」を味わうことができない。

［事例11］

学び舎から戦場動員され、兵士同様に極限状況の戦場から生還した人たちは、戦死した学友の遺族から「あなたは生き残れたのに、どうして私の息子（娘）は戦死したの？」と非難とも羨望ともつかない複雑な眼差しで見つめられ、遺族の前には顔出しできない心境に陥った。

［事例12］

事例10、11の体験者と同年齢で県外へ疎開して生き残った人たちは、戦死者はもとより生存者に対しても「戦場から逃げたような負い目、後ろめたさ」が心に深くつきまとっている。

［事例13］

飢餓状況の戦場で、孫に与えた食べ物を気がついたらそれを取り上げて自分が食べていたという罪悪感が、心の奥底に刻まれている。

［事例14］

日本軍に戦場動員され、兵士同様に最前線に立たされた女子青年が、重傷を負って身体障害者となり、結婚もできない身上を「あのジャパニー兵に呼び出されたため」と表現するほど恨みを抱いて戦後生活を送っている。

［事例15］

戦場で被弾し、破片の小片が体内に食い込んでいて、ときおりそれが疼き傷口が傷むというひとが存在する。重傷者の場合は何度も手術を重ね、肉体的苦痛だけでなく、経済的な負担も強いられてきた。

［事例16］

肉親の遺骨を発見できず、収骨できないのが精神的悩みとなり、ユタ（シャーマン）に依頼して山野を訪ね歩き、多大な経済的負担を被った（しかし、ユタによって「精神的癒し」を得たものも多い）。

［事例17］

沖縄戦で住民の多くが戦没した時期は、六月（一九四五年）に集中していた。したがって、毎年六月になると戦死した肉親への想いと精神的肉体的苦痛が蘇って、平常心を保てなくなる人たちが増えた（一九九五年六月に全戦没者刻銘碑「平和の礎」が除幕した以後、少なくとも筆者はそのような体験者に会ったことがない）。

［事例18］

重傷を負った肉親とは別々に米軍に保護された乳幼児の場合、苗字を確認する手段も無く、孤児になってしまう場合が多々あった。戦後、親は子どもを探し回り、子どもは自分の出自が全く不明で、戦後絶えず親兄弟姉妹の行方、自分が何者であるのかを知りたいと悩み、精神的苦痛が消えない。

沖縄戦体験者にほぼ共通する認識は、「住民・国民を守る」と信じて戦闘協力までしてきた友軍（皇軍）が、戦闘の経過とともに沖縄住民を総スパイ視し、投降を絶対に許さないという方針によって、沖縄戦の末期には敵軍同様に「恐怖の存在」となっていったことである。それは、沖縄住民にとって「本土不信」という深刻な戦争トラウマとなっているといえる。

沖縄戦の戦場体験は、類型化された態様と列記してきた事例とをセットにして把握することが必要である。

このような沖縄戦体験は、当人たちが意識するとしないとにかかわらず、具体的事実を通して沖縄住民の「個人の記憶」、「親族の記憶」、「地域社会の記憶」となり、体験者の語り、文字による記録、映画、演劇、小説、詩、俳句、短歌、絵、音楽などさまざまな媒体によって、ひとつの「時代の記憶」、「民族の記憶（ウチナーンチュ〈沖縄人〉全体の記憶）」になって、次世代へと伝わっていくはずである（しかし、「有事法制」体制下の日本で、沖縄戦の記憶をめぐって「歴史修正主義者」による記憶の改ざんが起きているので、予断を許さない状況になりつつある）。

二　沖縄住民の米軍占領統治体験

戦後開始の特異性

沖縄住民の敗戦直後の体験は、日本本土国民の体験とは根本的な相違があった。日本本土では一九四五年八月十五日、昭和天皇の「玉音放送」を期して一斉に戦後生活がスタートした。しかし、日米両軍の地上戦闘下の沖縄では、その開始は各人各様であった。三月二十六日、米軍の慶良間諸島への上陸以後、個々人の戦後が、戦闘過程で米軍に収容所へ保護されていく時点で始まったので、その時期は同一ではないのである。

米軍は、沖縄上陸後ただちに非戦闘員の住民を難民収容所に保護して、地上戦の開始早々から占領行政を開始した。米軍は戦闘のかたわら、保護した住民を道路建設・軍需物資の荷下ろし・米兵の戦死体埋葬・軍服の洗濯作業などに従事させていった。日本軍は、軍事機密保持のため住民が「自ら命を絶つ」(住民の立場からは「自ら命を絶たされる」)ように、米軍に対する「極度の恐怖心」を植えつけてきた。しかし、米兵に捕まった住民は、殺されるどころか飲料水や食料をあてがわれ、負傷者はただちに看護してもらった。その米軍の行為を目の当たりにして、「捕まる前に死んだほうがましだ」と住民を呪縛していた米軍への恐怖心は次第に薄れ、いわば「マインドコントロール」が解け、住民は、「いかに日本軍に騙されていたか」を悟っていった。しかも、それによって肉親を殺して、生き残ってしまった人たちの自責の念は日本軍への信頼を喪失させ、逆に強い不信感を抱かせることとなった。つまり、これまでの軍国主義・天皇主義教育によって培われてきた価値観が崩壊していったのである。

したがって、そのような住民には、米軍の指示する作業へ従事することに対するためらいがまったく無かった。これまで日本軍の「軍作業」に従事してきた住民が、その数日後には敵軍の「軍作業」に従事し始めたのである。したがって、地上戦闘開始早々に「戦後生活」も同時進行した沖縄の特異性ゆえに、日本軍は、沖縄住民に対して「総スパイ視・非国民視」する確信を得たともいえよう。

住民の米軍基地体験

二〇〇三年三月二十日、米国はイラクへ武力侵攻を開始し、その圧倒的戦力で不法な占領支配を強行している。それに対するイラク側の武力反撃に遭った米国は、いまベトナム戦争同様な泥沼化に陥りつつある。アジア太平洋戦争における日米最後の地上戦で、沖縄を占領し軍事基地を建設した米国は、現在も依然として軍事基地を保持している。第二次大戦後に他国を占領した軍隊が、今日まで外国に軍事基地を保持し、諸外国との戦争・紛争の出撃・出動基地として使用してきている例はない。

日米安保条約という国際条約によって日本政府が米国に軍事施設を提供しているということであっても、沖縄住民にしてみれば自らの意思が問われたこともなく、日米両政府によって軍事支配下に置かれ、異民族の軍隊に人権蹂躙されてきたという認識である。すなわち、事件・事故を絶えず引き起こしている外国の軍隊が、地理的にも沖縄の主要な場所を占有しつづけていることは、極めて異常な歴史体験を住民は強いられているのである。その社会に有用ではない異物に対しては拒絶反応が起き、排除しようとするのが普通の行動パターンである。だが、沖縄では戦後六十年余も脱基地のために非暴力による意思表示以外の実力行使が起きていない。米軍基地が沖縄社会の一部であるかのように見える。それはなぜなのかという問いに応えることは、戦後沖縄の歴史体験と歴史認識を明らかにすることになろう。そこで次に、沖縄住民が日米両軍の戦闘過程で保護・捕虜された時点からの、米軍とその占領に対する歴史体験を多数が受容している意味での「肯定的」側面と否定的側面について、列挙していく[5]。

米軍占領に対する「肯定的」側面

①前門のトラ（鬼畜米英軍）、後門のオオカミ（投降を許さない日本軍）という絶望的状況の中から解放された安堵感。
②砲爆撃や飢えなどの極限状況から解放された安堵感。
③戦争に敗北したのだから当たり前という諦観（あるいは止むを得ないという思い）。
④日本兵には見られないほどのヒューマニズム精神にあふれた個々の米兵に内心敬服の念を抱いた。
⑤米軍配給物資と沖縄の食文化との融合。
⑥雇用の場としての軍事基地（基地産業論）。
⑦米兵を介在した外国音楽が沖縄に伝播し、ジャズやオキナワンロックを生み出し、日本の中でも異色の沖縄ミュージシャンが育成された。
⑧マラリアなどの悪性伝染病を撲滅し、民生を向上させた。
⑨米軍の意図とは別に、琉球大学の設置や米国の大学への留学などの機会が与えられ、沖縄の知的水準が向上した。
⑩生活インフラの「整備」。
⑪軍用地代の支払い（宅地・農地など利用できない土地への地代支払い）。
⑫基地容認と引換えの経済振興。
⑬キリスト教の普及・教会の設置。
⑭米国式衣食住の普及。

米軍占領に対する否定的側面

①外国軍隊（異民族）支配に対する屈辱感。
②米軍の住民蔑視による人間としての尊厳性軽視。
③米軍・米兵による住民のさまざまな人権抑圧・人権蹂躙。
④沖縄戦の最中から住民の生活・生産の場である土地（地域によっては集落全体）が占拠され、物質的・故郷喪失感という精神的損害。
⑤米軍が占拠した土地の一部を住民に解放したが、数年後に再び住民の生活拠点の土地を「銃剣とブルドーザー」で強奪し、住民生活を再度破壊。
⑥米軍基地から派生する事件・事故の多発。
⑦米軍物資の抜取り（戦果をあげると称す）が日常化することによって生じた倫理・道徳心の低下。
⑧米軍基地に依拠せざるを得ない経済生活構造が形成（基地依存経済）。
⑨米国の係る戦争に加担した作業に従事する（加害行為）精神的負い目。
⑩米軍基地内で新兵に実施される三十二通りの殺人方法の徹底的教育によって暴力性で身を固めた兵士との「共生」による沖縄住民への影響（沖縄県の暴力肯定・殺人事件発生率全国一との関連）。
⑪軍雇用員の職種の中で住民の反米軍的行動の情報収集に従事する負い目。
⑫米兵相手の風俗営業を生業とすることへの精神的負い目（子どもに家業を引継げない）。
⑬軍雇用員に対する米軍の密かな思想調査によって生じる、精神的圧迫感・不安感。
⑭本土渡航制限による閉塞感の形成。
⑮基地労働者としての諸権利の制限。
⑯「核を枕にした」状態と形容されてきた原水爆基地に対する茫漠とした不安。

⑰軍用機の爆音による直接的被害と墜落事故への潜在的不安。
⑱軍事演習や基地建設による自然破壊。
⑲基地の整理縮小・撤去や基地被害に対する対策や抗議行動のため県市町村の各地方自治体、市民団体、個人の膨大な経済的・時間的・肉体的・精神的負担（計り知れない損失）。

三　半世紀以上に及ぶ外国軍隊との「共生」社会――米軍占領に対する「肯定的」意識

小さな島々で生活してきた琉球・沖縄人は、島々の中では武力を用いた争いがあったにしても、漂着・難破や探検のため「巨大な船」で島々に上陸する異国人に対しては、「排除」しようとせずに飲料水・食料を準備して迎え入れる受容の精神が横溢していた。その琉球人の異国人受容の精神は、十八世紀には欧米の出版物によって広く知れ渡っていた。異国人が救援した琉球人に物品の謝礼をしようとしても、琉球人がそれらを受け取らなかったのは、幕府の鎖国政策によるものだとしても、当時の異国人の航海日誌や探検記からは、それを超えた琉球人の受容の精神が伝わってくる。(6)

琉球・沖縄人は、島内人同士では「閉鎖的・排他的」という一般的な気質を根底にもっていても、異国人・遠来の外来者に対する旺盛な受容の精神は現在でも変わりなく継承されている。

とはいえ、外来者を際限なく受け入れるというものではなかった。一八五三年、ペリー提督率いる米国海軍艦隊が「燃料基地」建設を琉球王府に認めさせようとしたときは、それを拒絶しようと非暴力による「柔軟外交」を駆使して対応した。だが、大砲を用いた直接的暴力の行使寸前には、米国海軍の難題を受け入れざるを得なかった。それはまた琉球・沖縄人の「命こそ宝（ぬちどぅたから）」の精神の顕れだともいえよう。(7)

この琉球・沖縄人の受容の精神と巨大な暴力には非暴力で対応するという構図が、現在の沖縄を読み解くカギである。

沖縄住民は、旧日本軍の凶暴性以上に米国軍隊のとてつもない凶暴性を知っている。一九四五年に生きとし生けるものすべてを抹殺する大量無差別破壊兵器である原子爆弾を広島・長崎に投下し、都市を無差別空襲し、住民を巻き添えにした沖縄戦では原爆以外の強力な火器を用いて十数万人の老幼男女の命を奪った。それは今も変わりなく、二〇〇一年以降でもアフガニスタン攻撃、イラク攻撃によって米軍は、世界にその凶暴性をあますところなく曝け出している。

戦後六十一年（二〇〇六年現在）も外国軍隊に実質的占領状態に置かれている沖縄で、諸外国で見られるように武力を用いて米軍に対峙しようとする意思はまず存しない。

そのうえ、前記の米軍に対する沖縄住民の「肯定的」側面によって、米軍基地撤去の恒常的強力な運動組織体が形成できない状況にある。また、沖縄住民は、まず米軍基地内従業員、風俗営業、貸しアパートなどいろいろな職種を通して米兵と接してきた。そこで、米兵というのは世界のさまざまな民族・人種からなる多民族的軍隊であり、単に北米「アメリカ人」ではないということを知っており、軍隊内において「民族的・人種的対立」があることも具体的に知っている。

そこで、沖縄住民は、米兵が「暴力性」から成る兵士であっても、一個人に還元して接するときは、基地あるが故の「事件・事故」と隣り合わせであるにもかかわらず、遠来の外来者として遇するので、沖縄社会には「良き隣人たち」との人間関係を維持してきている一面も内在している。

つまり沖縄住民は米軍基地・軍隊に対しては拒絶意識を内在化しつつ、かれらと深い人間関係を営み、「多民族的社会」という「二重構造的社会」を形成しているのである。それは、「基地依存経済」という側面によっても増強され、より強固にされている。

さまざまな要因は存するが、日米両政府はこの沖縄のジレンマに乗じて軍事基地を押しつけているのである。基本的には以上の要因が沖縄住民の歴史体験に基づく歴史認識となり、戦後六十年以上も「外国軍隊」の駐留を許容し、「脱基地」の実現を阻んでいるといえよう。

四 「平和の礎」にみる戦後沖縄の歴史認識——米軍占領の否定的側面に対して

戦中・戦後基地沖縄の歴史体験に基づく、沖縄住民の歴史認識は、「命こそ宝（ぬちどぅたから）」といい、すべての戦争を否定し、戦争の無い世界を願う平和な心（大正時代に沖縄の比嘉静観牧師が「無戦世界」という表現を用いていることを比屋根照夫琉球大学教授が発掘[8]）に凝縮されている。そして、軍人・軍属、非戦闘員、国籍を問わず、敵・味方、戦争加害者・被害者の区別なく全戦没者の名前を刻銘した「平和の礎《いしじ》」に、その意識・精神が具現化されている。

沖縄住民の平和思考の形成過程

沖縄住民には「無戦世界」を希求する伝統的平和思想が存する。それは沖縄戦とそれに引き続く戦後基地体験によって、あらためて「平和の礎」に象徴される平和思考として形成された。

ところでその平和への希求は、戦争体験から直接的に生成されたものではない。激戦の真っ只中で、本能的に弾雨の中を逃げまどっていた住民は、死ぬときは「一撃の下に死にたい」と願った。なぜなら、戦場で重傷を負って苦しんでいる人やとくに若い女性の汚辱にまみれた形での死に様を目撃した同性の人たちは、いっそのこと直撃弾で粉々になることを念願していた。また戦死した人を葬るとき、「弔うものがいるときに死んで、あなたは幸せだ」と心底から思っていた。

命の大切さを痛感するようになるのは、戦争体験を思い起こす過程で、激戦下で行動を共にしていた人は戦死し、本来なら自分も死んでいるはずなのに生きているのは、「生かされている」のだと悟り、戦死した人の分まで生きていこうと意識化するようになってからである。

さらに、沖縄は米軍基地との長期にわたる「共生」を強いられることにより、沖縄戦終結後も引き続き「国共内戦」、朝鮮戦争、台湾の金門・馬祖島と中国大陸間で砲撃し合う緊張状態、ベトナム戦争などで、アジアの戦場に直結させられた。すなわち、沖縄住民の生活は、絶えず生命を脅かされているという客観状況におかれ、そこから総体的に「命の尊さ」を実感できるようになったといえよう。その時点で、「命こそ宝（ぬちどぅたから）」という言葉が、沖縄住民の平和希求をあらためて表現することになった。さらに、それは単に個人だけでなく、生きとし生けるものすべての生命の尊さ・大切さをも意味するよう付加され、「共生の思想」としても使われるようになった。

三位一体の「平和の礎」

いま、「靖国神社」に代わるものとして「国立追悼施設」建設が議論の対象になっている。そこで沖縄県が設置した全戦没者刻銘碑「平和の礎」が、「国立追悼施設」を考えるうえでの参考にされているようである。これまで筆者は、「平和の礎」について「平和の礎」刻銘検討委員会の座長だった立場でいろいろな場所で書き記してきた(9)。ここでもその問題で「平和の礎」を論ずる場合、最も基本的な事実を共有する必要があると思われるので最小限の建設経緯をここに明記し、それについて述べていきたい。

「平和の礎」は、「沖縄県平和祈念資料館」（以下、「資料館」と略記）とともに「沖縄国際平和研究所」（以下、「平和研」と略記）のもとに管理運営される予定で、それぞれが三位一体のものであるという位置づけで建立されたものである。「資料館」では、戦争が発生した原因や戦闘がどのように展開し、戦場はどのように修羅場化して「平和の礎」に刻銘されるような戦没者が発生したのかという事実が、記録・解説されている。したがって、「平和の礎」と「資料館」は不離・一体のものということである。ただ、本来「平和研」が創設され、最後に「平和の礎」が建立されるべきであったが、建設の順序がまったく逆の形ですすめられた。そのうえ、本体として位置づけられていた「平和研」は、設立寸前に県政が保守県政へ変わったために、棚上げされて幻の存在になった。それゆえに、「平和の礎」に対する認識に曖昧性を生むことになった。そこで「平和の礎」と「資料館」に、「変質化」と「展示内容改ざん」の動きが発生したことを特に指摘しておきたい。⑩

本稿では本来の姿としての「平和の礎」が、沖縄の歴史体験に基づく歴史認識を具現化したものであると述べてきたので、ここでは、その思考プロセスに限ってみていくことによって、「平和の礎」が平和希求の心をどのようにして発信しているのかを考えたい。

「平和の礎」の根源的意味と変質化の動き

沖縄住民は、あらゆる戦争を拒絶し、戦争の無い世界（「無戦世界」）を希求してきた。その平和思想を体現しているのが「平和の礎」である。

絶えず殺戮を繰り返している人間の歴史で、二度と人間に戦争を起こさせない、戦争に参加させない最善の方法は、過去に大量の殺戮の場となった戦場をそっくりそのまま残しておくことである。何千、何万、何百万、何千万人という戦死体・遺骨が累々と横たわっている戦場の光景を風化させずに残存させておけば、いかなるひともそこで再び戦争を起こそうとはしないし、できないであろう。

沖縄戦でいうならば、二十数万人の戦没者をそのままの状態で残しておけば、その戦場の光景を前にしては、いかなる正戦論者も戦争を正当化し、「軍事力の行使」を容認しようなどとはいえないはずである。

しかし、それは事実上不可能である。だが、それに代わるひとつの方法がある。

つまり、戦死・戦没した具体的個人の存在を現す名前を一堂に刻めば、少なくとも戦争犠牲者数の抽象的数字がより具体的人間として見えてくる。あとは、個々人がいかに想像力を喚起できるかであり、感性と理性の問題である。実際、人によっては、それぞれの名前を戦場に累々と横たわる戦死体、遺骨として想像できる。

つまり、国籍を問わず、敵・味方の区別無く全戦没者を刻銘した「平和の礎」とは、まさしく戦場の光景をあるがままに再現した代替物なのである。

このことを裏付けることとして、次の事柄を特記しておかなければならない。全国でも最下位に位置する貧しい沖縄県が、膨大な経費のかかる「平和の礎」を建立するにあたって、少なくとも十五万人近い沖縄県人の生命を奪い、「グラウンド・ゼロ」状態になるほどの徹底的破壊をもたらした米軍・「敵国兵」一万四千人余の名前を刻銘することに対して、「拡大刻銘検討委員会」でも、県民一般からも異議を唱え、疑問を呈する声がまったく無かったことである。むしろ県民の一部からでてきた批判・非難は、「日本兵士の名前を刻銘したければ敷地を別にすべきだ」ということや、沖縄住民をスパイ視・虐殺した日本兵の名前を、殺された住民の名前と同一場所に刻むのは「靖国思想」であり、日本軍の戦争罪責をあいまいにするからという理由であった（「平和の礎」では、軍人の階級・官位は付けずにすべて個人に還元し、刻銘順序も五十音順にしたのでその批判・非難は雲散霧消した）。

むしろ、その「委員会」では、「敵国兵」だった外国人の名前も刻銘するのだから、フィリピン、中国で戦死した沖縄出身兵士・住民も刻銘すべきだという意見が強く出され、沖縄出身者に限っては一九三一年から始まった十五年戦争に遡って刻銘することになったのである（それは図らずも「平和の礎」に、日本の侵略戦争に沖縄出身者も参戦していた加害の部分を刻むことになった)。

したがって、「平和の礎」に対して、敵・味方、戦争責任者・被害者を区別無く刻銘しているのは沖縄県人の「寛容の心」の表れであると評するのは、浅薄な皮相的見方である。とくに自然を破壊し、新たに米軍事基地建設を容認する沖縄県現知事(二〇〇六年十月現在)が、「平和の礎」をことさらそのように称えるのは、「新基地建設」にも沖縄県人が「寛容の心」で臨むことを誘導しようとするものである。それは、「戦場の光景を再現した代替物」として、あらゆる戦争を拒絶する「平和の礎」の精神を「変質化」させる動きのひとつとして、注視しておかなければいけない。

以上みてきたとおり、「平和の礎」は「靖国神社」に代わる「国立追悼施設」を考えるうえでは、次元の異なる「施設」であることが理解できよう。

本質的には、「戦場再現の代替物」であるがゆえに、「平和の礎」を参観(参拝にあらず)した遺族はもとより諸外国の人たちにも名状しがたい感慨がわいてくるのである。

しかしながら、遺族の想い、感情はさまざまであり、個々人の「平和の礎」への接し方によって、次の三つの異なった機能・意味合いが付与されている。

第一に、「平和の礎」の刻銘版の前では、まるで亡くなった遺体をいたわるかのように、関係者の名前を指先でなぞっている人もいる(①追悼碑の機能)。第二に、供花、線香、供物などを関係者の名前の前に供えて拝んでいる人もいる(②慰霊・鎮魂碑の機能)。第三に、刻銘版の名前を戦争犠牲者の事実の記録としてたんたんと観る人もいる(③事実記録碑の機能)。

しかし、いずれにしろ戦争体験の生存者が存在しなくなった将来の世代にとっては、「平和の礎」本来の「事実の記録」碑としての機能のみが残っていくことになるであろう。

おわりに

沖縄住民の戦中の歴史体験と米軍の占領支配統治の歴史体験について、類型・事例の形で網羅的に見てきた。その体験に一貫していることは、自らの被害の部分とアジア民衆に対しては加害の側面を構造上あわせ持っていて、沖縄のジレンマになっていることである。戦後五十周年記念として「平和の礎」を建立し、世界平和を発信することによって、あらゆる戦争を拒絶し、米軍の基地撤去の意思を示す沖縄の平和の心が内外に表明されたので、加害の側面を軽減させてきた。

しかしながら、一九九六年以降、基地従業員の内部から米軍基地は「アジアの平和と安定」のために果たしていると評価し、「その基地で働くことは国際平和に貢献していることである」と、基地労働を「再定義」しようという動きが顕著になってきた。これまでの米軍基地労働組合の運動方針には全く無かった思考が、基地労働者の中から生まれ、声高に叫ばれるようになってきたのである。それには、沖縄のインテリ層の中からも「基地との共生」を説くものが現出していることと無縁ではなかろう。かくて沖縄の被害・加害という歴史体験と現実社会の持つジレンマをどのように克服するのかが沖縄住民の最大の課題になってきたのである。

(1)「沖縄防備対策」沖縄聯隊区司令官石井虎雄（藤原彰・功刀俊洋編『資料日本現代史8』一九八三年、大月書店）など参照。

(2)「報道宣伝防諜等ニ関スル県民指導要綱」昭和十九年十一月十八日球一六一六部隊、第一方針「六十万県民ノ総決起ヲ促シ以テ総力戦態勢ヘノ移行ヲ急速ニ推進シ軍官民共生共死ノ一体化ヲ具現シ」『秘密戦ニ関スル書類』(国立公文書館蔵)。
(3) 伊江村教育委員会『証言資料集成　伊江島の戦中・戦後体験記録』(一九九九年)に掲載の類型表に基づいて本表は修正した。
(4) 事例については拙著「沖縄の戦争体験・基地体験と平和への希求」『平和研究』第25号(日本平和学会、二〇〇〇年十一月)掲載の「ケース」に加筆した。
(5) 列挙事例に関しては拙著「沖縄の戦争体験・基地体験と平和への希求」『平和研究』第25号(日本平和学会、二〇〇〇年十一月)掲載のものに若干加筆した。
(6) ベイジル・ホール著・春名徹訳『朝鮮・琉球航海記——一八一六年アマースト使節団とともに』岩波書店、一九八六年。照屋善彦「インディアンオーク号海難救助関係史料」『北谷町史』第二巻　資料編1、北谷町教育委員会、一九八六年。照屋善彦「リリアン＝チン書簡再考——十九世紀初期在米自称琉球人の米国批判」『琉大史学』第11号、一九八一年、など参照。
(7) 大江志乃夫『ペリー艦隊大航海記』立風書房、一九九四年参照。
(8) 比屋根照夫「『混成的国家』への道——近代沖縄からの視点」網野善彦編『日本はどこへ行くのか』講談社、二〇〇三年。
(9) 拙著「戦没者刻銘碑『平和の礎』が意味するもの」『戦争責任研究』第8号、一九九五年夏季号。石原昌家・新垣尚子「戦没者刻銘碑『平和の礎』の機能と役割」『南島文化』沖縄国際大学南島文化研究所紀要、第十八号。一九九六年。拙著「全戦没者刻銘碑『平和の礎』の本来の位置づけと変質化の動き」田中伸尚編『国立追悼施設を考える』樹花舎、二〇〇三年など。
(10) 詳細については、石原昌家・大城将保・保坂廣志・松永勝利『争点・沖縄戦の記憶』社会評論社、二〇〇二年参照。

三谷博　私も本土生まれの本土育ちです。常に沖縄のことを忘れていいます。ここには日本国籍以外の方もいらっしゃいます。沖縄とは違う側面もあるけれども、一面では外国軍との戦闘とか自分の居住地区での戦闘、そしてまた外国による支配という経験をなさった方も多いかと思います。中国にせよ、朝鮮にせよ、韓国にせよ、そういうことがあり、経験的に重なる部分もある。そのことを具体的に議論していただく貴重な機会だと思います。

金泰昌　石原先生のお話は、歴史体験とそれに基づいた歴史認識について、とても重要な問題点を明白に提示しているものと思います。日本における歴史体験と歴史認識との関連で「戦争」という問題が議論されるたびにいつも気になるのは、その大部分が戦争を実体験したことのない人々によるものであるということです。戦争を論じることは重要です。戦争に対峙することも大事です。しかし戦争とは何か、戦争とは実際どういう状況なのかということについて、実存的・一人称的な実感に基づいた観点からの発言ももっと出てくる必要があるのではないかと思っているのです。

実際戦争が起こるとどうなるか。日本の戦争もそうですが、韓国動乱の時に私が経験したことから申しますと、戦争とはどんな理由や名分を持ってでも決して正当化できるものではないということです。勝者にとっても敗者にとっても、そこにかけたコストが高すぎるということです。物質的費用はともかく、人間的代価があまり大きすぎるということです。そこまでしてそこから得られるものとは何なのかという問題です。石原先生がおっしゃったことと重なりますが、例えば、国家や政府が戦争は国民の生命と財産を守るためのやむをえない最後の手段と主張するのがいつものことですが、それはほとんどの場合、真実ではなかったということです。

戦争の実状から言えば、軍隊は「軍事の論理」によって国民の生命と財産を奪うことはあっても、「保護する」ことは戦術・戦略どっちの計算にもあまり大きな比重を占めないのではないかと思われます。戦争をする前まではそれが有ったとしても、いざ戦争になると、無くなるのが普通ではないか。特に女性と子供は人間扱いされない。軍人でない男性は、荷役か雑役扱いされますね。「戦争の論理」が「人間の論理」とは別の論理だということを私は身体で実感したのです。そこでは、外国人であれ、自国人であれ、区別なく「戦争の論理」の下で犠牲になるのであります。

そのような体験が蓄積されますと、そして、それに基づいた歴史認識というものが大事だとすれば、そこから何を学ぶかということになります。それはまず戦争の無意味さ、悲惨さ、戦争がもたらす言葉では表しきれない反人間的・反倫理的・反文明的悲劇をくりかえすことの愚かさであります。そういうことを次の世代に体験談として語り、平和の大切さを訴えることが大事なのです。

もう一つは、果たして「政府」とは何か。「国家」とは何かという問題に関する冷静な再考察の必要性です。このことをより現実的に考える必要があるのではないか。私は国家を否定しようとか、政府は要らないとは言っていません。その本質をもっと現実にそった形で考えてみる必要があるということです。「国家のために死ぬ」ことを最高の美徳として抽象的に語る人々がいます。しかし、果たして彼らは自分の体験に基づいて、本当に実感として語っているのか。ただ本を読んだり抽象的に考えて言っているのか。そこらへんは彼らの良心に聞きたい。私は率直に申し上げて「国家のために死ぬ」ことが「最高の美徳」だとは思いません。むしろ、最高の美徳というのを考えるのであれば、「国家のために死ぬ」ことではなくて「国家のために死ぬ必要がない世界を共に構築する」ことだと思うのです。

今私たちが真剣に考えるべき問題は、どうすれば「国家悪」「権力悪」を防止できるかということです。あるいは国家（の権力）が誰か特定の集団に偏った利益を与えるとか、また別の人間や集団に対して権力の論理でもって膨大な不利益をもたらすとかというようなことがない限り、戦争まで行かなくても済むはずです。問題の解決案は多元的にあるのであって、どうしても戦争をしなければならないというのはごく限られた場合です。国家のために死ぬ必要が起きないような世界を創るため全力投入することこそが「美徳」なのであって、「国家のために死ぬことが美徳」というのは古い時代の美徳のあり方ではないかと私は感じています。

私は韓国動乱を生き抜きました。まだ軍隊に行く歳になってないのに軍隊に引っ張られ、戦場の恐さ・悲惨さ・虚しさを実感しました。何のための戦争か？　誰のための戦争か？　戦争では特に、若者の血と命が喪失するわけです。それは国家のためと言われますが、最高権力者とその取巻きのためというのが大部分の実状ではありませんか。私自身は今まで生きてきた経験から、国家とか政府など権力者の善意というのをあまり信じません。ですから頼りにもしません。国家の安全保障の前にまず人間の安全保障を考えるべきではないでしょうか。

国家の論理は林志弦さんが先ほど言われたように、公共性を男性が独占してきた古い時代の錯誤ではないのかという問題意識も重要ですね。女性や子供から見た場合、戦争の意義や戦争によって為されることの正当性は大きく疑問視されるでしょう。国家の論理の謬見性はひとり日本だけの問題ではありませんね。韓国動乱やベトナム戦争で露わになった韓国自身の問題でもあります。中国でもそういう問題があるのではないかと推測します。

一つの国が他の国を一方的に非難したり責めたりする次元を越えて、国や世代が違っても、戦争の本質的な問題を一緒に考えるという観点から見たときに、沖縄における歴史体験と歴史認識に触れられた石原先生のお話に、私は人間として共感を感じるところがたくさんありました。

山脇直司　二〇〇一年「9・11」同時多発テロ事件の時、私はたまたま沖縄の基地近くにいました。テレビで事件を知りましたが、基地には緊急事態体制が敷かれました。私は翌日に、「ひめゆりの塔」と「平和の礎」を訪れ、いろんなことを思い浮かべました。特に「平和の礎」は非常に感動的で、これこそ、過去の戦争を記憶するための非常にいいモデルであり、世界的に発信すべきものだと感じたのです。

そうしたモデルを、例えば日本の靖国神社に代わる国立追悼施設という形で造るべきかどうか。この問題は国会でも審議されているけれども、日本の本土でも「平和の礎」のような形で追憶をする可能性が将来あるかどうか。そのモデルについて、石原さんご自身はどのように考えておられるのか。発表でも述べられていますが、もう一度お聞きしたいと思います。

石原昌家　今、国立追悼施設を造ろうかという声が挙がってきている中で、「平和の礎」が随分議論の対象になってきています。その問題で私も実は何度か講演で呼ばれています。私は「平和の礎刻銘検討委員会」の座長をさせられていた関係で、いろんな批判が全部私のところへきました。そこでいろいろ考えました。一つの家族、一つの集落単位で戦争被害調査をずっとやっていく中で、この家族では誰がどこで亡くなったのか。「戦争の記録」という視点で亡くなられた方の名前を記録することをずっとやってきた。その延長線上で「平和の礎」建設に関わってきたのです。だから「加害者」とか「被害者」とか「戦争指導者」ということは抜きにして、どのようにして亡くなったのかを記録する観点しか無かったのです。

「平和の礎」に向けられた批判。それは「敵も味方も加害者も被害者も全部一緒に名前を刻むというのは靖国化に繋がるのではないか」というものです。

沖縄県知事をつとめた大田昌秀先生は戦争世代です。あの方が平和行政の中で沖縄国際平和研究所を創る予定でした。実は「平和の礎」はその下に位置づけ、沖縄県平和祈念資料館と共に三位一体の構想として出来たわけです。

「平和の礎」が靖国化に繋がるという批判に対して、私は次のように話してきました。

アンネ・フランクもヒットラーも名前を記録しなければならない。アンネ・フランクの名前だけを刻んだのでは、どうして彼女が殺されたかが分からない。またヒットラーがどうしてあのような死に方をしたのかも分からない。あの戦争では両方の名前を刻むべきである。ただし、ただ名前を刻んでいるだけではもちろん不十分です。刻銘碑と資料館とがセットとしてあって、資料館では歴史の過程がきちんと書かれていないといけない。あの「平和の礎」は、だから敵も味方も被害者も加害者も全部名前が刻まれている。

なぜあのような戦争が起きたのか。一般の人たちはどのように死んでいき、また牛島司令官はどうして自決したのか。お互いにスパイ視して殺し合った民間人もいた。資料館にはそういう証言や解説が書かれている。だから資料館と「平和の礎」とは絶対に切り離してはいけない。そういう観点で「平和の礎」は造られたのです。

今、「平和の礎」は三つの要素があると私は言っています。つまり、個々人の中では慰霊という意味あいがある。単なる追悼という意味あいもある。同時に、人によっては単なる事実の記録である。この三つの要素が同時に籠められている。現在は戦争体験者や遺族が生きているけれど、遺族とその後の世代も全部いなくなった時に、「平和の礎」は単なる事実の記録碑になっていくだろう。それはしかし先ほども言ったように、資料館と絶対に切り離してはいけない。問題は、資料館が事実・真実の記録を伝達し続けるかどうかなのです。

この「平和の礎」を、小泉首相は追悼施設に追悼・慰霊するような形で参拝しました。私はすぐそれを批判しました。県も、あれを「参観」の施設として位置づけています。「参拝」の場ではないということをみなさんにも考えてもらいたいのです。

黒住真　私も「平和の礎」の話を石原先生から伺ってみたいと思っていました。「平和の礎は靖国化だとか戦争責任の免責ではないか」という批判に対して、先生が「先ずここに名前を刻むということが大事なんだ」と書かれたのを読んで私は非常に感銘を受けました。これを一般的な問題としていえば、出来事や証言をありのままに記すということですね。それはどういうことなのだろうか。あるいはどうすればいいのかという問題とも関わってくると思うのです。どうして沖縄で「平和の礎」という発想が生まれたのか。具体的な状況は分かりませんが、大きくいうと、これはやはり、ただそれをどんな意味でも祭り上げようというのではなかった。だから、先ず記そう（記録しよう）ということになったんだと思うのです。

恐らく沖縄の中に、ただ一義的に決められるのではないような、極めて複雑な体験があった。それをある形でフレームアップするということでは済まないいろんな思いがあるからこそ、それを「記録」するものになったのではないか。もう一つは、敵・味方を共に記す。これも、ただ「敵だから」「味方だから」という線引きをすることでは何か済まないようなものを沖縄の人たちが感じていたのではないかと想像したのです。

仏教には「怨親平等」という思想があります。「怨む」（敵）と「親しむ」（味方）とが平等である。秀吉の朝鮮出兵の後、ある武将が敵側と味方側の両方の名前を慰霊碑に刻んで高野山の中に入れた例がある。沖縄の場合もそれと近いものが何かあるかもしれない。私の思い込みかもしれませんが……。

実際私たちが何かの出来事を解釈する場合に、被害者が実は加害者だったり、加害者もまた被害者だったりと、一義的には解釈できない問題にぶつかることがある。そんな時に石原先生のおっしゃる「記す」ということが生じてくるのかなと思います。その時にはやはりオフィシャルヒストリー（官製歴史）を被害者の側から覆すということの意味が、非常に必然的なものとしてある。また、ただそれだけではなくて、更にそれを一義的な解釈として決めてしまわないで、次の世代に委ねるようなものとして遺す。そういう思いがそこに籠められているのではないか。「平和の礎」というのは正に「いしじ」であって、その次に投げかけられている石のような形でそこに置かれている。そのような意味として考えたいのですが、その辺りの先生のお考えを教えて頂ければと思います。

石原昌家　黒住先生が今おっしゃったことは全て「そうですね」というような感じです。沖縄の人たちは「平和思想」と呼んでいます。十七、八世紀ぐらいに遡ると、琉球王国時代に異国船来琉が盛んになりました。その辺から遡って考えて見ると、日本本土における異国船に対する対応と、沖縄における異国船への対応とは全く異なっている。これは沖縄の人が言っているのではなくて、外国の皆さんが記録として残していることです。沖縄は、異国から来る人たちに対する受容の精神が非常に強かったのではないか。これは今でも沖縄の人の気質として残っています。それで敵兵だった外国人の名前を刻むことになんの違和感も持ちませんでした。

少し具体的に言いますと、例えば沖縄にとって加害者の立場だった軍隊の人たちの名前を別の敷地に刻むのは構わないけれど、もしこれも被害者住民と同じ敷地内で刻むのなら破壊する、ペンキを塗りたくる、と言われました。しかし、私たちは全て将兵も「一個人」に還元して刻んだ。つまり、牛島軍司令官も一兵卒並であって、官位を一切付けませんでした。

蓋を開けてみたら全くオフィシャルな部分が無くなっている。それで、最初恐れていたような反応はなかった。鹿児島県なら「鹿児島」として、県別に「あいうえお」順に名前を並べています。そこに一つの大きな特徴があると思います。

稲垣久和　「平和の礎」は、沖縄で行われた戦争の悲惨さの「記憶」として沖縄県の中から出てきたものですね。今、近代以降の戦争の記憶との関連で　国立追悼施設問題ということが浮上してきています。それは靖国神社とは違って、特定の宗教によらない国民の追悼施設なんだから靖国の代替施設になると、好意的に受け止めるグループがあります。しかし、それが市民・民衆の側からというよりも政府の側から提起されてきたために、「次の戦争に対する準備だ」と穿った見方をするグループがあり、極めて鋭い形での反対運動の展開も存在しています。リベラリズム陣営の中からはそういう反対論が意外と多い。

そこで私が知りたいのは、「平和の礎」というものがどういうグループによってまず提起されて、先生がどういう経過でその責任に当たられたのかということです。いわば行政の側から出てきたものなのか、それとも市民の側から「記憶を残したい」という形で出てきたのか。平和の礎が公共的なものになっていくためのプロセスについてお伺いします。

石原昌家　先ず「沖縄戦は軍民一体の戦闘だった」という政府の捉え方に対して、「いやそうではなかった」という住民の視点があります。最初はそういう形であっても、実際に地上戦闘に入っていくと、軍隊は住民にとっては、決して「守る存在」ではないどころか住民の生命を奪うような存在であることが分かってきた。これが「沖縄戦」というものの認識です。

大田昌秀さんは沖縄戦の体験者で、しかも沖縄戦の研究もしている平和学者です。その方がたまたま行政職（知事）についた。そこで「平和行政に全力を投球する」という方針が出されました。大田先生は個人的には鉄血勤皇隊の一員で、戦場では友人たちが多く倒れていき、自分は生き残った。そこで「平和」に徹しようと決意して仕事をなさってきた中での発想が「平和の礎」建設に結実したのです。

先ほど申し上げたように、沖縄国際平和研究所の下で平和祈念資料館と「平和の礎」を運営していくという構想だったわけです。その「平和の礎」が先に竣工しました。しかし、肝心の国際平和研究所の方は、もう少しでたちあがるという時に知事選で負けて頓挫してしまった。そういう経緯があったものだから、結構いろんな誤解が生じているのです。実はそのへんの経緯について私は、田中伸尚さんが編集した『国立追悼施設を考える』という緊急ブックレットの中で書いております。

渡邉昭夫　この問題に私はいろんな角度で関係しています。最初のセッションで石原先生が「牛島中将ではなくて渡邉司令官だったらもうすこし違っていただろう」とおっしゃっていただいたのですが、私にはなかなか複雑な思いがある。第三十二軍が編成されたのは、中部太平洋での戦闘が激しくなるという想定でその作戦を支援するためにあそこに空軍の基地を造るということであって、地上戦を想定していたのではない。ところが、次は米軍が進攻してきて地上戦になりそうだということになり、そのための基地造りをしなければならない、というふうに局面が変わるのです。それと渡邉軍司令官から牛島軍司令官への交替とが重なった。

従って、牛島さんがこうだったからとか、長勇がこういう人だったからとは必ずしも言えない。不運にして渡邉中将がそのままいて、同じ戦略日程を上から与えられたならば、中島軍司令官を同じことをやったのではないかと言わざるをえないと感じるところがあります。

これをもっと一般化すると、実は今の有事法制をどうするかという問題について、私は衆議院で参考人として話しました。イラクに自衛隊を送るかどうかということでも、参議院で意見を述べています。後者は、なんと委員に大田昌秀参議院議員がいて、大田さんから質問を受けて私がそれに答えるという、非常に印象的な経験をしました。そのこととの関連でいうと、国土が戦場になるということを想定しないで済んできた日本の人はラッキーだった。沖縄が、唯一不幸な目にあったということになります。

そこで私がお訊きしたいのは、韓国の場合、自分の国土が戦場になることを想定して法的な措置を取らなければならないという問題があるのではないでしょうか。先ほど金泰昌先生がおっしゃったように、「軍」と「民」とは論理が違う。論理の違う「民」の生活空間の中で「軍」が行動しなければならないとなったときに何が起こるか。何かそれに対する備えをしなければいけないということで今問題になっているのが国民保護法です。しかし、それがあっても尚かつ「軍」の論理と「民」の論理とは違う。それが問題です。

国土が戦場になる日を想定しなければならないという認識に立てば、有事法制は必要ということになる。そうならないのなら初めから問題がない（有事法制をつくる必要がない）というのが私の基本的な立場です。これは非常に深刻な問題を含んでいると私は思う。日本を含めて、果たして今我々はそういう状況になってきているのかどうか。私の今の観点からはこれが問題です。

「平和の礎」に関して言うと、最近私は「靖国って一体なんだろう」ということを考えざるをえなくなっている。まだ結論はありませんが……。

太平洋戦争の激戦地だったマキン・タラツという所へ行きました。そこには二つの記念碑がある。一つは米軍。これはものすごく立派な碑が建っている。もう一つ、隅っこに日本軍の記念碑がある。当時の言葉でいえば、そこへ朝鮮の人が軍属として動員されてたくさんの人が死んでいるはずなのに、その人たちを記憶する碑は無い。記念碑は二つがあって、三つ目が無いのです。

それで私が考えたのは、「何故そういうことになるんだろうか」ということです。戦争が終わった後は、「勝者も敗者もないではないか」という形で何故そこに合同の碑が建てられないのだろうか。ましてや、その時に「日本帝国の正規の兵隊であったものと、軍属であったもの」と、何故区別するんだろう……！　私は大変な怒りを感じました。この問題は、「戦没者とか戦争による犠牲者を祀ることとの意味は一体何か」ということと切り離せない。戦争の意味づけという問題とも切り離せない。勝者の碑があり、敗者の碑があり、そこにさえ入らない人々があるという考え方が、今も依然として支配的になっていると言わざるをえない。

少し話が飛びます。橋本龍太郎という政治家が盛んに言っていましたが、小笠原、サイパンなどいろんな戦場へ行って、そこで死んだ人や部隊の慰霊を、その関係者や遺族が遺骨拾いや慰霊の塔を建て訪れることで行っている。しかし、このようにして死者を祀る人はだんだん絶えてくる、と。私は、それは絶えてもしょうがないんじゃないかと思っていますが、これをどうするかが今問題になっているわけです。

それと、「靖国」のように「国家」というレベルで祀ることの問題がある。沖縄の場合は特殊な状況の中で沖縄戦ということになったので、「平和の礎」という非常に独特な形式になった。これは今までにない死者の祀り方であり、私は今大変に感銘を受けています。

有馬学　石原先生は最後は「単なる事実の記録碑になるんだ」と言われました。ああいう施設をお造りになった側から出された発言としてとても重要だと私は思います。ある一つの思想的な達成であると評価してもいい事柄ではないか。それと関連して、私は歴史をやっている人間として、大田さんが知事時代に造られた重要な施設の一つに沖縄県公文書館も是非加えたい。いわばコメモレーションの施設として相当周到につくられているとの印象を前から持っていました。そういう意味でも関心があります。

そういう意味でいうと、私は今の石原先生のお話は九九・九%あるいは九九・九九%の感銘を受けたと申し上げていいかもしれない。しかし、僅かに残る違和感がやはりある。「違和感」というのは言い過ぎかもしれないが、私の「疑問」を少し話させてください。

最後は単なる事実の記録になっていく、その碑には「誰が」名前を刻むのかということです。先ほどの質問とも関係するかもしれません。言い出したのが「行政」か「市民」かということとは少し違うので、いってみれば「誰が誰を代表出来るか」という問題を考えているのです。どうしてそんなことを考えたかというと、石原先生のおっしゃった「アンネ・フランクとヒットラーを一緒に刻む」ということを考えるのは一体〝誰〟なんだろうと思ったんですね。そのことについてどうお考えですか。

石原昌家　最後に残る今の疑問は、やはり非常に難しい問題だと私も思っています。先ほど申し上げた「慰霊」の部分は、除幕して遺族のみなさんの行動を見ていて私が感じたことなんですね。慰霊の碑であれば、花束を捧げて供物をそなえます。しかし、県としては、「これは慰霊の碑ではない」という立場をはっきりさせています。

ところが、遺族のみなさんは様々な感情があるので花を持ってこられる。中にはお墓のように思って、お墓が完成したときの「祝い」を行ったりする家族もある。サンシン（三味線）を弾いてお祝いをする人もいる。それは死んで離ればなれになった者がやっとここで会えるという、実に想像もしてなかったような場面です。

しかもこれは米国人もそうなんですね。

たまたま空手の研修でアメリカからやってきた空手マンが「平和の礎」を訪れました。自分の叔父さんがアジアで死んだという話を聞いていたが、アルファベット順に並んでいる米兵の名前の中に、たまたま叔父さんの名前を発見した。彼は感極まって、「会ったこともない叔父さんに初めてここで出会えた。自分はアジアとアメリカの平和の架け橋になる」という志を立てました。

骨も拾えなかった遺族にとって癒しの場になったとか、日本本土の皆さんにとっても様々な物語が一杯あるんですよ。徳之島の沖合で敵の潜水艦に沈没させられて戦死したと聞かされていたお父さんの名前が刻まれているのを見て、お父さんに初めて出会えたような感情を持ったとか、様々な出会いがあります。

実は私は「アンネ・フランクとヒットラー」という問題を意識的・刺激的に投げかける意味で書き、いろいろ批判も受けています。これは具体的な戦争の「事実」の記録の碑なのです。しかしこれは、何故戦争が起きて、どういう経過を辿ったかという史料と切り離すことは絶対にしてはなりません。

実は県政が変わってから、平和祈念資料館の展示内容の改竄事件が発生しました。〝反日資料館であってはいけない〟というのがその言い分でした。これが半年ぐらい大問題になり、やっと我々の最初の方針通りの展示になったのです。しかし、いつ、これがまた書き換えられるか。少し油断をすると、すぐに同じような事件が発生してしまうという状況もある。

私は今、「第二の改竄事件が始まっている」と言っています。というのは、資料館と「平和の礎」の間を分断するような形で、野外兵器展示が行われているのです。以前、靖国神社の前に展示してあったのと同じようなものです。しかも展示されているのは、当時の日本が誇った秘密兵器の酸素魚雷。あのものすごいでかいやつを、麗々しく展示している。展示が始まってすぐに私は「第二の改竄事件の始まりだ」と批判してきたけれど、いまだにそのままになっている。今疑問を出されたことは、今後も注目しつつ議論していかなければいけないことだと思っています。

金泰昌　先生は「平和の礎」というのは追悼と、慰霊と、事実の記述だと言われました。私自身そこへ行ったとき、「平和への規矩（手本）」ということがもっと大事ではないかと感じました。沖縄の「平和の礎」は、靖国神社と何が違うのか。靖国神社は「国家」の観点から見ています。戦争の時に国家を守ることに貢献した人を奉るというのが靖国神社の存在理由と言われていますね。「平和の礎」の趣旨はちがいますね。「平和の礎」の場合は「平和への規矩」を中心に据えた場所になっています。ですから、〝敵と味方を区別せず両方を葬る（刻銘する）〟という発想が出てくるのです。

そのことは日本とか沖縄とかに限らない。その意味と発想は、私たちが一連の戦争から国境を越えて学ぶべきことであって、今後の実践課題として大事にしていきたいのです。つまり、「過去」とどう向き合うかということと同時に「未来」をどう開いていくかという次元がないと、せっかく「平和の礎」という名前で造った記念碑も、その意味が半減する。そこのところをもっと強調する必要があるのではないでしょうか。どこまでも「平和への規矩」が軸になった所が「平和の礎」である。そうなれば納得のいく一つの名分になると私は思います。「事実の記述」だと言うだけでは、そこに籠められた願いが必ずしもはっきり出てこないのではないか。そこが靖国とは違って、平和への意味づけが出来るゆえんではないかと私は思っています。いかがでしょうか。

石原昌家　全くおっしゃる通りです。私はあらゆる戦争を否定するという意味で「平和の礎」が造られたんだという文章をあちこちで書いています。平和の礎は「世界平和」への希求を表しているのです。

林志弦　第二次世界大戦でイタリアのファシズムに対抗したレジスタンスの人たちが面白い提案をしました。それは、従来の「追悼」は祖国のために死んでいった人たちへの祈念だった。そうではなくて、軍隊から脱走した兵士たちへの祈念はどうなのかと、問題提起をしたのです。

その話を日本の今の状況に適用してみると、靖国神社では脱走した兵士の記憶は追悼されていない。しかし、沖縄県の「平和の礎」の中では、脱走した兵士たちへの記憶も祈念されているのではないかと私は思いました。

靖国が言うオフィシャルメモリーと沖縄が言っている下からのメモリー（即ちパブリックメモリー）とが、そこで区別されることになるのではないか。だからといってパブリックメモリーが常に健全であるとは私は思っていません。アンネ・フランクの話が今出ていますが、今、ユダヤ人社会の中でアンネに対する「記憶の変化」が起きている。これはとても面白いことです。

一九六七年の第三次中東戦争より以前は、『アンネの日記』はユダヤ人のアイデンティティをよく表している必読図書として青年たちに読まれていた。しかし、一九六七年以後、イスラエルのシオニズムを強化するうえで、アンネ・フランクの日記はあまりにも弱い。イスラエルのこれからのことを考えると、弱すぎて女性的だということで、その記憶がますます薄くなっていきました。

ブロードウエイでのミュージカルでも、ディレクターが、アンネの姿をシナリオ作家の意志とは関係なく強い姿に勝手に変えるということがありました。だから、「アンネの記憶」にも、オフィシャルメモリーとパブリックメモリーの二つの面がある。

アンネのこの二つの傾向を見ると、やはりパブリックメモリーそのものも流動的である。社会の状況によって健康性が保たれるかどうかという問題になります。市民社会の歴史意識の健全度がパブリックメモリーのあり方にも繋がっているのです。

劉傑　石原先生は「アイデンティティ」の問題を最初に提示されました。沖縄の人たちのアイデンティティは、世代が変わってだいぶ変わってきたと言われましたが、未来に向けての沖縄のアイデンティティは一体どこに向かうのか。そのことに私は強い関心と興味を持っています。一つは、やはり「自分は日本人でもある」という認識を非常に強く持っている人が多い。日本人のアイデンティティと沖縄人のアイデンティティとの間の関係について、どう捉えておられるのか。それは、これからの沖縄の人々の生き方とも関係してくるのではないかと思うのです。

「平和の礎」というものは、ある意味で沖縄のアイデンティティを創っていくための一つの重要な基礎になるような気もします。

III 一人の中国人の歴史体験から

趙 軍

はじめに

私は一九五三年に生まれた。日本でいうと「戦後世代」に当たる。中国にはそういう言葉はない。中国にどういう言葉があるかというと「生在紅旗下、長在新中国」。すなわち「赤旗の下に生まれ、新中国に育ち」という世代だ。つまり、時代が新中国に変わった、簡単に言うと一九四九年十月の中華人民共和国の設立によって時代が分断された。その時までを「旧中国」あるいは「旧社会」と呼び、それ以降は「新中国」あるいは「新社会」と呼んでいる。私自身は新中国の時代の人間である。戦争を体験したことはない。私の両親も戦争を体験したことはない。多少見聞したことがあるという。その話によると、都市に暮らしているところへ人民解放軍がアッという間に入ってきて解放されたということだ。

逆に、私の岳父は黄埔軍官学校の第十三期生で、わりと早い時期に職業軍人になった。初期は国民党軍に入り、後期は人民解放軍にいたという珍しい経歴を持っている。新中国の中で高校の教員として働いてきたということだ。にもかかわらず、岳父からも、戦争あるいは過去の経験について語ってもらったことはほとんどない。

二、三年前に私のほうから岳父に「回想録を書いてください。たとえ今は発表できなくてもいいから是非書いてください」という要望を出した。それで、手書きの原稿を何部も貰った。字数としてはそれほど多くはないけれど、内容は貴重なものだ。どこで発表するかはまだ分からないが、とりあえず残しておきたい。私たちの世代になると役に立つかもしれない。

ところで新中国では、私の子供の時代から「歴史教育」というより「社会的な教育」が行われたこともまた事実だ。つまり小学校に入ったときから「啓蒙教育」が始まった。これは一応政府によって進められた政治的なキャンペーンとも言える。小学生に対しては、その時ほとんど毎年のように行われた。旧社会の苦しみを思い出しながら、新社会の楽しみ、良さを語ってもらうというもので、実際に旧社会・旧中国を体験してきた老人たちを呼んできて、非常に粗末な食事とセットで「旧中国の貧しい人民大衆は毎日このようなものを食べてきたんですよ」と歴史教育を受けてきたことを覚えている。新中国では、どこでも同じような活動が行われてきたと思う。

私が自分の体験を一度整理してみようと考えたのは、私の世代は現代中国の激動をいろいろ体験してきたからだ。私自身のことを考えてみると、物心がつき始めた頃に文化大革命が始まった。文化大革命が終わって鄧小平時代に入ると、文化大革命に対する徹底的な否定もあり、そうして改革開放の時代が始まった。

一　三年間の「連続自然災害」と文化大革命

「天災」か「人禍」か

一九六〇年、私が小学校に入ったときの中国は空前の経済的困難な時代に入っていた。一九六六年、中学に入るときはちょうど文化大革命が始まり、大学に入ったときに大学の「教育改革」が始まった。その間、農村に「下放」された。最近、農村での下放労働の回想録を書いている人は「強制」と書いている人が多いけれど、当時私たちは毛沢東の呼びかけに応じた形で農村へ自ら進んで行った側面もある。

私たちの世代は、いつも実験台に置かれていた人間であるという気がする。「実験品としての人間」とよく言われてきた。まともな学校教育を受けていたわけではない。文化大革命による教育断絶もあった。だから、基礎教育は不十分なまま、学校を卒業した。私が大学に入るときは簡単なテストもあったが、「選抜制」だった。その大学でまた「実験品としての人間」として、いろいろ教育改革に参加することになった。だから、「歴史認識」という言葉を取りあげると、「自分の歴史に対する認識」を優先にするか、あるいは自分がいかに歴史に対して「正しい歴史的な認識を持てるかどうか」という、すごく大きな二つの課題に直面していることを自覚している。

では私は「戦争体験」ではなくて、中国現代史上のどのようなことを体験してきたかを簡単に個人史として触れてみたい。河南省鄭州市に住んでいた私が物事を分かりはじめたときの中国は、「三年間連続の自然災害」という時代だった。ちょうど小学校に入った時からいきなり生活が苦しくなってきた。一気に全ての品物が配給制になった。肉、米、小麦粉、卵、布はもちろんのこと、豆腐、マッチ、食油に至るまでが配給だった。自分はまだ子供なのでその理由が分からなかったが、一番はっきり覚えているのは一家の一カ月間の肉の配給量が百グラムだったことだ。親が私と弟を連れてレストランに行き、肉うどんの注文をした。百グラムは兄弟二人の分しかない。両親がそばに座って、私と弟が食べるのを見守ってくれた。ちゃんとした食事もないという年の連続で、当時、木の葉っぱとコウリャンの粉を混ぜて蒸した食事をすごくおいしく食べた記憶が残っている。

問題は、そういう困難な時代がどこで、なぜ現出したのかということだ。当時、親や学校の先生たちが教えてくれた話では、一九五九年から六一年までの間は全国的な自然災害があった。これが原因の一つだ。もう一つは、ソ連との関係が悪化しはじめたために、朝鮮戦争のときにソ連から受けていた援助が債務になり、返還しなければいけなくなった。この二つの理由でこういう困難な状況になったという解釈だった。私はそのまま信じて大人になった。

当時、一部の人は分かっていたと思うが、この三年間の社会全体の出来事に対するそういう説明とは別に、これは「人禍」つまり人災であるという解釈がある。これは、自分が後に歴史研究をすることになって少しずつ分かってきたことである。たしかに当時の苦しみには天災という原因もあったけれど、一番大きいのは一九五八年から三年間の大躍進政策の連続で経済を滅茶苦茶にしたということもある。そういう意味の人災、「人禍」が一番大きな理由だというのが今行われている説明である。

三年間の自然災害が当時本当にあったかどうか。最近は学者たちによっていろんな研究が展開されている。以前は中華人民共和国の歴史あるいは新中国経済史関連の本の中で、三年間の連続自然災害が発生した理由とか、この時期の経済的困難状況とかを説明していたが、どのような自然災害が発生したかなどについて詳しく研究ないし言及した著書は本当に少なかった。私も最近関連のある調査資料をいくつかみたが、一九五八年の天気状況は良好、五九年は正常という研究結果があったと覚えている。

さらに、五九年から六一年までの気象状況に関するデータを全部調べた研究者もいる。その研究結果によると、新中国に入ってから、あの三年間というのは歴史上、一番いい気象状況の年だったという。だから、天災よりも人的な原因がいかに重要であるかということだ。そして、それを権力を握っている人々が意図的に隠し続けてきたという説明もできるかなと思う。ただし、私自身は、まだその原因を十分に調べたことはない。一方で、この三年間はわりと広範囲に、ある程度の自然災害もあったという研究書もある。だから、現段階ではいろんな説があるということになっている。自分にとっては、その真相はこれから検討すべき課題の一つだと思っている。

当時、餓死者が出ているという話も聞いた。私のふるさとの河南省で一番たくさん餓死者を出していると聞いた。

私は都市部に暮らしていたので自分の目で餓死者を見たこともなく、最初は信じなかった。小学校に入る直前と、入って間もなくのことなので、これくらいのことをぼんやり覚えているだけだ。人間の直接見聞できる範囲はいかに狭いものかを理解する一例と言えよう。

二 「史無前例」の「大革命」から「歴史的冗談」へ

ちょうど中学校に入る時期に文化大革命が発生した。当時の私は、ほかのほとんどの革命運動に参加している中国国民のみなさんと同じく夢中になって参加したことをはっきり覚えている。後に、自分も紅衛兵に入ったことがあるが、当初はたしかに微かに不安や戸惑いもあった。最初の段階は、紅衛兵に批判されている父親がいた。紅衛兵が何回も自分の家に入ってきて家の物を没収して持っていった。しかも、没収されたものはいくら考えても不思議だと考えざるをえないものが多かった。例えば女性化粧用のクリーム、観賞用の金魚、トランプ、麻雀はもちろんのこと、両親の結婚写真は黒い墨で大きな×を書かれた。男と女が一緒に並んで集合写真を撮るのはけしからんということだった。いずれもブルジョア・ライフを象徴するものであるという説明だった。

文化大革命を行わなければならない本当の理由がどこにあるか、ほとんどの人々はこの「大革命」が終わるまで知らなかった。もちろん、中国をソ連のような修正主義国家へ転落する危険性から救うという建前の目標はみんなが知っていた。どうやって修正主義を防止するかについては、その判断を紅衛兵や造反派に任せた。紅衛兵が最初私どもの家に入ったときに、「お前の家には毛沢東主席の肖像がない。不合格だ」と言われた。その理由は一切説明してくれなかったが、そのときの衝撃がすごく大きかった。つまりいきなり「おまえが反動だ、打倒すべきだ」と言われてしまう可能性は誰にもあるということだ。後に自分が紅衛兵に参加することになったが、「造反有理」という活動に強い自信をもって参加することになった。「消極派はいずれは打倒されるので、危険だ！」という危機感もあった。当時は中学校に入ったばかりで、闘争の対象は、自分の身の回りの先生たちだった。なぜあの先生を打倒しなければいけないのか。調査する必要はなかった。つまり、うわさだけで十分だった。「あの先生は女子学生に対して何々をしました」。「それはいけない。打倒！」ということだった。（先生の）マンガを描いた人もいる。あるいは、あの先生は授業中学生を注意するときにいつもチョークを投げる。これも学生虐待だ、ということで打倒する。

帰国華僑の先生がいた。インドネシアに住んでいたが、居住先の現地では六〇年代の初め頃に華僑排斥の動きがあった。それでその先生が帰国してきた。海外での生活習慣をいろいろ持っていてコーヒーを毎日一杯飲んでいた。その先生も打倒された。「毎日コーヒー一杯飲むと一カ月どれぐらいのお金を使うことになるか。計算してみたら、これも怪しからん、ブルジョアジー的なライフスタイルだ」と言われ、打倒されることになった。結局、紅衛兵の造反有理ということで自分が関わっていた活動はそれくらいのことしか記憶に残っていないが、それほど夢中になって参加していた。この「史無前例」の「大革命」が結局、本当にとんでもない「歴史的大冗談」で終わってしまったことを知ったときの悔しさは、すごいものだった。

紅衛兵に参加して文化大革命を直接体験してきた私は、そのときまともな教育を受けなかったということになる。全ての授業がストップした時期が最初から数カ月間あった。その後、毛沢東主席の呼びかけがあって、「授業はやはり必要だ」ということで少しずつ回復してきた。午前中は全部、毛沢東語録の勉強ということだった。午後は多少、数学、理科、化学があったが、外国語は一切なかった。私より五歳ぐらい上の人はみんなロシア語を勉強していた。しかし、私たちの世代では、ソ連は修正主義国家だとして批判されていた。英語や日本語などは帝国主義諸国の言語としてまた批判されていた。だから外国語に対する教育はしばらくなかった。

こうした状況の中、一九七一年一月から今度は農村に下放された。二年半ぐらいの農村体験だったが、最初はいろんな解放感を味わうことができた。つまり、都市部ではまともな授業ができなかったけれども、今度は時間があふれるほどあった。自分なりに勉強することができるかなと考えて、当時はほとんど全面的に批判されていた歴史小説なんかをたくさん持っていった。『三国志』、『西遊記』、『水滸伝』といった本をほかの人に見られたら大変なことになる。だから、表紙は『毛沢東選集』のカバーを付けた。あるいは表紙と後ろを全部破って、何の本かが分からないようにした。私が中国の古典文学に接したのは、農村に下放された時代だった。しかし、どの本も最初から最後まで見たことがない。最初の数ページと最後の数ページがなかったからだ。文化的砂漠時代の貴重な収穫である。

大批判論文の必要性

私は一九七三年に河南省鄭州大学に入学した。文化大革命はまだ終わっていない時代である。文化大革命の間、大学教育は全部ストップされていたが、七二年になると少しずつ回復しはじめた。それで私が大学に入って歴史を勉強することになった。

しかし、私の大学時代は三年間という短いものだった。私自身はもっと勉強したかったけれど、使命を負わされていた。つまり、「お前たちが大学に入るのは勉強だけではなくて大学を管理改革しなければいけない」。そういう任務が私たち「労農兵学員」には課せられていた。教材や適切でない講義の内容があれば自由に批判して摘発するなどの任務も負わされていた。

中国は文化大革命がまだ終わっておらず、サブ政治運動というような政治運動がいろいろあった。林彪批判・孔子批判の運動があり、その後、『水滸伝』批判も行われた（末尾参照）。これらはいずれも私が大学に在学している間に発生した政治運動であった。林彪批判のついでに孔子批判をすることになる。私は歴史学部の学生としてすぐに批判的な活動に参加しなければならないと要求され、学生たちはみんな批判的な論文を書くことになった。私自身もいくつかの論文を積極的に書くことになっていた。その論文の書き方は、紅衛兵運動時代の大字報（壁新聞）と大批判とは精神上が直接つながっている。つまり、論文を書く前に先ず結論と目的がすでにあった。資料の整理と分析はその結論を説明するために第二段階で行われる作業である。

だから学術論文というよりも、まず大批判論文を書かなければいけないということだ。だれのどのような話をどの角度から批判するのか。その段取りとして理論的な根拠が必要である。だから、まずマルクス主義の著作から探さなければいけない。マルクスあるいはレーニンの書いた原著を読むのがいいけれど、そんな時間がない。読むのが大変つらいということもある。私は農村に行っていた時代に、なんとか『資本論』を読んだ経験もあるが、結局どれぐらい分かったのか自信がなかった。しかし、大批判論文を書くのに便利な道具がいろいろあった。つまり、読んだ人が纏めた語録みたいなものがたくさん出版され内容も分類されていた。その分類に沿っていけば、百科事典や辞書を調べるのと同じような便利さで、その中から語録を適当に選んで自分の文章に採り入れればいい。マルクス主義経典著者の話はゴシック体で印刷されることになっていた。新聞にそういう論文が出るときは、マルクスから毛沢東までの話は全部ゴシック体で印刷されていた。最後に歴史的な資料——例えば孔子なら『論語』などから引用して肉付けの作業に入る。大批判的な論文の書き方はすべてこのようになっていた。考えてみると、学部時代の私が受けた訓練がこれだったのかなと思う。

改革開放下のルール

大学を卒業したときに文化大革命が終わった。終わったあとしばらく母校で助手として採用され、私は学生を教える立場になった。このとき自分の知識はとても不十分で足りないことを痛感して、大学院制度が恢復したのと同時に大学院に入ろうと考え、一九七九年に湖北省武漢市華中師範大学の修士課程に入った。修士課程と博士課程で勉強し、その後、華中師範大学で仕事をすることになった。

文化大革命の中での自分の体験は、歴史研究というものではなかった。もし「研究」と言うことができるとすれば、革命のための「歴史活動の研究」だったかなと思う。

だから本当に歴史学者としての訓練を受けるのは一九七九年以降、つまり武漢の華中師範大学の大学院に入ってからのことになる。ではそれ以降は歴史研究が完全に自然の状態、あるいは良好な状態に戻ったかというと、もうしばらく時間を要した。院生の時代の私は歴史論文をいろいろ書いたが、今から考えると多少修正あるいは改善すべきところもそれなりにあるかなと思う。

なぜかというと、大学院に入ってからは一般論文の著作原則を課せられることになるからだ。学者は一般的な論文を自由に書くことができるが、心血を注ぎ尽くした論文は全部発表できる保障もない。自分がせっかく研究してきても、発表できなければどうにもならない。道楽としてやっていこうと考える人は別として、発表しなければ意味がないと考える人にとっては、発表するための原則・ルールに従わなければならない。当時は改革開放の初期だった。一番のルールは、中国共産党中央委員会の宣伝の「口径」、つまりその〝調子〟、その基本的な論調・原則と一致しなければならなかった。

三　冷たい椅子に座る忍耐力

二〇〇〇年から中国では「西部大開発」が政府のスローガンあるいは大方針として押し出されている。歴史研究者の間でもすぐに「孫文の西部開発の構想」に関する論文が書かれて発表された。あるいは「唐の時代の西部開発、その実践と理論」というような論文も刊行された。すなわち、その時々の政治的な関心事と直接繋がっているテーマなならば、歴史論文としてもたいへん発表しやすい。逆にデリケートな課題や話題となると、中国共産党中央委員会の宣伝方針と一致しなければ発表できなくなる可能性も大いにある。

テーマの選定と結論の導出の仕方は、その時の政治的局面の変化に強く影響されることがある。私の専攻は「近代史」である。確かに「古代史」が一番学問的に見えるが、あまりにも学究臭い。研究者としての自己満足ならそれでいいが、この社会の発展の役に立つためには古代史では少し力が足りないと考えた。現代史は現実に一番近い。だからそれがいいかなと思うところではあるが、危険性も大きい研究分野である。つまり、一九五八年に共産党の大物の一人、彭徳懐が打倒されて、文化大革命が始まって間もなく、劉少奇が打倒された。また七一年には林彪が事件を引き起こして墜落死した。このような大きな出来事の後は、「歴史研究」の結論は必ずひっくり返される。それまで彭徳懐や劉少奇または林彪の功績を讃えた論文は、たちまち一枚のほごに過ぎないものになる。場合によっては論文の著者は何らかの下心を持っているものかどうかを調べられる危険性さえある。

そうすると、現代史研究者にとって、自分の研究はすごく危険性を伴う作業になってしまうわけだ。だから友人の何人かとも相談した結果、現代史研究は危険なうえに資料を探すのも大変難しい。だから歴史研究者としては近代史研究が一番やりやすいのではないかということになった。これは私自身の個人的な選択であるが、時勢に対する反応、反映の一つでもあるかなと考えている。

ちなみに、最近は市場経済時代になったため、また歴史研究の著作の作り方は変わった。これは私が実体験したというより同僚や学友たちから聞いたことなのだが、今では（著作物が）市場、つまり読者によって左右されるようになった。学術研究の成否は政治的な要因に取って代わって経済的な要因が決定的になったのである。場合によっては資金の有無とかプロジェクトが認定・採用されるかどうかにかかる時代になっている。そのうえ、最近はわりと短期的な行為が評価される体制をとっていることから、いろいろと新しい問題も出てきているという話も聞いた。

私はいろんなことを体験してきて挫折も味わってきたが、歴史研究者としての自分が、特に中国近現代史の研究を一生涯の課題としてやっていこうと決意したのは、なんといっても大学院時代の恩師、章開沅先生からの教えがすごく重要なものだったと思う。文化大革命が終わって間もなくの頃に、先生から指導を受けた。「流行を追う論文を絶対に書いてはいけない。十年後でも読む人が出てくるような論文を書くのでなければ発表しなくてもいい」という先生からの話を一生忘れられないモットーにしたい。

もう一つの教えは、歴史研究者には冷たい椅子に座る忍耐力が必要だという中国の諺のことだ。「冷たい椅子に座る」とは冷遇されること、世間に無視されることである。つまり、歴史研究は孤独な学問であり、全然人の注目を浴びることのできないところでしっかりと、こつこつと研究しなければいけない。ベストセラーの著者のようなはなやかさがほとんどない。その決意とその覚悟がなければ、歴史研究者への道をやめたほうがいいという話もあった。そのようにすごく重要なアドバイスをいただいて、私は今日まで中国近現代史の研究をしてきたのである。

批林批孔運動　文化大革命のさなかの一九七一年九月、毛沢東の後継者である林彪が毛暗殺クーデターを企て、失敗するや航空機でソ連に亡命をはかり、途中墜落死するという「林彪事件」ののち、四人組を中心として七三年秋から七五年にかけて展開された。

林彪の反革命罪状の思想的根源には「孔孟の道」があったとし、林彪を儒教思想と結びつけて「批林批孔運動」と称した批判運動が展開された。しかし、批林批孔運動の実体は反文革派の巻き返しを封じ込めようとしたことにあった。目的は周恩来らの実務派や復活した鄧小平ら反文革派の打倒だった。「批孔」とは現代の孔子、すなわち周恩来批判のことだった。四人組は林彪批判にかこつけて周恩来を攻撃しようとした。

七三年八月七日、『人民日報』に楊栄国（中山大学教授）の「孔子は頑迷な奴隷制度擁護の思想家」が発表された。翌七四年元旦、『人民日報』などが「批林批孔」を呼びかけ、一月十八日には、党中央、北京大学、清華大学の「大批判組」によって作成された「林彪と孔孟の道」を毛沢東の同意のもとに党中央文献として全党に配布。二十四、二十五日には首都体育館で「批林批孔」動員大会が開催された。批判の矛先は、同大会にも出席していた周恩来、葉剣英らであった。

毛沢東は初めは「批林批孔」運動を許可したが、その後江青ら四人組には批判的姿勢をとった。二月には葉剣英への手紙の中で、江青らによる批林批孔を批判している。四月十日の党中央の通知では、批林批孔においては大衆組織ではなく、党の指導下で実施すると規定され、七月一日には「革命に力を入れ、生産を促すことに関する通知」を発表するなど、批林批孔運動は抑制されていった。その後、鄧小平を標的とした「水滸伝批判」の展開を経るが、こうした四人組の権威喪失は、七六年四月の第一次天安門事件後に顕著となり、同年十月の四人組失脚へと至る。

孔子は近代中国において、つねに強い批判にさらされてきた。とくに文革、批林批孔運動では徹底的に批判された。しかし、改革開放以降は再評価され、孔子学院の設立や孔子研究ブームなど、現在では見直しと再評価が急速に進んでいる。

『水滸伝』批判　批林批孔運動に続き、一九七五年秋から七六年春にかけて展開された文革末期の政治的キャンペーン。それまで明代の小説『水滸伝』は農民蜂起を描いたすぐれた文学作品として高く評価されてきたが、七五年になると、指導部に潜入した「投降主義者」が農民蜂起の変質過程を描いたものとして捉え直すべきだ、という観点が毛沢東によって打ち出された。投降主義者の代表とされたのが、百八人の英雄の頭目・宋江だった。七五年の夏、毛沢東は「宋江は投降して修正主義をやった」とし、「水滸伝のいい点は投降を描いているところだ。投降派を理解させるための反面教材」であると述べた。こうして水滸伝批判運動が始まった。

しかし、水滸伝批判の真の目的は、四人組など文革派による鄧小平に対する批判にあった。鄧小平は七三年に副首相として復活し、七五年からは病床にあった周恩来に代わって日常工作を指導していた。水滸伝批判は「右からの巻き返し」つまり鄧小平に対する批判として大々的に展開されたのである。

こうして、七六年四月五日の第一次天安門事件を契機に鄧小平は再び失脚した。しかし、そのわずか半年後の十月六日、中南海での四人組逮捕という劇的な逆転劇の結末を迎える。その意味で水滸伝批判は文革の最後の閃光だったといえる。

米原謙　趙軍先生は「アジア主義」に関する本を書かれています。アジア主義はわりと関心があるけれど纏まった本がなかった。非常に面白く拝見しました。趙軍先生の場合、文革体験とアジア主義とがどう繋がっているのか。そこのところをお訊きします。

趙軍　私が書いた本は『大アジア主義と中国』です。一九九七年に亜紀書房から出ました。もともと私の博士論文を土台にしており、日本語に翻訳する時に内容をかなり書き直しました。なぜこの本を書いたのか。一つの責任感が原動力になりました。私の主な研究分野は日中関係です。特に辛亥革命前後の日中関係史で、孫文先生が最後に日本を訪問した一九二四年の十一月に、神戸で「大アジア主義」と題する講演が行われた。その孫文先生が、神戸を離れて船の中で体調を崩された。北京に着いてすぐに病院に入り、そのまま亡くなりました。実際、日本に対する最後のメッセージにあたるその講演が、中国国内では一時、歴史的にタブー視されていたのです。だから『孫中山選集』の中には入っておりません。

孫文先生の写真集の中には、その時の写真が出ていました。しかしその説明は、「一九二四年十一月二十四日に神戸商工会議所の六団体が主催した会議で講演した風景」としか書いていない。その後、中国から『孫中山全集』が出ました。全集なので、その講演も載せなければならない。載せたけれど、講演のタイトルが勝手に変えられていて「神戸商工会議所等主催の会合での講演」になってしまっていたのです。つまり、「大アジア主義」の六文字は結局出さなかった。その理由は、このあたりの歴史から間違った解釈を導き出すことになりかねないことをおそれていると思います。「それでいいのですか」ということを自分の研究テーマにしたのです。

白永端　趙軍先生の発表を聞いて、私と三つの共通点と一つの差異があると思いました。先ず、先生と私は同じ一九五三年生まれです。二番目は、同じ教育方針を持つ恩師をもっていた。私の先生は閔斗基という方ですが、趙軍先生の恩師である方も私は存じ上げております。三つ目は、私もアジア主義に対して関心を持っている。

ここでは、趙軍先生と私でどういう差異があるかということだけを言います。先生は文化大革命の経験を通してその否定的な面を言われました。しかし、先生と同時代の私が大学で勉強した「文化大革命」についての認識は、「実験の対象」ではなく「実験の場」であった。それで私は中国の現代史を勉強しようと思ったのです。

私は、歴史（事実）をもう一度記憶するというのは「未来に対する参加」だと思っています。だから、誰が何故その記憶を呼び起こすかが重要である。先生は先生なりに文化大革命の記憶を呼び起こしてくださった。中国の張芸謀監督は、「生きる者」という映画で文化大革命のイメージを描きました。またほかの方もそれぞれのイメージで文化大革命を描いている。

私はこう思います。これから私たちが東アジアの中でもう一度考え直し、研究すべきは「文化大革命」ではないのか。文化大革命はそれくらい大きな影響を東アジアの青年たちに及ぼしたからです。

先生への質問は、現在、中国の新左派といわれる若い人たちの間では、文革を新しい観点から捉えようとする動きがあります。「未来の中国」を構想するときに、中国の社会主義の遺産の中からもう一度中国を捉え直そうという観点です。先生はこれについてどのように思いますか。

趙軍　新左派の新しい文化大革命観は詳しく知りません。自分なりの見方を言うことは難しいのですが……。文革に関して私は「完全否定」ではありません。白永端先生がおっしゃったことはよく分かります。ほとんど全て同感と言ってもいい。現在の中国政府の公式的な表現では、「文化大革命」を「十年間の浩劫」という言葉を使って全面否定しております。

しかし、自分としては、中国の歴史が一九四九年十月の中華人民共和国の設立によって分断されるべきでないのと同様に、現代中国の歴史においても文革によって分断されるべきではないと思っています。

文化大革命が歴史的な出来事の一つとしていろんな側面を持っていることを私は考えています。もちろん文化大革命の内容については批判すべきところはかなりある。しかし、批判すべきもの以外に啓発されることもあるし、受け入れられる面もそれなりにたくさんある。また、文革を歴史的な一つの遺産として見たときに、文革そのものが中国の現代史において担ってきた役割をいろんな角度から分析することが出来ると思います。

白永端　歴史的な「遺産」というよりも、「資産」という観点ですね。

趙軍　一つの歴史的な「資源」ないし「資産」として見る見方には賛成です。つまり、文化大革命に対しては自分自身にとっても「二重の感情」がある。一つは、被害者としての感情です。いろいろ被害を受けたこともある。この「体験者としての見方」に立つと、身をもっていろいろな被害を受けただけに、こんなことは二度とやってはいけない、もうご免だという気持ちがすごく強い。

その反面、自分もまた文化大革命に積極的に参加した経歴も持っている。だから、感情移入も時々は避けられないのです。私と同年代の友人と会うと、その時の歌が懐かしく思い出されて歌ってしまうことがよくあります。

また「歴史研究者としての見方」も持つべきだと思います。つまり、あの時に文化大革命が発生したのは偶然のことではない。それなりの必然性がある。文革以後、それが現在の中国にいろんな面で深く影響していることも事実である。歴史学者である私は、これを歴史的な資産として捉えて、活かしていかなければならないとも考えています。

有馬学　白永端さんは今、「中国の」とか「中国にとって」ではなくて、「東アジアの」と言われました。非常に重要な発言ではないかと思います。「文化大革命」について、そのように語られることはほとんどありません。中国のある時期に起きた、あまり触れたくない出来事としてしか扱わない。しかし、東アジアの歴史、あるいは未来にとっては、そのことをもう一回きちんと考えることが大事であるというのは非常に重要な提起ではないか。

三谷博　白永端先生も趙軍先生も有馬学先生も私とほぼ同世代です。まさに私が大学に入学した頃、「文化大革命」が燃え盛っていました。入学したのは一九六八年です。入学すると同時に東大紛争なるものに巻き込まれて一年間授業がなかった。キャンパスの中は戦場でした。石が飛び交い、ヘルメットを被って材木の刀を肩に差した学生たちが陣取りゲームをやっていて、朝起きると配置が変わっているという世界でした。

私は明治維新の研究をしています。今までに二つ本を書いたにも拘わらず、実はそういう世界を描いていません。合理的に理解出来る範囲でだけ書いてきたわけです。実は私は明治維新の真相は書けていないという気持ちを強く持っています。それは、そういう経験を十八歳の時にしたからです。中国大陸での文化大革命はもっと大規模だったが、同じことが同時代の日本にも起きていた。あるいは他の世界にもあった。そして、更に遠く明治維新もそうだった。一九三〇年代の日本もそれに近いところがあったかもしれない。そういう大きな問題があります。

黒住真　趙軍先生もおっしゃったように、文化大革命は様々な観点から見ることができます。プラス面もマイナス面もある。しかし、文革を「資産」として捉えるときに、それが「仮にマイナスであっても資産になる」という観点が大事ではないかと思います。

日本の場合もいろんな「マイナスの資産」を持っていると思いますが、それを見ることによって、かえって将来に向けて「プラスの資産」にしていくことが出来る。そういうことも気づかせていただきました。

李成市　私の大学在学中、「文革は壮大な人類の実験である」という雰囲気がありました。ある種の高揚感みたいなものを感じていました。その中で東洋史を勉強することに、近代の日本は、同時代の中国を認識することに失敗してきたという課題に直面しました。ならば我々は、この日本に居て同時代の中国をどのように認識するのか。そういうことを自らの課題にした東洋史の真摯な研究者が当時の日本にはいました。

現在の私たちにとって、文革に関する自らの認識の失敗をどのように反省し、現代中国の認識を鍛えていくか。現在から見て、厳しく「認識の失敗であった」と評価するのか、それとも先ほど白永端先生がおっしゃったように、文革は、これから我々が東アジアを考えていくときの「資源」になり得るのかは重要な課題であると思います。有馬先生も強調されたように、我々が東アジアの歴史認識を語っていくときに、文化大革命というのは歴史認識を検討する上での共通の対象になり得るのではないかという印象を持ちました。

劉傑　私は一九六二年の生まれです。趙軍先生がきょうおっしゃったことを、私は部分的に経験しています。ほとんど実感をもって聴くことが出来ました。先生は世代を表す言葉として「新中国に生まれて、赤旗の下で育ってきて（生在紅旗下、長在新中国）」と表現されている。それと関連して、文化大革命の負の資産あるいは資源ということが今話題になっています。ただ、中国はこの文革の期間中にアメリカにも接近し、中国を変革する試みを始めていました。

日本との国交も回復した。この外交決断は、国内的な理由で行ったのでは全くありません。これは紛れもなく中国の外交の転換であり、外交的な資産だと思う。そういう意味で、文化大革命の時代を通して「日本」という国が若い人たちの中でどのように映っていたのかがきょうの話の中にほとんど出てこなかった。その辺のことを歴史認識の話と関連づけてお話しいただきたい。

私が小学校に入ったのは一九六九年です。もう既に文化大革命は一段落していて政治と社会も落ち着いていました。だから私は「下放」というのを経験していません。しかし、先生がおっしゃっていた「大字報」とか「批林批孔」といったものには全部参加している。私も最後の紅衛兵として一応活躍はしました(笑)。そういう意味で、日本という国あるいは東アジアという視点を、当時の私より十歳ぐらい歳上の紅衛兵として、何も考えずに行動されたのかどうか。そのあたりはどうでしたか。

趙軍　文化大革命が激しかった頃は、私もまだ高校に入っていなかった。だから深い体験ではなかったけれど、自分にとっては非常に衝撃だった出来事があります。一つは一九七一年の林彪事件です。

文化大革命の数年間、私たちが毎日、朝から晩までに最低三回言い続けてきた言葉があります。先ず「我々の一番偉大な指導者毛沢東主席万歳万歳」と、長い言葉で祝う。その次は、「林彪副統帥の身体は健康である。永遠に健康である」と言って祝うのです。毛沢東の継承者としての林彪の地位は中国共産党の第九回全国大会で共産党の綱領の中に載せるまで決めていました。きのうまでこのように林彪を尊敬していたのに、ある日いきなり「彼は売国奴であってソ連への亡命途中に死んだ」となった。結局、彼は悪者だった。このことがすごく大きな衝撃でした。

その後、いきなりキッシンジャーの中国訪問が発表されました。当時私はまだ若かったので、米中国交回復の奥行きの深さには全く気づきませんでした。ただそのショックの大きさはハッキリと覚えている。そしてきのうまでの人民日報には「米帝国主義」を批判する社説が出ていたにも拘わらず、いきなりニクソン大統領の中国訪問が発表された。それまで受けてきた教育との落差に力を失い、無力感に襲われたことを覚えています。

三谷博　日本のイメージはどうでしたか？　あるいは日中国交回復についての思い出は？

趙軍　アメリカとの間の関係回復で予防注射を受けていたので、それほどのショックはなかったですね。

渡邉昭夫　趙軍先生は、私の言い方だと「オフィシャル・ヒストリー(正史)」がひっくりかえることを絶えず経験してきたとおっしゃったように思います。それとの関係で言えば、現代史においては「何が正しいか」がしょっちゅう変わる。

それをもう少し広げると、文化大革命の時に紅衛兵が点検に来て「お前のところは毛沢東の写真がないからバッテンだ」と吊し上げた。私たちも「家に天皇陛下の写真を飾ってないとバッテン」という感じの時代を経験してきたわけです。それをすぐに思い出しました。日本の場合は、今でも外国の日本大使館なんかに行くと、天皇陛下の写真が飾ってある。一般の家庭ではまずお目にかかることはありません。もちろん学校でも奉安殿は無くなりました。戦後の日本を考えると、逆にそういうものが一切無い時代に我々は生きてきたわけです。

新中国では毛沢東の権威が崩れるという経験をされたし、政治的な意味でのリーダーの交替があったけれども、一貫して中国共産党は無謬であるという根幹が変わらないオフィシャル・ヒストリーという形の歴史があって、それがずっと教えられてきたと言えるのでしょうか。

日本の場合は天皇陛下の写真を飾らなくなったことによって、歴史の語り方が大きく変わった。赤旗の下で生まれ、育ってきた新中国の人には、そういう意味での大きな変化はなく一貫していると言えるのか、それとも変わっているのか。これが私の質問です。

趙軍　オフィシャル・ヒストリーについて言えば、歴史教科書のことはもともと報告しようと思っていた課題です。中国もつい数年前まで、国定教科書です。著作者は大学の教員も一部は参加するけれども、基本的には高校の教員が中心です。当然「歴史」は、大学入試の選択科目にもなっています。中国の歴史教科書でも特に中国現代史の部分は、いわば中国共産党史で、わりと安定的な作り方になっています。大きな変化は、一部の民間人に対する評価とか文化大革命に対する（否定的）結論です。

最近実際に高校で使われている歴史教科書を見ました。たしかに私たちの時代よりよく作られている。写真も年表もたくさんあり、内容も豊富です。結論が出ていない部分については両論併記して二つの根拠を紹介するということも行われています。内容はだいたい想像出来る範囲内で、極端に大きな変化はないというのが私の感想です。

金泰昌　私は教科書にどう記述されているかということよりは、趙軍先生ご自身が文化大革命をどう捉えていらっしゃるのかが知りたいのです。

趙軍　先ず、全く私個人の考えではプラスの方が大きかったと思います。つまり、その体験がなければ人間としては成熟出来なかった。大人になれなかった。それは、下放されたことも紅衛兵に参加したことも含めてです。ある面で時間の無駄ということもあったけれど、全く無駄でもなかったのです。農村での二年間の生活は短くなかったけれど、今になると感謝する気持ちが強いですね。

実際は中国国内でも、何年も前からいろんな人がいろんなプロジェクトを立ててきました。例えば『百人が見た文化大革命史』という本を出版したりしている。百人とか二百人が書いているものを私が見ても、どれも全く自分にとって事実は事実だけれど、私自身の体験と一致するところはありません。納得のいく文化大革命の体験史はまだ出来ていないと私は考えています。

金泰昌　いろんな立場からの意見があると思います。私が何人かの中国現代史の専門家から聴いた話によりますと、毛沢東の文化大革命という実験のために払った人的コストが約六千万人から九千万人というのです。もちろん、誰も断定はできないでしょう。

そこで、私が先生にお訊きしたいのは、仮に一番少ない統計に基づいて六千万人としましょう。六千万の人的コストを払ってでも文化大革命はやる価値があったとお感じなんですか。そして、そういう人的犠牲を払ってまでそこから得たものとは何ですか。

趙軍　多分、二つの問題の核がある。一つは、全く個人的な体験、個人の人生です。もう一つは、民族あるいは国全体の見方です。この見方からすると、災難である。つまり、損害を与えたことは確かな事実です。しかも非常に大きな損害で、精神的な被害は数千万の人間に及び、肉体的な打撃よりもっと大きかったものは道徳の破壊。これは一世代、二世代では回復出来ません。その被害は計りきれないくらい大きい。民族として、国家として、絶対的にマイナスの面が大きいと思います。

金泰昌　「悲劇」は、「個人の悲劇——民族の悲劇——国家の悲劇」が繋がっています。それを総括して趙軍先生ご自身の個人的な意見を聴かせてもらったわけです。悲劇というか弊害というのはそれぞれ別々ではなく繋がっているものですね。その場合、ただ一つの分かりやすいインディケータ（標識）として、その実験のために払った人的コストを計算したいろんな資料を見ました。また文革以後の中国の変化状況も見てきました。そこで中国の学者たちと共によく考えてみたいのです。文化大革命というのは本当に実験するに値する価値があったのか。「価値があった」という立場の人々もいるでしょう。そうでない人々もいますね。それに関して趙軍先生ご自身の個人的な体験だけではなくて、それら全部を含めた先生ご自身はどうお考えになるのかをお訊きしているのです。

趙軍　仮に毛沢東的な言い方をすると、この場合「二分法」が有効だと思う。つまり、プラスの面もあればマイナスの面もある。問題は比率ですね。何割がプラスで、何割がマイナスなのか。人によってまちまちですが、今の公式の見解はほぼ百％「否定」となっています。私の見方ではプラスの面が三割くらい、マイナスは七割。このように二分法的に見ればどうかと考えます。

有馬学　金泰昌先生が「世代」問題を出されたときに、私には少し意外な議論に聞こえました。ただ、今お話を伺って、金泰昌先生が何を問題にされているのかがやっと分かりました。そのことについて少しだけ補足します。なぜ私は先ほどああいう言い方をしたかというと、白永端さんの発言に、私は虚を突かれたところがある。まさに（文化大革命は）「東アジアの歴史」として考える価値があるんですね。

誤解がないように申しますが、文化大革命に対する個人的な思い入れは、私自身には全くありませんでした。韓国においてどうだったかは私は知りません。少し後の世代がどうだったかも知らない。ただ、日本の私が身の回りで知っていることとしては、実に様々なことがありました。文化大革命は、やはりある形できちんと問題にしなければならない。日本人の中に問題にしている人がいなくはないけれど、何て言うんだろう……。

みんなこっそり気づかれないように、武器のつもりで手にしていたものを置いて、そっと退場してしまった。多分これがごく一般的な情景だったのではないかと思います。それはやっぱりよろしくない。

それを倫理的に問うのではなくて、もう少し広い場に持ち出すという観点から、東アジア世界における問題として一度考えてみてはどうかという提言は有効性があると私は思います。

金泰昌　なぜ今の世代の問題か、という疑問が少しでも解けたのであれば、それは良いことですね。そして今後の東アジアにおける国家間・政府間・民間同士の対話・共働・開新のためには、あまり国内論理だけで考えるのは危険であると思うのです。私は個人的に「間」（あいだ）から考えることが大事であるという立場です。そしてまた重要なことは、東アジアの歴史と未来を共に考えていく場合、仮に動機は善であっても、ある政治的・社会的・文化的・経済的目的を実現するためには払わなければならない物的・人的コストが大きすぎるということは、許されるべきではないと考えます。ですから文化大革命の問題も、それを中国国内の問題として見る限り、私はあまり深い話はできません。それは基本的に中国人民がどう評価するかという問題であると思うからです。しかし、東アジアからの観点というのであれば、誰かのビジョンの実現——それがどんなに素晴しいものであっても——のためという目標・理念よりも、まず一人ひとりの人間の生命と幸福の価値と尊厳を大事にするという基本前提が重要ではありませんか。

Ⅳ 中国の歴史認識と知識界

劉　傑

はじめに

時間軸で考えた場合、日本と中国の歴史認識を巡っての摩擦と対立はますます深刻になってきているように思います。時間を超えて何か変わらないものがあって、それがこの両国の歴史認識に影を落としているのではないかと私はいつも考えているわけです。ではこの時間を超えて変わらないものとは何かということですが、まず強調しなければならないことは、いわゆる自己と他者の境界線の曖昧さの問題があげられます。この問題が日本と中国の間で非常に大きな障害を作っているのではないかと思います。

公共の知を求める努力は非常に生産的であって、将来への可能性を示すものであります。最近の内外の状況の変化を見ればわかるように、中国の国内においても公共の空間を作り出すための努力がなされていると思います。公共の場が追求されている一つの背景には、「私《わたくし》」の価値というのがここ数年間、中国の中で急に強くなってきていることがあります。これは皆さんもご存知の通りです。「私」に対する考え方の変化は、ある意味では、政府あるいは制度

——「公」の部分に当たるのでしょうが——に対する挑戦を意味します。ところで、中国における「公」の価値と「私」の価値との緊張関係は、国際問題あるいは歴史問題になると、日本と密接に関係してきます。つまり中国の中で共通の知の空間を作ろうと思うならば、中国の中だけでは達成できません。東アジアのもっと広い空間に問題を広げて対処しなければ、解決につながらないという時代になったのではないかと思います。要するに、中国の多元化、中国における「公」的価値と「私」的価値の緊張関係が日増しに強くなっているなかで、国境を越えた知の共同空間の構築が求められるようになりました。

しかし、表面化された日中間の歴史認識の違いは、公共の空間の形成にとって大きな障害になっています。公共の知の基礎は信頼関係にあると金泰昌先生がおっしゃったことがありますけれども、その信頼は果たしてどのように構築するのか。あるいは、他の言い方で言いますと、公共の拠り所をどこに求めるのかということであります。恐らく信頼関係を構築する第一歩は、何と言っても自己と他者との境を明確にすることではないかと思います。その具体的な内容は自分自身と他者との違いを明確にするということと、それからこの両者を結びつける何かを発見することでしょう。しかしその両者を結びつけるものは果たして何なのか。中国の中で考えた場合には何なのか。あるいは中国と日本、東アジアの国々との関係の中で考えた場合は何なのか。ここで少し、私の考えていることを申し上げたいと思います。

一　曖昧な境界線——日本から見た中国

まず日中間の境界線が非常に曖昧であるということでありますが、溝口雄三先生が『方法としての中国』という著書の中ですでに多く指摘されています。例えば、溝口先生は漢和辞典の例を用いて説明されています。それはまさに日本のいわゆる中国学、昔の「支那学」の長い歴史を象徴するものがあります。つまり外国語として漢文を認識しない。場合によっては、中国を日本の中に引きこんで日本の価値観で研究して、そしてそれを本当の中国のように理解し、語ってしまう。そして多くの直接中国を研究しない人は、こういった中国研究者を通して中国を見る。日本で理解されている「中国」は果たして本当の姿の中国なのかどうかという疑問を今まであまり生じないまま、中国に対する研究がなされている。

しかし、交流が増えると、中国のことを日本の中に引きこんで考えた場合には必ずトラブルが起こる。最近いくつかの問題が発生しています。例えば二〇〇三年十月、西安の大学で日本人留学生がひわいな寸劇を演じたとして、中国人学生が抗議活動を起こしました。この事件はいろいろな角度から言われています。日本の学生たちの説明によりますと、中国の学生との距離を縮めるため、日本の学園祭でやっていたことをそのままやって楽しい空気を作りたかったということのようです。恐らくそれは嘘ではないと思います。しかしそのような単純な発想、つまり相手を考えずに自分がそうなんだろうというふうに期待感を持って行った行動が逆に相手を刺激し、大きな問題を引き起こしてしまったのです。

また、トヨタ自動車の広告も話題になりました。それはトヨタの乗用車に向かって中国を象徴する獅子の彫刻が敬礼をするというような内容です。トヨタの広告として中国で出したわけであります。獅子の像というのは天安門の前にも飾られているように、ある意味では権力や中国の歴史を象徴するようなものであります。そこにはいろいろな文化的ニュアンスが含まれています。恐らくトヨタは中国人に親しみ易いものをモチーフに用いて中国の人達に分かり易く広告したつもりだろうと思うのですが、中国の人達の反発を買ってしまったわけですね。これらの事件を考えてみますと、距離感を縮める為の努力が逆に距離を更に広げてしまう、あるいは対立を作ってしまいます。このような現象は日本と中国の間でよくあることではないかと思います。

もう一つの例を言いますと、NHKの番組に『漢詩紀行』というのがあって、早朝に放送されます。疲れた時にいいなあ、と思う番組です。中国の風景が映し出されて、まず中国語で詩が読まれて、それを日本語になおして、また読まれて、非常にいい番組です。それは単なる一種の漢文の教養とかあるいは知識の普及というものを超えたものを感じさせられます。しかし、中国を身近に感じさせる反面、異文化としての中国というものの色がかなり薄れてしまうということが言えるのではないか。他者としての中国というより、自分の中の中国が強くイメージされてしまうのです。

それから一九九六年当時、東大の東洋史の尾形勇先生が、『史学雑誌』の「歴史の風」というコラムでエッセイを書かれたことがあって、私はそれを非常に興味深く読みました。一九三八年に陸軍が発行した『支那事変　戦跡の栞』が紹介されています。そこには戦場に赴いた日本の主に軍人、もちろん一般の軍人だけではなく軍司令官、この場合は寺内寿一――北支那派遣軍の司令官――などの文章が載っています。それを読んだ時に尾形先生がどのように感じたのかと言いますと「戦場に赴いた日本の軍人の中華文明ないし中国文化に対する限りなき憧憬、憧れが行間に満ちている」、つまり、戦争のために中国に行った人が、中国の文化に対する一種の強い憧れを持っていた、そのような心理状態がよく出ているとおっしゃっていました。尾形先生は例として寺内司令官が書いたものを紹介しています。「北、長城を望み、南、黄河を望んで、白雲悠々たるところ、すべて戦火の後にして且歴史の一齣である」。これは戦場に立って、中国の大自然を見て感じたことを述べているわけですが、「歴史の一齣」というのは中国大陸の、あるいは中国史の一齣であるという認識で語られているように思われます。つまり自分自身がここで行っている行為は中国史の中の一齣として認識し、これから語り継がれるだろう、という感覚です。

それからさらに「弾痕に夏草茂り、廃墟に花咲くを見て感慨無量であると同時に、無名部落に日章旗翻り、途上支那小児の万歳を聞くに及んで感激おのずからなるものがある」という一節がありまして、ここでは中国の自然や文化に対する情が自然と出てきて、両国の間に一切境界が感じられません。つまり戦争という非常に過酷な状況の中で日本の軍人が、中国の自然に触れ中国の土を踏んだ時、彼らの感想はこのようなものであったということであります。こうした知や情自体は否定されるものではない、これらは今後両国の交流を支える土台であるに違いない。しかしそれがやっかいなものでもあるわけです。尾形先生は、自分自身の経験も紹介しています。河北省から河南省縦断の旅をした時に——遺跡を訪ねるという目的で中国を訪問したのですが——途中で通った道は、日中戦争中、両国が激戦を繰り広げた地方でした。しかし、そのようなことを一切思い出すことはなかったと言っています。要するに中国の土を踏んだ時は、一人の東洋史学者、中国史学者の目に変わって、そこで見る中国も自分の中の中国に変わっていってしまったということを告白しているわけであります。共通の漢字文化や、歴史上の緊密なつながりがあって、冷静に明確な境界線を引いていくのは非常に難しいことだろうと思います。

二　自己と他者の混在——中国から見た日本

一方で中国の方ではどうかということですが、中国人が日本を見る時も、同じような問題があるのではないかと思います。例えば、一つのキーワードだけ紹介しますと、最近「対日新思考」というのが国際政治や国際関係などの分野で非常に話題になっています。簡単に言いますと、歴史認識を超えて日本との関係の修復を主張する一部の学者の議論です。この主張が日本でも、あるいは中国でも大変な反響を呼んでいるわけでありますが、その主張者が「対日新思考」を述べた時にこういう言葉を使ったことがあります。それは「塑造日本」。日本をデザインするということであります。つまりなぜ中国が「対日新思考」をこれから作っていかなければならないのか。もちろん中国はいままで歴史認識にこだわりすぎたという反省に立っているのですが、日本との関係を緊密化する中で、中国は日本をデザインすることができる。日本の将来に中国が何らかの形で関与することができるというような意味です。そこから見えてくるのは、日本という国を「他者」として認識しているのではなく、日本人が中国を見るときと同じように、自分の中の日本、です。また、このような表現は、中国人の「大国意識」として、日本人の目に映ることもしばしばあります。

もう一つの事例を紹介しましょう。中国の中央電視台に「焦点訪談」という大変人気のテレビ番組がありまして、ホットな話題を取り上げて、関係者にインタビューしてそれについていろいろと意見を聞く番組であります。一種の報道番組ですが、司会者は人気のあるアナウンサーの一人です。この司会者は「日本よ、話を聞きなさい」という文章を書いて中央電視台のサイトに載せました。彼は日本について研究した経験はなく、取材で日本に来たことがあるだけです。取材で日本に来た時の見聞と経験が、彼が本来持っていた日本のイメージを——これは非常に悪いイメージでありますが——実証したというふうに文章に書いています。彼によりますと、日本のアジア認識というものは、基本的にはいわゆる脱亜入欧の考え方の延長線上にある。以前はこの用語についての知識はあったが、日本を訪れて実際に受けた印象はまさにその通りだったというのです。そして、中国人は別に厳しいことを要求しているわけではなく、ただ一言「悪かった」ということを素直に認めてほしいというだけのことであるにもかかわらず、歴史認識の問題で過去の過ちを認めようとしない姿勢は日本人の傲慢であり、その根底には日本人のアジア認識、中国蔑視の風潮があると指摘しています。彼の認識は全く外れているわけではありませんが、私がちょっと気になったのは、「私の話を聞きなさい」というタイトルであります。さらにこのタイトルが電視台の番組名にもなりました。日本に対する強い不満が込められていますし、日本で取材した時に経験したことへの憤慨もあったのでしょうけれど、そういうような感情論を前面に出したタイトルで番組を作って、全国に放送してしまうことの影響は大きいと思います。このことが日中間の相互理解にプラスになりますでしょうか。このことから、中国の中で、あるいは中国史の中で日本はどのように語られてきたのかということも映し出されています。これは非常に大きな問題だと思うのですが、恐らく中国史という文脈の中に日本は組み込まれているということと関係しています。日本史に対する全体的な把握を基に中国史の文脈の中で日本史を取り入れていく、そういう姿勢があるのか無いのかで大きな違いが出てくると思うのです。現状では、中国の視点で日本を見る時も、自己と他者の混在が大きな問題だろうと思います。

最近読んだもので非常に面白かったのは、矢吹晋先生が書いた論文です。それは日中国交回復時の田中角栄首相が過去の戦争について「迷惑をかけた」と発言したことについての解説であります。田中角栄は「迷惑をかけた」という表現で、過去の戦争について一種の日本式の反省を示したのです。国交回復交渉において、毛沢東との会談、あるいは周恩来との会談の中でいずれも話題になり、中国に与えた被害の大きさを考えますと、「迷惑」という二文字はそれなりの重みがあるのかどうかという批判が起きました。それに対して田中角栄は決して譲らなかった。そして「迷惑」というのは万感の思いを込めて語ったものであると、説明をしたわけであります。おそらく日本の国内に対する説明という配慮もあるでしょうし、過去の戦争については共同声明の中でも中国が納得するような表現を使っていますので、迷惑という言葉について田中角栄は決して譲らなかったわけであります。そこで毛沢東は、なぜ田中首相がこの表現にこだわったのかと不思議に思い、日本語に詳しい専門家の話を聞いて、どうも日本語の「迷惑」という二文字の解釈は、中国語の「迷惑」と違う。解釈の幅が広いのではないか、というようなことが分かって、毛沢東が田中角栄に『楚辞』を贈ったのです。その中に「迷惑」についての中国式の使い方が載っている。日本と中国は同じ漢字を使うけれども大分違うな、というような意味を込めて、「迷惑」の二字を納得して共同声明に至った。そういうような解釈を非常に分かり易く面白く、矢吹先生が書いたわけであります。日本と中国は、共通の漢字を使っているからといって、互いに理解し易いということにはなりません。逆に、同じ漢字を使っているから、誤解し易いのです。このエピソードはとても良い実例です。

このように日本と中国はお互いのことを自分自身の中で理解するだけでは、とても不十分で、場合によっては大きな誤解を引き起こします。例えば中国が持っている過去の戦争の記憶と認識を、日本人が日本の感覚で理解しようとすると、問題が起こる。あるいは、例えば靖国の問題が起こった時に、あるいは教科書問題が起こった時に、日本人が中国の姿勢を日本的な理解で説明しても、中国人からするとそれは正しくないのです。

以上を要するに、日中間に知の共通空間を作る前提は、従来の中国学、日本学の伝統を再検討し、それを批判しながら継承すると同時に、自分と他者の違いを明確にしなければなりません。一種の逆説になりますが、自分と他者との境をはっきりすることこそ、共通空間の前提なのです。

三 「私」の台頭と中国人の歴史認識

さて、中国内部の知の共通空間について、どのように考えたらよいでしょうか。あるいは歴史認識と公と私との関係はどのように説明したらいいのか、適切かどうかは分かりませんが、一つの考え方を示してみたいと思います。

中国にも「一心為公」という、公の為に自分自身のすべてを犠牲にしてもいいという日本の考え方と共通する思考があります。この思考様式の中身は時代とともに変わってきました。今はむしろ一つの理想像として、共産党が共産党員あるいは共産党の幹部達に、国民に対してこのような姿勢で行動すべきだと求めるようになって、全国民にもはやこのようなことを求めることはない。むしろ最近の全国人民代表大会についての報道でわかるように、私有財産の保護、あるいは「私」の主張の尊重など、「私」というものが中国の中で強くなってきました。中国人の歴史認識の形成という角度から見ても同様に「私」の台頭を感じとることができます。中国人の歴史認識とは、政府あるいは公的なものによって押し付けられた色彩が強い、あるいは政府の宣伝であるとか、教科書を含めた学校教育、そういったもので作られたものだと理解している方々が多いのではないかと思います。しかし実際には中国人の歴史認識は二つの部分で構成されているのではないかと思います。

一つは世代間の伝承というものであり、もう一つは学校教育と政府の方針・政策の影響であります。前者は「私」的な性格が強く、後者は「共」的な性格のものです。日本では「親は語らない」という中で一種の断絶が生じていると言えるかもしれません。しかし中国はむしろこの伝承によって歴史が多く語られている。これは恐らく被害者としての歴史の記憶のあり方というものの性格と言いますか、あるいは特徴であると思います。このような世代間の伝承、あるいは伝達というものが、中国人の歴史認識の形成に大きな影響を与えていることを十分に認識しておかなければならない。それは恐らく科学的な、あるいは歴史的で実証的なものに基づいた伝達では無いかも知れません。一種の記憶、物語であったりするわけですが、しかしそこには明らかに歴史認識をめぐる広い私的な空間が存在している。たとえ毛沢東の時代であっても、この部分が強くあったわけであります。

よく知られている話でありますが、中国の若者の日本に対するイメージについて一九九七年に中国青年報がアンケート調査をやったことがあります。そもそも先程紹介しました中央電視台の番組も、このアンケート調査を受けて、「これは問題にしなければならない」という認識があって番組を作ったのです。それは中国の二十五歳前後の青年約十万人を対象に行った大掛かりなアンケート調査であります。それによりますと、「日本」の二文字で連想するものは何かという質問に「南京大虐殺」と答えた人はなんと約九割であります。ここで世代間の問題を考えてみたいと思います。一九九七年の二十五歳というのはもちろん戦後生まれです。日本の同世代の人と比べるとその違いは一目瞭然です。日本と中国の若者の間で相互認識や、歴史認識をめぐって大きなギャップと言いますか、ずれというものが生じていることがよく分かります。そして「日本人」に対するイメージについて聞かれたとき、五六％の人は「残虐である」と答えています。これは日本人のイメージのトップであります。こういうふうな非常にショッキングな数字が出ているわけであります。ではこの結果は果たして中国の歴史教育がなせる業でしょうか。中国の歴史教育だけに罪があるとは私は思いませんで、やはり私的な空間の中で歴史が語られているということにも注目しなければならないと思います。むしろ七〇年代以降、中国と日本の両国は、子々孫々の友好という言葉が使われるようになります。これは中国政府が打ち出した対日政策を表現するスローガンです。そして国民を説得するために用いたものは、ごく少数の軍国主義者と大多数の日本国民を区別するという分かり易い論理でした。その論理でかつての日本との戦争を国民に対して説明し、そして国交正常化に向けての国民の理解を求めたのです。

それでは、歴史教科書の中で日本はどのように扱われているのかと言いますと、これは先程中国と日本の境界の話をした時に、中国の近代史の文脈の中に日本史が組み込まれていると申し上げましたように、そのような傾向が強いです。具体的に言いますと、近代における日本との戦争の歴史の中で日本が取り上げられています。ただ中国の歴史教育の目的は、反日感情を育てるためではないのは言うまでもありません。目的は次の二つがあげられます。一つは共産党が建国するまでの功績を讃えることによって、青少年の愛国心を育てることであり、二番目は中国の現在の内外政策をサポートする歴史知識の普及であります。

例えば、中国の史料館などは外交問題についての資料の公開にとても慎重です。その理由は現在の日中関係に何らかの影響を与えてしまうかもしれないという不安があるからです。特に近年において、歴史を研究することによって現在の日中関係にマイナスの影響を与えないように慎重になっています。中国がいわゆる公的な歴史解釈をつくる時に、現在の外交政策と関連付けながら考えていると言えます。

ところがこのような公的な歴史認識に対して、私的な歴史認識が挑戦をしているのです。例えば、戦後補償の問題、あるいは戦争中の毒ガスによる被害者の訴訟問題などが表面化しています。そのような動きは民間と言いますか、私的な歴史認識の空間の中で展開されています。政府は、それによって日中関係が影響されるのではないかという心配を持って注目しています。全くこれを阻止するわけにはいかないけれども、見守るしかないというような状況です。あるいはあまり過激な行動を取らないように、政府がむしろコントロールしている。そのような公的な歴史認識に対する一種の挑戦というのがこれからさらに拡大していく可能性があるというのが中国の現状ではないかと思います。

おわりに――「公」と「私」の媒体としての「知識界」

さて、「公」と「私」の歴史認識を結びつけるものは何かと言いますと私は中国で言う「知識界」という集団、あるいは空間に注目してみたいと思うのです。中国の「知識界」というものが、俗に言うと知識人の作った一種の特別な空間でありますが、そこでは最近様々な変化が起こっていて、この「知識界」は言わば公的な歴史認識のあり方と私的な歴史認識のあり方の媒体になるような存在として注目していいのではないかと思います。そこで行われているのは、中国の近代史に対する新たな解釈を試みること、日本との関係史を新たな視点で捉えることなどです。公的な歴史認識と私的な歴史認識との間の媒体になり得て、一種の公共の空間を作り出すことが可能ではないかと思います。さらにまたこの「知識界」が日本との間に一種の共通の空間を作る力を持っているのではないかというように思うわけです。

もう一点申し上げますと、例えばこの「知識界」の持っている歴史認識というものは近年、非常に変化しているのです。例えば「洋務派」に対する評価などは典型的な事例であります。あるいは中国本土だけではなくてアメリカにいる中国人や、あるいは台湾の学者達が、日中戦争期の国民党と共産党の関係などについて、研究を推進しています。要するに中国をめぐる国内外の状況の変化の中で、公的あるいは私的な歴史認識ではいずれも対応しきれない問題に対して、「知識界」が発言しているのです。しかもその重要性がだんだん増してくるのではないか。この動きにこれから注目していかなければならないのではないかと思います。

渡邉昭夫　劉傑先生は「プライベート」と「公」とに分けられて、「中国の場合は多分、被害者の立場としてだろうが」という断り書きをされました。いわば親の世代から子の世代への伝達が非常に重要だというお話でした。言い換えると、家庭の中のコミュニケーションという場で「歴史の記憶」が伝達されているという感じで受け取りました。それと、オフィシャルな公教育や政府のいろいろな形での教育・宣伝として伝わっていく場合との二つがある。しかし、その「中間」はないのかなと思っていたところへ、最後に「知識界」という問題を出されて「なるほど」と思いました。

最後の「知識界」というのも、一つの「公共空間」（パブリック）ということだと思います。更にもう一つあるのが、先ほど少しおっしゃった中央電視台の話ですね。つまり、テレビジョンや活字等の様々な「メディア」が、中国では非常に重要な役割を果たすようになってきている。このメディアが創り出して伝達する認識、記憶というものが意外に大きいのではないだろうか。

それは必ずしも、最後におっしゃった「知識界」という極めてハイレベル、ハイカルチャーなものよりも通俗的なものであるけれど、そこが非常に大きな役割を果たしている。最近私が中国の人と話をすると、こういう問題がしばしば出てきます。だから、政府なりその近くにいる知識人たちは、「日本との関係をあまり感情的に扱ってもいけない。出来るだけ自制させようとするが、どうにもいかんね」という意味で、この問題を非常におっしゃるわけです。

つまり、もう一つのディメンション（広がり）として「メディア」というものがどういう役割を果たすのか。このことについて劉傑先生がどう見ておられるかというのが私の質問です。

劉傑　メディアの持っている役割あるいは影響力は、恐らくこの十年間で非常に大きく変わったと思います。かつては「メディアは共産党の宣伝用の道具である」という点だけを強調していました。しかし最近は、共産党の組織や幹部も「メディアの監督を受ける」というような言い方になった。

中国は遅いテンポではありますが、「法治国家」を目指しています。しかしそれは完全には確立されていない。国民の意思を伝える手段として、一般の人々が使える唯一の媒体はマスメディアです。しかしこれはもちろん限界がある。中央政府の考え方に抵抗して何かをやるということは先ず考えられないと思います。しかし、従来のあり方と比較してみると、むしろメディア側の人たちがそれをうまく利用して政府を牽制する。そういう意識が非常にはっきり出てきています。つまり、本来のメディアがもっている一種の機能を、中国のメディアの人たちも認識し始めている。これは大きな変化だと思います。

政府との間の微妙な関係を、彼らは非常にうまい方法で維持しながらも自分たちの独自性をなんとか打ち出そうとしている。恐らくこれが中国のメディアの今の姿ではないか。それが国民一般の歴史認識や対外認識に非常に大きく影響しているだろう。

三谷博 中国では今、「知識界」と「メディア」の対抗性が表れているように見えます。それは現在の日本でも非常にくっきりと見える。エノラ・ゲイのスミソニアンでの展示問題に関して、歴史学者たちとアメリカの世論との間で対立関係が起きた。そういう普遍的な関係が中国でも生まれ始めていると聞いたのですが……。

劉傑 そういう印象を私は最近持っています。政府の権威にとって不利な報道も、今はごく普通の形でなされています。

金泰昌 ある在日中国人の学者が、生活世界と制度世界を媒介する公共世界の共働構築こそ公共的良識人の役割と機能ではないかという私の見解に対して、「中国の知識人は生活世界からも独立した存在だ」と反論しました。私は生活世界からも制度世界からも独立した知識人の居場所がどこなのか、よく分からないのです。知識人は基本的に生活者市民という位相と認識から、思考・判断・行動・責任の主体としての役割と機能を果すべきではないかと思うのです。もちろん、場合によっては制度世界に足場を置いてその代弁者になるという選択をすることもありますが、それは官僚知識人か企業知識人ではあっても、市民知識人ではないというのが私の見解なのです。この問題についての劉傑先生のご意見はいかがでしょうか。

もう一つは、「メディア」への期待が出されました。たしかに「大学の知識人」は、それなりに問題がある。しかし、「メディアの知識人」はどうなのか。前者が国家権力に媚びる御用学者になりやすいとすれば、もう一方は、大企業の金力に迎合する。つまり、日本ではあまり使わない言葉ですが、「売弁学者」になる。権力と金力の両方から自立して、むしろ市民社会の健全性を守るという方向にこそ、本来の「公共的知識人」ないし「公共的良識人」の存在理由があるのではないかと私は考えています。

劉傑先生は、知識人について、レジュメでは「政府からも国民からも独立した存在」と書かれました。私は多数の中国人学者と付き合っていますが、なぜ国民からも独立した存在というのが強調されるのでしょうか。もしかしたら知識人は一般国民には所属しないのですか。中国なりの事情はあるでしょうが、先生がこのように書かれた面を少し説明していただけますか。

劉傑 中国の歴史の中で、知識人のことを一般的にはよく「中間派」と言っています。戦前の例で言うと、実は中国の知識人たちは満州事変を挟んで大きく揺れ動くわけです。つまり、政府側に立つのか、それとも非常に断固たる抗日を主張する学生側に立つのか。この選択を迫られた時に揺れ動きます。唯一、彼らが共通に持っている信念・価値観・理念は、この国をどのように守るかでした。

蔣介石の主張に賛成する時期もあれば、学生側の主張に賛同する時期もある。例えば満州事変の後の蔣廷黻（学者・元駐ソ大使）は、少なくとも日本との戦争は絶対にやってはいけないということを主張する。なぜそういう主張をしたかというと、先ずこの国を保存させなければならない。だから、その他の問題は将来に残してもよい。国の保存が当面の最重要課題である。胡適（思想家・元駐米大使・元北京大学長）もほとんどそのような考え方でした。

その結果、蔣介石が打ち出した方針は、一面抵抗・一面交渉です。だから、基本的には蔣介石の側に立って、まず蔣介石を中心とした強大な統一国家を作り上げなければ話が始まらない。その時期、彼らは完全に権力側に立ったわけです。しかし、日中戦争が始まると、事態が変わります。今度は蔣介石に対して非常に批判的になります。特に胡適は最後まで蔣介石と大きく距離を持って付き合っていきます。

蔣介石は日中戦争でアメリカからの支援を得るために胡適を駐米大使に任命する。彼もそれなりの活躍をするわけですが、蔣介石の独裁的な政治姿勢に対しては常に批判的な態度を示します。

しかし満州事変後から日中戦争にかけて、胡適は、蔣介石の主張に共鳴し、むしろ知識人のリーダーとして蔣廷黻らと共に『独立評論』という当時の雑誌に彼らの主張を強く打ち出します。それが政治に非常に影響を与えた。実際そういうことが歴史上あったわけです。

今の中国の知識界のことでいうと、天安門事件の時に一般の知識人たちは学生たちに同情的でした。今になってみると、彼らは天安門事件を含めた中国の一連の政策に対してむしろ理解を示している。つまり、安定を確立すること、あるいは一つの統一した国家をいかに維持するのかというテーマがあるので、歴史に対する評価が常に変わるわけですね。そのような中にいるのが中国の知識界の性格ではないかなと私は見ています。

金泰昌　「公」と「私」というように二極対立で捉えると、知識人は揺れ動くような現実にならざるをえない。国家を善くするとはどういうことか。それは権力を強化することではありません。健全な市民社会が成熟することによって権力の横暴を防ぎ、もう一方では生活世界の向上を目指す。その役割を果たすのは、国家・政府と個人の間で機能的な媒介を多元的に行う活動・団体・組織等々いろんな存在があった方が望ましい。それを外して国家権力構造を強めたり、それを守ったりするのが国家のためになるとは私は思いません。

そしてもう一つは、「知識人」と「専門家」とを分けて考えてみてはどうかと思います。「専門家」は専門知識を持って政府にいろんな協力をして、政府の目標を達成するように力を貸す。これは広い意味でテクノクラートであり、プロフェッショナルです。しかし「知識人」とはそういう役割を担う人間ではない。どこまでも国家権力や大企業権力と個々の市民、国民との間に位置して、両方が連動して共にいい方向に変革できるようにその媒介作業を担うのが本来の知識人である。私は前者を制度世界、後者を生活世界と言っています。

そうすると、それは国家からも国民からも独立するというのではなくて、国家と国民の間の媒介を担う。しかし、足場はどこに置くかというと「生活世界」の方に置くのが望ましき立場である。それは何故かというと、知識人は官僚ではないし、軍隊でもない。すなわち国家権力に順従でなければならない立場ではないからです。

ですから私は、「独立する」とか「自立する」という言葉がどうも気に掛かる。それだと、国家権力が一方にあって、国民の生活世界がもう一方であり、それとは別のまた何か具体的な実体があるということになり、それらがどう関連するのかというダイナミックな繋がりの方が見えなくなります。そこを繋ぐ具体的な発想を私たちが重視するならば、むしろ知識人の足場がどこに置かれるのかということを考える必要があるのではないかと思うのです。

劉傑　金泰昌先生が今おっしゃったことは私も賛成です。むしろ胡適もそのようなことを目標に掲げていたわけですね。しかし実際にはそれを受け入れる場がない。つまり場があまりにも広すぎて、自分のあるべき場所がまだないというのが知識人ではないか。

というのは、例えば知識人が生活者の立場に立って、そこに足場を置いて主張したとしてそれが生活者に受け入れられるかというと、彼らの主張は必ずしも受け入れられるものではない。では権力側に立つのかというと、彼らは生理的にそれに対する一種の拒否反応を示す。これを一つの長いプロセスで考えた場合には、いずれはどこかに落ち着くだろうが、今はまだその段階ではない。まだ途中ではないかと思うのです。

白永端　今の劉傑先生の話を聞き、また私が会った中国の知識人たちを見て思うことは、彼らはジレンマに陥っているのではないか。国家権力から独立しようとすると市場論理を持ち出す結果となる。例えば今行われている大学の改革がそうです。最近、北京大学で教授任命をめぐっていろいろ問題が起こっているけれども、それも一種の市場論理が働いている事例ではないかと私は思っております。これらの変化は、別の角度から見ると現在の政府が認めているのではないか。

レジュメに「変化し続ける現代中国の歴史の中で如何に位置付けるか（近代史への再解釈、『革命』への再認識）」とあります。先生はこれを「新たな歴史認識における公共空間の創出」と言われたのですが、しかしこれらの「創出」というのは今流行っている歴史認識であって、党からの「許可」を乗り越えられない範囲で語られているのではないかと私は思います。

もちろん私は中国に公共の空間を創出しようとしている彼らの悩みと努力を認めた上で申し上げているつもりです。

劉傑　もちろん彼らは公的な歴史認識を全く無視して自分たちで歴史を一〇〇％自由に再構築するということを考えていないと私は思う。ただ、政府がどこまで歴史認識の範疇として許可するのか。今の中国ではその境界線がだんだん曖昧になってきていて見えなくなってきているような気がします。というのは、例えば歴史教科書というのは恐らく公的な歴史認識として最後まで守る基本線だろうけれど、歴史研究の分野になってくると、その寛大さが歴然と出ているのです。つまり、歴史教科書の世界と歴史研究の世界との間には、既に大変な距離が生まれている。

例えば、今までのいわゆる「改良運動」とか「洋務運動」といったものに対する基本認識は、教科書のレベルでは二十年前と比べてさほど大きな変化はない。しかし歴史研究の世界では全く逆転しているわけです。実際に現在の中国の経済政策を解釈する上で、「洋務運動」の見直しはやはり必要です。しかし教科書のレベルでそれを基本的に見直すことになれば、中国革命に対する解釈の変化に繋がる。だから、その先の一歩はなかなか踏み出せない。

革命とは何か。あるシンポジウムで中国の学者が「我々に必要なのはもはや革命ではなくて改良である」ということをはっきり言っています。つまり、革命そのものが中国にもたらしたものは何なのか。この百年の歴史を振り返りながら、彼らはある種の反省に立って議論し始めているのです。しかし、その革命がなければ現在の中国はまた有り得ない。そこにジレンマがある。それは、中国の歴史学者だけではなく知識界が持っている一種のジレンマでもある。しかし自由な空間が許可されたということもあって、(知識界と）政府あるいは公的なものとの距離がどんどん拡がっているのが現状です。これからどのようにバランスを調整していくのか。ここがむしろ非常に難しいところだと思います。

李成市　劉傑先生が端折られた、新しい歴史認識を模索している中国の知識界の具体的な担い手について補足していただけないでしょうか。

例えば、この場にいらっしゃる白永端先生も林志弦先生も、韓国の知識界で新しい歴史認識に挑んでいる韓国を代表する方です。白永端先生の場合は、一九九三年以来、韓国における「東アジア論」をリードしてきた方です。この東アジア論というのは、日本では百年来議論されてきたテーマですが、韓国で東アジアを論じることは、いわばタブー的なところがありました。なぜなら、「東アジア論」という言葉を用いた途端にかつての忌まわしい「大東亜共栄圏」が想起され、それと「東アジア論」はどこがどう違うのかという詰問を受けるわけです。しかしながら、「東アジア」という議論を組上に載せることで、現在の韓国を東アジアスケールで歴史的に位置付けたり、未来を展望する。そういう挑戦をされていると思うのです。

林志弦先生の場合は、非常に挑戦的なキャッチフレーズでいえば、「民族主義はファシズムだ」と言い、「国史の解体」ということを唱えておられる。あるいは東アジア国家間の「敵対的共犯関係を壊して公共的な議論を国際的に展開しよう」と提言している方です。

そこで、中国の知識界のどういう方が具体的な担い手で、何をどのような舞台でなさっているのか。そういうことを少し教えてくだされればと思います。

劉傑　例えば数年前に私が読んだもので、見方として非常に珍しいなと思ったものがあります。それは、茅海建さん（北京大学教授）が阿片戦争について書いたものです。何が面白いのかというと、外国の侵略に対する中国の抵抗の歴史を、彼は自分の尺度で再解釈したわけですね。彼は林則徐をあまり評価しない。そしてイギリスと交渉する責任者として最終的には香港を割譲したために「売国奴」として追及された琦善という人物について、「果たして彼にはどんな罪があるのか」と暗に言っているような研究書を出します。これは従来の歴史観に対する一種の挑戦です。

要するに彼は中国の近代史解釈、特に清末の歴史に対する解釈の一種の矛盾を突いているわけです。つまり、中国の近代史の中では、清王朝の最後の段階は非常に腐敗した王朝として描かれています。そしてこの王朝を革命によって倒さなければならない。しかしそれを守ろうとする林則徐はなぜ評価されるのか。そう著者が問題提起する。

つまり、中国の今までの論理は、清王朝に対して武力あるいは圧力を行使したのは外国であったから、その王朝を支える者が対抗しなければならないという論理ですね。しかし、著者は中国の内部変革をなぜしないのかと問いかける。同書の中で著者は「天朝上国」という言葉を使っています。要するに「中国が世界の中心である」という認識を最後まで捨てきれなかった。それが中国の改革を遅らせた。それは、いわゆる抵抗派の歴史に残した一つの罪でもあるのではないか。

そういう意味では、むしろ外国との間で一種の妥協をしたけれど、しかしそのことによって中国が保全され、さらには近代化へのステップをつかめたということならば、ある意味では妥協も容認されるのではないか。そういう解釈がなされているのです。これはもちろん、中国の一般的な歴史観としてはなかなか容認されるものではない。しかし茅氏は非常に挑発的な議論をはじめているわけです。

その結果、例えば李鴻章に対する再評価はどうなるのか。中国の公的な見解は、日清戦争後の講和条約で台湾を日本に割譲した彼の罪が問われているけれど、しかし、彼には果たしてそれを阻止する力があったのか。むしろ彼は中国の犠牲を最小限に食い止めるためにあらゆる努力をしたのではないか。実際の歴史の事実に即していえばそういう側面もあるが、なぜそのことを言わないのか。そのような、むしろ大胆な歴史解釈の変化が中国の中では起こっているのではないかと思います。

林志弦　中国の公的な歴史の叙述と私的な歴史の叙述に関連して、アンケート調査では「日本の二文字で連想するもの＝南京大虐殺八九・三％」「日本人のイメージ＝残虐五六・一％」と紹介されました。これは中国人の私的な部分での記憶として紹介されたものだと思います。しかし、政府の公式的な対日関係は親日的な部分があるでしょう。私がここで指摘したいのは、公式的な歴史叙述をするステーツマンとしてではなく、その下に隠されているエピステーメ（共通認識）としての歴史叙述はどうなのかということです。

私は何年か前に、ポーランドの社会主義的な歴史叙述と朝鮮人民共和国の党が言う歴史叙述とを比較して書いたことがあります。その時断言出来たことは、社会主義的な歴史叙述はナショナリズム的な面が強いということです。

（東アジア近代史の）ある事件について、ステーツマンとしての歴史叙述が中国の歴史教科書ではどうなのか。私は専門家でないのでよく分かりません。しかしエピステーメとしての歴史叙述ということを言うと、中国の中での全ての歴史は、中国の（中華的な）ものとして言われているのではないでしょうか。韓国と朝鮮人民共和国の間の歴史叙述もそうです。もちろんそれは時代錯誤的な叙述であって、国民国家の意識を過去の歴史に投影して権力が要求する歴史的な叙述でもある。

そうした観点から見ると、日本に対する中国市民社会の記憶は、今お出しになった数字は私的な伝承であると先生はおっしゃったけれども、公式的とか私的な伝承というふうに区別できない。むしろ相互補完的な面があるのではないかと私は思っています。

劉傑　おっしゃる通り、両者の補完関係は否定できません。私がここで強調したかったのは、「公」的な教育の影響を過大に評価してはいけない、特に戦争被害国の中国では、プライベートな伝承が非常に重要だ、ということです。そこで私は公的な空間すなわち愛国主義を主旨とする歴史解釈ということをここで強調しました。林志弦先生が指摘されたことは、恐らくそこに収斂されるのではないか。

つまり、歴史に対する中国の公的な解釈は常に、社会主義の「イデオロギー」に影響されている。それが現在の政権を実際に説明するための必要な条件です。その意味で、必然的にそういう部分を帯びてきます。

ただ、公的な教育の影響を受けたからこのような高い数字が出たのかというと、私は必ずしもそうではないと思う。もちろん、全く影響がないとは言いません。少なくとも我々の世代は「南京大虐殺とは何か」を教育されずに大学に入ったわけです。つまり、我々の時代の高校の教科書には、そういう記載はほとんどなかった。そういうことも含めて、歴史教育の変化は、むしろごく最近のことです。南京の記念館が造られたのも一九八五年以降です。そういうことを考えると、日中韓の歴史認識の問題は〝新しい問題〟ではないかなと私は思っています。

趙軍　「公」と「私」の対立を少し別の次元で考えたい。利益の対立で選択が迫られたときに人間がどう動くか。これは非常に重要な観点です。日中戦争の最中に日本軍の占領地域において日本軍に協力する態度をとった知識人たちがいました。もちろん、一般の民間人にもそういう人々がいた。例えば、村長の立場にあった人が日本軍に協力しました。しかし、彼等は「村民の生活を守るため」という口実を公的に正当化してきたわけです。

問題は、一部の知識人が「大アジア主義」のようなことを掲げたことです。ここでまた幾つかの「公」と「私」の対立が出てきました。「公」の面は、「東アジア数カ国」の利益ですね。それに対して「中国一国」の利益の側に立ち、庶民の生活を守るために戦った知識人は「私」とされ、個人的な名誉を犠牲にすることになる。

（「大アジア主義」を唱える「公」に与した）汪兆銘らはその代表的な人物ですが、これも例えば朝鮮半島の李容九たちの一進会と似たケースだと思います。しかし、実際はそれを単なる口実として利用している人がいたと思う。本当にそのように信じて「公」の方を選択した人がどれだけいただろうか。そこのところも議論の余地がある。私は、汪兆銘は歴史の悲劇的な産物だと見ています。

汪兆銘よりも代表的な例が孫文なんですね。孫文は日本の外務省に対して、二十一ヵ条条約に劣らないくらいの売国的な条約案（中日盟約案）を提起したこともあるとされている。その資料はニセ物だという説もあるけれど、孫文は別のところで〝日本の援助をもらえば、満蒙の支配あるいは満蒙の経営を日本に任せる〟と、条約案と似た表現を使っていました。その時孫文は「公」（国家）の利益あるいは革命等の利益を選んでいる。孫文は幸い、最後の実行、行動に至らなくて済みました。

このように「公」と「私」が対立したケースもあったんですね。これは歴史上の一部の人に限られたことですが、こうしたことを整理して次の世代に伝えていくことを劉傑先生や諸先生方に期待したいと思います。

三谷博　今の趙軍先生と劉傑先生のお話は、既に中国の歴史家の間でネイション・ステイト（国民国家）の枠組を越えた議論をはじめている人がいることを証拠立てている。もう一つは、私自身が二〇〇三年の十月に北京大学で集中講義をして江戸時代と明治維新の話をしたのですが、最後の日に、「明治維新を物理学の複雑系の理論で解釈してほしい」というリクエストを受けました。つまり、「革命理論」というものは中国共産党の核にある正当化理論のはずですが、それを「マルクス主義」でないもので語れと要求されたわけです。それぐらい今の中国の歴史学界のエピステーメが変わりつつある。これからそれがどのように変わっていくか、本当に分からない。ある枠組に閉じこめられている面も確かにある。しかし、それを打ち破っていくダイナミズムがいま生まれていることは確かです。やはり今後も対話を続けていただきたいなと思います。

V

戦後日本における忘却と想起の中のアジア

有馬　学

はじめに

本稿を通して考えてみたいことは、戦後日本がその時々に想い出したり忘れたりする対象としてのアジアという問題である。(1)戦後日本にとってアジアとは、常に念頭にあって意識され続けていたわけではないが、さりとて、いつでも都合の悪いことに口をぬぐうという態度で接する相手だったわけでもないと思う。そのように、時々忘れたり、都合のいいときに想い出したりする関係とはどのようなものなのか、そのことについて考えてみたいのである。

今日アジアを歴史的に考えることは、そのような戦後日本による忘却と想起の繰り返しを問い直すことでもあるだろう。忘れ去られたり想い出されたりすることの中に含まれる意味を考えることが、本稿の意図である。忘却と想起が継起すること、そのあり方こそ検討すべき問題なのである。

たとえば後述する竹内好という存在は、戦後日本の知的世界が中国について考えてきた態度や方法の少なくとも一方の代表であった。竹内の志向は、中国を通しての持続するアジアの想起であった。それはまた、戦後日本という枠組みの全体の中では、アジアへの想起の一部分をなしたに過ぎないという点で、想起と忘却の不連続を示すものでもあった。さらにまた日中国交回復を経て、竹内の死とともにそのような態度や方法の継承は眼に見えないものとなり、むしろある期間、中国という存在が知的世界の想像力を喚起する存在でなくなるという形で、交互にめぐってくる忘却と想起のあり方を示していたように思える。

このようにして、忘却と想起が継起するあり方を問うことは、我々が前世代から受け継ぐ（あるいは受け継がない）内容を、どのように吟味するかという問題につながるのである。留意すべきは、問題の継承もその拒否も、滑らかには接続しない問題として受け取るべきであろうということである。以下は、戦後日本における〈アジア〉を、そのように滑らかにつながらない、ザラザラした不連続や違和感の中に位置づけ、受け止めるべき問題を見いだそうとする試みである。

一　戦後日本の忘却と想起をめぐる個人的な体験
――忘れたり思い出したりするとはどういうことか

不連続に継起する想起と忘却とはどのようなものか。それを確認するために、個人的な経験からはじめてみたい。

筆者が小学生の頃に、最初に覚えたフィリピン人の名前は、フィリピン共和国第三代大統領のラモン・マグサイサイであった。日本のフィリピンに対する戦後賠償をめぐる交渉は、一九五六年に妥結している。小学生の私がマグサイサイの名前を記憶したのは、彼の大統領在任期間と日比賠償交渉のプロセスがほぼ重なっており、頻繁に日本のメディアに登場したからであろう。

それと同時に、この小学生には難しすぎる時事問題をめぐっては、もう一つの言葉が記憶の底からよみがえってくる。「対日感情」という言葉である。どんな漢字を書くのかもわからない小学生が、耳から「対日感情」という言葉を覚えたのは、両親の会話の中に「フィリピンは対日感情が悪い」という表現があったからである。両親は、なぜフィリピン人の「対日感情」が悪いのかについても説明してくれた。太平洋戦争中におけるフィリピンを戦場とする戦争について、とりわけ戦争末期、フィリピンの人々を大量に巻き込んで、マニラを廃墟にするような日本軍の抵抗があった。そのためにフィリピンという国では対日感情が悪いのだというような話を、聞かされた記憶がある。

筆者の両親を含む庶民の意識レベルで、「フィリピンは対日感情が悪い」ということは、その理由も含めて常識であったのだと思う。子供のときの記憶であり、そこから過剰に意味を引き出すのは避けるべきだろうが、それは当時の一般の日本人全体が持ち合わせていた感覚であったように思われる。付け加えると、フィリピン国民にそのように見られても、それだけのことをやったのだから当然であるという感覚が、そこにはあったように筆者は記憶している。少なくとも、対日感情が悪いのはけしからんというニュアンスは、全くなかったと思う。「対日感情」が悪いのはやむを得ない（あるいは当然である）というのは、多くの日本人にとってノーマルな認識だったのである。

フィリピンに限らず、東南アジア諸国に対する戦後賠償問題をめぐる日本側の態度は、その後の経済進出の足がかりを築いたものとして、今日理解されている。しかしそれとは別に、当時の日本人の中に、ある種の償いの意識が全くなかったわけではないだろうと思われる。少なくとも、敗戦から立ち直って、のど元過ぎればすべて忘却の彼方に押し流してしまったということは、庶民意識においてもなかったのではないか。

そこには時間的な問題も当然あっただろう。昭和二十年代の終わりから三十年代の初めにかけては、一方で戦争の記憶は、まだ忘れようとしても忘れられない身近な問題であり、しかし他方では、もはや焼け跡・闇市の時代ではなく、食うや食わずという段階は脱した、貧しいながらも何とか食えるところに日本社会が達していた。そのようなタイミングも、戦争の記憶、後始末の受け取り方にかなり大きく影響していたかもしれない。

しかしそうした戦争の記憶は、比較的短期間のうちに忘れ去られる。〈フィリピン〉は日本社会の表面から退場し、しばらくのあいだ忘れていい存在になった。少なくとも庶民の日常的な意識の中に登場しないで済む時間が、かなり長く経過したと言えるのではないか。そして、その後の日本社会における〈フィリピン〉の再登場は、誰も予測しない形でやってきた。一九八〇年代における、「国際結婚」の相手やホステスというかたちでの、フィリピン女性の大量流入である。

はじめに述べた不連続なもの、滑らかにつながらないものとは、たとえばここに露出したような事態に直面した際の感覚に依拠している。この〈フィリピン〉の再登場の中で、かつての「対日感情」はどこへ行ったのだろうか。この、「対日感情」からフィリピーナへの飛躍に見られる不連続の中では、〈歴史〉が消えしまったように見える。同時に、上記のような不連続は、戦後の日本人とフィリピンとの関係だけでなく、戦後の日本人と他者としての〈アジア〉の間に、広く存在するもののようにも思える。そこには、考えるべき問題が確実に含まれているだろう。(2)

そのことについて考えるために、ここで崔洋一監督の映画「月はどっちに出ている」(一九九三年)を思い起こしてみたい。右に見たような、うまくつながらない、あるいはつぎはぎ細工のような齟齬感につながる問題が、この映画ではかなりの程度うまく扱われていると思われるからである。

公開当時とても評判になり、映画賞を総なめにしたこの映画では、在日コリアンのタクシー運転手と、ルビー・モレノが演じたフィリピン人ホステスとの関係を通して、さまざまなアイデンティティが複雑に交差する日本社会が描かれている。それらはもちろん単に交差するだけではなく、ある権力関係を形づくっており、崔洋一は日本社会そのものに孕まれているアイデンティティ・ポリティックスの所在そのものを鮮やかに描き出したといえる。だがここではそのことよりも、この映画を支えているリアリティの問題を考えてみたい。

映画では、内部から見た在日社会やタクシー会社の内実がまさにリアルに描かれ、運転手にとって面倒な洗車を千円で請け負う不法滞在とおぼしきイラン人や、朝鮮籍の在日女性に雇われるフィリピン人ホステスといった関係を通してエスニシティの重層性が提示され、結果として一九八〇年代の日本に対する批評的な視線が構築されている。だがここでは、それと無関係ではないがやや異なる観点から、この映画におけるリアリティの問題に注目したい。それは、在日のタクシー運転手と、とりあえずの付き合いなのかそうではないのか微妙な位置にいるフィリピン人のホステスという関係が、不自然な設定には見えない状況に当時の日本社会があったということである。観客は、「そういうことはあるよね」という感覚で、この映画を見たのではないか。

ある意味では、この時代に日本の庶民とフィリピンもしくはフィリピン人とが、かつてないほど近しい関係になったことを示しているともいえるわけである。もとよりその近しさというのは、さまざまな問題を含んでいたわけであり、そのような近しさが実際に表れたとき、映画を見た日本人、実際にフィリピンの女性と接した日本人、あるいはフィリピンの女性と結婚した日本人は、過去の日比関係を思い起こしたりはしないのである。それ自体が、まさに本稿が指摘した不連続そのものを示しているように思える。

だが崔洋一が示したのは、そのような戦後日本とアジアの関係における不連続を直接批判するのとは異なる方法だったように思う。このことは非常に興味深い問題を含んでいるのではないか。

「月はどっちに出ている」の中で、現在の日本に在日社会が存在するということの歴史性は、もちろん可視化されている。だがそのような歴史性を意識しつつも、登場する在日（朝鮮半島における南北の問題を含む）、フィリピーナ、不法滞在外国人、そして日本人は、それぞれになにがしかズレた存在として描かれることで、いわば相互に相対化されているように思われる。それぞれに一義的には語り得ないアイデンティティが重層するという、日本では八〇年代にはじめて出現した関係の中で、崔洋一はそれらを相互に相対化することで、歴史性を意識しつつ歴史に過剰にとらわれない語り方を提示したように思われる。

その先の議論は微妙な領域に踏み込むことになるかもしれない。この映画は日本人の観客に、ある種のカタルシスを与えたのではないかと思われる。それが右に見た崔洋一の方法に根拠をもつことは明らかだろう。歴史に過剰にとらわれる（あるいは決まりきったとらわれ方をする）ことを拒否することでもたらされた歴史の相対化は、日本人が潜在的な欲望として抱きつつも自らはなしえなかった語りを、在日の映画監督に代行してもらったという側面をもっている。ちょっとほっとしたという感覚を抱いた日本人は、少なくなかったはずである。だがそのような危うさを孕みつつも、崔洋一の試みた〈語り〉は、〈歴史〉になにがしかの〈肯定〉を見いだす方法を、それが言い過ぎならすくなくともその可能性を示しているのではなかろうか。そしてそのような可能性は、単に過去の想起を持続するという歴史性に依拠するのではなく、まさに一九八〇年代の日本に現出した不連続なつぎはぎを、それとして受容する中で見いだされたのではなかろうか。

二　他者認識の混乱とその継承
――「東洋の凱歌」と「月はどっちに出ている」の間の距離

アジア認識における戦前・戦中・戦後の連続と断絶を考える上での、崔洋一によって示された方法の重要性を考える素材として、フィリピンを対象として戦争中に作られた「東洋の凱歌」という映画を見てみたい。この映画について検討する理由は、そこに他者認識の混乱という問題が非常に興味深い形で現れていると考えるからである。この場合の「他者」とは、いうまでもなく〈日本〉あるいは〈日本人〉にとっての〈アジア〉である。

「東洋の凱歌――バターン・コレヒドール攻略作戦」は、比島派遣軍報道部監修、陸軍省提供、総指揮に比島派遣軍報道部長の勝屋福茂中佐がクレジットされた国策宣伝映画であり、一九四二年に公開されている。(3) 対米英宣戦布告、ルソン島敵前上陸、マニラ陥落、コレヒドール占領、比島制圧パレード（マニラ）と続く、実写フィルムによる日本軍勝利の記録であり、アメリカの植民地支配からの解放物語である。クライマックスはもちろんコレヒドール要塞攻略戦である。

しかし筆者にとってこの映画で最も印象的なのは、戦闘場面に入る前、冒頭に五、六分にわたって映し出されたマニラ市街の様子とそのナレーションであった。映画はまず、市内にカトリック教会が多いことを問題にする。画面に映し出されるカトリック教会は、もちろんスペインによる植民地支配の象徴として描かれているのだが、カメラがミサに参列するフィリピン人の老婦人を、肩の張ったスペイン風の衣裳とアジア人の風貌の対比を強調しながらとらえるとき、同時にそれは非アジア的なノイズとして可視化されるわけである。ちなみに戦時期日本のドキュメントフィルムにおいて、教会はしばしば、欧米のアジア侵略と非アジア的なるものとを同時に形象する存在として登場する。たとえば中国戦線を描いた記録映画「上海」（一九三八年）でも、占領後の風景として最初に映されるのは教会である。

「東洋の凱歌」に戻れば、カトリック教会に続くのは、マニラ市街に氾濫するアメリカ資本の広告看板であり、アメリカナイズされた風俗で行き交うマニラ市民である。画面とともに、糾弾というよりは慨嘆に近いナレーションが、観客の視線を嫌悪感に導きたかったのは明らかだろう。(4) そしてそのあと、今日から見れば過剰とも思える時間を費やして映画が説明するのは、実に混血児の問題なのである。夕暮れのマニラ湾に面した歩道や公園を散策する市民、そこでアメリカナイズされた服装の婦人に抱かれた赤ん坊が混血児であることが、あたかも〈東洋〉最大の悲劇であるかのように語られる。

映画が今日のわれわれからは異様とも思える熱意で混血児問題を語る理由は明らかである。日本陸軍や映画製作者にとっての非アジア的な要素が、そこに象徴されるからである。カトリック教会と米比混血児、それこそは占領者が考えた非アジア的なものの可視化された姿である。もちろん映画は、それを過去の欧米植民地支配の負の遺産として描き、日本による解放＝東洋の凱歌をうたいあげて終わる。

だがわれわれは、そこにこの映画が意図せず映し出してしまったものを見るべきであろう。それは、アジアの〈同胞〉が同じ〈アジア〉というアイデンティティを持つわけではないということである。映画が画面とナレーションを通して反復する、「雑種性」や「混血性」への慨嘆、あるいは純粋にアジア的なるものの喪失への指弾は、指弾される側に何の痛痒も与えなかったのではないか。あるいは、「混血性」もしくは「雑種性」こそが、フィリピン的／アジア的なるものの最も重要な要素であると言ってしまった方が、「東洋の凱歌」が言うところの「混血児問題」の位置をより明確にするかもしれない。

もう一歩踏み込めば、映画が意図せずに露出したのは、あるいは「それで何が悪いのか」という現地住民の声かもしれない。現在のわれわれは、映画「東洋の凱歌」の裏側に、製作者の意図を超えた構図を見て取ることができる。すなわち、アジア〈同胞〉のメンタリティの根拠は、日本軍の語る〈東亜解放〉よりはるかに、〈西欧〉にあっただろうということである。(5)

三　竹内好と大岡昇平の〈大東亜戦争〉
——想起の継続の試みとして

こんにち、われわれがアジアを考えることは、戦後日本によってなされた、幾重にも重なる忘却と想起を通して考えることである。そのためには、なお複雑なものを複雑に語る多様な視点を、網の目のように配置しなければならないだろう。だがここでは、筆者が先人から受け取ったと考えている一つ二つのメッセージを付け加えるにとどめたい。

それはあるやり方でなされた、戦後における〈想起〉の継続についてである。〈忘却〉への警鐘といっていいかもしれないそれらのメッセージは、簡単にではないかもしれないが、これまでの検討と接続するのではないかと思われる。

ここでは竹内好と大岡昇平の文章を取り上げるが、それらは筆者自身の中でまだうまくつながっていない、しかしそうであるが故に検討する価値がある問題を含んでいると思う。

竹内好が、忘れたり忘れなかったりするということでいえば、一貫して〈忘れなかった人〉であることは、言うまでもないだろう。中国問題について自分がどう考えるべきかというとき、座標軸のように竹内を読んだ人は少なくなかったはずである。筆者自身は、毛沢東主義と文化大革命の評価において違和感があったものの、その文章にある種の信頼をおいて読んできた一人である。

ただ、愛読者として読むたびに気になっていたのが、ここで取り上げる以下の文章であった。これは一九六〇年代の前半に雑誌『みすず』に連載され、のちに『転形期』というタイトルで単行本になった竹内の〈日記〉であり、告白すれば繰り返し読んだ筆者の愛読書である。その中に、一九六三年の一月にはじまる以下のエピソードがある。

ニュアンスやリズムに引っかかって読むべき文章なので、あまり要約はしたくないのだが、前後の状況は次のようなものである。一九六三年の一月に、竹内の軍隊時代の上官（曹長）が訪ねてくる。「私を殴らなかった、ただ一人だったろう」と竹内が書いているところに、われわれもこの人物の人柄を見ていいと思う。戦後すでに、理髪屋を継ぎながら理容学校に行っていた元曹長が、作文の添削を依頼するために一度竹内を訪問しており、この一九六三年一月二四日は二度目の訪問である。訪問の趣旨と竹内の反応は次のようなものであった（以下引用は『竹内好全集』第十六巻〈筑摩書房、一九八一年〉による）。

彼の出身の島根という部落〔埼玉県大宮〕に大東亜戦争の記念碑を建てたい。日清、日露の碑はあるが、大東亜戦争の碑はまだない。従軍記念というのでなしに、黎明の碑といった名にしたい。戦歿者と生存者の全部の名を刻みたい。生存者全部が賛成し、醵金してくれた。ほかからの援助は仰がない。靖国神社の宮司に碑銘の揮毫を乞うた。碑文は校長先生に書いてもらう。場所は氏神の境内である。話をきいているうちに、この依頼は断われないと考えた。三谷氏〔元曹長〕の起草した趣意書は、正直にいって、意あまって文は支離滅裂である。私が援助しなくてはたぶん書き手がいないというのは誇張ではないだろう。都に鄙あり、東京周辺ほど草深いのかもしれない。石に刻まれる文が書ければ文筆業者として冥加につきる。

これだけでも充分考え込まされる文章である。竹内は「話を聞いているうちに、この依頼は断れないと考えた」と書いている。なぜ竹内は断れないと判断したのか、すぐに説明を付けるのは難しい。しかもこのテキスト自身は、公開された〈日記〉である。竹内が何の戦略的な配慮もせずに書いたとは考えにくい。想定される反応についても考えぬかれた上で書かれた文章だと受け取るべきだろう。

この話題が次に登場するのは二月三日の項であり、そこには依頼に応じて書かれた「一応の成文」が記されている。

かつての軍国日本の時代に強制されて兵士となり　何年間も家族と別れて　大陸や南方の島に苦労を共にした戦友われら　そのあるものは不幸にして中道に倒れたが　幸運に　生き残ったものがその志をつぎ　相たずさえて祖国再建にいそしみ　ここに平和と繁栄の道を確定し得て　今日改めて過ぎし日を追憶し　亡き友の冥福を祈り　われらが志の徒労でなかった喜びを後代に伝えんがために　世界人類の永世平和を祈念して　産土の社の地にこの記念の碑を建てる　一九六三年三月　日

竹内は続けて、最初の二句は「大東亜戦争に召されて兵士となり」と変えてもよいこと、「世界人類」の一句は省いてもよいこと、「産土」は「うぶすな」としてもよいこと、ほかにも自由に変更されたいと註記して郵送したと書いている。結果として、「大東亜戦争に召されて兵士となり」が採用された碑文となる。

碑ができあがったという報告に接した竹内は、「私もうれしかった。ぜひ一度見に行きたいと思う」（三月一一日）と書いている。

この碑文の問題が出てくるのは『転形期』の中で右に見た三カ所のみである。竹内の著作を読み続けてきた者には、なにがしか若干の不連続感を覚える部分ではなかろうか。しかしそのつながらなさは、竹内のこのときのふるまいが、「おかしい」というのとも異なっている。竹内の中でそれがどのようにつながっているのか、そこがうまく説明できれば、戦争を語るある方法に至る手がかりになるのではないか。ちなみにこの年は、竹内の仕事の中でも重要なものの一つ、『現代日本思想体系9　アジア主義』（筑摩書房）の解説が書かれた年である。

もう一つは、大岡昇平の『レイテ戦記』である。「死んだ兵士たちに」というエピグラフをもつこの本は、一九六七年から『中央公論』に連載され、一九七一年に単行本として刊行された（以下の引用は中公文庫版〈一九七四年〉上巻による）。ここで取り上げるのは、そう言ってよければ、〈歴史における if〉の問題である。

大岡の前提は、それだけなら何もわかりにくいところはない。たとえば次のような記述である。

すべて大東亜戦について、旧軍人の書いた戦史及び回想は、このように作為を加えられたものであることを忘れてはならない。それは旧軍人の恥を隠し、個人的プライドを傷つけないように配慮された歴史である。さらに戦後二五年、現代日本の軍国主義への傾斜によって、味つけされている。歴史は単に過去の事実の記述に止まらず、常に現在の反映なのである。（二五七頁）

あるいは次のように。

不本意ながら消耗戦に捲き込まれ、戦力が底を突いた時、再びマリアナ、レイテの冒険的攻撃作戦が現われるのだが、それはかりに勝ったところで、戦果を拡大する手段がなかったという意味で、真の勝利に繋がるものではなかった。敗戦を遷延するだけの効果しかない攻撃であった。どっちにしても昭和二十年にはわれわれの戦争を続行する力は尽きてしまうはずだったから。（二六六頁）

ここでは、通俗的な戦記としてのレイテ戦の記述にしばしば表れ、語られ過ぎて多くの人がばかばかしいとしか思わないような、たとえば、もし栗田艦隊が引き返さずにレイテ湾に突入していたら、といったような、典型的な〈歴史におけるif〉を退ける、ごくふつうの認識が書かれている。しかも前者の引用で見落とせないのは、戦後二十年たった執筆当時の時代状況を、大岡が「現代日本の軍国主義への傾斜」と書いていることである。われわれをとまどわせるのは、「軍国主義への傾斜」という時代認識のもとで、しかし繰り返し現れる以下のような叙述である。たとえば大岡は、台湾沖航空戦における日本海軍のでたらめな戦果報告とは逆に、決戦が迫っていた十月十七日にアメリカの機動部隊は健在であり、したがって比島の飛行場、船舶は一〇〇〇機以上の艦上機に攻撃される危険があったという客観情勢について、次のように書く。

もし陸軍がこれを知っていれば、決戦場を急にレイテ島に切り替えて、小磯首相が「レイテは天王山」と絶叫するということは起らなかったかも知れない。三個師団の決戦部隊が危険水域に海上輸送されることはなく、犠牲は十六師団と、ビサヤ、ミンダナオからの増援部隊だけですんだかも知れない。一万以上の敗兵がレイテ島に取り残されて、餓死するという事態は起らなかったかも知れないのである。（五九頁）

大岡はこのたぐいの発言を、もう繰り返しになるのでやめると言いながら、怒りを込めて再三にわたって行っている。加えて次のような特攻に関する発言を、われわれはどう理解すべきであろうか。

われわれはこういう戦意を失った兵士の生き残りか子孫であるが、しかしこの精神の廃墟の中から、特攻という日本的変種が生まれたことを誇ることが出来るであろう。限られた少数ではあったが、民族の神話として残るにふさわしい自己犠牲と勇気の珍しい例を示したのである。（二六七頁）

『レイテ戦記』のこのあたりの箇所は、加藤典洋の『敗戦後論』において引かれており、『敗戦後論』の中でも批判が集中した部分につながっている。もとより加藤は、『レイテ戦記』の叙述の態度を、基本的に評価する立場を示している。

筆者は少し違う観点からだが、『レイテ戦記』における叙述のつながらなさ、不連続性について考えることの中に、先ほどの竹内好の場合と同様の、何らかの方法的な手掛かりを得る道があるのではないかという気がしている。筆者はいま『レイテ戦記』における齟齬感の前に立ち止まっているだけかもしれない。しかしその齟齬感は、竹内が「この碑文の依頼は断れないな」と考えたことと、あるいは重なるものであるかもしれない。そしてその重なるかもしれないところに、崔洋一「月はどっちに出ている」とは違った角度から、歴史に〈肯定〉を見いだす方法に至る手がかりがあるのではないかとも思う。

（1）本稿は二〇〇四年三月十二日に行われた第五十四回公共哲学京都フォーラム「世代間問題としての歴史認識」における報告を原稿化したものである。原稿化にあたっては、タイトルの表現を改めたほかは、論旨の上でフォーラムの場で言わなかったことを付け加えることはしなかったつもりだが、以下の二点については変更を加えた。第一に、当日の報告に際しては、映画「東洋の凱歌」の冒頭部分（約六分程度）をビデオで映写した。この部分については、映画の内容を文章で新たに書き加えた。第二に、後日になって「東洋の凱歌」の関連資料を新たに発見したが、それに依拠した事実を何点か本文中で利用した。ただし、それによる報告時の論旨の変更はない。それ以外の報告以降に気づいた論点や若干の修正については、すべて註の中で行った。

（2）いま考えるに、報告におけるこの観点には大きな見落としがあったように思う。ほとんどの人が意識していないが、賠償問題と相前後して、日比関係は庶民の日常生活とあまり遠くないところで再興されている。それはたとえばジャズや軽音楽の世界であり（淡路恵子の最初の結婚相手となった歌手ビンボー・ダナオの名は当時子供でも知っていた）、そして何よりプロボクシングである。思い起こすと、戦後一九六〇年代頃までに日本人ボクサーと闘った外国人ボクサーは、圧倒的にフィリピン人とタイ人だった。乗松優「投企空間としての戦後アジア——ボクシングの東洋選手権成立の過程から」（『比較社会文化研究』（九州大学）二一、二〇〇七年三月）によれば、このような戦後日本のプロボクシング史は、戦後日本のアジアへの視線が新たな欲望として再興・編成されるプロセスを示すものとして、きわめて興味深いものである。この点でマグサイサイからルビー・モレノへいきなりジャンプした報告の視点には大きな欠落があったといわざるを得ない。ただし、プロボクシングが戦中・戦後の日比交渉史の断絶を埋めるものであったとしても、そこで何がどのように持続されたのかは、単純な問題ではない。

（3）京都フォーラムの報告のあとで、この映画に関わる資料を見ることができた。雑誌『東亜文化圏』三巻一号（昭和十八年二月一日）がそれである。奥付には財団法人青年文化協会東亜文化圏社発行とある。この号は「宣伝戦現地報告号」となっているが、内容は武田信近「比律賓の横顔」、鈴木寿雄「比律賓の映画と映画工作——宣伝班の映画工作を回顧して」、尾崎士郎「比島の文化工作」と、すべてフィリピン関係である。このうち鈴木寿雄の原稿が、まさに「東洋の凱歌」の製作プロセスを詳述したもので、貴重な資料と思われるので以下にやや詳しくふれてみたい。鈴木によれば、マニラに派遣された文化人は宣伝班に配属されたが、鈴木は映画関係を担当させられた。鈴木自身は映画に何の経験もなかったが、「映画関係の宣伝業務は非常に重要視されてゐた時であつたので「まあベストを尽して見やう」といふ決心をして引受けた」という。

映画班は菊地少尉が初代の班長となり、カメラ班を沢村勉、都築嘉橘、松尾芳楠、川勝巌、入沢良平、牛山邦一の六名、制作班を沢村勉、小沢徹郎、都築嘉橘、龍頭厚の四名、映写班を鈴木茂、藤倉藤四郎の二名、庶務及統括班を鈴木、菅野政太郎、小沢徹郎の三名、映画配給所専任として今日出海、中岡貞治、平善男の三名が担当した。このうち映画関係者として最も著名なのは沢村勉であろう。沢村は脚本家で、一九三九年公開の劇映画「上海陸戦隊」（熊谷久虎監督）の脚本などで当時すでに名をなしていた。戦後も邦画各社のシナリオを多数書いている。鈴木によれば、「東洋の凱歌」というタイトルは沢村の発案であるという。

映画班は一九四二年三月に本格的な活動に入る。撮影班は三月一日から逐次戦況撮影のためバターンの陣地に出発、バターン攻略からコレヒドール攻略まで約三カ月のあいだ第一線部隊と行動を共にし、五万フィートにおよぶ撮影を行った。

上陸時には僅かの機材しかなかったが、映画製作が盛んであった現地で調達できた。製作にあたってはサンパギタ撮影所の全設備を使用し、ニュース映画や「東洋の凱歌」もすべてここで現像・焼付・編集を行った。このときフィリピン人技術者が助手として加わったことも記憶すべきことであろう。

このほか、映画館の接収、統制、押収フィルムの配給等も行い、軍の設立した中央フィルム配給所（セントラル・ブッキング・オフィス）で検閲したものを一元的に配給した。また十月には、フィリピン系の映画製作会社三社を合併させてニュー・フィリッピン・プロダクションを創立させている。

三月中旬に比島作戦記録映画の製作が決定され、バターン・コレヒドール作戦のフィルムが東亜ニュースとして日本国内に送られて上映されたほか、三月末までに五本のニュース映画をタガログ語と英語で録音して逐次マニラから地方に上映したという。内容はルソン島上陸からマニラ占領までを四号までに編集、五号は三月十日の陸軍記念日宣伝のため陸軍観兵式の実写を中心にタガログ語で解説したものだった。

五月七日にコレヒドール陥落によって作戦が完了し、撮影班は五月十日にマニラに帰って映画製作に着手した。大本営から十二月八日の開戦一周年記念日に間に合わせるようにとの通牒をうけて、「東洋の凱歌」全十四巻として十一月十三日に完成、二十日に日本国内に輸送し、十二月三日に封切られたという。なお注意すべきは、英語版、タガログ語版も「十二月から内地と一緒に全比島で上映されたはず」であるという（上映時には鈴木はフィリピンを離れている）。

（4）「東洋の凱歌」におけるそのような誘導は製作者達によって完全に自覚的に行われている。鈴木寿雄はフィリピンの文化について、最も人口が多く高い文化生活を送っているといわれる「キリスト教徒について見る」として、次のように述べる。「比島の文化といふものに全然アメリカ文化に圧倒されて比島民族固有の文化は悉く失はれてゐると言ふことがはつきり分る。言語、風俗、趣味、芸術などすべてアメリカ的ならざるはないのである。低調な思想や軽佻浮薄な生活に甘んじてゐるのを見ても、アメリカ文化の害毒が如何に深刻であるかが分る。そして文学とか科学、芸術など比島にはみるべきものは何もないと言つていゝ。そして民衆の生活をリードしてゐるものはジヤズとダンスと映画である。」（前掲「比律賓の映画と映画工作」）

ここで我々は、同じ画面をたとえば焼け跡と食糧難を背景に戦後の日本人観客が見たら、その視線が制作者の意図とは全く異なる欲望を露出させたであろうと想像してみることもできる。そうした想像は、戦時における映像を、意図せざる構造の露出として読み解く方法を示唆するものかもしれない。

（5）　そこまで考えたときに、被占領地フィリピンへの日本軍の視線は、今日の問題に接続可能となるのかもしれない。ふたたび前の話題に戻れば、「月はどっちに出ている」は、そうした〈アジア〉の雑種性、混血性を自明のこととするところにしか成立しないように思えるからである。雑種性や混血性を通して〈アジア〉を語る文法が成立しつつあることの中に、「東洋の凱歌」から「月はどっちに出ている」への距離が内包されている。それはまた、崔洋一における〈肯定〉の方法化に必要な距離であったのかもしれない。

黒住真　戦争直後の日本人には償いの意識はなくはなかった、しかしそれがどこかに行ってしまうという意味の話を初めにされました。その「どこかに行ってしま」ったのは何故なのか。一つはやはり有馬先生も感じられているように冷戦構造の問題があります。それから、経済成長の問題がある。経済成長の背後には生（ライフ）というか、生活の欲望・欲求があって、それが結局いろんなことに対して正当性を与えてしまっているということがあると思うのです。

現在の中国の共産党についても、中国の経済的なパイが拡大して、みんなに配分されていることがやはり正当性の根拠になっているのではないか。そのように私は想像します。しかしその成長や冷戦のうちには日本人が忘れている部分があって、実は清算しきれていない借金が残っていたりする。そこでもう一遍思い出したりするけれど、この「忘れる」というときにどんなモメントがあるのか。有馬先生のお考えをお聴きしたい。

もう一つは「東洋の凱歌」の話です。竹内好さんと大岡昇平さんの話は面白かったのですが、両者に通じていることがある。それは結局なんて言えばいいのか、これも「生」の問題であり、体験というのでしょうか……。更に思想的に言えば、結局ネイティビズム（土着主義）の問題だと思うのです。

ところが「東洋の凱歌」の問題は、「東洋人としての世紀」とか「純粋性」「生まれながらの東洋の魂」ということを言って、逆に東洋の雑種性をあぶり出してしまっている。「東洋人」というネイティビズム自体が言語矛盾なわけで、先生の報告はそれをあぶり出されたんだと思います。

当時の日本軍が使っていた思想は、やはりある種の「ネイティブな私たち」という議論ではないか。竹内さんと大岡さんの場合はイデオロギー化されたものではないけれども、それを体験した「私」とか「私たち」というように、「生の体験」が核になっているような気がします。

例えば大岡さんの場合、自分たちの苦痛・動揺・愚劣・腐敗ということを言っているけれども、ある種の「意志」ということが語られている。それをいろんな文脈の中でなんとか救い出したいという願望が働いている。

竹内さんが「碑を建てる」と言ったときも、その「兵士たちの体験」ということがあったような気がします。私は、竹内さんが〝「大東亜戦争に召されて」という言葉に変えてもいい〟と言ったり、〝「世界人類」を省いていい〟と言ったことに抵抗を感じます。どうしてこんなことを言うのか。私は、ここが竹内の土着主義の限界ではないかとも感じてしまう。

最後は「世代間問題」という時間の問題になってくるわけですね。「体験」というものは、やはりそのままだったら時間と共に消えていく部分がある。体験をどのように時間化するか、普遍化するか、あるいは他の人に伝えるかという問題がある。結局、「体験」とか「ローカル」なものと「普遍的なもの」とをどう繋げるかという問題にもなるかと思うのです。

私としては、やはり経済成長というものによって忘られていたものは後になって残ってくる。つまり、上の世代が払っていない借金を、次の世代に遺産として残す。そういう部分もあるのではないかと思います。そのような意味でも、「体験性」と「普遍性」という問題をいろいろと考えさせられました。

有馬学　お答えというよりも私なりの感想という範囲で言いますと、「経済成長」の問題は「非常に重要」ではなくて「決定的に重要」な問題だと私は考えています。ただし、その場合に、経済成長が様々な事柄どころか、極端にいえば〝全てを正当化してしまう〟ことによって、ある事柄を消し去っていった。すこしメカニズムとして言うならば、私は、間にもう一つ入れて考えたいのです。つまり、「経済成長」は、直ちに全てを正当化はしない。むしろ問題は、経済成長によって何を「正当化する」かというよりは、何を「肯定する」かである。そういう意味で「確認」をし損なった。これが私の考えです。「これ（経済成長）はまあいいことなんだ」とは、どこかで一度言うべきだと私自身は思います。それを飛ばしている。そのために、すごく変なことになっている。

そういうことを指摘した人がいないわけではありません。我々の大先輩に有泉貞夫という日本近代史の研究者がいらっしゃいます。有泉さんはそのことを、ずっと以前に朝日新聞の文化欄というとても人目に付くところに書いたにも拘わらず、残念ながら誰も反応しませんでした。それは何かというと、有泉さんは東京商船大で教えておられた頃に、学生に対する歴史の講義がなぜ通じにくいのかについて考察された。これは単に彼らが歴史に無知だという話ではなくて、我々教員と彼らの歴史認識の枠組そのものが、かつてはそれなりに共有されていたと思われるにもかかわらず、どこかで大きく変化し、相互に異質なものになったのではないか。そのことを自覚した方がいいのではないかという趣旨だったと思います。

これ自体が重要な提起だったと思いますが、次に、有泉さんは非常に重要な提言を行っています。私はとても感動したのですが、「一度我々は高度成長の成果について肯定するところから考えを始めるべきではないか」というものです。しかし、この提言に対して誰も何も言わなかった。

そのことについてはもう少し確認して議論するということがなされていなければいけなかったと思います。そのことがむしろ問題だと思っています。だから、「経済成長」がただちに全てを正当化し、記憶すべきものを洗い流したというのではなくて、その途中の「記憶しろ」と言っていた側の問題があったと私は思います。

それから、竹内好さんの発言で一番引っ掛かっているのは、碑文の中身もさることながら、正に碑文を書くことを断れなかった、ということです。竹内が碑を建てようと言ったわけではないけれども、彼は、「これは断るわけにはいかない」と言っている。そこのところがちょっと重要であり、思考の手がかりとして引っ掛かっています。

山脇直司　今、「経済成長」の議論が出ました。しかし、経済成長の背景にあって忘れてはいけないのは、朝鮮特需の問題です。それを日本人がどのように思い起こして考えるべきなのか、有馬先生のお考えを伺います。

有馬学　朝鮮特需というよりも、私は朝鮮戦争そのものの理解の方が引っ掛かることではあるのですが、今話している文脈で朝鮮特需を考えたことはありません。

山脇直司　もし朝鮮特需がなければ日本の経済成長はどれだけあったかというシミュレーションをやってくださる研究者があまりいないのは残念です。私は歴史家ではありません。しかし『経済の倫理学』という小著を書いたときに、この問題に触れざるを得ませんでした。

金泰昌　有馬学先生の「時々想い出したり忘れたりする対象としてのアジア」という問題は、逆に「アジアからも時々想い出されたり忘れられたりする対象としての日本」と相似型の現象ではないかと思われます。私個人の感想を有馬先生と同じ文脈で申せば、どのような像で想い出し、どのような場合に忘れるのかというのが重要な論点ではないかということです。

ここで私は三つのポイントを改めて論及して置きたいのです。第一点は、アジアの方も日本をいつもどこでも想いつづけるのではなくて、たまに想い出したり普段は忘れているのではないかということです。ただ日本が、特に過去の日本が「善良なる隣人」というイメージで想い出されるということは、ほとんどないのではないかということですね。そして平穏無事な時はまったく忘却されているということです。ある意味ではそれが歴史というものではありませんか。

第二点は、日本とアジアとの関係を考える場合、出来る限りアジアからの影響を無視して日本の内発的発展という考え方を強調・正当化しようとする傾向が目立つということです。アジアからの日本の離脱・アジアに対する日本の優越性・アジアとはちがう日本（文化・文明）の独自性に対する過剰執着というような心理傾向が感じられます。

第三点は、他者認識の混乱とその継承というよりは他者認識というのがそもそも無いのではないかということです。日本人の他者認識は、他者の中に映っている自己の姿を見ているだけではないかということです。

有馬学　金先生の脈絡は分かりました。ただ、私自身は内発性云々という脈絡は率直に言って全く共有していません。つまり、私はそういうふうに考えたことがありません。「日本人の優秀性」とか「内発的な発展」云々というのは私の頭に全く思い浮かばない文脈です。かつて鶴見和子さんが『内発的発展論』という本を出されたことがありますが、「なぜ〈内発的〉でなければいけないのか」というのが私の素朴な感想でした。

山脇直司　このことは、戦後革新陣営の「一国平和主義」の問題に関わっているように思えます。

三谷博　「東洋の凱歌」を見ていて私は、「フィリピンって楽しそうな世界だな」と、素直に感じました。しかも一九四〇年代にあんなに楽しそうな世界があった。「同じ時代の日本には暮らせるところがないだろうけれどもマニラの方がいいや」という感じです。それは、私が平和で豊かな今の日本に生きているからそう思うのかというとそうではない。実際は、あの映画を観ていた日本の銃後の女性たちも、「私もあんな服を着たい」と思っていたのではないでしょうか……。その点、今回のフォーラムで（少なくとも私の母はそうだったかもしれない）女性の参加を求めなかったのは失敗ですね。

有馬さんが言われたように、あのナレーションが語っていること自体も「あっちの世界の方がいい」になってしまっている。そこでは日本とは全く異質な秩序があって、それが非常にきちんと完結した世界を作っているということを語ってしまっている。そうすると、「東洋の精神が欠如している」というキンキンした声のナレーションが聞こえてくるが、日本とどちらがいいかなとなると、「これはマニラの方がいいよ」と私なんかは思ってしまうのです。

あの映画が語っていること。それは要するに、当時の日本は「大東亜共栄圏」という非常に異質な秩序を創ろうとしていて、フィリピンの世界と全く折り合わないということです。『レイテ戦記』の話が出てきますが、結局、大岡昇平さんたちも完全な異物として登場して、その中に閉じこめられたまま帰ってくる。そして特攻精神を讃え、「民族の神話」ということまで語ってしまう。閉じた世界に自ら入って、後になってもまだ抜け切れていない。

そうすると、これは無理矢理ではなく自然に「世代間問題」に結びつくのです。戦後生まれの私には、大岡さんたちの世界がむしろ分からない。この「断絶」というのはすごく大きいと思いますね。

長尾龍一　神は世界を正しく支配しているか。つまり、朝鮮戦争は、加害者であった日本が大儲けをして、被害者であった朝鮮民族に酷い災難が起こった。韓国の方々はそういう認識を持っておられるのではないか。山脇先生がおっしゃった朝鮮特需の問題は一種の神学的な問題ではないかと、私は前から思っていました。その点、韓国の方々がそのように思って来られたのかどうかをお聴きします。

白永端　朝鮮特需によって日本の経済が成長したという話はみなさんご存じの通りだと私は思っております。もちろん世界経済体制の中で考えられることでもあるのですが、それよりは日韓関係の長い歴史の中で考えられることではないかと私は思います。これから申し上げることは私が言ったことではなくて柄谷行人さんの話です。

彼は「日韓の長い歴史の防波堤があるからこそ日本の特殊性があり得た」と言っています。私なりの答えを簡単に言うと、古代社会から元の侵略あるいは韓国の今までの歴史を通して、韓国の歴史があるからこそ日本の特殊性があったのではないか。私がこう言うと誤解を招くかもしれません。しかし、それは朝鮮半島の文化が日本に入ったという優越的な話ではなくて、東アジアの関係の中で韓国と日本の歴史は密接な関係がある。そのことを強調したいだけです。

金泰昌　有馬先生のお話をずっと聴いていて思ったのは、忘れたり思い出したりするのはアジアという鏡に写った日本ではないか。日本のどこに自己同一性を感じるか。それを外に投影したのが「アジア」という形になっているのではないか。

そこで質問です。例えば「肉体・魂の純潔」対「混血」ですが、日本自体が明治国家建設以後「和魂洋才」とかと言っているけれども、実は魂の面まで混血になっているわけです。それを自分自身をアジアに写して、逆にアジアの中で自分の純潔さを成し遂げようとした。そのことによって自分自身の混血に対する捻れ、屈折した心理を補償しようとしたのではなかったのか。

日本の近代化で出てきた本質的な面は、ある意味で肉体的・精神的に混血にならざるをえなかったことにあるのではないか。それは、韓国も中国も一緒です。それを外では混血の状態を否定し、排除し、抹消するというのは、本当は自分がその方向に自分自身を確立したいという願望にほかならなかったのではないか。

有馬学　いま現在「純血」とか「混血」という概念で考えるのがいいのかどうかは別として、その時その時の「今」という問題が忘れたり思い出したりすることに直接関わっているというのは、私もその通りだと思います。実は私は中国に関しても「忘れたり思い出したり」という議論をしようと思っていました。

中国というのは、かなり長期間、持続的に一貫して、日本にとっては忘れられない存在なのです。「忘れ得ぬ他者」というのは三谷博さんの言い方ですが、戦後少なくとも建前上は「忘れてはいけないもの」であり続けたことは確かです。しかし忘れてしまった時期というのがある。それはいつかというと、多分、日中国交回復以後のある期間です。それは竹内好さんが亡くなって、彼のような存在の影響力が社会的に無くなっていった時期と重なる。

それまでは変な言い方ですが、「中国ファン」のような存在が、日本社会にある程度あった。共産主義には同調できないけれども毛沢東はやはり偉大だというような意識がかなり広範に存在していたと私は思います。そういう雰囲気が日中国交回復以後に急速になくなり、「忘れてもいい」ことになった。正にそれは、日本の現在が、「アジア」というものをどのように意識しているかということとの関係で、表面に浮上したり、沈んだりしているのです。

金泰昌　最近、私はあるドイツ人学者のすすめがあって米国のデューク大学歴史教授 Claudia Koonz の *The Nazi Conscience* (Cambridge, Massachusetts :The Belknap Press, 2003) を読みました。そこで強調されていることの一つは、いわゆるドイツ的純血性を守ることへの執念と異国人、特にユダヤ人による血統の汚染に対する恐怖と憎悪であります。そして、そこから生成するのが他者不在の自己意識に基づいた純粋自己の倫理です。

純粋な自国史・自己物語・自己認識への過剰傾斜は自己内在的・独裁論的良心の根源であると同時に所産でもあると思われます。ナチス的良心とは一時期のドイツに限定されるべき現象ではないと考えます。それは韓国にも中国にもそして日本にもいろんなかたちであらわれているのではありませんか。ここで純粋と言われていることは、一切の外来的な異物・雑物が清掃された内発・内向・内決（内閉的自己完結）性を意味するのです。一切の正邪・善悪・美醜の判断が、徹底した自己内在的・独裁論的倫理基準によって行われるということです。それが他ならぬナチス的良心というものです。

それに似たようなのが日本にもあります。また韓国にも中国にもあります。私はこの「純血」と「混血」の問題、また「純粋」と「雑種」の問題は、政治哲学的・公共哲学的大問題だと思っています。なぜかはよく分かりませんが、有馬先生のご発題を聞きながらそのような問題意識が浮かんできました。

総合討論I

国家の存在と歴史の語り

渡邉昭夫　劉傑さんのご発表に関して言うと、レジュメで、「日本史は中国史の一部分を構成するものでしかない」とありますが、我々がナショナルヒストリーという枠組みでものを考える限り、ある意味でこれは避けられない問題であるような気がします。中国だけではない、どこの国から言ってもそうなのです。

その典型なのが「歴史教科書」です。歴史教科書で日本歴史を書くと、もちろん中国が出てくるけれど、それはあくまで「日本史の中で関係のある中国」でしかない。それは中国についても、韓国についても同じでしょう。相手の国のトータルな歴史というものを書くことも語ることも出来ないという枠組みからどうも抜けられないような気がする。一般的にもそうだと思うのです。そういう制約のもとでどうすればいいのか。

もちろんことばの上では「ネーション・ステート」を越えた歴史を語る必要があることはよく分かっています。しかし現実問題として、私は当分「国」という枠は無くならないと思います。「国」という枠の中で歴史を語り、教えるということのほかに選択肢がないわけです。実際問題としてその問いをどう処理したらいいのだろうという悩みを持っています。むろん「国史なんてやめちまえ」というのも一つの提案としてはあり得るかもしれない。しかし、多分なかなかそうはいかないのではないか。

逆に、では「世界史」というのは中国ではどうなっているのか。私はそれを知りません。しかし考えてみると今われわれが持っている「世界史」というものもかなりいい加減な世界史なわけですね。「世界史とは何か」と深刻に考えていくと、一体「世界史」などというものを語り得るものだろうか。日本の「世界史」教育を見ればお分かりのように、アメリカ史とかヨーロッパ史とかアジア史とか、いろんなものの継ぎ合わせです。本当にあれで「世界の歴史」について、我々の纏まったイメージが持てるのか。持てないように思うのです。

そうすると、「官」と「私」との間を繋ぐ「公」がなければいけないだろう。それがもともと「パブリック」の意味だと思うのです。我々の言葉でいえば「シヴィルソサエティー」がしっかりしていれば、「官」と「私」の繋ぎがうまくいくわけです。それが本当の意味で「民主政体」ということになる。リベラルデモクラシーという観点から捉えたときの「国家」というものはそういうものです。しかし、そういう感覚がない知的伝統の中では、どうしても「国家」というのは「私」の向こう側にある「敵」という関係になる。

例えばイギリスの歴史でいうと、「軍」と「民」とが対立するという感じが非常に少ない。〝お隣同士〟が一緒の所にいるという感じなのです。「軍民一致」というのは、実はそのことと非常に関係があるだろう。本来そうあるべきだろうと思えるわけで、そういう意味でのパブリックサポートがない国家は基本的に弱い国家でしかありえないのではないか。

そうすると、「パブリック」とは何だ？　ということになる。先ほど金泰昌先生は「政府という権力があり、企業という権力があり」、それから独立した「パブリック」がなければいけないが、それは「生活世界」の方に足場を置くものだとおっしゃいました。私の言葉でいうと、それは「シヴィルソサエティー」です。

ところで、日本では「パブリック」はしばしば「世論」なのですが、「世論」とは何かというと、それは「メディア」だということになる。しかし実際には「メディア」というのはもう一つの権力であって、それは本当の「世論」を表しているとは言えない。我々の議論の中では、「メディアに表れる世論が世論なんだ」という錯覚に陥ってしまっているわけです。

そういうものからある程度距離を置いて全体を繋ぐようなものとしての「シヴィルソサエティー」が中核に位置する「公共知」というのがあるとすると、それは実は「メディア」とも戦わないといけない面もある。健全な「パブリックオピニオン」というものが作りにくいという状態は、日本にも非常にあると私は思っています。間違っていなければ、この問題は今の韓国にも中国にもあるのではないか。

そして、このもう一つの権力であるメディア同士の変な関係がエスカレートして、お互い、関係を悪くしているという問題が強く出てきているような気がして仕方がない。これが私の問題意識です。

長尾龍一　まず議論のテーマである「東アジアにおける公共性」とは、大きく出すぎていないか。普通、隣接する国家とか民族は、だいたい仲が悪いのがむしろ原則です。インドとパキスタンとかイランとイラクとかイスラエルとその周りの国もそうですね。

実際に中国と朝鮮と日本というふうに考えたときに、言語的に共通の話が出来るのはほとんど英語しかなくなっている。それから、東アジアのほとんどの知識人は欧米に留学している。そういう点から見ても、この三つで公共空間を作ることは出来ないのではないか。もう少しハンブル（控えめ）に「和して同ぜず」というようなところなら目標になり得るだろうという感じです。

具体的な目標としては、少なくとも誤解を減らすとか、台湾問題のような相互に対立する問題をめぐって戦争なしの解決を模索するとか。学者の間であれば「ナショナリズム」というものは学問から見てイレレバント（見当違い）なものだという共通認識を持つことが望まれます。明治国家の過剰なナショナリズムが隣接諸国に対して非常に不作法な態度をとってきた結果、逆にナショナリズムを刺激した。それから半世紀経った今、お互いにマイルドなナショナリズムで共存できるようにというのが目標ではないか。

それから、相互をよく知る人材を養成することが重要です。日本人で中国語や韓国語の出来る人が非常に少ないことが大きな問題です。要するに知日派、知中派、知韓派というようなタイプの人間を増やすことが現実の目標ではないかと考えています。

もう一つ感じていることは、コミュニケーションというと知識人同士の世界のことばかり考えるのは、知識人の自信過剰、自意識過剰である。実際は、カラオケとかマンガとか映画などの方が民族の間を繋いでいると思っています。

小林正弥　私は平和問題に関心があります。最近、いくつかの論壇誌で平和運動における「世代の違い」の問題が議論されています。例えば、同じ平和運動でも、ベトナム反戦運動の時から運動を続けている人と現在の「反テロ」世界戦争で平和運動を始めた人とでは時代感覚も方法もかなり違う。この辺の世代間の継承問題をどうするか。

私は歴史認識の問題をいろいろな文脈において考えることが非常に大事だと思っています。この議論をするときに時折出てくる問題として、例えば渡邉先生が言及された「来歴」という概念があります。坂本多加雄氏が『日本人は自らの来歴を語りうるか』（筑摩書房、一九九四年）や『象徴天皇制度と日本の来歴』（都市出版、一九九五年）という本を刊行されていますが、この概念を用いる意図として、従来の歴史学に対して「日本の来歴」の意義を確認しようというナショナリスティックな点があります。そのため、懐疑的に見られている概念でもあります。何故かというと、戦争責任を論じている側から見れば、この概念を用いることによって、「戦争責任」という歴史認識を覆して、「来歴」を正当化しようとしているのではないか、と思われるからです。現に、坂本氏は「国民」の立場を強調する「新しい歴史教科書をつくる会」の理事でもあったわけです。ですから、例の扶桑社の歴史教科書と立場がほとんど同じであり、イデオロギー的にはそういう機能を果たしています。

私は「物語」は大事だけれども、それを語るだけでは十分ではないと思っています。「物語」というだけで十分ならば、「物語」の名の下に何でも肯定してしまうことになりかねない。やはり、この問題（戦争責任）は客観的に問われるべき問題です。つまり、歴史を相対化するだけでは不十分なのであって、「物語」を客観的に歴史の中でどのように構成していくかという問題が重要なのですよね。

ですから、私は渡邉先生の発言に違和感を覚えます。渡邉先生は、親の世代、兄の世代、弟の世代というふうに議論をされて、最後には現在進行中の教育改革を「新しい段階」と位置付けておられる。つまり、全体的に「国民国家」を強調する視点が非常に表れていると感じざるをえない。

そこで渡邉先生にお訊きしたいことは二つです。一つは、渡邉先生ご自身が世代感覚を重視しながら、「戦争責任」の問題についてどのようにお考えなのか。

二つ目の質問のポイントは、金泰昌先生がおっしゃったこととも関係します。私は戦争責任問題との関係でいえば、いわゆるポスト・モダン左翼の陣営の議論にもやや弱点があると思います。なぜかというと、彼等はもちろん戦争責任を追及しているのだけれども、一方で「国民国家」についてあまり言及したくない気持ちがある。例えば、加藤典洋氏と高橋哲哉氏との論争が有名ですが、ここにもこの論点が現れています。高橋氏は「日本人としての責任の意図」がないという議論には反対して、ナショナリズムに陥らないために、あくまでも日本国家という法的に定義された「政治的共同体」に属する一員としての「日本人」についてその責任を考える、としています（『戦後責任論』講談社、一九九九年、四四—四五頁）。一方で「政治責任を認めるべきだ」と考えるが、文化的な意味における「国民」とは言いたくないという気持ちがあるので、法的・政治的な存在としての「日本人」という考え方を提起するわけです。

私自身は、この考え方は戦争責任の観念を成立させるための便法という感じがするので、もっと明快に、法的・政治的な意味と同時に文化的な意味においても、「日本人」という概念を認めて、その集合的な責任を問うべきだと思っています。「国民国家」という単位あるいは「国民的アイデンティティ」というものを、複層的アイデンティティの一つとしては認めるべきだ、と考えているからです。だからこそ、過去の問題について も、日本人の一員としての責任を問われるし、この問題を無視することはできない。そういう議論をすべきだと私は思います。いわば、「コミュニタリアニズム的戦争責任論」と言うことができるでしょう。通常は、コミュニタリアニズムは保守的と批判されがちですが、むしろ逆にこの観点からこそ、論理的に明晰な戦争責任論が成立すると思うのです。

私の想像では、渡邉先生は「国民国家」や「国民」という考え方を認めておられる。そうであれば、（国民国家・国民として）過去の責任問題を引き受けるということになると私は思うのですが、この原理的な問題についてどうお考えなのでしょうか。

渡邉昭夫　私は「国民国家の物語」として歴史を語り、教えていくことの必要性は当分無くならないだろうと思っています。但し、日本の歴史で言うと、それが一番切実な要求だったのは言うまでもなく明治国家の建設期である。それに対して、韓国なり中国なりアジア諸国にとっては、今こそ正に「国民国家としての物語」を語ることが極めて重要である。そういう落差があると思っております。

ただし、今、日本では戦後の教育改革に次ぐ第三の教育改革が進んでいる。これはある意味で知的な体系の組み替えということにも関係してきますが、私が感じていることの一端は、「国史」「国語」「母国語」という「国」という字を含む言葉が消えてきており、それに代わって「日本史」「日本語」「母語」というべきである、という風になってきている。東京大学文学部から「国史研究室」は消えました。私が勉強した頃の国史研究室は今はない。そういうことに表れているように、非常に大きな流れとしては、日本の中では「国」という単位でものを議論しながら、しかしそれを相対化しようという形で動いてきていると思うのです。戦後は敗戦のショックで「あまりに〈国〉が無くなり過ぎちゃった。もうちょっと国を思い出そうじゃないか」という動きがあることも確かなんですよね。

実際的な問題としては長尾龍一さんの意見に近いのですが、知識人が核になって国民国家を越え、東アジア共通の歴史像を創るというようなことは、そう簡単にはいかないだろうと思っています。劉傑さんの話の最後の方で、国際的な枠の中で歴史を考えようという新しい知的な動きがあるという話がありました。韓国でも同じだと私は思う。韓国で今流行りの言葉でいうと「グローバリゼーション」という大きな流れの中で自分の国民の歴史をどう語るか。そのような語り口にしなければいけないという形で歴史教育の改定が進んでいると私は理解しています。

そういう意味で、大きく言うと、どの国でも同じような方向に行っている。やや長いタイムスパンを取れば、私は長尾さんよりは多少ポジティブに考えている方かなと思いながら今までの議論を聴いていました。

そこで、第一は、だからやっぱり「来歴」は必要なんだと思います。来歴をどう語るか。その語り口によって、戦争責任を全く逃げるか逃げないかの仕方がある。だからいずれにしろ、そういう「物語」は必要だろう。私自身がこれについてどういう「物語」を語りたいかというのが次の話だと思います。

「戦争責任」について「有るか無いか」と言われると……、どう答えたらいいのでしょうか。有るんでしょうね。有るけれども、いうところの「歴史問題」という形で議論されている仕方で果たして本当にその問題について日本の若い世代も含めて納得するような形の語り方が出来るかどうかということについては、私は疑問があります。

別の言い方をしましょう。日本が一切の「戦争」を否定するということと、「あの戦争」を否定するということとは違います。戦後出来てきた「平和主義」は、あらゆる戦争がまずいというものであって、トータルに「戦争一般」を否定している。これは非常に格好いい言い方だけれども、その中に「あの戦争」が消えてしまうことが問題だと思う。

全ての戦争が悪いのだから「あの戦争」も悪い……。他の戦争も悪い、というわけです。ベトナム戦争も悪いし、イラク戦争も悪い。全部悪い。「あの戦争」も「悪い戦争」の中の一つだという捉え方は、私は逆に安易だと考えます。もっと正確にいえば、「あの戦争」について語るべきなのであって、なぜあの時我々はああいう道へと進んで行ったのかについて考えるべきであって、「戦争一般を否定する平和主義」からは答えは出てこないだろうというのが私の基本的な考え方です。

だから、言葉の上で「あの戦争は悪うございました。日本にもいろいろ悪いことがございました」と言って済むのか。私としてはむしろ問い返したい。もちろん、内外共に大変な被害を与えた戦争であった。あんな犠牲を払わないでも済むやり方があっただろうと私も思います。

その問題を「国民の歴史」として語る以上は、「あの戦争についての責任の取り方」（戦争責任）という問題を逃れることは出来ないだろう。ご指摘の通りだと思います。そういう「国民の歴史」の物語を後の世代の人たちが受け継ぐとすると、「それは俺たちの知らない話だ。戦争を知らない子供たちなんだから、そんなことは知っちゃいねえ」という議論は成りたたないと私は思います。

小林正弥　私は、戦争の全てを一括して否定する「絶対非戦論」の立場ではありません。「戦争」については、その性格をそれぞれ吟味するべきです。その上で、もちろん反対すべき時は反対すべきだという立場です。

今確認したいのは、要するに渡邉先生は、その〈戦争責任は逃れられないという）点は私と同じだけれども、第二次世界大戦について、そう簡単に日本の戦争責任が認められないとおっしゃっているのか、それとも、その「戦争責任」の中身が、従来の（戦争責任）史観とは違うのか、ということです。私自身は必ずしも、歴史は常に普遍的に構成した歴史であらねばならないと言っているのではありません。日本の「国民の歴史」を語ってもいいけれども、「国民の歴史」という語り方をする場合は当然、「国民」の「戦争責任問題」が大きくかぶさってくる、と言っているのです。

渡邉昭夫　その通りだと思います。ただ、具体的にどういう形で「戦争責任」について語るか、評価するか。そこが多分、あなたと私とは違うかもしれない。それこそ「私の物語」というのはそれぞれにあるわけです。それらをうまく集合して、「これが日本の国の来歴としての戦争責任の語り方だ」という、しっかりしたコンセンサスらしいものが今あるかといえば無いだろう。そう簡単には出来ないような気もします。

それはいろんな理由があります。南京でどういうことが起こった云々だけでは語れない、もっと大きな問題を含んでいるからです。そして、具体的になぜあの時ああいう決定をしたのかについて総合的に考えなければいけないのであって、単純に「日本が悪うございました」と言って悔悟し、「後の世代の人たちは再び間違いを犯しません」という話ではないのではないか。

米原謙　今の問題を側面からお話しすることになると思います。渡邉先生が出された世代論は「父の世代」と「兄の世代」と「弟の世代」でした。その間にもう一つ抜けている世代がある。それは、戦後すぐに出てきた市民社会派だとか近代主義だとかと言われる世代です。非常に印象的な言い方で言うと、近代文学の同人である荒正人があの時に「三十代の使命」ということを言っている。一九四五年の時点で三十だった世代が、先ほど批判的に言われた、戦後の平和主義を主張していく主な世代になっていくわけですね。

三十代よりも後の世代は、戦中にある程度手が汚れている。それより若い世代は軍国少年として教育を受けてきている。しかし三十代だけが、戦後のあの時にパッと出てきやすい雰囲気、世論があって出てきたわけですね。この「三十代」世代が、一九六〇年代末から七〇年代に退場していきます。そして七〇年代前半にオイルショックがあり、世界的な世代交代の雰囲気が広がり、歴史修正主義とか新保守主義の傾向が世界的に生まれる。日本でも七〇年代の後半から八〇年代にかけて大きく状況が変わっていくということがある。そういう世代論的な（視点から読み取れる）対立と歴史観の変化とは非常に大きな関係があるのではないかと私は思います。

日本の場合はそのように言えるのですが、韓国や中国あるいは沖縄で考えられる「世代論」は一体どういうことになるのだろう。このことも問題提起しておきたいと思います。

金泰昌　考えたいことがあります。一つは、東アジアにおける公共性の一つの具体的な考え方は、正に長尾先生がおっしゃったように「和して同ぜず」ではないかというのが私の個人的な意見です。先生が「大きく出すぎた」とおっしゃったのはむしろ「共同性」です。「共同性」は東アジアに限らず、いろんなところで今改めて目指すにはやや非現実的なところがあると思うのです。同質性に基づいた共生では、多様性・異質性・差異性が増加・深化・拡散する現代社会が成り立たなくなります。ですから、「異」と「他」と「差」を前提にした「共」を考える必要があるのです。それは「共同性」とはちがう「公共性」なのです。

「公共性」というのは、例えば、「歴史」も「価値」も含め、同じものとしての共有は不可能であるという現状確認から始発する考え方です。にも拘わらず、いってみれば「共存」が如何にして可能か。「同」を前提とせず、「共」が如何にして可能か。「和して同ぜず」はまさにそれなのです。

もう一つ、長尾先生が言われた欧米への「留学」のことですが、例えば私の世代でなぜアメリカに留学に行ったかというと、俗っぽく言えば、日本にやられて国を失って大変大きな悲劇を被った。二度とこんなことをしないためにはどうすればいいのかというときに、「日本に勝った国」に行って、全てのことを学んできて日本よりは強い人間になる。韓国を、そういう強い人間が作った国にしようというのが若い私の素朴な夢でした。

だから、アメリカに行ったりヨーロッパに行ったりして、それなりに広い世界を見てきました。それで、若い時の私は、いかにアメリカが凄い国であるか、ヨーロッパから見れば日本なんてちっぽけな国で、そんなものは見る必要はない……そんなことを言い続けてきたのです。

しかし、少し成熟するにつれて、アメリカやヨーロッパで学んだ知識が、果たして韓国の現実に適用できるのか。今の私の言葉で言えば「生活世界」の問いかけに真の応答が出来るか。そういうことを自分自身に問いかけるようになりました。そうすると、たとえその歴史が悲惨でマイナスの面が多かったにしろ、やはり韓国は紛れもなく東アジアに位置している。日本と中国の間に存在している。アメリカに行って、どんなに日本や中国を否定したところで、現実的に否定すればするほど（韓国は東アジアに）画然たる存在としてあるわけです。むしろきちんと向き合って正直な対応をするべきだと思うようになりました。

そのためには、中国や日本をきちんと理解するべきである。嫌な隣人であっても、付き合って、お互いにこの東アジアをもう一回別の形で創り上げる方が韓国のために役に立つのではないか。そういう考え方に変わりつつあります。

それを「世代」から見ると、今の韓国で一番活躍している世代は、まさに私たちの世代が学習をして辿り着いたところから始めているような気がする。そういう意味では、世代間の繋がりとしていい方向に発展していくなと見ています。

私は一九三四年生まれですが、私と同世代はほとんどが親米派でした。反日・親米・反共なんですね。そういうアイデンティティから始まり、それが米国に対する批判的なスタンスを持つように変わり、日本に対してややバランスの取れた見方を持ち、中国に対しても現実としてきちんと見つめるべきだというところに変わりつつあります。それは自分史としてもそうだし、韓国社会も世代的に変わりつつあります。

日本と韓国、日本と中国、中国と韓国の関係も、どの世代がその社会の主役になるかによって、その前の世代とは違う関係が構築されると思うのです。やはり私は「世代」ということを一つの軸にして歴史を見たり問題を見ることが如何に大事かと思う。例えば私の世代で出来なかったことも、次の世代では出来るかもしれない。

私の娘は、韓国の公教育を受けているときは徹底的に反日的な女の子でした。これが一度「韓国」という枠を超えてアメリカに行って勉強している間に、必ずしも韓国で受けた公教育が真実ではないことが分かり、日本に対する反日スタンスが根本的に変わるという体験をしているわけです。もっと冷静に、もっとバランスの取れた形で付き合うようになりました。

私たちの「知」についていえば、国家が国民統合のために義務教育で教える「制度知」がある。私はそれは必要ないとは言いません。ある時期までは必要です。しかし、人間は、生命体です。機械ではない。公教育でどんなに強力にそれを詰め込んだとしても、やはり女の子も男の子も成長します。自分なりに新しい世界に出会い、新しい人間と出会います。出会いの場が拡がるにつれて、自己批判的、自己再編的に変わるのです。

それを私は「私知」と言っています。人が学校の先生や友達やいろんな人との出会いと「対話」を通して、互いに「制度知」と「生活知」と「体験知」が変化し、それなりに共有可能な「公共知」が形成されていく。そういうことを私は実体験しているわけです。私の娘を見てもそうです。そういうことを考えると、必ずしも悲観的になる必要はない。

最後に一言申し上げたいことは、「国家」とは何なのか。私は「国家」というものは無くならないと思う。第二次世界大戦や朝鮮動乱やベトナム戦争などから私が学んだことは、「国家」が人間の判断の究極的な基準ではないということです。「国家」がやれば全部正当化されるというものではない。もっと言えば、「国家悪」というのがあり得る。

「平和」は、誰がなんと言おうと公共善です。「戦争」は、私は「やむを得ない」ということはあっても「善」とは言えないと考えます。「悪」です。(現実には) 避けられない「悪」です。だから次元が違うわけですよ。「戦争をやむを得ずやった」と言っても、それはやむを得ない「悪」なのです。「やむを得ない」ということをもって戦争を正当化して「善い戦争だった」と言うのはとんでもない。

「悪」ではあったけれど、やむを得ない状況からやらざるを得なかった。しかし今、自分の世代から次の世代に向かっては、余程のことでなければ戦争はするべきではない。それが人類の願望であり、教育の本質ではないか。私は、それは、譲れない立場です。

「(戦争) 責任」の問題とは何か。「じゃあ、お前が全部責任を取って死ね」ということではなくて、そういう体験をした世代として、「平和」への覚悟を改めて持つ。「やむを得ない戦争」ではあったけれど、結局、どのような理屈から言っても正当化しにくいものである。だから、そういうことに対して次の世代はより真剣に考えてほしい。そういうことを我々は言っているのであって、「国家」がなくなるとかということではないと思うのです。

だから「ナショナル」(国家)というものを前提にした上で、一方は「グローバル」な視点がある。国家を超える次元の判断基準が一方ではあり、もう一方は国家の内部で「ローカル」なものがある。生活の現場で生きている人間が、「国家」という名分で生活の現場を破壊されたり、抹消されたり、除外されることは許されない。だから、国家は内部的、外部的に相対化されるべきものである。一方は生活現場の「ローカル」な次元から、もう一方は国家を越えた「グローバル」な次元から、この両方から国家を相対化しなければならない。だからと言って、ナショナルな次元が否定されるべきではありません。どこまでも見直され立て直されるのが望ましいということです。ですから、ナショナルという次元とともにグローバルとローカルという次元を相互関連的に考えて、「グローナカル」(グローバル×ナショナル×ローカル)という視座を想定する必要があるということを言いたいのです。

個人の体験と戦争責任

宇佐美誠　「個人的な自分史」について思ったことを少しお話しします。個々人が持っている体験ないしその積み重ねであるところの個人史というものが集まると、ただちに公共的な歴史ないし集合的な歴史になるかというと、そういうことではないと私は思うのです。歴史的な体験を次の世代に語り継ぐとか、他の人と共有するという話がなされてきたけれど、そうしたことを語るときに先ず出発点に置かなければいけないことは、そもそも「語り得ないものがある」ということだろう。それは戦争の個人的な被害体験に典型的に表れている。深刻な被害体験には言語で語り得ない部分がどうしてもある。このことは非常に重要であって、「戦争について語る」と言うときには、そのことを強く自覚する必要があるのではないか。

では、この「語り得なさ」をどのように説明できるか。我々が持つ知識というものは、だいたい四種類に分けられるようです。まず、「この目の前のテーブルには花が活けてある」というような命題知ですね。プラトン以来の知識をめぐる哲学的考察はこの命題知を扱ってきたわけですが、しかし我々が日常生活で「知っている」と言う場合、他に三つぐらいの意味があると言われています。一つ目は、何であるかについての知識。例えば、「レーテの川とは何かを知っている」というような。二つ目は、どのようにするかの知です。「自転車の乗り方を知っている」とか。そして三つ目が、どのようであるかの知。個人の被害体験というのは、基本的にこのタイプの知識に入るんだと思います。「戦争で息子をなくすことがどんなものかを私は知っている」のように。そして、どのようであるかの知は、体験した人にしか、厳密な意味ではもてない。この「知り得なさ」は「語り得なさ」と結びついていると思います。戦争で息子を失うことがどんなことかを、体験者は十全に語り得ないし、それ以外の人は十分に知ることができない。

この「語り得ない」という被害体験の特質ですが、最近、岡真理さんという方が『記憶/物語』(岩波書店)という本の中で、「語り得ない」という特質を強調している。なぜこの特質があるのかについては、彼女は述べていないのですが、その一つの説明は、いま言った「どのようであるかの知」に被害体験が属していることです。しかし、そのような知識の一般論では捉えきれないものも被害体験にはあるだろう。それを少し考えてみたい。

個人の被害体験に特徴的なものは何か。それは「理性」（ラチオ）と区別された意味での「情念」（パッシオ）ではないか。「パッシオ」のもともとの意味は、ご承知のようにキリストが十字架に架けられたことです。古くは「災難」という意味があったかと思います。だから戦争などでの被害体験を「パッシオ」と結びつけることは不当ではないという気がします。

この「パッシオ」は、西洋哲学の伝統では「ラチオ」と対比されてきた。そして、「理性」を「情念」よりも上位に置くという構図が西洋哲学の本流だった。もっとも、ヒュームのような思想もありましたが、西洋哲学史の中では例外的な存在です。「理性」というものは、理性と言語の両方の意味を持っていた「ロゴス」から「ラチオ」と「オラチオ」が分かれていったことから分かるように、元々言語と結びついていた。言語的なものが理性的なものとして表象されてきたと思うのです。

それに対して、「パッシオ」は言語とは結びつけにくいという性格を持っているのではないか。だから、被害体験は本性的に言語と結びつきにくい。そうだとすると、「自分史」という話があったけれど、自分史が集まってすぐに集合的な歴史になるわけではない。両者が直截に繋がっているのではなくて、言語によるゆがみ、すくい取り、あるいは切り縮めということがあって、それを経たものが集められて「国民の歴史」あるいは「集合的な歴史」になる。国民よりももっと下のレベルでの「共同体の歴史」を語る時にも同じことが言える。「歴史」というのはそんなふうに切り取られ変形させられたものなんだということをまず自覚した上で、その可能性を考えるべきではないか。そのようなことを考えていました。

宮本直和　日本の戦争責任は不鮮明になりやすい。終戦後の昭和二十年九月二十七日に昭和天皇とマッカーサーの第一回目の歴史的な会見が、現在のアメリカ大使館の裏にある旧館二階の応接室で行われました。カメラマンがすぐ入ってきて、昭和天皇とマッカーサーの写真を数枚撮ります。その写真を即、二十九日の全国紙に掲載した。実はモーニング姿の天皇陛下と軍服姿のマッカーサーの横並びの写真を見たときに、国民大衆は「これで戦争は終わった」ということと同時に、さまざまなメッセージをその一枚の写真によって受け取っていた。しかし、一方でマッカーサーは、この時の昭和天皇の態度に感じるところがあり、会見後、予定を変更して、玄関まで見送っている。その後も、この会見の中身については、マッカーサー回想録や通訳の発言でいろいろ発表されている。ただし、昭和天皇は、この会見の詳細は二人の約束として、黙して語られなかった。

ところで、実際に私的レベル、生活者のレベルで「戦争責任」を内面的に自覚して、その「自己責任」を公に発言した日本人は三人ぐらいいるのではないか。その一人が、松下電器産業の創業者、松下幸之助氏です。彼は昭和二十年の八月十五日より五年前に、軍の要請を受けて初めて木造飛行機を造り、実際に試験飛行まで実施しています。また、一方で、井植歳男氏に命じて、軍用船も建造している。

その結果、松下氏は飛行機（松下飛行機、昭和十八年十月）や船（松下造船、昭和十八年四月）を造ったこともあって、GHQから財閥指定を受けます。しかし、「飛行機を造っているから財閥だと言われるのはとんでもない。うちはただの電器屋なんだ」ということで、松下電器に勤めていた外国人を通してGHQに指定解除を要請します。結局、組合も一丸となって協力し、財閥指定が解かれて公職追放を免れるのが昭和二十五年。彼は、自分がやったことの責任について、「不思議なもんだなあ。松下電器の経営理念に反して、終戦の数年前から戦争に加担するような取り組みを始めた。この誤りを正し、元に戻すのに、結局同じ位の年月がかかってしまった」と述懐しています。こうした苦渋の戦争体験をへて、強烈に「戦争責任」を意識した松下氏は、繁栄（prosperity）を通じて、平和（peace）と幸福（happiness）を実現するという理念でPHP研究所を設立するに至っている。さて、昭和二十六年の一月十八日に、松下氏はアメリカへ飛び発ちます。アメリカの東海岸で冬場の公衆トイレを視察の折、アメリカの租税観がわが国と相違していることに気づき、同時にその三ヵ月の滞在で家電産業のビジョンを確立している。

もう一人、「戦争責任」を内面的に受け止めた人として、東大教育学部の宗像誠也先生がいます。お父さんは軍関係の方で、宗像自身も国家主義教育に携わっていたので当然戦争の一端を担っていた。戦後、教育行政学者や教育学者の中で「私はそういうことがあった」と自己反省を込めて明確に言った学者の一人は宗像先生ではないだろうか。この宗像教育行政学というのは、教育内容・方法に関する「教育の内的事項」（interna）と教育の条件整備に関する「教育の外的事項」（externa）をはっきり分けて、教育の内的事項については政治や政府から独立して自主的に決定をしていかなければいけないという論理を確立します。つまり、教育の政治からの独立性を強調した訳です。それが戦後の教育行政の原理として、一時代を画していた。ここで、宗像氏は「戦争責任」への自覚と、その自己批判に立って、教育行政理論を確立した。その金字塔が『教育行政学序説』でしょう。

あとの一人は、ワコールの創業者塚本幸一氏です。塚本氏はビルマ（現ミャンマー）からタイを経て昭和二十一年六月十五日に京都に帰って来て、最初に護国神社に参拝して戦死者の同朋の霊を慰めて帰る途中、日本人女性と外国人の兵士がデートしているのを見た瞬間、新しい事業の方向性をキャッチした。彼は、それまで男の論理でものを考えていたけれど、そうするとどうしても、国家とか権力とかいうものに結びついてしまう。そして、ついには戦争に直結することになる。しかし、女性の場合は戦争に直接には結びつかない。それならば女性の世界を豊かにすることに一生をささげたい。それは何か。そういう発想があった。この決断にも、内面的な意味で戦争責任のようなものが感じられていたと思うのです。事実、塚本氏の著書にはインパールからの奇跡的生還に倍する烈々たる「戦争責任」意識が渦巻き、同時に、京都商工会議所会頭時代を含め、塚本氏の秘書であった山崎辰巳氏も、創業当時の塚本氏がそうした強烈なる「思い」で動いていたことを今日に語り継ぐ一人である。日本の戦後史の一過程において、実際に私的・内面的に「戦争責任」を感じた人がどれだけいるのか。その辺のこともきちんと整理する必要がある。今回のフォーラムの話をお聞きしていてそんなことを思いました。

石原昌家　私は、沖縄戦体験だけではなく様々な戦争体験の聞き取り調査を一九七〇年から始めました。私は沖縄戦の体験をしていないものだから、知らない者の強味で調査をどんどん掘り下げていって先ほども話にあった「語れない」ような体験もあえて聞き取っていくというようなことをしてきました。

先ほどから「戦争責任」の問題が議論されているわけですが、あれだけ地上戦に巻き込まれる戦争の体験をしてきた沖縄の人間も、実は村単位、島単位で見ていった場合に、「あの戦争は何だったのか」という総括がなされていない。私はそのことを知らず、考えもせずに、ただひたすら「どうしてこんなことが起きたんだろうか」と聞き取りをしました。そのうちに分かったことは、村民同士や家族同士でも殺し合いのようなことが発生していたことです。だから、「あの戦争」が終わった時に、「あの戦争」を全部封印してしまった。村のタブーにしてしまった。こういう事態がなぜ起きたのかということを考えようとしない。つまり本質を見極めきれず、ただあるがままの事実だけで捉えていました。私が聞き取りをしていく中でタブーに触れてしまって、「なんでよそ者のお前がみんなが隠しているものをほじくり出して大変な状況にしてしまうのか」と、逆に脅迫を受けることがありました。

その時に、あの戦争は何だったのか。戦争責任の所在というものを、末端の部分から問い直していく作業が全然なされていない。そのことがよく分かったのです。

実は本土と沖縄というふうに見たときに、一般には沖縄が被害者と捉えられがちです。しかし沖縄の中の島々や村々を見ていくと、そこには日本全体の「戦争責任を問わない」「責任の所在を明らかにしようとしない」という構造が、ここにもあることが分かったんですね。

鹿錫俊　私は中国の人間ですが、中国人が「歴史認識」というときは、何となく日本側が過去の侵略と植民地支配の歴史をどう見るかという印象でした。みなさんのお話を聴いて、「歴史認識」という問題の中身が非常に豊かで多様であることを痛感しました。つまり、日本の過去についての認識だけではなくて、韓国の歴史、中国の歴史に対する認識、また渡邉昭夫先生が言われたような、自分史に対する認識。そういったいろんな歴史認識がお互いに絡んでいます。だから、これから歴史認識問題を研究する場合には、以前のような一方的、あるいは単純なやり方ではなくて、いろんな側面と結びつけて研究しなければならないと思います。

二番目は、趙軍先生の発表への感想です。私は趙軍先生と同じ世代なので、お話を聴いて、まるで自分のことを言われたように感じたのですが、今私が強調したいのは、私たちが受けた教育や、体験させられたことが、自分の歴史認識あるいは歴史に対する考え方にどう影響したのかをこれから究明しなければならないということです。

三番目は、劉傑先生は中国の歴史認識の形成に主に二つのルートがあったと発表されました。つまり、「世代間の伝達」と「公による歴史教育」の二つです。私自身は世代間の伝達よりも「公」による歴史教育や新聞・雑誌といった言論やテレビ・映画といったメディアから受けた影響が大きかったと思います。自分の子供のころを振り返ってみると、親から日本について伝達されたものはあまりなかったのではないかと感じています。

「公」による教育は、単純な歴史教育だけではなくて、「考え方」とか「物事の見方」についての教育もあります。これらは全て「歴史認識」に繋がるのです。

三谷博　先ほど小林先生と渡邉先生の間にかなり論争が起きました。確かにご両人は基本的な価値観とか発想の起こし方とか具体的な政策でかなりの距離があると拝見します。ただ、共有出来る部分もあるのではないか。

語り得ぬ難しい問題があるということを今伺って、「なるほどな」と思いました。しかし、明々白々たる構図というのもやはりあるのではないか。その一つは、日中戦争という場合に、中国軍が日本列島の上に来て戦ったのではなくて、日本軍が中国の領土に大量に行って戦った。それも非常に長期の戦いだった。中国の、特に北部の人たちは自分の住んでいるところが戦場にされてしまったという事実は誰も否定出来ない。そういう大きな構図がある。

もう一つは植民地支配の問題です。朝鮮半島を日本が支配して、日本が経済面を中心に近代化させたんだという言説が今日、よく聞かれます。「だから朝鮮人は日本人に感謝すべきだ」と言わんばかりの人々がいる。

一方で、日本が敗戦後、米軍に占領されて、それによって実は戦前から日本の役人たちが「本当はこうしたい」と考えていたことが実現してしまったという例があります。その典型が農地解放です。それは、後の日本の発展のいわば基礎になっている。

そうすると、では講和条約を結ぶ以前の日本人は「このままアメリカに占領し続けてもらいたい」と思っただろうか。もっと言えば、「アメリカの第五十一番目の州に併合してもらいたい」と本当に思う人がどれほどいたか。恐らく今、日本列島の上に生きている日本国籍の人の九〇％以上は「そんなことはご免蒙る」と必ず言うと思います。この二点に関しては、かなり日本人の中で共有出来るのではないか。

語り得ぬことがある。あるいは、ひょんなところで右に転ぶか左に転ぶかが決まるというのは確かにあって、歴史研究をやっている立場としては、とにかく資料的裏付けを取らないとどちらか分からないということで頭がいつも一杯なのですが、しかし大きな構図を見ると、確かにこれは疑い得ないということがあるような気がします。

VI

「世襲的犠牲者」意識と脱植民地主義の歴史学

林　志弦

共通の苦悩は歓喜以上に人々を結びつけます。国民的追憶に関しては、哀悼は勝利以上に価値あるものです……

国民とは、したがって、人々が過去においてなし、今後もなおなす用意のある犠牲の感情によって構成された大いなる連帯心なのです。(1)

エルネスト・ルナン

はじめに

玄海灘を挟んで、ある息苦しい、知的膠着状態が存在する。日本内閣の靖国参拝、修正主義教科書、慰安婦問題など現在化された過去の多様な問題があらわれる度に、この膠着状態はさらに固まるように感じる。民族を境界で分けたこの対峙線は、さらに強化される傾向さえみられる。民族国家単位の世界秩序が支配的な限り不可避な側面もあるだろう。しかし、問題は、目に見える物理的境界ではなく、私たちの認識枠がその境界に閉じこめられているという点である。私たちの実践を規定するのが、「現実」それ自体というよりは、「認識された現実」であるという点を考慮すれば、まずはその認識の境界を崩すのが急務ではないかと思う。現実を認識する枠組みが変わる時、実践の方式が変わり、それがまた現実の変化を呼び起しうるからである。とすれば、東アジア歴史学の認識枠に対する問題提起こそ、「言説的実践」の第一歩であろう。

事実上、植民地主義の過去に接近する韓日両国歴史家たちの問題意識は、概して民族を境界に固着した戦線に閉じこめられていたのではないかと思う。問題意識と研究が相互に浸透して戦線の膠着状態を突破するどころか、頑強かつ粘り強いこの民族的「陣地戦」の重要なイデオロギー的生産基地として存在してきたというのが、より率直な評価であろう。よくいわれるように、それは、帝国対植民地という「痛い過去」の理由だけではなく、解放後または戦後六十年、過去を人質にした六十年の「痛い現在」が生み出した産物とみるのがより妥当であろう。過去に対する学問的質問者としてではなく、「痛い現在」を生んだ政治的共犯者として東アジア歴史学を直視する必要がある。

現在化された過去の問題が表面化する度に明らかとなった事実であるが、韓日両国のこの頑強な民族的「陣地戦」は、過去の事実を客観的に究明することによって解消される性質のものではない。それが根源的に可能であるかという認識論的問題はさて置くとしても、客観性の言説が自らの論理を正当化して、各自の民族的陣地を強化する武器として長い間使われてきている。相互理解を図って共感の幅を広げるよりは、相手の論理を排除して自分の歴史像を強要する論理の暴力が、客観性のメタファーの下に隠されていたのだ。とすれば、客観性の裏面を暴き出して、玄海灘両岸において過去に対する集団的記憶をつくってきた歴史言説の生産過程を顧みる必要がある。大小多様な差異を抜きにすれば、基本的にそれは「国民の歴史（national history）」をつくり出す工程ではなかったろうか。

しかし、このエッセイの意図は、「国民の歴史」言説を具体的に分析することではない。それは、私の力量を超えるだけではなく、現在この文章を書いている私の地政学的位置上、不可能でもある。この文章は、韓国のナショナルヒストリーを構成する歴史言説の下に敷かれている認識論的枠組み、あるいは、その枠組みを構成する社会心理的な出発点に対する、エッセイ式の問題提起に過ぎない。自らの省察的問題提起を通じて、玄海灘を挟んだこの息苦しい膠着状態を壊しうる糸口を、韓国歴史学内部においてまず捜そうとする必死のあがきであるかも知れない。また、加害者である「彼ら」がまず解いてこそ、被害者である「私たち」も解くことができるという浅薄な「結者解之（自分の過ちは自分で解決しなければならないこと――訳者）」の常套性を敢然と捨てるという意志の表現でもある。歴史の結縛は縛った者ではなく縛られた者が先に解く時、真正な解放の動力を持つのではないだろうか。

一　排他的認識論との決別――コペルニクス的発想転換のために

韓国歴史学の立場から「現在としての過去」に縛られた歴史の糸口をまず解くためには、コペルニクス的発想の転換が要求される。結論からいえば、植民地主義の「世襲的犠牲者」という意識から脱して、私たちも植民地主義の加害者になりうるという自己省察を新しい準拠枠で定立しようということである。これ以上、植民地世代の歴史的苦痛を不幸の原因として、自分の現在と未来を正当化するのはよそうということである。今日、韓半島の集団的記憶の中に深く刻印されている世襲的犠牲者という自己規定は、潜在的あるいはすでに可視化されている植民地主義の危険性に対する自己批判を根源的に塞いでしまう。

東南アジアや中央アジア、アフリカあるいは東欧を眺める私の同時代人たちの目に、私は二十世紀初めに韓半島を眺めた、帝国の再現された視線を読みとる。これらの目も、百年前の帝国の視線とはまた別の意味で、憚ることがない。再び植民地主義の犠牲者にならないためであれば、すべての行為が正当化されるからである。世界史的近代の軌道に編入された以上、どんな歴史主体も潜在的植民地主義の陥穽から自由ではない。しかしながら、植民地時代の世襲的犠牲者という自己規定に閉じこめられている限り、潜在的植民地主義に対する内部批判はほとんど期待できない。自己省察を放棄した道徳的正当性ほど、危険なものもない。それだけではない。ホロコースト論議で見られるように、認識論的にそれは「記憶の神聖化」論理につながる。苦痛と犠牲を直接経験した「私たち」だけが、その過去を理解することができるというこの排他的認識論は、世襲的犠牲者意識を共有しない他者との意思疎通を基本的に排除することによって、外部からの批判にかんぬきをかけて閉ざしてしまう。批判の道が内外において源から封鎖されているのである。

神聖化された記憶のかんぬきを抜いて、こっそり中をのぞいて見ると、その中には、どのようにすれば再び植民地主義の犠牲者にならないだろうかという問題意識が隠れている。その下には、また、植民地の経験を規定した帝国―植民地の構図を根源的に否定する方式ではなく、席を交代して私たちが帝国になってもよいのではないかという(無)意識が潜んでいる。帝国として屹立することができずに、植民地に転落した歴史に対する悔恨とみてもよいであろう。南北を問わず、ほとんどすべての歴史家集団が共有したこのような問題意識は、解放後の韓半島でつくられた「集団的記憶」の核心ではないだろうか。道徳主義的観点から批判しようというのではない。問題は、それが南と北の国家権力が好んで使った権力言説の準拠点でもあるという点である。国を失った百姓の苦痛を再び経験しないためには、指導者が導く民族的団結と強盛大国の道に進まなければならないという権力言説の前で、解放の言説は無気力になるしかない。世襲的犠牲者意識を軸に形成された集団的記憶は、力強い民族国家に対する渇望を生み、結局、市民社会に対する国家権力のヘゲモニーを強化する機制であった。抵抗的民族主義さえ自然に抱きこむ、国家主義へゲモニーの秘密もここにある。この点において、世襲的犠牲者意識に根拠した韓半島の戦後史学は、国家権力の共犯者であった。最善の場合でも、それは受動的共犯者に過ぎなかった。

世襲的犠牲者意識が外に向く時、それは、帝国主義に対する根源的な批判よりは、羨望の視線が盛られた批判につながる。そのあらゆる道徳主義的ポーズにもかかわらず、実は、植民地主義の主体ではなく客体に転落したことに対する口惜しさが底辺にあるのである。それは日本、さらに窮極的には西洋より遅れた近代化に対する痛恨の自覚、そのため近代化と完成された民族国家という歴史的課題を自明な前提と設定する歴史意識によく現われている。理念の壁を越えて、それは、資本主義の内在的発展論を追跡したマルクス主義史学や、古代から現代に至るまで韓半島の歴史過程を近代民族国家に進む民族的企画と見なした民族主義史学が共有するものであった。両者は、ともに帝国主義がつくった停滞性論と他律性論に対する代案として提示された歴史像であるが、その下には、日本の近代化と明治維新に対する羨望があるといえよう。また、明治維新に対する批判的視角すらも「プロイセン的道」に対する批判に止まり、明治維新が準拠した西欧的近代に対する批判にまでつながることはできなかった。日本の植民地主義が、正常な近代への移行を塞いだという認識の裏には、事実上、ヨーロッパ資本主義を普遍的歴史モデルと見なすヨーロッパ中心主義が潜んでいる。結果的に、それは、半植民地主義的な政治志向にもかかわらず、明治維新の模倣、またはそれが模倣したヨーロッパ中心主義、あるいはオリエンタリズムの再模倣に過ぎないものであった。「十月維新」のみが明治維新の模倣ではない。騒々しい「反帝」の掛け声にもかかわらず、帝国主義の歴史的展望、あるいはその言説的へゲモニーの中に包摂された民族主義の実状を直視する必要がある。反帝民族主義の勝利は、結局、帝国主義の隠蔽された勝利に過ぎないのである。

二　「植民地主義的有罪」と「民族的無罪」の対立という問題

文明史の観点から見る時、世襲的犠牲者意識は、このように帝国に対する羨望と近代に対する憧憬が背景にある。ただ、「帝国―集合的有罪―悪の表象」対「民族―集合的無罪―善の表象」という二分法的構図が、帝国／近代に対する羨望と憧憬を選り分けているのみである。植民地近代化論と植民地収奪論は、張り詰めた対立構図にもかかわらず、実状はこの羨望と憧憬を共有している。「近代」が好ましいもの、もしくは、発展の普遍的な段階であるなら、悪を象徴する帝国が好ましい「近代」を植民地に移植したはずはない。植民地収奪論が成り立つのも、まさに、この地点である。一方、帝国主義が資本主義的近代を植民地に移植したという植民地近代化論は、事実か否かを別にして、罵倒の対象になる。帝国は、悪の象徴として残っていなければならないからだ。韓国の民族主義が、植民地近代性を否定する観点から帝国と近代に対する憧憬を表わすとするなら、日本の民族主義は、植民地工業化指標を根拠にして植民地主義の恩恵を強調することにより自分の帝国／近代論理を明らかにする。表面的対立にもかかわらず、収奪論や近代化は全て、西欧的近代に捕縛されている点は同じである。そのため、帝国が導入したその「近代」は、発展の脈絡ではなく、植民地住民の生に対する近代規律権力の統制力が拡がる過程として読みとれるという脱近代の問題意識は立つ余地がない。近代を越えることはさておいても、近代を反省的に受け入れる「省察的近代」の苦しみさえ、めったに見うけられない。反西欧・反日本を標榜する民族主義史学の「逆」近代自体が、それだけ近代の神話に深く埋没したという良い証拠である。資本主義的近代化を根拠として植民地主義の進歩的役割を主張したマルクスの古典的命題も、西欧中心的近代に埋没している点は同じである。

「誰のための歴史なのか」という観点からみる時、世襲的犠牲者意識が媒介する植民地主義的有罪と民族的無罪の単純な対立構図は、さらに深刻な問題を提起する。それは、植民地朝鮮の民衆たちが直面した生の多様な問題を、民族問題に還元させる。階級、ジェンダー、身分などの多様なアイデンティティは、簡単に無視されたり民族的アイデンティティに従属させられたりする。例えば、白丁たちの人権運動である衡平社運動や、自由主義あるいは社会主義女性運動は特に悩むこともなく民族運動へ還元される。民族運動に寄与したかどうかが、歴史的評価の基準になる。植民地期の民衆たちの生が、「帝国と民族」あるいは「従属と抵抗」という二分法で裁断されるほど、そのように単純で静態的であるかも疑問であるが、それは、歴史叙述において民族が民衆を専有するということを意味する。例えば、民衆の利害さえ民族の名前で提起され、そのため、女性に対する家父長的抑圧が民族の名によって隠蔽され、基層民衆を支配しようとする民族主義エリートのヘゲモニーが民族の名により正当化される。「民族資本」という名で植民地朝鮮ブルジョアを日本植民地主義の犠牲者として描く、いわゆる「萌芽論」の視角において、それはよく現われる。彼らも同様の犠牲者であれば、植民地人内部における支配—被支配関係は自ずと記憶から抹消される。民族主義史学は、このように多様なアイデンティティを抑圧するに止まらず、その出発から民族主義エリートのための歴史学に転落する危険性を抱いている。ただ、帝国日本に対して植民地主義の集合的有罪を宣告することにより、民族の名において自らを正当化して免罪符を付与したのである。帝国が植民地主義の集合的有罪を表象するとすれば、植民地朝鮮は民族的無罪を表象するからである。その結果、植民地朝鮮内部における他の抑圧と差別構造は無視されるか、日本対朝鮮という民族的対立構図のフィルターを通ってのみ、その意味を受けるに至った。

世襲的犠牲者意識から脱して、潜在的植民地主義の危険性に対する自己省察に準拠する時、植民地朝鮮の歴史像は全く異なった姿として表れるはずだ。それは、道徳的省察の次元を越え、片方の側の批判に止まる植民地主義に対する、より根源的な批判を可能にする契機でもある。例えば、万宝山事件と、それに続く朝鮮における中国人虐殺に対する批判的省察を排除したままでは、関東大震災と日本における朝鮮人虐殺に対する根源的批判は不可能だろう。植民地権力を背負った帝国の二等国民としての朝鮮農民と、非国民としての満州農民の葛藤から目をそむけるなら、民族的位階秩序に依拠した帝国の国民化戦略に対する根源的な批判に到達し難いからである。民族運動史の枠組みから脱して、帝国の国民化戦略に包摂された一等国民と二等国民、二等国民と非国民の間に存在する排除と差別の多様な層位に対する複合的な理解が前提とされる時、万宝山事件と中国人虐殺に対する理解は、関東大震災時の朝鮮人虐殺に対する理解と対になりながら、植民地主義に対する根源的な批判の梃子となるだろう。しかし、自分を世襲的犠牲者とみなす限り、加害主体としての二等国民である自らの位置に対する批判的省察は不可能ではないか。ナチではないポーランドの隣人たちによって恣行されたイェドヴァブネ（Jedwabne）のユダヤ人虐殺が、ポーランドの歴史家たちの徹底した沈黙の中、アメリカのユダヤ系学者であるヤーン・グロス（Jan Gross）によって明らかにされた時、ポーランドの歴史学界が受けた道徳的打撃を想起する必要がある。それは、ナチによる犠牲を一方的に強調して、世襲的犠牲者意識により自らを正当化して来たポーランド社会の集団的記憶がもたらした、知的／道徳的破局の一例ではないかと思う。

植民地主義の重層的層位と、二等国民としての朝鮮人たちの歴史的存在条件に対する複合的理解は、植民地主義の清算問題に対する他の視角を要求する。東京裁判の限界と問題点に対する批判とは別途に、東京裁判で戦犯処理された植民地朝鮮人の戦犯たちに対する理解もまた、「二等国民として包摂された朝鮮人」対「帝国の国家体制から排除された非国民」という構図から冷静に検討する必要がある。無念にも処刑された朝鮮人戦犯というイメージの下では、転倒された主犯―従犯関係に対する悔恨が一次的に盛られているが、その悔恨の下には一等国民の地位に対する欲望が存在している。世襲的犠牲者意識と結合したこの一等国民の地位に対する悔恨と欲望は、二等国民としての自分が満州と東南アジアの非国民に加えた sub-colonialism 的抑圧には目をつぶって、植民地主義の多層的抑圧構造を「日本人／一等国民」対「朝鮮人／二等国民」の構図で還元させる傾向を現わす。この構図において、非国民に対する二等国民の抑圧と差別、そして二等国民が一等国民になった時に持ちうる潜在的植民地主義に対する考慮の余地はない。一等国民に対するこの熱望こそ、戦後南北朝鮮の権力による大衆の国民化戦略が成功した秘訣でもある。それだけでなく、それは周期的に繰り返される感傷主義的親日派清算の要求を理解する鍵でもある。

世襲的犠牲者意識は、解放直後に植民地主義の清算論理にすでに胚胎されていた。植民地主義と結託した少数の親日派を加害者として規定し、残りの大多数の新生「国民」は植民地主義の被害者という論理がそれである。一握りの親日派の人的粛清を通じて植民地主義を清算することができるという考えこそ、少なくない数の植民地朝鮮人たちが持った帝国／近代に対する羨望と憧憬、そして一等国民になりたいという社会的欲望を、どのように理解して解消するかに対する根源的な問題意識を塞ぐ障害物ではないかと思う。親日と反日を分ける線は、「私たち」と「彼ら」の間にだけあるのではなく、「私たち」と「彼ら」それぞれの内部にも同時に存在するのである。「脱植民地」の前提は、「彼ら」親日派の清算ではなく、植民地の普通の人々に帝国「日本」として表象されて内在化された価値体系を転覆することにある。「彼ら」に対する政治的清算の声が高いほど、「我ら」の中に内面化された植民地主義を乗り越える道はさらに遠くなるという逆説を理解する必要がある。この逆説は、ナチズム、ヴィシーフランス、東欧現実社会主義の過去克服に対する尖鋭な論議過程などにおいてすでによく現われている。犠牲者であることを強調すればするほど、過去克服の道はさらに遠くなるのである。イェドヴァブネのユダヤ人虐殺をめぐり最近浮き彫りになったポーランド学界と市民社会の尖鋭な論争は、世襲的犠牲者意識が「下からの反ユダヤ主義」を支えた温床であったことを象徴的に表している。

三　敵対的共犯関係を生んだ東アジア戦後歴史学

犠牲が世襲されるとすれば、加害も世襲される。世襲的犠牲者は、世襲的加害者を対照概念として前提する時のみ可能である。そのため、韓半島の世襲的犠牲者意識は、日本の戦後世代が世襲的加害者であることを前提として、すべての日本人に対し植民地主義的有罪という峻厳な宣告を下す。その裏には、植民地主義の世襲的犠牲者である韓民族は、韓—日関係において、当然、集合的無罪であるという意識が隠れている。「世襲的犠牲者」対「世襲的加害者」という対照概念は、このようにして「民族的無罪」対「植民地主義的有罪」という対照概念と対になる。これについて、戦後日本の民族主義は、加害の世襲性ではなく、歴史的加害事実それ自体を否定して、自らも犠牲者であることを強調する。広島と長崎の悲劇を専有する日本の民族主義は、植民地主義の苦痛を専有する韓半島の民族主義とコードを共有する。日本の民族主義が、歴史的加害事実それ自体を否定すればするほど、戦後日本が植民地主義の世襲的加害者であり、すべての日本人は「集合的有罪」であるという心証がさらに固まる。その結果、韓半島民族主義の「世襲的犠牲者意識」は、より一層正当化される。東アジアの歴史言説の中に世襲された植民地主義の過去は、このようにして韓国の民族主義と日本の民族主義が寄生する宿主になる。「世襲的犠牲者」対「世襲的加害者」、「民族的無罪」対「植民地主義的有罪」を軸に構成された歴史言説が解体されなければならない理由もここにある。それこそ日本の民族主義と韓半島の民族主義が敵対的にお互いを強化する共犯関係の重要な言説的な環であるからだ。東アジアの戦後歴史学は、この点において、事実上、韓日民族主義の敵対的共犯関係を維持・強化するのに寄与して来た一等功臣ではないだろうか。民族主義の呪いに捕らわれている限り、左派歴史学や左派知識人もまた、その嫌疑から自由ではありえない。

世襲的犠牲者意識に基礎した韓半島の集団的記憶に対して、日本の少なくない左派知識人たちが取る態度の傾向性が問題とされるのも、このような脈絡からである。植民地人の苦痛に注目して、それに耳を傾けてその痛みに共感しようとする「良心的」日本知識人たちの善意を疑うつもりは全くない。「民族的アイデンティティは自己民族の名の下で犯す犯罪に対し、個々人が感じられる恥によって決定される」というアダム・ミフニックの省察は確かに日本の「良心的」知識人たちにも該当する。また、帝国中心部の左派知識人たちが、周辺部あるいは旧植民地に対して持つ「植民地主義的原罪」コンプレックスを理解することができないわけでもない。植民地主義の恩恵を強弁する日本の右派知識人たちと比べる時、罪意識のコンプレックスに内在した善意と道徳性は疑いの余地がない。さらにそれは、植民地主義の過去に対する自己正当化の集合的記憶をつくっていく日本社会の反動的メカニズムに対して、同時代の知識人として社会的責任を負うという意思表現の一つとして尊重されるべきである。

また、彼らが日常的に接する「在日」の場合、意識の次元ではなく存在条件において世襲的犠牲者である側面もある。しかし、日本社会を越えて東アジアの次元に認識の地平を広げる時、その善意が解釈されて流通するメカニズムに対する政治的考慮が優先されなければならない。問題は、日本左派知識人たちのその善意が、韓半島の民族主義右派あるいは民族的左派知識人たちの世襲的犠牲者意識と結合される時、それは韓半島で作動する民族主義の言説的ヘゲモニーを強化する結果を生みだすということである。その連鎖反応によって、日本列島の民族主義が再び強化されるとしたら、それは事実上、韓・日民族主義の敵対的共犯関係を強化する社会的／言説的環として作動するだけである。そうすると、植民地主義的罪意識を善意で解釈して単純に受け入れるには、それが持つ政治的含意があまりにも複合的なのである。六〇―七〇年代、西欧左派たちに流行した「第三世界主義」の理念的限界と、周辺部国家権力の動員体制を正当化した政治的力学に目を向ける必要がある。

おわりに

民族主義の保守的言説を批判することは、相対的に易しい。しかし、その批判の主体に内面化された過去としての民族主義の残骸たちを透視することは、まことに難しいことではないだろうか。その中に盛られた善意にもかかわらず、日本の「良心的」知識人たちが持つ植民地主義の罪意識に対して留保的なのもこのような脈絡からである。なによりも、まず国家的責任を問うということと、具体的な個々人の次元で扱われなければならない有／無罪の問題を集合的有／無罪の問題に還元させることとは、厳然と別個のことである。その還元論は、韓半島の民族言説が前提とする「植民地主義的有罪」対「民族的無罪」の論理を共有する。この論理構図は、蓄積された過去としての現在を眺める彼らの視角が、民族という集合的範疇の枠に閉じこめられているという証拠でもある。論理的に見ると、植民地主義的罪意識に盛られた善意が、韓半島の民族主義を強化して、また、それに対する反動で日本の民族主義を強化することにより、結果的には韓・日民族主義の敵対的共犯関係を維持強化するのである。なおかつ韓・日関係の脈絡を離れ、日・米関係という脈絡に入る時、それは抽象化された単一な範疇としての「日本」、そしてその「集合的無罪」を正当化する機制として作動するのではないかという疑心を払拭できない。玄海灘に向けては植民地主義的罪意識をつくり出したその視線が、太平洋に向けられればペリーの黒船以来、日本もアメリカの世襲的犠牲者であるという自己イメージの再生産に寄与することはないか疑わしい。また、日本の内部で、植民地主義的罪意識のこの民族的文法は「在日」の遠距離民族主義を強化し、この遠距離民族主義は韓半島に逆輸入されて、また民族主義のヘゲモニーを強化する。事実上、「在日」の問題は絶えず韓半島の民族主義に巻き込まれることによって、問題の解決がさらに難しくなった側面もある。歴史的には民族問題として出発したが、いまや日本の社会問題としての性格がより大きい

「在日」の問題を、韓・日間の民族問題で解くことはこれ以上無理である。むしろ、多民族国家としての日本社会の構造的民主化という観点がより切実に要求される。在日の遠距離民族主義に同調する方式ではなく、日本社会の民主化と脱植民地化、一歩進んで民族主義の談合構造を越えた東アジア民主化の梃子として、トランスナショナリズムの可能性を在日韓国人、または韓国系日本人たちの存在条件から打診することが必要ではないかと思う。韓国側でも日本側でもない第三の主体としての在日韓国人または韓国系日本人歴史家たちのフォーラム参加が切実に要求されるのも、このような脈絡からである。

（原文はハングル語。訳・柳美那）

（1）「国民とは何か」エルネスト・ルナン、鵜飼哲訳（『国民とは何か』、インスクリプト、一九九七年）四一―六四頁。

黒住真　「良心的な知識人」の問題が韓国のナショナリズムとリンクしていくメカニズムを林志弦先生は書かれている。ただ、「良心的知識人」の日本における働きがあります。彼等は世襲的加害者意識を持っているわけです。その世襲的加害者意識がまた日本国内のナショナリズムに共犯的に加担している。そういう複雑な構造が日本の中にはあると私は思っています。それは先生がおっしゃっている右派の知識人のナショナリズムとはもちろん違うけれども、そのようなリンクも私たちは越えなければいけないのではないかと思っています。

その先の問題として私が考えたいのは、先生がおっしゃることを認めた上で、しかしそれにも拘わらず、ある程度の「責任の世襲」という問題は時間を超えて繋がる問題なのではないでしょうか。

それから、ヤスパースが『罪責論』というのを書いていますが、やはり責任の相と時間という問題をさらに考えなければいけないのではないかと思いました。

林志弦　黒住先生と私の話は全く同じです。「責任の世襲」を話すときに、その責任の内容が変わっていくのではないかと私は思っています。例えば一九四五年生まれの方に第二次世界大戦の責任を問うことはちょっと無理ではないかと私は思っています。しかし、「戦争」に対する責任ではなく、現在において過去に対する日本の集合的記憶を作るなかでの責任はあるわけです。

しかし、韓半島の中では、日本の戦後世代に対して「戦争の責任」も説いているわけですね。私の考えるに、自分が生まれる前のことに責任を取るのは、やっぱりイエス様しかいないのではないか。私たちが行うべきことは責任そのものを細分化する作業ではないか。

黒住真　ただ、日本の中では、上の世代があまりにも責任を果たしていない場合に、次の世代の責任になってくるということはやはりあるような気がします。

林志弦　もちろんそうですが、それは日本の良心的な知識人が韓国の民族主義に加担するのではなく、日本の戦中時代の人に対して峻厳な判断を下すべき問題ではないかと私は思っております。例えば、ドイツのベアマクトという所でドイツの正規の軍隊の写真展が以前行われました。ドイツのナチズムの研究の中ではこういう神話があります。良民とユダヤ人を虐殺したのは特別なSSあるいはSAであって、ドイツの正規軍はそういうことをやっていない、と。

しかしこの写真展では、ドイツの正規軍隊が行った虐殺写真が展示されました。その写真展を企画したのはミハル・ビルトという私の友人ですが、ドイツの青少年たちが一杯、写真展を見に来る。青少年の中には、写真の中に自分のおじいさん、あるいは自分の父親を発見するわけです。それを見て帰ったその青少年は、父親に対して、「お父さんは今まで仕方なく軍隊に入った、仕方なく戦争に参加したと言ったが、お父さんは虐殺を直接行っているのではないか」と言う。そこで喧嘩が始まります。

　これは戦後世代が過去に対する社会的な記憶を作っていく最も重要な一例だと私は思っています。だから健全な社会的記憶を作っていくことは、私は司法的な手段で処理することよりもっと重要ではないかと思います。石原先生は、沖縄の「平和の礎」に事実を記すと言われたのですが、やはりそういう社会的記憶を作っていくということは、もちろん保証はできないかもしれないけれども、「これから絶対にあってはならない」ことを示すよい方法ではないだろうか。

　ドイツでナチズムに対する健全な社会的な記憶が作られたのは、やはり戦犯処理の問題――司法的にそのような人を裁くというものではなく、一九六八年革命のときに、一人一人が自分のお父さんに対して「戦争の時にお父さんは何をしていたのか」と問うことによって、そういう（私的な）記憶が「健全なる社会的な記憶」になり得たのです。

長尾龍一　被害者意識から加害者意識を、そして加害者意識の内面化という過程は、ナチス以後の西洋でも日本でも広く唱えられたことです。

　例えばオーストリアは長い間、ナチスの被害者の顔をしていましたが、実は加害者なのではないかということがオーストリアの精神界で唱えられた。またヴィシー政権下のフランスに関しても、みんな被害者の顔をしていたけれど、実は内部に加害者がいた。最初は、あの人が加害者でこの人が被害者だという分類をしていたが、やってみると、みんな心の中に加害者的側面がかなりあることが自覚されてきた。

　二番目に「責任の世襲」という問題ですが、これは今でもアメリカやカナダの法哲学で議論をしています。哲学者のキムリッカなどの「アメリカ先住民に対する責任」というテーマもそれです。金泰昌先生から、〝自分が日本の民族主義とか集団主義の立場に立つならば、集団としての責任を取るべきである。徹底的に個人主義法哲学に立つのなら、それはまた話は別だ〟というお話がありました。問題は、そこで終わってしまうのか、あるいはその先でもっと突き詰めた議論があり得るのか。これはロールズとコミュニタリアリズムの対立といった法哲学の対立とも非常に関わっていると思います。

　三番目は比較的小さな点です。万宝山事件というのは、簡単にいうと長春の近郊で起きた朝鮮人の農民に対する中国人農民による迫害に対して、朝鮮人農民が関東軍の勢力を借りた。それと同時に、当時の植民地の新聞が、日頃は政治的言論を厳しく規制していたのに、これを煽り立てた。その結果として、ソウルや平壌の中国人街への襲撃が発生したという事件です。これについて、日本帝国主義が被支配者を相互に争わせるという政策の結果として起こった、主犯は日本帝国主義である。従来そのように言われてきました。それは事実だろうと思います。ただ、「日本に煽られた」ということだけではなくて、煽られて実際にそれを攻撃した朝鮮人にも責任があるというニュアンスで林志弦先生がお話になったことは、私にとっては非常に新鮮でした。

金泰昌　私が言ったのは、日本人が国民共同体としての日本国の一員としての意識を持つのであれば、過去世代の集団行為――日本国の名の下で行われた――の結果責任を分有することが要請されるのではないかということです。しかしそのような枠組で一括りするのではなく一人ひとりの人間――日本人も――の多元的・複合的アイデンティティを認めるのであれば、ただ日本人であるというだけで日本国の戦争行為の結果に対する責任を追及されるのは、必ずしも正しいことではないということであります。

林志弦　万宝山事件のことだけを簡単に申します。最近、私の友人の中に万宝山事件の研究をしている人がいて、実情は私たちが知っていることとは違うということを聞いて私もとてもショックを受けています。満州地域に行った朝鮮の農民たちは米作りで、中国の農民たちは畑の農業をしていました。朝鮮の農民たちが水田に引く水路を作るために中国人の畑に損害を与えたというのが事件が発端です。朝鮮人は日本の領事館に行って紛争の援護を要請した。日本帝国主義の中では「日本と朝鮮は内鮮一体」なので、日本の軍隊が中国の農民を弾圧していく。そういう中で万宝山事件が起こったと私は理解しております。

もちろん、朝鮮内の平壌で起こった中国人虐殺と関東大震災の時の朝鮮人虐殺を比べることは非対称的だと私は思う。植民地下での朝鮮人の意識の中にある帝国主義的な論理ということを私は言いたかったのです。

長尾先生がその前におっしゃった二点はとても複雑な問題ではないかと私も思います。最近、ポーランドとチェコでは、共産党のノーメンクラツーラたちをどう裁くかという論争がある。いろんな議論があるが、私はハベルさんとかミフニックなど少数の人たちが言っている論理が、どちらかというと合理的かなと思っています。簡単に言うと「司法的な処理」ではなく「健全な社会的な記憶を作り上げる」ことがもっと重要な問題である。それは、マンデラさんが南アで「真実と和解のための委員会」を作ったことなどとも繋がる問題ではないかと私は思っています。

小林正弥　林志弦先生のお話になった、「韓国側の世襲的犠牲者意識と日本側の世襲的加害者意識の共犯関係の問題をどう解くか」という点は、私も非常に重要な問題だと思います。戦後日本の平和運動は「ノーモア・ヒロシマ」というように、原爆などの被害を訴えるところから出発しましたが、ベトナム反戦運動の辺りから、「被害者意識だけではいけないからアジアに対する加害者意識をむしろ強調するべきだ」という考え方が現れてきました。しかし、現在では、黒住真先生もおっしゃったように、「日本側で世襲的加害者意識を強調することが、右派の新国家主義の言説を強化する」という状態が一種の共犯関係としてあらわれている。それが現在の平和主義を衰退させている一つの原因だ、と私も思っているからです。

また、世襲的加害者意識を強調するポスト・モダン的言説の中では、最近は必ずしも「国民国家」という言葉は使わずに議論を行うのがむしろ主流になっている。日本側で加害者意識を言うときに「ネーション」という概念を使わなくなっているわけですが、それでもやはりこの悪循環構造は持続する、と私は思っております。今言った悪循環を突破するために私が提案しているのは次の二点です。

第一点は、林志弦先生がおっしゃったように、責任の概念を分節化する。例えば、「個人の責任」と「集団の責任」とを分節化する。戦後世代は、生まれる前の戦争について「個人」としては責任を負わないけれども、「集団」としては負う。だから、過去の戦争について、例えば賠償問題について日本側は戦争責任を負う。その意味ではナショナルな概念を使うべきだ、と私は思っています。

もう一点は、この問題を考えるときに、理論レベルの深い哲学的認識の問題と、一般に訴える際の社会的言説ないし公共的言説とは分ける必要がある。私の今感じているところでは、日本の若い人たちは残念ながら歴史的事実にあまりにも無知です。そこで、加害者責任問題だけを強調し続けると、ナショナリストではなくとも、心理的反発が起きて、日本においてますます平和主義が後退する状態が生まれると思います。

そこで私は、社会レベル・公共レベルの一般的な言説においては、日本における被害者問題もやはり正面から訴えるべきだろう、と思います。簡単にいえば、戦後の「ノーモア・ヒロシマ」のような戦争の悲惨さを訴えるところから再出発して、アフガニスタンやイラクの現在の悲惨な状態と韓国の人々が受けた悲惨な状態とを連動させる。そういうことから出発した方がいいと思っています。

もちろん戦前の加害責任が免罪されるわけではありません。今後の平和を目指す言説においては、公共的な意味で一般的な言説と、高いレベルの議論的言説との二つのあり方を、状況に応じて扱いこなしていくことを提案します。

林志弦　とても重要な問題を指摘してくださいました。「責任」の問題を「個人」と「集団」とに分けて考えてみようという先生のお考えには同感です。戦後世代が戦争に対する責任はないと言われた部分も同感です。しかし日本の集団的な責任があるという、その問題までは私は同感です。ただ、その集団的責任というのは、必ずしもナショナル的なものではないのではないか。私はそういう疑問を少し持っています。それはナショナル的ではなくソーシャル的なものでも語られるのではないかと私は思っています。

二番目のお話もとても有り難い指摘です。戦後世代が歴史に無知である。そのことによって平和主義が後退してしまう。もちろん歴史は教えるべきですが、「教える歴史」がナショナル・ヒストリーであるのか、あるいはヒストリー・ビル・オブ・タームで教えるのか。それによって社会的な記憶は変わっていくのではないか。

「平和」の問題や「過去の記憶」の問題は、必ずしもナショナル的に繋げて何かするという問題ではない。下からの日常的な歴史というものを考えてみてもいいのではないかと私は思っております。ヒロシマとナガサキの悲劇は、ナショナル・ヒストリーが占有する方式と、下からの歴史としてそれを理解する方式は全く違う。石原慎太郎さんはナガサキとヒロシマは悲劇だと思っているんでしょうね。しかし、それを同じく「悲劇」と言っても、歴史認識をナショナル的に考えるか、あるいは人間的な歴史として考えるかによって大きな違いがあるわけです。

白永端　私は民族主義に対する批判にもちろん同意しますが、そうでない部分もあります。歴史学者というのはやはり時間と空間を通してものを見るわけですね。歴史学者というのはやはり時間と空間を通してものを見るわけですね。林志弦先生の発表を聴くと、もちろん状況はいろいろ変わるものであって、変わる状況の中から考えていくのがやはり歴史学者であるとは思うけれども、先生の話はあまりにも根源的・根本的です。もちろん同感はしますが、すぐには同感し得ないところも少しある。

韓国人が日本に来てこういう発言をするのはとても新鮮です。それは、日本の国民国家解体論と直結するわけですね。時間軸で考える時にも、短期・中期・長期を考える必要があるのではないか。それは小林先生が、哲学的な面あるいは一般化された社会的なレベルから考えてみようと言われたことと繋がる問題ですが、先生の話はあまりにも長期的・根源的ではないだろうか。二つの例をあげます。

万宝山事件では、朝鮮人が二等国家国民として加害者の面もあるということにはもちろん私は同感ですが、それは内面化された帝国の論理でもある。例えば十九世紀末に、沖縄が日本に編入されるか中国に編入されるかで論争になった時に、沖縄の知識人が次のようなことを言っているのを何かの文献で読みました。それは、沖縄と台湾が先に日本に編入したから、朝鮮より沖縄の方が近代化の論理の中では兄である、と。こういう面から見ると、「帝国」の内面化が実際見られるわけです。しかしそうだとしても、沖縄の抵抗が無意味であるかというと、私は疑問です。

林志弦先生は韓国の「感傷主義的親日派清算」とレジュメで書かれています。もちろん私も全面的に反対ではありません。しかし、こういう問題は韓国の中でも、歴史継承の世代間の問題として重要です。短期的には現実的な政治問題でもある。例えばソウル大学のある教授は、「先輩の教授が親日的な行為をした」と言ったという理由で、追い出されたことがあります。だからこれは、まだ韓国では現実的な問題なのです。具体的にいろんな議論が今なされていて完全に終わっているわけではない。だから、短期的な問題として考えるときに、一言で言ってしまうのはどうかと危惧しているわけです。これは研究者としての徳目を問われることなのではないでしょうか。

林志弦　白永端先生のご意見に対して、沖縄と台湾の例を挙げながら説明します。十九世紀に韓国でみられた親日派についていろんなことが考えられるという観点からすると、彼等は反中国的なナショナリストだったのではないでしょうか。彼らが一番悲劇的なのは、朝鮮半島を植民地化したのが中国とロシアではなく日本であったことによって、「彼らは反民族的だ」と言われていることではないかと私は思っています。十九世紀の韓国が、もしも近代化を欲していたとして、中国でそれを求めたでしょうか。あるいは、ロシアでそれを求めたでしょうか。それは日本ではないでしょうか。日露戦争で日本が勝ったということは、日本が明治維新以来推し進めた近代化の道にある面で成功したということではないかと私は思っています。

先生は親日派清算問題が政治的な問題であると言われましたが、私はだからこそ不満なのです。進歩的か保守的かという見方を、私はそんなに否定するわけではない。しかしそのようなことよりも、過去に対する健全な社会的記憶を作り上げるかどうかが大事だと私は思っています。両者は必ずしも一致していない。こういう問題をお互い議論することがより重要ではないでしょうか。

稲垣久和　林志弦先生のお話の中で「世襲的犠牲者」と「民族主義」とを結びつけられて、小林先生は「個々人」に対して「集合的」と言われ、それと「ネーション」とを置き換えられました。林先生の発題では、「民族」と「ネーション」とは違う概念として出てきているのか、それとも同じだと考えておられるのか。

それに対して「ステート」という言い方がありますね。「ガバメント」でもいいが、そういう「国家」というものが二十一世紀にどういう役割を果たしていくのか。あるいは果たさなくてもよいのか。このことで林志弦先生は、レジュメで、日本について「多民族国家」という言葉を使っておられます。これは明らかに「日本民族」としてではなく「多民族」として「国家」(日本政府)を捉えている。それが二十一世紀のモデルになるという考え方をされていると思います。その「ガバメント」と「ネーション」と「ガバメント」とは違います。その「ガバメント」の役割が二十一世紀にどうなっていくのかについてお伺いします。

林志弦　韓国では「民族」という言葉自体がとても複雑です。「民族」という言葉をナショナリティあるいはエスニスティあるいはドイツのフォルクの概念として理解することもあります。それはポーランドでも同じで、社会の状況によって概念がどういうふうに採り入れられるかが違うと思います。

稲垣先生がおっしゃった「多民族」については、「マルチ・エスニック・ステート」という概念で取っていただければと私は思っています。「ネーション」と「ガバメント」の問題は私はちょっと答えられません。私は政治理論家の友人たちとの話の中で、二十一世紀は「ガバナンス」の概念で民主主義の枠を超えられるのではないかと考えています。このフォーラムで言うところの「公共的な民主主義」というのも、そういう意味ではないか。「公共的民主主義」は「国民的民主主義」を代弁するものになり得ると私は思っています。もちろん「公共」とは何かということはもう少し考えなくてはいけないですが……。

石原昌家　林志弦先生のお話を伺って、沖縄の歴史体験・歴史意識を報告した者として一言だけ申し上げなければいけないと思います。というのも、沖縄戦から引き続く米軍の沖縄占領支配下において、沖縄の戦後の生活は本当に餓死線上にあったと言われているのですが、そういう中で餓死を免れていった沖縄の人たちの生活の支えになったのは、先ず中国の国共内戦です。沖縄は「鉄の暴風」と言われていて、もう兵器類しかなかったわけです。それを中国大陸に送り出すことによって生活の糧を得ていく。

引き続く朝鮮戦争において、香港とか台湾とかいろんなところとの「密貿易」によって沖縄は生活の糧を得ていました。一九六〇年代においてはベトナム戦争の特需。そういう意味では、実は沖縄の戦後は、中国やアジアやベトナムの人たちの血で贖われて生きてきた。つまり、実は加害者という部分もあった。

最後に一言。「平和の礎」というのは、沖縄の人たちのこのような加害者意識というものも潜在的にあって、「あらゆる戦争を無くそう」という面があるのではないか。このことを申し添えておきます。

金泰昌　林志弦さんの発題とその後の議論を聞きながら感じたことを三点だけ申します。まず第一点は、林志弦さんが何回かくりかえして使った「社会的」ということばに関することです。「国家」とか「政府」とか「政治」の次元とは別の、ちがう地平を考えているように理解できます。それは別の言い方をすれば「公的」ではなく「公共的」な次元ではないかという気がしました。

第二点は、加害者とか被害者とかいう意識の捉え方として、特に「世襲的」という局面を重視したという視座に関することです。それは、言い換えれば世代間継承もしくは断絶の問題でもあるわけです。

そして第三点は「公共的民主主義」は「国民的民主主義」を代弁するものになり得るということに関する考え方です。少なくとも、私自身は「公共する民主主義」は「国民の民主主義」ではなく、「市民の民主主義」であると思っていますので、そのちがいを明示しておきたいのです。国籍保有者たちだけの民主主義ではないということです。従来の民主主義が仮に自由民主主義という名目で自由を強調したとしても、それは基本的に国籍保有者＝国民の自由のために、それ以外の人間の自由は無視するものであったわけです。ここで注意するべきことは、私の言う市民は階級論的な意味でのブルジョアではなく、実定法上の権利にかかわる身分——具体的な個々人の実存的位相から理解するものであるということです。

VII 植民地文化政策の評価を通して見た歴史認識
——コロニアリズムの課題とその共有化のために

李　成市

はじめに

私は「オフィシャルな歴史」、「官製の歴史」、「国史」は、東アジア諸国において、どのように成立したのかという問題を論じてみたいと思います。

私の見るところ、「国史」の特徴として、あたかも昨日起こったことのように、数百年前、千年前、千数百年前のことを話題にする空間の成立というような一面があると思うのです。しかも、それは我がことのように語られますが、そのような語りの場がある時期に一斉に各国で成立します。

事例をあげれば、日本の人々にアンケートで尊敬する歴史上の人物は誰ですかと聞くと、聖徳太子という回答は、かならず上位の中に入ると思います。しかし、聖徳太子は千四百年も前に活躍した人であって、彼のことを国民の大多数の人が知り、かつ尊敬しているというのは考えてみれば不思議なことです。では、日本人にとって聖徳太子は理想的な政治家であるというイメージはいつごろできたのだろうか、そこにはどのような契機があったのか、とあえて問うてみると、すでにそのような研究があって、決定的な役割を果たした人物が特定できるのです。

黒板勝美（一八七四—一九四六年）こそ、今日、大多数の日本人が抱いている聖徳太子のイメージのかなり部分を作り上げた人でした。黒板が中心となって刊行した『聖徳太子御伝』（一九二三年）はそれ以前と、それ以後とは決定的に異なるイメージを創りあげました。

例えば、江戸時代には、学者の間には聖徳太子とは逆臣・蘇我馬子の擁護者であるとか、神道の破壊者という評価すらありました。儒教的な論理から裁いていくと、聖徳太子はとんでもない人間であるといった評価があったわけです。ところが、さまざまある評価の中から、特定の目的にそって聖徳太子の人物像が形成されていく。そういうことが近代国家の成立過程の中で確定していきました。

もう一つ歴史的な事件を例にあげますと、日本で教育を受けた者であれば、大化改新を知らない者はいません。それでは、大化改新について江戸時代に生きていた人々の中で、どれだけの人が知っていたでしょうか。私はほとんどいなかったと思います。ところが、これが近代に至ると、全国津々浦々におよぶ国民的常識になる。それ以前はほとんどの人々が知らなかった歴史上の事件が、とつぜんに国民的な常識となります。実は、大化改新は、天皇を担ぎ出した維新政府が自分たちを正当化するのに都合の良い物語でした。したがって、近代国家の成立と不可分の関係にあったわけです。こういうことが日本だけではなくて、世界中で起こりました。

こうした歴史上の人物であれ、事件であれ、国民の記憶を創出し、それを再生産するには、そのための仕組み、装置が必要となります。それらの基本的なものを列挙すれば、様々な写本のある古典を校訂して活字化する、あるいは古文書を蒐集して一定の方法論（古文書学）で整備し、それらの史料集を編纂し刊行する、史蹟遺物などの文化財を保存する、博物館・文書館を設置するといった具合に、これらはどれも国民の記憶（国史）を創出し、再生産していく上で不可欠な装置です。それが装置である以上、それらには明白な由来・起源があるわけで、自然に放っておけばできるという性格のものではありません。

それでは、そのような装置が、いつ、どのように装置として整備されていったのか。こういう観点から、いったんオフィシャルな歴史、官製の歴史、国史（ナショナル・ヒストリー）を相対化してみるわけです。そのような作業ぬきには、アジア諸国の人々が集まって、互いの歴史認識を問題にしても、あまり生産的ではないと思います。というのも、それぞれ語り合っている歴史認識は、すでに事例をあげたとおり、ある時、ある製作者の明確な意図の下に作られたものなのですから、まずは、そこに立ち返って検証してみようという提起です。

一　国史の再生産装置と黒板勝美

この東アジアで、誰が、いつ、どのような経緯で国民の歴史意識を問題にしたのか。東アジアに近代国家のオフィシャルな歴史、官製の歴史、国史の装置、インフラストラクチャーを整備した人は誰なのだろうかと追究してみると、どうも黒板勝美という人にぶつかるのではないかというのが私の見通しです。

黒板勝美が、いかなる意味で国史のインフラを整備したかという点で、分かりやすい例は、誰でもその気になれば、大学で三年なり四年なり、専門の教育を受けると、一次史料を手に取って歴史研究ができるという研究環境です。よく考えてみれば非常に不思議なことですが、そのような研究環境を黒板は自覚的に整備したのです。

吉川弘文館という歴史の史料や研究書をたくさん刊行している出版社があります。その吉川弘文館では、『國史大系』という古代から江戸時代までの国民が共有すべき基本的文献の原典を刊行しています。

実は『國史大系』の編輯・校訂を経て活字になる前の原典とは、入手すら困難な様々な種類のテキストがあって、たとえば、『日本書紀』といっても色々な写本があるわけです。ところが、『國史大系』本を見れば、それらの数あるテキストを検討し、一応それ以上は疑わなくてもいいところまで校合してあるわけです。こういう史料環境の整備に最も尽力した人が黒板勝美でありました。

このような環境は、いったんできてしまえば、前例となるわけで、中国でも『標点本二十四史』というのがありますが、北京の学者たちが戦後に作ったこの『標点本二十四史』を見れば、もう歴代王朝の版本を参照しなくとも、校合、校訂を経た史料を誰もが簡便に利用できるわけです。こうした『標点本二十四史』も、黒板勝美が『國史大系』を作らなければ、そのような発想そのものは出てこなかったのではないでしょうか。

さらに国史のインフラという点では、史料環境の整備に優るとも劣らないのは、文書館や博物館の設立です。博物館や資料館に出かけると、だれでも史料や歴史遺物（資料）に接することができ、自分たちの歴史を史料に即して検討することができます。こういう装置を、国民に国史を想像させるという目的意識をもって、この日本に定着させようとした人こそ黒板勝美でした。

私が明らかにしてみたいのは、黒板勝美という希代の政策立案者が、人為的に作り出そうとした国民の歴史の想像力について、いつごろ、どのような経緯で、どのような意図をもって、どのように創ろうとしたのか、ということです。日本のみならず東アジア諸国でも、こういう事実を可能な限り検証することによって、各々が自明と思っている国史が、実は相互に影響関係をもっていることが判明するわけで、そのようなプロセスを自覚すると、同一の次元で「国史」を批判的に語ることができるのではないかと思うのです。

二　東アジアにおける歴史認識とコロニアリズム

そもそも、なぜ私がこのようなことを考えるようになったのかというと、やはり東アジア地域における相互の信頼関係を作るには、各国の歴史認識について、その根源にさかのぼって検討する必要性を痛感したからです。

私が日々、身を置いているところは、東アジアの古代史研究でして、古代史というのは文献史料に限界がありますから、必然的に、出土文字資料や考古学資料（遺物）をも扱うことになるのですが、この資料の扱いが非常に困難です。中国・韓国の学者たちと、こういう資料をめぐって議論をすると、厄介な問題が生じます。どうして厄介な問題に突き当たるかといいますと、日中戦争期や植民地時代に、日本が文化財を略奪したり、資料を独占したりしていたという事実があります。そういう歴史的経緯がありますから、中国や韓国の研究者は、日本の研究者に対して、出土資料を容易には公開しないことがあります。最近ではしだいに克服されつつありますが、それでも外国人研究者の最新資料へのアクセスは容易ではありません。

個人的な経験をさらに加えると、現在、私が勤めている大学では、二十一世紀COEプログラムという文科省が推進している世界規模の学問的拠点を創るための資金提供をうけ、文学部の東洋学、アジア学の教員を組織して、アジア地域文化エンハンシング研究センターをたちあげて共同研究をやっております。目標とするところは、アジア地域文化学の構築ということで、現地調査を重視して、現地研究者との共同研究を推奨しております。そして共同で資料のデジタル化を行い、文化財をエンハンシング（価値を高める）しようと試みています。

当初、私がこのプロジェクトに対して非常に心配したのは、こういうことを果たして日本の研究者が韓国や中国にもちかけていったときに、先方の研究者が、「では一緒にやりましょう」と歓迎してくれるだろうかという不安でした。コロニアリズム（植民地主義）の課題が厳然とあるにも拘わらず、これまで日本の学界ではそうした関心や意識はそれほど高くはないように見受けられます。特に私が関わっている韓国や北朝鮮との交流で非常に面倒な問題を抱えているために、そういう温度差にとまどうわけです。

早い話が韓国の学者から、このたびのプロジェクトは近代日本のアジア研究とどこがどう違うのかと問われた際に、対応できなければならないはずです。文科省から大変な資金を得て、東アジア諸国の研究者と一緒に、東アジアの文化財について共同で研究し、エンハンシングしていきましょうと申しでた際に、相手方が想起するのは、一九四五年以前の日本がアジアの盟主として標榜した文化財保護政策でしょうし、今また新たに文科省が推進している日本の国家の資金でやろうとしている文化事業は、かつての事業とどこがどう違うのかというのは当然の疑念です。

いかにしたら東アジアの人々とともに、東アジア地域文化を語れるようになるのか。つまり、日本と東アジアの人々が対等の関係で、そういうことを語り合えるようにならなければ、やはりまずいだろうと思うのです。

こういうことを感じる私は、それほど特殊な思想的立場ではなく（といっても、日本における私は、いわゆる在日の三世に属する世代ですが）、その私が、七〇年代に朝鮮古代史研究に身を置いたときから感じていた違和感、息苦しさがありました。七〇年代はどういう時代かというと、南北朝鮮と日本における古代史論争が非常に熾烈に展開されていたときです。

例えば、任那日本府問題ですが、これは分かりやすくいうと、古代の朝鮮半島南部に対する大和朝廷の支配はあったのか、なかったのかという問題です。また、広開土王碑論争がありますが、広開土王（在位三九一―四一二年）という高句麗王の勲績を記す碑文には、四世紀末に朝鮮半島に進出していった倭人の動向が刻み込まれています。しかるに、倭人による朝鮮半島南部の支配はあったのだ、と一八八三年以来、日本では説かれてきました。これに対する異議申し立てが一九七二年になされ、そのような倭の動向は日本陸軍参謀本部が碑石を改ざんした結果なのだという「改ざん論争」が激しく行われていました。

異議申し立ての背後には、古代における日本列島の国家形成は、朝鮮半島からやってきた人々が主たる担い手であったという戦前の学説に対するパラダイム転換があって、そのような人々を「帰化人」などという言葉で表現するな、かれらは渡来人というべき征服者であって、決して帰化人というような天皇の下に帰服したような人間ではない、といった考え方があります。そのような見方の底流には、植民地解放後の民族主義史観があったことは確かです。

私の違和感というのは、当時は明確な形で言い表せたわけではありませんが、近代日本の解釈にしても、南北朝鮮の異議申し立てにしても、あまりに近代国家や民族の枠組みを、無媒介に投影させて古代を論じることへの違和感です。例えば、帰化人というのは、本当に現在の在日朝鮮人・韓国人と連続するような同じ存在なのか。冷静に考えてみれば、相当の歴史的想像力をもってしなければ、これを同一視するというのは困難です。古代の渡来人と我々日本で生きている在日とは、かなりの位相の違いがあるはずです。そういう距離感のない議論が戦わされていました。

それからもう一つは、コロニアリズムの問題です。この点については批判する側もされる側も、相互に相当な嫌悪感がありました。例えば、在日の歴史学者および南北の歴史学者たちが被害者意識をもって、アンチ植民地主義を唱えました。いかに日本帝国主義は我が民族の歴史をゆがめたか、そのような歪曲された歴史を正さなければならない。こういう議論が一方にあるわけです。

それに対して、日本の学界では、近代日本の歴史学が朝鮮支配と密接に関わっていたことを忘却し、朝鮮人・韓国人には近代的な歴史学の方法が何も分かっていないと言いつつ、彼らの学説への嫌悪感が増幅される。彼らは高揚するナショナリズムに任せて、好き勝手なことばかり言って、歴史学としての手続きがない。こういう応酬があった時代です。

このような状況を、現時点で私なりに解釈すると、日本の歴史研究者側には、植民地主義と歴史学の共犯関係が忘却されており、一方、韓国人・朝鮮人側のアンチ植民地主義の中にも、内面化された植民地主義が無自覚なうちに発露してしまうという相互の関係があったのではないかと考えられます。つまり、無意識のうちに同じ価値を共有してしまい、元来、近代に形成された「民族」の優劣など古代にもち込むことはできないはずなのに、近代日本の議論と同じ論理で古代における民族の優劣を競ってしまう。そこには結局、植民地主義の忘却と内面化という、両者の葛藤があったとみています。

林志弦先生が使った言葉でいうと、「敵対的な共犯関係」、お互いに批判しながら自己の立場を強化しあう関係です。お互いに「あいつらはおかしい」と言うことで、自分たちの歴史認識が正しいという共犯関係を作ってきたのではないでしょうか。

そこで、そういう関係を作りあげてしまったのは、いつ頃からなのか、自分たちを取り巻く研究状況をちょっと掘り下げてみようと思います。我々は、いかなる価値拘束の中で研究生活をしているのだろうか。その由来はどこにあるのか、そういうことをやってみる必要があるのではないかと考えているわけです。

三　国史の言説空間

その手がかりとして、いくつかの新聞記事を取り上げます。ひとつは、「天武天皇の正殿跡」という見出しが第一面を飾っている二〇〇四年三月九日付朝日新聞（東京本社）です。もう一つは、三月十二日付の朝日新聞（大阪本社）で、そこには「蘇我馬子の邸宅跡か」という見出しで、カラーの写真と詳細な地図が付されています。その隣には「スペイン連続爆破百七十三人死亡」という記事が写真と共に大きく掲載されています。私には「蘇我馬子の邸宅跡か」どうか分からない発掘情報が、スペインの連続爆破事件と一面に並ぶような記事ではないと思いますが、これが何の違和感もなく一面を飾るところに、非常に興味深い問題が潜んでいると感じます。私は古代史を専攻していますから、「天武天皇の正殿跡」や「蘇我馬子の邸宅跡か」が見付かったとしたら、それ自体は面白いと思いますが、しかし、これが広く国民が知るべきニュースかどうかというのは、別問題です。

この二つの新聞記事から、何が見えてくるのかというと、全国紙の最大のトピックとして、自国の古代史の発掘成果が一面を飾るという意識構造です。日本最古であるとか、世界最古であるとか、『日本書紀』が裏づけられたとか、あるときは文献史料と一致するとか、こういう価値観のもとに一面を飾るわけです。こうした紙面は、国際的にも極めて珍しい現象であることを、世界の様々な都市で長期間生活した経験のある何人かの友人たちから聴いております。もう一つは、二〇〇二年に東京芸大などでも開催された韓国中央博物館所蔵の「日本近代美術」展に関する記事です。朝日新聞（東京本社）の文化面に掲載されていた記者の署名記事（十一月十六日夕刊）なのですが、この評価が実に面白い。

まず、この記事の背景を述べておきます。植民地時代、総督府はソウルの徳寿宮という王宮に美術館を作ったのですが、そこで一九三三年から四三年まで十一年間にわたって、日本国内でもなしえなかった明治・大正・昭和の美術工芸品を展示したのです。その際に李王家が展示品の中から購入したコレクションが、解放後に国立中央博物館に移管されて封印されたまま所蔵されていました。その封印を解いて明治・大正・昭和の美術品を、二〇〇二年日韓ワールドカップを記念して新たな交流のために、まずソウルの国立中央博物館で展示し、さらに日本でも「里帰り」展示をしたわけです。

そのソウルにおける展示について、「拒否反応から再評価へ」という見出しで、やっと韓国側も、日本の芸術を芸術として評価できるようになり、日本文化に対する一面的な評価から脱しつつある、という趣旨で書かれています。いうまでもなく韓国人の認識問題として論じているわけですが、この新聞記事を日本人読者が読むと、韓国国民というのは長い間、頑なに日本文化を拒絶し、ようやく偏狭な心情から抜け出せるようになったというイメージを抱くのではないでしょうか。

記事中には、「初日は世代を超えて観客が集まり、多くが好意的だった。『昔はいろいろあったが、これから両国で研究を進めよう』と片言の日本語混じりで答えた七十五歳の男性」「過去と切り離し、芸術を芸術として評価できる。

そんな両国になりつつある」という言葉が伝えられています。

しかし、よく考えてみなければならないのは、このような文化・芸術の問題は、どこまで政治性を免れることができるのだろうかという問題です。なぜ、韓国の人々が長い間そのような拒否反応を示し、また日本文化を拒絶する政策が解放後からこれまで採られたのかということを、日本人の立場から問うということが全く忘却されていると思うのです。

こうした記事をみるにつけ、何か日本人は、いつも正しく冷静な価値判断者であるかのような言説がとても気にかかります。これに関わって、例えば「AERA Mook」という朝日新聞社が編集している専門研究を易しく解説したシリーズがあるのですが、考古学はこの一冊を読めば分かるという本の中に、いかに世界中の考古学が政治まみれであるかが記されており、中国、北朝鮮、韓国、あるいはイスラエルやナチス・ドイツという国々の考古学が政治まみれになっている現状を、日本の考古学界をリードする人が書いているわけです。

私が非常に訝しく思うのは、東アジアにおいて最も考古学を政治利用したのは植民地統治時代の日本なのですが、筆者たちにはそのような自覚は全くないところです。むしろ、朝鮮の考古学を学問的なレベルに引き上げたのは日本であるという自負は、そのまま今日にまで学界に継承されています。また、先ほどお話したように、大新聞は、明治期以来の「官製の歴史」が自分たちの考古学関係記事によって強化されているという政治性には全く無自覚です。

そういうアンバランスな状況がなぜ続いてきたのかは、是非とも考えるべき問題だろうと思います。先ほど見ていただいた新聞の紙面づくりは、何の疑問もなく、今後も繰り返されていくだろうと私は想像しています。なぜなら、これらの紙面と近代日本の「官製の歴史」「オフィシャルな歴史」は密接不可分の関係にあるからです。

四　『朝鮮史』編修事業とその評価

そこで、やや迂回する方法をとりますが、次に朝鮮の「官製の歴史」「オフィシャルな歴史」は、いつ、誰が、どのように構想したのかをお話しします。近代日本が朝鮮を植民地支配したときに、最も重要な問題は、支配する側にとって非常に切実な認識問題として、自分たちでは全く計り知れない異民族統治のためには、その民族の従来の政治形態と慣習とを知らなければならないということでした。そこで朝鮮社会を調査します。これが旧慣調査といわれるもので、法慣行、習俗などをはじめ、あらゆるレベルで、徹底的に調査しました。

その中で、朝鮮半島を支配していくうえで、朝鮮半島の歴史が問題となるのですが、初代総督・寺内正毅による「朝鮮半島史編纂ノ要旨」（一九一六年）の中に、次のようなことが述べられています。朝鮮人は、ほかの植民地における野蛮半開の民族と異なって、読書文化など文明人に劣るところがない。また古来、史書があり、さらに独立運動に関わって、自分たちの情念を注ぎ込んだような歴史書が出回って害毒となっている。この種の「野史」を弾圧すると、むしろ勢いづかせてしまうので、これに対しては公明的確な、つまり実証的な歴史書を作ることで対応するのがよいと言っております。

そして『朝鮮半島史』の編纂目的は、朝鮮人の同化であって、その方法として二つがあげられています。まず一つは、日本人と朝鮮人が同族であることを明らかにする。韓国併合というのは、同族同士が再び元に戻ることなのだということを朝鮮人に知らしめる、そういう歴史書が求められるというのです。

二つには、古代から朝鮮王朝に至る間に、王朝の興亡により、朝鮮の歴史がしだいに衰退していった状況を記し、現在に至って初めて人生の幸福を全うすることができた事実を記すと述べています。要するに、植民地支配を正当化するのが『朝鮮半島史』編纂の目的であるというのです。

しかし、この事業は、一九二〇年代始めには挫折します。その原因は、当時の編纂に関わったものが述べているように、長期にわたったために関係者の入れ替わりなどもあり、さらに三一独立運動が決定的であったと言われています。

そこで、一九二二年に朝鮮史編纂委員会を設立して、装いも新たに編年体の通史『朝鮮史』の編纂に着手します。この『朝鮮史』は戦後に、東大出版会から二度も復刻版が刊行されていますが、古代から一八九四年に至るまでの三十五巻からなる編年体通史です。

この『朝鮮史』に関するエピソードで興味深いのは、黒板勝美の意を体して編修事業の責任者的な役割を果たした稲葉岩吉の述懐です。それによると、これまで朝鮮人の間で朝鮮史研究は一顧だにされず不揃いの足並みであったのに、檀君神話を押し立てて、一大勢力を成してきた。今や日韓同祖論などでは対応しきれなくなってきたので、総督府は朝鮮史編纂を計画し、この潮勢を正当に導き錯覚させないようにしたと述べています。

こうして『朝鮮史』が一九二二年から一九三八年まで十六年の歳月をかけて刊行されるわけですが、この刊行事業にどれぐらいのお金をかけているかというと、金泳三大統領が破壊を命じた朝鮮総督府の庁舎は建造当時のお金で六百七十万円かかったと言われており、一方、『朝鮮史』は約百万円かかっています。つまり、歴史学者の道楽で作った編纂物ではなく、国家規模のプロジェクトであることが分かるかと思うのです。

韓国の学者は、いまでも植民地期の日本の歴史研究を批判しますが、専門に歴史研究をしている人々で、この『朝鮮史』を全く利用したことがない人は少数派だと私は思います。いまだに、非難しながらも『朝鮮史』が利用されています。

そういう『朝鮮史』に対する日本人の評価を見てみますと、例えば、田中健夫氏（元東京大学史料編纂所長）が、『朝鮮史』の編纂に携わった中村栄孝氏に対して、直接に次のようなことを述べています。

『朝鮮史』の編修という事業は朝鮮人からも期待され、歓迎された事業だったのでしょうか。（中略）『朝鮮史』は客観的な編年体の叙述方法をとっていて、私どもは非常な恩恵を受けていますが、現在、韓国でも大変高く評価されているようですね。

これに続けて田中氏が「植民地で、植民地となった国の歴史を編纂するというのは、色々な点でひっかかりがあって、なみなみならない配慮というか、そういうものがあったのじゃないかと思う」と問うと、中村栄孝氏は、

うまいことを言って、色々編纂の仕事が形を変えて、むし返すけれども、要するに朝鮮統治のための仕事ですからね。それは間違いない。その使命をになって作られてゆく。しかも、総督府自身の手によってね。まあ、白紙機関で作るのじゃないですから。

と答えています。両者の間には、微妙な認識の違いが期せずしてにじみでています。
それから『朝鮮史』編纂に関わった末松保和氏（京城帝大教授、学習院大学教授）を囲んで行われた座談でも、平野邦雄氏は、次のようなことを言っています。

僕らが今日見ますと、黒板史学と言うか、非常に客観的なのですけれども、やはり当時としては特に朝鮮の従来の歴史をおやりになった方はああいうことになれておられなかったのでしょうね。（中略）つまり、学問的にはそういう方法が非常に優れているのだと、当時の日本の学界でも非常に斬新と言いますか、方法だったろうと僕は思

うのですけれども、むこうで別にただ方針を押しつけるのではなしに、学問的に数等上なんだという、そういうふうな雰囲気だったのでしょうね。

この言葉を受けて、さらに田中健夫氏は、「結果的に言えば『朝鮮史』編修は民族意識とは抵触せずに、うまく行ったということでしょうか」と質問すると、末松保和氏は、「民族意識。うまく行ったとはちょっと私は言えない」と答えています。中村栄孝氏や末松保和氏といった植民地統治時代に歴史編纂事業を担当した人々と、戦後日本の歴史学界を切りひらいていった人々との世代間には、明らかに認識上のギャップがみてとれます。

五　朝鮮古蹟調査事業と日本美術品展示

こうした朝鮮史編纂事業と共に、朝鮮総督府が尽力したのが朝鮮古蹟調査事業でしたが、黒板勝美は、この調査事業の開始（一九一六年）当初から携わっています。黒板は、日本の歴史を国史として、いかに国民化していけばよいのか、国民に国史を浸透させるためには、どうしたらいいのか、そのためには、歴史的記憶を喚起するような、遺跡・遺物によって魅惑されるような国民の間に感化力をおよぼすことがいかに重要であるかを、いつも力説していました。

それゆえ、どのような歴史的な遺物を、どこに、どのように展示するか、ということにとても腐心しました。黒板によると、上野にあった帝国博物館は、ロイヤル・ミュージアムであって、ナショナル・ミュージアムではない。たんに皇室の宝物を展示するのでなく、遺物の調査、研究、保存に力をつくし、古寺社の国宝を陳列するための施設や、個人の蒐集物を国家に引き上げて陳列するような国立博物館を、全国八、九カ所に設立することを提言しておりました。私見によれば、一九一六年に設立された朝鮮総督府博物館は、日本で最初のナショナル・ミュージアム（国立博物館）で、その設立の趣旨から管理運営のあり方からみても、黒板の考えが具体的に反映された博物館でありました。

この朝鮮総督府博物館では、朝鮮で出土した遺物が展示されたのですが、その展示の方法が注目されます。先ほど『朝鮮半島史』は、古代から近代に至ってだんだん衰退したということを示す必要があると、「要旨」に記されていましたが、総督府博物館での展示は、楽浪郡時代の遺物から並べていくことによって、古代の素晴らしい文化から、しだいに朝鮮王朝に至るにかけて衰退していくプロセスが分かるように展示することが意図されていました。

それはあまりに穿った見方だと疑われる方もいるでしょうが、この博物館の主眼とは、楽浪・帯方郡の中国から移植された文明の素晴らしさや、三国時代の古墳時代の文化水準を、印象づけておくことに意味があったのです。実際に、朝鮮総督府が作成した『博物館案内』にも、朝鮮半島が三国鼎立に至る前に、続々と中国から人々が移住してきて、そこに高度な中国の植民地文化が移植されたが、その後は儒学の影響や相次いだ戦乱と内部の党争のために産業も工芸も衰えて、見るべきものが少ない朝鮮王朝に至るに及ぶという解説が当事者によって書かれています。

当時のツーリズムにのって、一九三〇年代、一九四〇年代当時、日本人の美術史家などが総督府博物館を訪れて、同様の感想を記しています。

このような遺物の展示を総督府博物館で政策的に行ったのですが、それだけには止まりませんでした。すでに「日本美術品展示」（一九三三―四三年）について言及しましたが、明治・大正・昭和の日本の美術工芸品の展示を、どこで、どのように見せたのかというと、ソウルにある徳寿宮内の石造殿でした。ここは高宗の居所として一九〇九年に建造されたものでしたが、高宗死後は荒廃し、その後一九三三年に改修して美術館として開館します。ここに近代日本美術品が常設展示されることになったのです。さらに一九三八年には、それまでの石造殿東館に加えて、西館が建造され、ここに李王家所蔵の朝鮮の美術品が展示されました。

現在もゴシック様式の東館、西館の建物が中庭を挟んでL型に並んでいますが、この二つの建物は渡り廊下で連結されていて、一九三八年からは、西館には古代から李朝鮮王朝までの朝鮮の美術品が陳列されるようになり、渡り廊下で東館へ渡ると、明治・大正・昭和の近代日本美術品が見られるようになったのです。

当時、朝鮮の民衆が西館から東館へと観覧すると、どのような印象を受けるかというと、今日に至るまでの文明発達史上の現在（植民化＝文明化）の了解と、日本による支配の必然性ではないでしょうか。すでに近代日本は十九世紀後半に全盛を迎える万国博覧会に注目し、「眼目の教によりて人の智巧技芸を開進せしむる」ことに心血を注いでいましたが、その要諦は「物品の比較」にありました。日本では一八七五年には、「眼目の教」をいかに実践するかが佐野常民によって問題にされていましたが、それはともかく、このようなプロパガンダ装置、文化装置としての美術展示が植民地朝鮮で企図されたのです。

そのような展示を誰が立案、計画、実行したかというと、黒板勝美の創意によるものであることを彼の愛弟子である藤田亮策（京城帝大教授）が黒板の業績を讃える文章の中で書いております。

このように黒板は、日本国内に止まらず、植民地朝鮮においても、史料の編纂、遺物・遺跡の調査、研究、遺物や美術品の展示を熱心に手がけました。彼の発想と行動力には驚かされるのですが、その思想背景は何かというと、彼が一九〇八年から一〇年まで宮内省の支援をえて視察したアメリカ、ヨーロッパ諸国の見聞がその手がかりになります。欧米で彼が目撃した事実や、それに基づく将来への展望については、黒板の紀行文に克明に記されています。

その中でも、彼の体験からでた注目すべき提案は、たとえ史実でなくとも、国民を教化・感化できる遺跡は、史蹟として重視すべきであると述べている点です。ウイリアム・テルの遺跡を例にあげて、「かの地の人々は、誰でもそれが伝説であることは分かっているが、多くの人々にそれが強烈な印象を与え、その遺跡によって感化されるものこそが大切である。それゆえ、自分は楠木正成親子が離別した桜井の駅についても、史蹟になりうる」ということを述べています。

冒頭に述べましたが、いかに「オフィシャルな歴史」「官製の歴史」を創っていくのか、国民の歴史意識をどのように創っていくのか、つまりは国民意識の形成と涵養に彼ほど心を尽くした人はいないのです。

とりわけ注目して良いのは、そのような日本の国民意識形成に尽力する一方で、黒板が植民地朝鮮では、歴史や考古学を最大限利用しながら、朝鮮人の同化に努めたことです。こうした黒板の政策に対する朝鮮人知識人の反応ですけれども、大変な衝撃をうけています。日本でいうと、柳田国男と折口信夫を合わせたような人物として、崔南善という人がいますが、かれは、総督府の古蹟調査事業に大きな衝撃を受け、それをあからさまに、

> にくい日本人は同時にありがたい日本人であると思わざるをえない。ただ一つ、そう確かに一つだけ日本人に向かって、ありがたいと言うことがある。それは他ならない古蹟調査事業である。

と書き残しています。そして彼は、同じ文章の中ではじめて「朝鮮学」という言葉を用いています。古蹟調査事業によって「日本人の手ではじめて朝鮮人生命の痕跡が闡明されたことは、どれだけ大きな民族的羞恥であるか」と述べ、朝鮮人の手で、自己を究明する学術の上での絶対の自主、完全な独立を実現する、そのような「朝鮮学」の確立を誓います。要するに、「朝鮮学」という言葉は、黒板勝美の植民地文化政策のカウンターとして出てくるわけです。

同時に注意しなければならないのは、黒板にとって植民地で朝鮮人を同化することは、それによって、日本国民を国民化することにもつながっていたという点です。黒板の植民地における文化政策は、よくみると、内地に先立って朝鮮で実行されているものがいくつかあります。文化財保存法の制定、国立博物館の設立などがそれです。植民地朝鮮は、天皇にのみ責任を負う万能の総督にさえ話をつけてしまえば、議会の制約もうけず立法化できる絶好の「実験

場」でありました。

実際、彼が総督と直接かけあって実行に移した事実が弟子たちの回顧で残されています。どのようにしたら朝鮮人を教化、同化できるのか、という現実的な政策課題の中で、教化の方法は研ぎ澄まされていったのではないでしょうか。つまり、異民族を教化できれば、国民教化などは方法論上、容易になるのだろうと思います。

おわりにかえて

最後に、こうした植民地下の文化政策が現在どのような課題として我々の前に残されているのか、まさに副題に掲げた「コロニアリズムの課題とその共有化のために」考えなければならない問題に触れておきたいと思います。

すでに言及したとおり、日本内地においては、戦前に「国立博物館」は作られませんでした。日本で最初の国立博物館は、朝鮮総督府博物館であると述べました。黒板勝美は上野にある帝国博物館は、国立博物館ではなく、ロイヤル・ミュージアムであることを明言していました。国立博物館では、国家が遺跡や遺物を調査、研究し、それらを展示したり、保全や保存に努めたりしなければならない、そのような一貫した機能を持つのが国立博物館であると信じていました。小規模ながらもそれを実現したのは、朝鮮総督府博物館だけでした。

興味深いことに、解放後、韓国の国立中央博物館はそのような黒板の国立博物館の思想を継承しています。そこにはどのような経緯があったのか今後十分な研究が必要ですが、ともかく、中央および全国に、そのような機能を持った国立博物館を設立するという点では、黒板の構想が韓国では実現されています。

一方、戦前に国立博物館を設立しなかった日本では、ロイヤル・ミュージアムの後身である上野の東京国立博物館は、数年前に独立行政法人法によって改組され、組織全体が展示することのみに重点が置かれ、研究機能がそぎ落とされました。

これまでお話してきたように、黒板勝美が構想した国史再生産の装置を復元し、それをどのように評価するのかということを俎上にのせることによって、現在の日本と韓国で議論される歴史意識の問題は、こういう次元にまでさかのぼって検討しないと、非常に不毛な議論になることが、ようやく理解していただけるのではないかと思います。

国史再生産の装置は植民地主義と深く関わっていながら、植民地主義の忘却によって、そのような時代が生み出す特殊な関係性が見失われることはとても残念なことです。植民地主義と文化財について一例を挙げると、最近、韓国で「近代韓日両国の城郭認識と日本の朝鮮植民地政策」（『韓国史論』四九、二〇〇三年）という大変刺激的な論文がでました。当時、東北大の院生であった大田秀春氏がソウル大学留学中の修士論文をまとめたものですが、これによると、解放後、韓国の国宝第一号に指定されたソウル南大門が破壊されず残った背景がわかります。乙巳保護条約（一九〇五年）後、在韓日本人が現在のソウル駅やその南の龍山地域を包含する四十～五十万都市を新たに建設するにあたって、五百年間、朝鮮王朝の王都を保全してきた城郭は不必要となり、撤去が問題になりながらも、南大門と東大門だけは残されました。

それらを残した理由は何かというと、朝鮮の文化財として残されたのではなく、日本の文化財として残されたのです。南大門からは加藤清正が入城し、東大門からは小西行長が入城して、ソウルを陥落させた日本人の歴史的記念物として残されたのでした。そのような経緯が当時の破壊反対論者の証言を交えて克明に明らかにされています。

解放後、南大門は、日本の文化財から朝鮮の文化財として生まれ変わって、国宝第一号に指定されるわけですが、そこには、文化財の表象をめぐる闘争の歴史がすっかり抜け落ちているわけです。

近代日本人が何のために考古学調査をしてきたのかという問題を、黒板勝美の言説を追って見ていくと、そこには国民意識形成という極めて実践的な現実的な課題が見え隠れします。朝鮮における古蹟調査は、当時の朝鮮人が信じてやまない檀君神話ゆかりの平壌所在の楽浪遺跡発掘から始まりました。この調査の先陣を切ったのは、やはり黒板勝美でした。

その黒板が晩年に尽力したのは、藤原京跡の発掘調査です。この発掘は公的な資金ではなく、私財で行っているのです。文献にのみ知りうる古代天皇の居所を、可視的に確認するという最初の試みであったわけですが、このような黒板の先駆的な発掘調査によって、その後、何がもたらされたかというと、次のような面白い内容の記事があります。

奈良・平城京に都が置かれたのは、八世紀はじめの和銅三（七一〇）年のことです。しかし、そこに都があったのはわずか七十年余りでした。それにもかかわらず、二十一世紀を前にした今日まで約千三百年間、日本人の〝心のふるさと〟として生き続けているのはなぜでしょうか。（『なら平城京展　九八』奈良市、一九九八年）

いうまでもなく、奈良の平城京が日本人の心に千三百年間も生き続けるなどということはありえないわけでして、実際は、六〇年代以降になって、黒板勝美の藤原京発掘が前提となり、国立奈良文化財研究所が設立されて平城京の発掘が本格的に開始されたことが、今日の平城京のイメージを作り上げたわけです。平城京が日本人の「心のふるさと」になっているとすれば、それは、ここ二、三十年に創出されたイメージであることになります。しかし、上のような心情を日本国民がごく普通にもつようになることが黒板の目指すところであったと思います。

私のここまでのお話を通して、新聞の第一面に、なぜ「天武天皇の正殿跡」発見が掲載されなければならないのか、なぜそれが国民的な話題になるのか、それにはどのような経緯があったのか、これらの問いに対する答えが、黒板勝美の業績に深く関わっていたことが理解していただけるだろうと思います。これを歴史認識の問題として、どのように捉えたらよいのか。議論すべき問題であると考えております。

有馬学　非常に面白い問題です。しかもこの問題は、今日も様々な形で生き続けています。歴史もしくは考古学的な調査とナショナリズムとの関係は、なにか特別なことを探さなくてもいい。例えば、我々は遺跡の発掘調査の話は古ければ古いほどなんとなく嬉しくなる。古いから重要だというわけではないけれども、時間が遡れば遡るほどみな喜ぶわけです。これは明らかに、そういうものがあるナショナルな契機と結びついて受け取られているということと深く関係してくる問題です。

黒住真　黒板勝美の「史跡遺物保存に関する意見書」は、いわば彼の文化的、更には政治的な意図が見えるように思います。『國史大系』も『朝鮮史』も、もちろんそういう意図がある。それには「客観主義」という部分もある。黒板の思想の中にはそれ（客観主義）があるということも言える。そうすると、李成市先生の主張は、「客観性もあるけれど、実は政治性がある」というところでピリオドが打たれている感じがしました。

それを引っ繰り返そうと思う人は多分、「政治性もあるけれど客観性もある」というところで逆にピリオドを打とうとするでしょう。それが対談の中での中村栄孝さんと平野邦雄さんの一種の対抗的な発言になっている。黒板が持っているのは客観主義なのか、実証主義なのか、ある種の合理性なのか。そこの部分をどう考えるかが問題の一つだと思います。

黒板がどこまで自覚していたのかどうか分かりませんが、とにかく彼の理性的な部分は継承されたかもしれないと言えるわけですね。黒板がもうちょっと複雑な人なら、文化的な政治力なども使いながら、ここで客観的な作業をやってしまおうというような戦略をもったかもしれません。

例えば、満鉄の調査部にはいろんな知識人が入っていました。そこはもちろん植民地権力の手先になるわけです。それをやりながら、他方で、ある程度の学問的仕事もやろうという気持ちがある。しかし、そこら辺の合理性の部分は、李成市先生がおっしゃったように、合理性とか客観主義を装っていて実は政治性があるというような部分もある。しかしもしかすると、見えない形のある種の理性が黒板に働いていたとも言えるかもしれない。その辺りの客観性、理性の部分を李先生はどうお考えですか。

李成市　黒板勝美の学問の客観性、合理性と政治性の問題については、まずもって、黒板が学んだ十九世紀末のヨーロッパの歴史学を問題にせざるをえません。この点については、例えば、ゲオルク・イッガースによって当時におけるヨーロッパの歴史学が検討されていますが、それによると、十九世紀末のドイツから始まった「歴史の科学化」というのは、決して政治的な中立の意味での客観性のみではなかったといいます。科学的な歴史とナショナルな性格とはもともと結びついていたけれど、市民的な性格をもつものに積極的に奉仕する方向に向かっていった。それが黒板がモデルとしたヨーロッパの歴史学でした。

国民国家の形成（ネーション・ビルディング）にあたって、

ヨーロッパの歴史学は、国民的和解と愛国主義的な動員の手段という性格を色濃くもっていたわけですが、黒板はそういう歴史学をより早く学習し、忠実に導入しようとしたと私は見ています。黒板が政治的側面だけに注目したわけでなく、そのような歴史学の科学化とイデオロギー化の両面をも視野に入れていたことは、国民意識形成に腐心していた黒板の言動からも窺えますし、全体として近代ヨーロッパの歴史学のそうした側面を自覚的に受容したと思うのです。

それから、私自身は黒板を礼賛したくはありませんが、国民国家の形成において国民意識を創出することの困難さを、彼ほどの理解力をもって緻密に把握していた歴史学者はいなかったのではないでしょうか。そういう意味で、彼の思想を矮小化せずに取り出す必要があると思っています。

彼のテキストのどれもがとても魅力的です。彼はこういうことも指摘しています。イギリスによるエジプトの植民地支配の大いなる失策の第一歩は、エジプトの愛国者の運動を懐柔するために国民教育にアラビア語を許したことにある、だから国会開設運動も盛んになってしまった。愛国者に対する懐柔策がイギリスにとって不利な方向に向かったと見たルーズベルトの指摘は炯眼であるというようなことを言っています。日本もイギリスのエジプト支配統治の失敗からよく学習しておく必要がある、と言わんばかりなのですが、歴史家はそれくらいの視野があった方がいいのかもしれません。黒板は我々のような歴史研究者が測定できないような観点をもっている人でもあります。

三谷博　私は、黒板勝美さんが東大文学部にいた当時に「国史研究室」と言っていたところの出身です。黒板さんにはこういう側面があったのかと、初めて知りました。なるほど我々の嘗ての史学というのはこういうルーツをもっていた。まさに「国民化」の中で成立したものなのだと、〝出生の秘密〟を知ったような思いです。

二つあります。一つは、黒板さんについて我々が聴いている伝承の問題です。彼は生前は多分、著作を著さなかった。エッセーとかいろいろ書いているが、学者としての著述はない。むしろ同世代の辻善之助さんはものすごく膨大な資料を読んで、膨大な書物を書かれた。後から直接尊敬されているのは辻さんの方です。

黒板さんは『國史大系』を編纂されたことと、彼の蔵書が実は今の東大の日本史研究室の蔵書の出発点だったということで、我々は恩恵を受けています。我々が聴いている範囲ではそういう人です。しょっちゅう会議だなんだと東奔西走していて、ほとんど研究室に姿を現さなかった、と。

もう一つは、李成市先生ご本人の問題です。私の承知している限りは、恐らく黒板が導入したであろう実証的歴史学の最も優秀な継承者の一人が李成市先生だと思います。その方法が恐らく先生の中で純化されていき、現在の先生ご自身の研究になっている。そしてそういういわば一昔前の言い方でいうと「科学的」歴史学というものを、先生が自分で精練して使っておられながら、実際にはご自身でそこにかなり問題を感じていらっしゃる。少し先生ご自身の研究と経験の話をしていただけませんか。

李成市　初めのご質問である黒板神話と言いますか、黒板伝承というのは非常に興味深い問題です。『日本歴史』という雑誌に黒板先生を回想する座談記事が何度も出てきます。それを読むと、どれも面白いエピソードに富んでいます。今、三谷先生がご指摘のとおり、黒板先生はあまり大学とか、研究室は来ずに、東奔西走していたと多くの人が話しています。大学よりも一番よく行っていたのは、宮内省だという話があります。

なぜ宮内省へ行ったのか、そこで何をやっていたのか私の最も知りたいところです。朝鮮王室は一九一〇年に日本皇室に組み入れられますが、朝鮮王室を管理する李王職は、宮内大臣の下に置かれました。朝鮮王室のことや総督府関係のことに接近しようとすれは、やはり宮内省に行かざるをえないということがあったのではないでしょうか。もちろん、国内問題が大半を占めていたでしょうが、彼が宮内省へ頻繁に出入りしていた理由の一つには、李王職との交渉があったからであろうと推測しています。

発表で触れた徳寿宮における「日本美術品展示」は、李王職長官篠田治策との談合によって実現したと弟子の藤田亮策が書いています。その藤田亮策は元々宮内省諸陵寮にいたところ、黒板が引き抜いて古蹟調査事業のため朝鮮に送り込んだと、和田軍一の回想にでてきます。また、二年間の欧米外遊のスポンサーは宮内省でした。

ついでながら、黒板が晩年に最も尽力したのは何かというと、一九四〇年の皇紀二六〇〇年に国史館という国史の殿堂となる博物館の建設でした。結局、黒板が病で倒れるなどして、実現しなかったのですが、これは別な形で実現されました。それは佐倉の国立歴史民俗博物館です。黒板の弟子である坂本太郎さん、その弟子である井上光貞さんによって実現するわけです。このことは歴史民俗博物館が刊行している『歴博』という雑誌（二〇〇三年三月）に金子淳氏が詳しく書いています。

もう一つのご質問である近代日本の歴史学と私の研究の位置付けというのは恐れ多くてお答えのしようがありません。ただ、「実証的歴史学」に関わって、私が少し残念に思っているのは、韓国において今深刻な問題は、歴史研究で「実証史学」という言葉は決して良い意味では使われていないという事実です。「実証史学」は植民地支配を正当化することに用いられたり、当時の時代状況に抵抗しなかった御用歴史学者の方法論だというニュアンスがものすごく強いのです。そのような状況を生み出してしまったものは何であったのかという問題を考えないといけないと思います。私自身は、「実証史学」についてそのような解釈を生み出してしまった植民地期の日本の歴史研究のあり方を、もう少し深めていかなければいけないと考えています。取り敢えず、そこまでに留めておきます。

三谷博　話が混乱するのを防ぐために「実証史学」という言葉について一言。今の日本の歴史学会でもこの言葉が使われていますが、やはりかなり疑われています。しかし、有馬先生を含めて、私たちが東大の日本史研究室で習った方法は、史料の一義的解釈を出来るだけ追究する。目の前にある史料がどこまで信用出来るか、その濃淡を身体で瞬間的に判断出来るような訓練を積む。そして出来るだけ信用できる史料だけで歴史のイメージを組み立てるという方法です。これは私は頑固に維持しています。なかなか捨てるわけにはいかない。例えば裁判で証拠調べをして、罪ある人を放免し、罪無き人を処罰するということが起きてはいけないというときの証拠調べと同じような責任が歴史家にあると私は思っています。

ただ、これはいつも誤解されるのですが、史料をそのように「批判的に吟味する」ということと、史料を「たくさん集める」こととが、日本では常に混同されている。普通日本の歴史家は、「実証主義」というと史料をたくさん集めることであると思い込んでいます。従って、普段あまり史料を集めることに熱心でない私などは実証主義者ではないと批判されることすらある。それは、日本の歴史学の知的水準がいかに低いかということの証明になるわけです。

第二に、私の承知している李成市先生は、朝鮮半島南部の碑文の研究者です。私は朝鮮の先行国家の研究をする場合に、文字史料の限界ということがあるという話を昔聴いたことがあります。先生はそれを突破して、石碑などに書かれた文章——漢字で書かれてはいるけれども中国語ではない、そういう文章を解読するという難しい作業に挑戦されて成功なさったと聞いています。

現地にあるけれども誰も今まで使ったことのなかった石碑を見ようとしたり、あるいはどう使うかというときに、多分いろんな困難がおありだっただろうと推測して先程のような質問をした次第です。

長尾龍一　二つの点をお尋ねします。一つは、マックス・ウェーバーの「社会科学的認識の客観性」という論文が出たのは二十世紀の初めで、黒板勝美の留学のしばらく後です。その時期から「社会科学の客観性」とか、それに付随して「歴史学の客観性」という問題が、ドイツで大きなテーマになります。これにはもう一つ、「全ての学問は結局はどこかの階級のイデオロギーだ」と唱えるマルクス史学が登場して、「社会科学的認識」「歴史学的認識の客観性」という問題が議論された。

そこで、実証史学というのはそもそも疑わしいというお話でしたが、李成市先生は、全ての歴史学的認識は結局はイデオロギーだと見ておられるのか。あるいは、黒板はイデオロギーであり事実の歪曲であるけれども、どこかにそうではない社会科学的認識があり得ると考えておられるのか。今のウェーバー問題との関係でどのように理解しておられるのかというのが一つ目の質問です。

もう一点は、この時期は、日本歴史学にとっては、歴史学と天皇制イデオロギーとが激突した南北朝正閏問題が深刻な問題でした。また明治四二、三年頃の桂内閣の時代には小学校の国定教科書の編纂問題が起こっている。山県有朋の強力な介入があって、南朝方の「天皇」とよばれてきた人たちを皆「院」に格下げするということが行われたわけです。

そんな状態の中で、例えば森鷗外は『かのやうに』という小説を書きます。正統的古代史像が誤っていることに苦悩する歴史学者が、ファイヒンガーの「かのように」というフィクションとして、「正統史学」を受け入れるというアイデアを出す。しかしその小説の最後で、主人公は、「その結果は駄目だった」

と友達に言うという話になっています。

しかも、その時は、山県直系の寺内正毅が朝鮮総督になっていいた。当時、政府と接近した学者たちは、いずれもイデオロギーと歴史学との間の相克の中で生きていたわけです。一方で歴史学者としての職業倫理の要請があり、他方では山県閥の歴史学に対する政治的圧力があった。黒板はその中で山県側のイデオローグの役を、喜々として尻尾を振って演じていたのか。それとも、本当は歴史学的良心に行きたいけれども、このような政治情勢からやむをえず演じたのか。その辺の感触はどうなんでしょうか。

李成市　三谷博先生もフォローしてくださったのですが、私自身は近代歴史学の実証主義が持っている意味や方法論を尊重する立場で研究しているつもりです。深刻なのは、歴史研究を進めていく上で、学問的方法論において非常に重要な部分であるにもかかわらず、韓国の歴史学界では、ある意味では「実証主義」が誤解・曲解されている点です。こうした事実にどのように向き合っていけばよいのか。これが韓国史研究に取り組んでいる者が考えなければいけない問題であるということを申し上げたいのです。不幸なことに韓国では、ある研究者の研究を貶めるには「実証史学」というレッテルだけで十分なのです。

解放後の韓国人研究者にしてみれば、「実証史学」が一体何をやったのか、植民地支配の正当化ではなかったのか、そういう不信感がものすごく強いのです。我々の精神的な独立、内面世界を救ってくれたものは何か、民族史学ではないか、これこそ正当な歴史学の方向である。つまり、民族史学と実証史学が対立するという葛藤が未だに韓国では続いているのです。これは「実証主義」に対する誤解といえば誤解なのかもしれませんが、そう単純ではない問題を孕んでいると思います。

檀君神話とか高句麗問題にしてもそうですが、いまだに実証を越えたレベルで、エモーショナルなところに韓国や北朝鮮の歴史研究者が引きずられる側面があります。それに対して、「やっぱりお前たちの研究はなってない」という形で批判された場合に、その人たちの心はどちらに向かっていくかということをもう少し考えてもいいと思うのです。というのも檀君神話に南北の学者がこだわるのは、『朝鮮半島史』や『朝鮮史』の編修が、朝鮮人の精神的な拠り所をいかにして奪い取るかというところにあったがゆえに、逆にその信憑性を高めてしまったという一面もあるわけです。しかも事実として、近代日本の歴史学は、常に言葉通りに「実証的」であったわけではありませんね。黒板は国体論のイデオローグという一面をもっています。

私は歴史研究者として、「実証史学なんてものはないんだ」とは思いません。「言語論的転回」みたいに、何でも「物語」だ、とも思いません。三谷先生がご指摘のとおり、歴史家として、「このことだけは疑い得ない事実」「共有できる事実」というのはありえると確信しています。ただ常に解釈は変わるでしょうけれども。

黒板勝美については、先ほどの黒住先生のご質問に対してお答えしましたが、黒板が時々において歴史学や考古学の現実的な施策として「何々をしなければいけない」と提言していた課題それ自体は、国民国家形成時期の歴史学としてはある意味では建設的な提言ともいえます。それは政治的というよりは、先ほど「装置」という言い方を用いましたが、国民国家の要である国民の歴史意識をどうやって作り上げていくかというときに、「こういうものがヨーロッパ諸国にはあるから、是非我々にも必要だ」と考え提言するわけです。

しかし日本で提言を実現する場合には議会もあり、立法の手続きを踏まなければならず容易ではありません。黒板の興味深いことは、また本当に凄いと思うのは、朝鮮総督府に行って政務総監に話をつけてしまうところです。植民地には議会も何もないからです。政務総監が「オーケー」といえば、総督がすぐに法制化してくれる。まず朝鮮で施行されて、しばらく経つと、それが日本内地でも実行されるという関係があるわけです。黒板は頻繁に政治家に会って、「これを通してくれ」とか「このようにして欲しい」と談判したそうですが、それは特別な野心ということよりは学問的信念の実現という側面の方が強いと私は感じています。

金泰昌　従来の歴史認識論争というのは特に日本の場合、主に近隣諸国に対して過去の「政府・国家」がやったことについて（間接的には日本人個々人が関わった場合もありますが）、内外に対して謝罪・悔い改めをする必要があると主張する側と、国家・政府の行為を正当化する側との間の論争という側面が強かったわけです。いってみれば国際論争という面が強調された。しかし、あまり建設的な結果が出てこなかった。

ではこれとは違う観点からの議論がどういう形でなされればいいのか。国家間・政府間の議論と同時に、それぞれの国家・政府の中における世代間・地域間・階層間の議論が必要ではないかと思われますね。

自分の親の世代に対して「本当はどうだったのか」と問いつめ、そこから〝歴史の真実〟を一つ一つ徐々に聞き取って、蓄積していく。後に来た世代が前の世代に問いかけることによって、国家によって制度知として創作された「公的な歴史」を、多元・多様・多層的対話を通して検証・修正・再編していくということです。

このような歴史を見直すための実践とその積み重ねこそが、歴史を一つの公的認識という枠の中に閉じこめることによって、それが横に向かっても、外に向かっても開かれないところに開きをもたらすことが出来るのではないでしょうか。私は、日本にとっても、韓国にとっても、そういう方向から行くのがいいと思いました。

世代と世代の間の開かれた対話がなく、国家と国家、民族と民族の間の論争に直接持っていくだけでは、まさに〝敵対的共犯関係の強化〟をもたらすだけである。今の閉塞状態を突破することにはならないでしょう。そういう問題提起です。これは今後、一緒に考えていくべき大事な問題だと思います。

もう一つ重要な点は、結局私たちは「歴史的責任」をどういう形で語れるかということです。

ナショナルという次元を全く外してしまうとどうなるか。白永端さんが言われたように、それは根源的な問題を考える超長期的な観点からは意味がある。しかし、具体的問題としての個人と集団の痛み、苦しみ、悲しみをもたらしたその悲劇の根本

(原因)である「国家」の責任というのがあいまいになってしまうわけですよ。

では誰がどういう形で可能な限り、具体的に検証をし、原状回復をし、苦痛と損害と喪失に対して納得の可能な謝罪をするのか。それは結果としてその名の下にすべてを行った国家がするのが、必要不可欠であると私は思います。これが「社会」の次元になってしまうと民事法的な問題処理を通してすませようとする。これには強制力がありませんから、意味のある解決にはなりません。悲劇をもたらした主体である「政府」「国家」の責任が明確になる、刑事法的次元や司法的な処理も含めた原状回復や謝罪、補償という具体的な行為が要請されるのです。それをきちんとけじめをつけずに「ソーシャル」な次元とか「グローバル」な次元に持っていくというのは正しくないのではありませんか。

私たちは今ここで「歴史の問題」を語り合っているのです。これを「世代間の問題」として捉えるという観点から考えてみますと、四世代、五世代といったずっと先のことは分かりませんが、今生きている世代が前の世代と次の世代とのあいだに立って両世代を繋ぐという問題は避けて通れないと思われます。私も私の先輩たち——過去世代——に対して不平・不満・異説が多々あります。しかし私自身も、私の後輩たち——将来世代——によって本当に厳しく叱咤されました。世代の課題とそれに対する責任は次の世代によってその是非が問われるわけですから、まさに「後生畏るべし」なのです。

歴史は歴史学の専門家の間だけの議論で終わることではありません。私は韓国人でありながら、日本でみなさんといろんな問題を考えているわけです。私は、ウェーバーの考え方は「価値自由性」と呼んだ方がいいと思います。「価値」によって拘束されるべきではないという意味が「ベアトフライハイト」であって、それは「中立性」ではない。

もう一つ、マルクスの「存在被拘束性」というのがあります。これは、「存在の様式」による影響・制限は免れないという見方です。更に、良い意味でのヘーゲルの見方があります。ある種の理念をもとにして作られる「歴史」というのも、私は無視できないと思っています。また一方で、ポッパーのいわゆる「反証可能性」という見方もあります。しかし、私が「公共哲学」をずっと議論してきた結果として言えば、今後の「学問」の一つの基軸としては「公共性」を考えるべきだと思うのです。要は今の学問がどうあるべきかを考えたときに、それがどこまで「他者」に開かれ、「他者」と共認識可能かということです。

それに対する一番の敵は「自己完結性」です。例えば「価値自由性」であれ、「存在被拘束性」であれ、「反証可能性」であれ、「理念志向性」であれ……、いろんな観点を考えてそれを具えていたとしても、それが「自己完結的」になったとき、その学問は他者を抑圧・排除・否定するものになります。ですから私は、普遍性とか多様性ではなく、横断共媒性という思考と判断における新しい地平を切り拓く必要を実感しているのです。一元志向の原理でもなく、多元志向の原理でもなく、一元と多元を横断・共媒することを目指す原理ということにもなりますね。

VIII

日中関係における心の問題
――歴史と思想の検証から見た壁、傷とズレ

鹿 錫俊

一 序論――心的要因の重みと本稿の狙い

筆者は中国の出身でありながら、日本の大学で「日本外交史」と「東アジア国際関係史」を担当している。講義の後にいつもアンケートを取るが、日本人の学生から「先生はやはり中国人なので、日中関係についての論述が中国に偏っている」といったような批判を受けることがある。他方、これと反対に、中国の留学生からは「先生は、中国人であるのに、日本で仕事をしているため、日本に遠慮しすぎているのではないか」と責められることもある。また、日中関係に関する私の論著を巡っても、日中両国の学界でそれと似たような反応が若干あった。このように両方から批判され、ジレンマを感じるなか、同じ内容のものなのに、なぜ国籍によって異なるイメージが持たれたのかということをつくづく考えてきた。中国には「仁者見仁、智者見智」という諺がある。同じ問題を違った「心」から見たとき、各人の見方が一様でないという意味である。これを心の壁とすれば、上記のような両方からの批判は、まさに今日の日中関係における心の問題の複雑さを象徴していると言えよう。

マクロ的な捉え方からすれば、国際関係を動かしている最も根本的なものは、「物」と「心」という二大要因であると思われる。「物」という要因は、哲学では「意識から独立して時間、空間内に存在し、感覚によって捉えられる客観的存在」と説明されるが、国際関係の視点からは、経済、貿易、領土、安全保障などの諸方面における物的な利益と解説できよう。また、「心」という要因は、前記のような物的なものを統率する人の精神活動を司るもとになるものを指すが、具体的には、政府指導者および国民の心理、心証、心象、心境、気持、感情および思慮、判断力などが含まれる。(1)

ところで、国家間の関係はこういった「物」、「心」二大要因の相互作用によって動かされ、二者が切っても切れない関係にあるにもかかわらず、普通、政府指導部は、外交政策を決定するにあたって、物的なものに対する考慮を優先し、心的なものを後回しにする傾向がある。それとともに、学者の研究においても、例えば日中間の貿易など、物的なものに対する研究に重心が置かれ、心的な問題は軽視されてきた。しかし、近年の日中関係を省察すると、政府の指導者はもちろん、民間の人々もこのような偏りを改め、日中関係を物心両面から考え、特にこれまで疎かにされがちであった心の問題を重視しなければならないと痛感する。そのため近年、筆者は教育・研究活動の一環としてこうした心の問題を調査してきた。(2)

本稿は、この調査の中間的なまとめとして、まず現在の日中関係における「心の壁」を明らかにし、そのうえで、歴史の視点からそれをもたらした「心の傷」を考察し、思想の視点からそれを増幅させた「心のズレ」を検証し、最後にこれらの心の問題を超克するための提言を試みたい。なお、便宜上、「日本側」、「中国側」という表現を用いているが、それぞれの一部の代表的な傾向を捉えているもので、日本人全体とか中国人全体を指すものではない。

二　二つの乖離状態から見た心の壁

心の壁とは、感情面の対立、認識上の拮抗、心理面のギャップといった心的な諸方面における厳重な隔たりを指すものである。日中関係における心の壁は、次のような二つの乖離状態によって顕著に浮かび上がる。

物的進展と心的後退の乖離

日中国交正常化以来、物的な面において、双方の経済、貿易関係は著しく発展し、経済的な相互依存は高まってきた。二国間の貿易額は今日の世界では屈指のレベルと言える。中国にとって、日本が最大の輸入先のみならず、最大の貿易相手でもある。中国に対する直接投資においても日本は主要な国である。他方、日本にとって、中国大陸はアメリカに次ぐ二番目の貿易相手であるが、日本の香港、台湾を加えた「中国圏」向け輸出額は二〇〇三年にアメリカ向け輸出を初めて超え、一位になった。また、日本政府は一九七九年から中国に円借款を提供し、二〇〇一年三月までの累計金額は約二兆七千億円に達した。それは外国政府が中国に承諾した借款額の約五〇％を占めており、中国の経済改革と発展に大きな役割を果たした[3]。反面、中国経済の長期にわたる高成長も日本の経済回復の牽引役となり、「中国特需」が外需主導の日本経済を下支えしている構図が鮮明となってきた[4]。

しかし、日中両国民の心的な面を見ると、前記の喜ぶべきものとは反対に、痛ましい数字が目に余る。例えば、二〇〇二年八月下旬に行われた読売新聞社の全国世論調査の結果によれば、「日本人の六割が過去三十年間の日中関係を評価しているものの、中国に対する信頼度はこれまでになく落ち込んでいる。中国の経済発展への警戒心や軍事大国化についての懸念も小さくない」。具体的に見ると、「中国を信頼できるかどうか」と聞いたところ、天安門事件前年の一九八八年に行われた調査では「信頼できる」が七六％を占めていた。それが、一九九二年に六一％、一九九五年に五七％、一九九六年に四六％と調査のたびに下がり続け、二〇〇二年八月の調査では三七％にまで落ち込んだ⑤。

他方、二〇〇二年九月中旬に行われた朝日新聞社と中国社会科学院の共同世論調査では、日本で中国が「好き」と答えた人は一九九七年の調査の二九％から一九％に、「どちらでもない」は四八％から六二％に、「嫌い」は一七％となっており、中国では、日本が「好き」と答えた人は一〇％しかおらず、「どちらでもない」は三五％、「嫌い」は三四％から五三％に上昇した⑥。また、同月の中国社会科学院日本研究所による調査では、日本に親近感を持つ中国人はわずか五・九％で、「そうではない」が四三・三％、「どちらでもない」が四七・六％となっている⑦。

デリケートな問題に対する若年層の認識の乖離

以上の資料は、日中両国は近年、物的な面において関係が緊密化してきたが、心的な面においては却って疎遠化しつつあることを示している。二〇〇二年の調査は二〇〇二年までの動向を反映しただけで、近況はいかがかと思われるかもしれないが、筆者による最近の調査では、次の五つのデリケートな問題に対する双方の若年層の認識の乖離状態が明らかになり、お互いの不信感を浮き彫りにした前記の調査結果と一致している⑧。

第一に、「過去」に対する位置付けについて、中国側では重く受け止めることが継承されているが、これと反対に、日本の若者の受け止め方は軽くなる一方である⑨。アンケート調査への回答文によると、「中国人は歴史を気にしすぎであり、日本人が歴史を終わったものとして気にしなさすぎる」のである。

第二に、A級戦犯も合祀されている靖国神社への日本の首相の参拝について、中国側ではこれを被害国の国民感情を逆撫でする行為として反発が高まっているが、日本側では、最近の調査によると、若年層で首相の参拝を「良いことだ」と思うのが四六％に上り、「やめるべきだ」と思う三九％を越え、全体では抵抗感が薄れている⑩。

第三に、日本の中国侵略に対する謝罪問題について、中国の若者の多数は日本政府がいまだに公式な謝罪が無く、反省も非常に不十分であると見ている。[11] これと反対に、日本側では、日本政府がすでに中国に謝罪を繰り返してきたので、それ以上やる必要がないと思う人が多数である。

第四に、歴史問題を巡る日中間の対立の焦点について、多くの日本の若者は、「中国側はいまだに日本に謝罪をしつこく求めている」ことを最大要因として上げ、「うんざりしている」と明言するが、中国側では、「問題の核心は、中国側が際限なく謝罪の要求を出していることではなく、日本側の一部の人が際限なく巻き返しをはかり、絶えず挑発をかけ、中国国民の感情を刺激し、傷つけていることである」と主張している。[12]

最後に、歴史問題に対する自国政府の対応について、双方とも多くの人が自国政府は弱腰で、相手政府に媚びており、なめられていると憤慨し、柔軟な対話ではなく強硬な対抗を要求している。[13]

かつて、経済・貿易関係が発展し、世代も交替すると日中間の国民感情が自然と良くなってくるのではないかと期待された時期があった。しかし、現在、上記の二つの乖離状態、特に日中関係の将来を担うべき双方の若い世代のそれは、日中関係における心の壁の長期的な存在への十分な覚悟を我々に呼びかけている。つまり、これから、我々は物的な側面における日中関係の進歩を評価し、国交正常化以来の三十余年は歴史上最も良い時期であることを確認し、過剰な悲観論を克服するとともに、こうした心の壁に含まれた危険性にも十分に注目し、盲目的な楽観論を戒めなければならないのである。

これについて、二つの出来事は日中双方に警鐘を鳴らした。一つは中国の高速鉄道建設の入札問題である。日本、ドイツ、フランスなどが激しく競争する中、新幹線の技術を持つ日本側は経済面だけの視点からは最も有力視されていたが、小泉純一郎首相の靖国神社連続参拝によって触発された中国国民の反発心は単純な経済面のみによる選択を阻んだ。[14] もう一つは二〇〇三年十月末に発生した中国の「西北大学事件」[15] である。心理上のギャップの深まりにより、中国の風習を無視した四人の日本人が演出した下品な寸劇は、中国では中華民族に対する日本民族の侮辱と感じられ、このような認識を背景に大学生も参加した大規模な反日デモが西安市で爆発し、大きな混乱を引き起こしてしまったのであった[16]。この二つの出来事は、日中関係における物的要因と心的要因の連鎖を裏付けたうえ、心の壁はすでに相互関係を妨げる主な障害になり、それを乗り越えることが日中関係の急務となったことを思い知らせている。

三　歴史に負わせられた心の傷

心の壁を乗り越えるためには、まずそれを醸成させた要因を究明しなければならない。これについて、日本人も中国人もすぐ日中間の特殊な歴史を取り上げる。しかし、歴史がどのように両国民の心に傷を与えたのかについては、これまで抽象的な論点が多く具体的な説明が不足していたという気がする。これを踏まえて、本節では三つの側面に分けてこうした「心の傷」の由来を検証し、壁をもたらした歴史的な根源を明示したい。

「不幸な五十年」による葛藤

全般的に見ると日中関係史は三つの段階に大きく区分することができる。第一の段階は、日中両政府が共通認識として再三確認した「友好交流の二千余年」である[17]。この段階では、日本が中国文化の波をかぶり、中国と共通の文化を構築した。これを背景に、双方は対立した時期もあったものの、友好交流は両国間関係の基軸であり続けた。

しかし、明治維新以後、それまで中国文明を師としてきた日本は、西洋文明を中国文明を圧倒したものとして積極的に受け入れ、西洋文明に抵抗を重ねた中国を軽侮するようになった。そして、間もなく、日本は西洋文明の中の帝国主義者、侵略者としての一面に染められたため、中国の生れ変わりに協力し、中国を真に強くすることによって連帯を実現しようとした人もいたものの、「大勢は、侵略に抵抗するための侵略、という大義名分に滔々として流れてゆく」のである[18]。したがって、一八九四年の日清戦争を起点に、日中関係は「不幸な五十年」という第二の段階に陥り、その中、特に一九一五年の二一カ条要求以降は衝突、戦争と日本による侵略が主流となった。

そして、一九四五年八月の日本の敗戦を契機に、日中関係は「戦後の六十年」という第三の段階に入り、今日に至る。この段階において、一九七二年までの時期は国交が不正常の状態にあったが、民間の友好的な往来が活発化し、平和は保たれ、一九七二年国交正常化以降は前記のような日中関係史における最も良い時期となった。

この三つの段階の中、「不幸な五十年」という第二の段階は双方の心に深刻な葛藤をもたらした。

まず、中国については、日本政府は「日中共同宣言」の中で、「過去の一時期の中国への侵略によって中国国民に多大な災難と損害を与えた責任を痛感し、これに対し深い反省を表明した[19]」が、この「災難と損害」の具体的な状況を示す数字として、一九四七年五月に中国政府は、次の調査結果を公表した[20]。つまり、一九三七年七月七日から一九四五年九月三日までの時期における、中国の国民党支配地域での日本による戦争被害は、死傷者が一二七八万四千人強、財産損害が一九三七年七月のレートを基準とする五五九億四千万ドル強であるという[21]。この被害額は元日本軍占領地域や共産党支配地域を除いたものであり、全中国の実際より少ないはずである[22]。しかし、それでも深刻と言わざるを得ない。中国人にとっての心の苦しみは、こういった悲惨な被害とともに、「師が弟子にいじめられた」、「恩恵を与えた側が恩恵を受けた側にやられた」という無念と悔恨によるものである。これは被害者とその子孫を通して、また、戦争が残した傷痕、遺跡を通して長期に存在していくだろう。これは最近日本で新聞のトップを賑わしている北朝鮮による拉致事件の例を見れば理解できると思われる。判明した被害者は十数家族しかないが、その悲痛の深さと衝撃の大きさ、それによる当局者の政策決定への拘束の強さなど、すべてが自ずと示されている[23]。

他方、一九三〇年代に始まる戦争の時期は、日本の国民にとっては、政府の間違った政策を阻止できなかったことと、何かしらの形でそれに加担したことによって、共同体の一員としての加害者の道義的責任を背負う[24]一方、三一〇万人の戦没者を出し、かつ唯一の原爆被爆を経験したことにおいては、「自分自身も被害者である」という思いも強く感じられるのである。こうした加害、被害という相反する心情の錯綜は日本人の心にも葛藤をもたらしたのである。

戦後処理の欠陥によるわだかまり

主に時代背景と国際環境の制約により、終戦後、日中間の戦後処理は物的なものへの考慮が優先され、心的なものに対する配慮は軽視されたと思われる。このような欠陥は三つの主要当事者と日本との交渉の過程に示された。

第一には、アメリカ政府による対日占領政策の中途半端さである。一九四五年九月の日本占領に伴って、アメリカの対日政策は最初日本の民主化と非軍事化に重点を置いていたが、冷戦の開始にしたがって、アメリカはソ連をはじめとする社会主義陣営に対抗するため、日本をアジアにおける反共産主義の防壁として復活・強化させることに対日政策の重心を置き換えた。それに伴う軍国主義者の公職追放の中止や保守勢力の再利用など、「逆コース」と批判された諸変化は、過去に対する清算を中途半端なものにさせてしまったのである。

第二には、台湾の国民党政府の譲歩である。中国は日本の侵略戦争による最大の被害国である。しかし戦後間もなく、中国国内は内戦を経て国民党政権と共産党政権に分裂した。冷戦を背景に、日本との講和に当たって、大陸における中国共産党の中華人民共和国政府は排除され、内戦に敗れて台湾に逃げた中国国民党の「中華民国」政府が中国の正統政府として選ばれ、日本と交渉した。中国共産党との対抗を優先した国民党政府は、アメリカの支持を確保し、国際社会での孤立を回避するために、戦争責任の追及や被害の補償など、国民の心に密接に関わる重大問題において、日本に対する一方的な譲歩を重ねざるを得なかった。これと逆に、日本は講和の交渉相手の選択権を外交のカードにして、台湾との交渉において、敗者と勝者の立場を逆転させることができた。したがって、台湾と日本の講和交渉は全般では日本のペースで進められ、一九五二年四月二八日に成立した「日華講和条約」は、台湾の一方的な賠償請求放棄を特色としたものとなった㉕。

第三には、日中国交正常化交渉における曖昧さである。一九七二年、中華人民共和国政府による日中国交正常化交渉において、ソ連との敵対状態と「文化大革命」による国内混乱にある中国共産党指導部がいちばん重要視していたのは、ソ連との対抗と、台湾の国民党政権との争いであった。こういった大局が優先されたため、中華人民共和国側は戦争に対する賠償請求権を放棄した上、日本による謝罪という国民の心証に関わる問題においても曖昧さを許し、その障害は今も残っている㉖。

総じて、以上述べた時代背景と各当事者の事情により、日中間の戦後処理は、過去への清算の不十分、戦後補償の欠如、謝罪の曖昧さを特色とし、関係条約は被害国の国民の心からの理解と和解の盛り上がりによって成立したのではなく、冷戦がもたらした国際環境の緊張と政府指導部の政治的思惑による妥協に負う面が大きかったのであった。こうした戦後処理の欠陥は、様々の形で双方の国民の心に後遺症を残した。日本では、「米国に負けただけで、中国には勝てた」とか、「日本だけが悪いのではなく、他にも悪いものがある」とか、「あのような時代背景ではそうやらざるを得ない」など㉗、大学生の議論にも時々現れた論点に示されるように、未だに「心からの反省」という課題を徹底的に解決できていない。

それに対して、中国人の多くは、未だに「心からの寛恕」ができず、大きなわだかまりを抱いている。中国人学生へのアンケートを分析すると㉘、その原因は、金銭的な賠償にこだわるというものではなく、主として次のような四つの不満にある㉙。

①戦後処理のプロセスに対する不満である（「分裂・内戦という中国の内部事情と、冷戦と両大陣営の対立という国際環境によって、日中戦争の戦後処理は曖昧なまま、中途半端に、加害国に有利的に行われた」）。

②歴史と現実の異なる結果に対する不満である（「歴史上中国は日本に負けるたびに巨額な賠償を強制されたにもかかわらず、やっと日本に勝ったのに賠償を放棄した。理不尽だ」）。

③中国指導部の対応に対する不満である（「国共両党は、自らの正統性と国際的支持を争うため、日本に漁夫の利を与えた」「一党支配の元で行われた妥協で、国民の理解を得る手順を踏まなかった」「直接の被害者である国民の利益を犠牲にした」）。

④日本側の対応に対する不満である（「国民党指導部の考え方（以徳報怨）も、中国共産党指導部の考え方（賠償の苦しみを受けるのは罪のない日本国民だ）も納得できる。しかし、これは日本側の心からの反省と謝罪を前提とした話だ」「日本の政治家は中国側の賠償放棄を顧みずに、日本の対中援助に感謝しろと却って中国に求めている。どう考えても納得できない」）。

以上で分かるように、交戦国間の「心からの和解」を実現するには、加害側の心からの反省と被害側の心からの寛恕が必須条件であるが、今この二つは何れも不十分な状態にある。そのため、日中間では物的、法的な戦後処理が一応終わったものの、心の面での戦後処理はまだ未完成のままとも言えるのである。

「生きている歴史」による新しい軋轢

日中関係にとって、もう一つの厄介は、一九三一年の満州事変以来の悲惨な歴史は、未だに過去のものとして死んでおらず、生きているものとして、現実の一部として、双方の国民に新しい軋轢をもたらし、その心の葛藤とわだかまりを蘇らせていることである。

それをもたらした第一の要因は、中国人慰安婦問題、中国人強制連行問題、中国に遺棄した日本軍の化学兵器問題など、戦争の負の遺産がいまだに残っているということである。これはいずれも政府間の交渉のみでは済ませられない、一般の人々の利害に直接関わる問題である。特に中国の十余の省の三十個所以上のところに遺棄された日本の化学兵器は日本側の推定で四〇万発もあり、いまだに中国の生態と環境に重大な影響を及ぼしているとともに、時々中国人の生命と財産にさえ新しい損害を与えるのである。そして、二〇〇三年八月にチチハル市の中毒事故[30]で示されたように、新しい被害が起こるたびに、その処理を巡って日中間で新しい対立が生じ、双方の国民、とりわけ被害側に新しい衝撃を与えたのである。[31]

第二の要因は、周知の「歴史認識」問題をめぐる悪循環の深刻化である。二〇〇一年以来の日中関係を見ても、歴史教科書問題、日本の政治家による歴史を歪曲する発言問題といった古い対立に加えて、小泉首相の靖国神社連続参拝問題による新しい衝突が起こり、両国間の紛糾が相次ぎ、首相級の相互訪問もそれによって停止された。これらの問題が発生するたびに、日本では、中国の批判を内政干渉や歴史へのこだわりと見て反発が高まっている。[32]これと反対に、中国では、日本はいまだに過去を反省しておらず、被害国の心の傷に塩をぬりつつあると批判し、歴史に対する記憶を新たにする。[33]

このように、日中関係では、歴史の残留問題による新しい被害と、歴史の認識をめぐる悪循環の深刻化を原因に、「過去」はいまだに「現在」と交じり合い、新しいしこりとなって双方の心を痛めているのである。

四　思想の偏頗による心のズレ

従来、日中間の対立を巡る分析は歴史要因の論述に止まりがちであった。筆者は歴史要因以外に、思想上の偏頗による心のズレも重大要因の一つであると考える。この心のズレとは、双方の考え方や自他認識における誤り、偏りなどのものを指す。例えば、歴史認識での対立では、歴史認識そのものの違いだけではなく、相手の実相に対する判断の正否、自らの対応の適否、異なる立場との共存への認否など、多くの思想的な要素が働いており、その中の間違いは心理的な障害となって、歴史問題以外で対立を招きまたは増幅させ、心の壁を高めるのである。

この問題の中身が非常に複雑であるため、本節では、日本側の偏頗、中国側の偏頗、双方の共通「病因」という順番でメスを入れ、心のズレを解明したい。

日本側の偏頗

日本側で突出してきた偏頗は主に次のような四点に要約できると思われる。

①過去と現在の連続性に対する軽視　日本では、戦前出生者は最も若くても六十歳を超えた。この世代の多くは縦軸から、つまり歴史の視点から問題を見ることができ、日中双方の過去を比較的に知っているとともに、戦争を起こしたというある種の贖罪意識も抱いている。これと反対に、今の社会の中核となっている戦後育ちの世代は、横軸から、つまり同時代における国同士の比較から自他を見ることに偏りがちである。

また、過去と現在の間には、異なっているところ、区別しなければならないところといった相違性がある一方、繋がっているところ、影響されているところ、受け継いでいかなければならないところといった連続性もあるのである。こういった二面性は同居しているため、ともに重視されなければならない。特に日中関係は前述したように、現在が過去に強く影響され、二者が交じり合う状態にあるので、歴史問題への正しい対応は現実を発展させる前提となっている。しかし、日本では、戦後育ちの世代の多くは過去と現在の相違性のみを強調し、その連続性を知らない、または見ないという傾向が強いと思われる。こうした傾向により、彼らは現在の日本の平和と民主だけを強調し、過去の日本の戦争とそれに伴う後遺症や責任を現在と無関係なものとして、軽視または無視するのである(34)。これを背景に、彼らは歴史問題に対する中国の厳しい姿勢を理解できず、それを単純なこだわりと見て反発する。

②日中関係の交叉性に対する軽視　グローバリゼーションと相互依存の進展につれて、国家間の関係は互いに絡み合い、複合的な構造となり、伝統的な視点で単純に内政と外交を分けることができなくなった。なかでも、日中両国は前述した特殊な歴史により、一般の国際関係以上に、多くの方面で相互に交叉し、連鎖反応が起こる。日本について言えば、かつて田中角栄氏が指摘したように、「日本における日中問題は、外交問題であるよりも国内問題だ。明治百年の歴史を見ると、いかなる内閣においても、最大の難問だった。日中問題が国内問題として、大きなガンとなっているのは、日本にとっていいことじゃない。日中問題がおさまると、国内のゴタゴタは、三分の二はなくなる」[35]のである。他方、中国においても、日本の教科書問題や靖国問題などは日本の内政問題でありながら、中国と関連のある記述や中国の国民感情に関わる行為などは中国の国内問題とも密接につながっている。そのため、内政のみの視点で教科書問題や靖国問題を考慮することと、これらの問題に対する中国の反応を単純に内政干渉と片付けることは、日中関係の交叉性と連鎖反応に対する軽視にほかならない。

また、日中関係の交叉性と連鎖反応を考えれば、自己の事情と他者の事情をともに配慮すべきことは自明である。しかし、小泉首相による靖国神社連続参拝とそれに対する若年層の支持の高まりは、日本に台頭している一つの懸念すべき傾向を露わにした。すなわち、自己の「国民感情」ひいては個人の「気持ち」を重視するあまり、他者の国民感情に対しては、傷つけることおよび外交に火ダネを作ることを十分に承知していても顧みないということである。

③「加害」と「被害」の関連性における混乱　日本国民に加害と被害の二面があることは前述したとおりである。しかし、こういった二者の相互関係に対する日本人の認識には様々な混乱が見える。具体的にいうと、戦争を語るとき、多くの人は加害者意識よりも、唯一の被爆国など、被害者意識のほうが強い。また、自国が受けた被害を切実に感受できる反面、被侵略の中国が受けたより大きな被害には漠然としている。さらに、日中戦争における中国側の被害は主に日本の侵略によるものであり、日本側の被害は主に自国の誤った国策によるものであるという、両国の被害

の起因とその性格における大きな相違に対しても、多くの人は区別できないようである。

こうした混乱を背景に、筆者の調査に寄せられた日本人学生の回答に、次のような論点が目立つ。「戦争は仕掛けた国も受けた国もどちらも責任がある」。「戦争において善悪はない。皆被害者である」。「当時の国際環境では日本がやらなければやられるに違いない」[36]。総じてみれば、一部の政治家や学者が行っている「お互い様」論による自己正当化の動きは若い世代にも浸透していると見える。そのため、多くの人は「なぜ自国が過ちを犯したのか」を自問・自省するよりも、また、被害国の立場になって相手を理解するよりも、「日本だって被害者だ」とか、「イギリスだって同じこととしていたのに何で日本だけずっといわれなければならないのか」と開き直りがちなのである。

④物的解決と心的解決に対する混同　日中関係が物的要因と心的要因によって動かされる以上、過去の問題の解決も物的側面と心的側面の両方から努力しなければならない。しかし、この点において、日本側は中国側と深刻な認識ギャップがある。たとえば、前記の朝日新聞社と中国社会科学院の共同調査で、「過去の問題についての日本の対応で、これからさき、最も力を入れるべきだと思うのは、どんなことですか」という問いに対して、日本人の答えにおいて、「心からの謝罪」は、一九九七年の一七%から一三%に低下したのに対して、中国人の答えにおいて、「心からの謝罪」は二八%から四一%に上昇し、金銭的な補償への要求は二〇%から一八%に減少した。「日本は、中国に対して戦争など過去の問題についての償いを十分してきたと思いますか。まだ不十分だと思いますか」の問いに対して、「十分してきた」と答えた日本人が一九九七年の二六%から四二%に上昇し、それとは逆に、中国人は四%から三%に低下している。そして、「まだ不十分」とする日本人が四四%であったのに対して、八六%ほどの中国人は「まだ不十分」と見ている[37]。

以上の数字から次の二点が分かる。まず、過去への償いについて、日本人は物的解決を重要視するようであるが、中国人はそれよりも「心」的なものを大切にする。つまり、経済援助とかの金銭で計算できるもの以上に、中国人が注目しているのは日本が本心から自国の誤りを反省したか、本心から被害国の傷跡の深刻さを理解したかということである。次に、日本側は物的側面に重心を置いたので、対中ＯＤＡなどの金額だけを見て、「過去の問題についての償いを十分にしてきた」と思いがちになり、さらに、一部の人は逆に中国に感謝を求め、一部の人は「歴史にこだわる中国人」が金銭目当てではないかと疑う。これと反対に、心的側面に注目する中国側は、ＯＤＡの金額以上に、歴史を歪曲した日本の政治家の発言、Ａ級戦犯を祭る靖国神社への首相の参拝などの「本心」に関わる問題を重要視するので、それらを根拠に、日本が心から反省したどころか、逆に過去を繰り返したがるではないかと憤慨し、再度傷つけられたとさえ感じている。

物的解決と心的解決の混同と類似するもう一つの混同は、法的解決と心的解決の混同である。いま、日本による強制連行や遺棄兵器被害などを巡って、中国の民間人による一連の訴訟が日本で行われている。多くのものは「法的に解決済み」とされたが、しかし、人の心の葛藤というものは法的に片がついたからといって解消できるものではない。したがって、日本にとっての課題は、物的解決と法的解決とを相互補完できる心のケアの努力である。

中国側の偏頗

日中関係が片方ではなく双方の相互作用によって動かされる以上、中国側の偏頗の検討も必須である。これについて、主として次の四点をあげてみたい。

①「不幸な五十年」のみに注目し、その前と後を顧みない　日中関係史に三つの段階があることは第三節で述べた通りであるが、再び整理すれば、日中関係の歴史には衝突、戦争と侵略が主流であった「不幸な五十年」だけではなく、その前には二千余年に亘る友好往来の時期があり、その後には、一九七二年から計算しても三十余年に亘る友好往来の時期があることを強調したい。両政府の共通認識ともなったこの三段階論に対して、中国側が「不幸な五十

年」という段階をより重視するのは、この段階に発生した事実の重みとその後遺症の深刻さからでは当然であろう。しかし、その中で一部の人が度を過ぎて、「不幸な五十年」のみに注目し、その前と後の時期を顧みないというような偏向に陥ってしまった。その背景には、前述した日本側の「相違性のみの強調」と対極となる「連続性のみの強調」といった偏りが見える。したがって、彼らは不幸な歴史を強調するあまり歴史的な視点を失い、日中関係の一段階を日中関係の全過程とするのみならず、この段階をもたらした複雑な内外背景や時代的文脈も単純化してしまうのである。こうした視点から見た日中関係は光がなく陰ばかりであったので、実質的にはいまでも双方を敵対関係に位置付けているとも言えよう。

②物事の多重性を見ず、日本を単一化する　中国の学校で教えている弁証法では、次のような思考を大切にする。すなわち、いかなる物事も対立と矛盾を含んだ多様の側面から構成され、かつ絶えず変化している混合体である。そのため、いかなる物事に対しても、全般肯定または全般否定をすることができず、片面的、固定的に見ることもできないのである。

この視点で国家や国際関係を見れば、いかなる国家においても成敗、盛衰、正負、是非といった多種多様な側面があり、こういった諸側面は時代によって主要となったものとそうでないものという地位の差があるものの、一つだけの側面になることがなく、同じ地位にずっと止まることもないことが分かる。

しかし中国では、日本を見るとき多くの人はこの大切な原理に背き、日本には一つのものしかなく、しかもそれがずっと変わっていないというような捉え方に拘束されているように見える。つまり、彼らは日中関係史にも多様な時期があることを見ないのみならず、悪い時期においてさえも日本に多様な側面があることを一層認めないのである。㊳そして、こうした単一化した思考方式を原因に、彼らは歴史問題を日中関係の一つの方面と見ず唯一の方面として取り扱い、㊴歴史上日本人が行った悪いことに対しても、人間が犯した罪という視点ではなく、人間でない「鬼子」が犯した罪という視点から、日本人の人間性、国民性そのものを否定するのである。[40]

③外部要因と内部要因の総合的分析の欠如　中国にとって、「不幸な五十年」をもたらしたのは、日本の侵略をはじめとする外部要因だけでなく、歴史における中国の分裂、混乱と立ち遅れといった中国自身の内部要因もある。これは孫文以来の中国指導者がともに強調してきた論点である。[41] こうした内部要因への直視は、外部要因が負うべき責任を軽減することにならず、自己反省から過去の教訓を汲み取り、自己をより良くすることに努めること、そして、内部要因が大幅に改善された現在に自信を持つことにつながるのである。しかし、中国では、一部の人は自己反省を「日本の右翼に口実を与える愚挙」と見なし、外部要因と内部要因の総合的分析に欠けている。[42] これは、自己をより良くするための努力を損なうのみならず、外部要因と内部要因がともに根本的に変化した今日においても、「日本軍国主義に再び侵略される」ことを過剰に憂慮することに至らせた。[43]

④「被包囲意識」による懐疑心理　一九四九年建国以来の一時期、とりわけ「文化大革命」期において、中国の思想教育に多くの偏差があった。たとえば、国内政治については「何時でも何処でも階級闘争がある」こと、国際政治については「帝国主義国、修正主義国、反動勢力国は中国を滅ぼそうとしている」ことなどが片面的に強調され、思想方法においては、「政治を第一とする」こと、「敵情観念を持って問題を見る」ことおよび「闘争の哲学」などが提唱されていた。その結果、国内においては人間同士の相互不信を招き、対外問題においては「被害者意識」と「被包囲意識」を醸成し、思想方法においては一方的な視点と過激的な情緒をもたらした。これらは、歴史に対する自負意識と自卑意識の錯綜を土壌に、多くの中国人を「民族矛盾」や「民族差別」といった色眼鏡で対外問題を観察させ、ことあるごとに外国にいじめられたと思わせてしまうのである。改革開放の後、思想教育において大きな改善が行われたが、長期にわたって形成された上記のような意識はまだ残存している。加えて、近年の愛国主義教育において健全でないものに対する予防策が不十分であったと思われる。[44] これらの遠因と近因は対外問題を認識するうえでの心理

的障害を深めたと考えられる。

双方に共通した「病因」

以上に論じてきた日中双方の思想上の偏頗は心の病とも言える。これらは外観においてそれぞれ違う表現があるものの、その深層まで追究していくと、自己と他者に対する二重基準[45]、多様性を見ない片面的視点、自己の事情と相手の事情を兼ねて考えるバランス感の欠如、という三点においては共通した「病因」が見える。詳細についてはすでに前節で論述したので、贅言を避けたい。ここでは、まだ言及していなかったその他の共通病因を、次の四点に分けて、具体的に見てみたい。

①固定観念　変化しつつある相手と向き合うためにはその変化に合わせた新しい視点が必要である。この点では日中双方とも固定観念に止まる一部の人がいる。中国では、前述したように、戦後の日本と戦前、戦時の日本との相違性を見ないで、古い観念のままで見る人がいる。また、一部の人は、「三権分立の虚構」、「資産階級民主の偽善」、「支配階級とその政権が全てを操縦」といった、資本主義社会体制に対する従来の伝統的な観念から、日本での歴史問題を巡る諸訴訟を観察し、それを日本政府に統制されたものとして疑う[46]。

他方、日本では、歴史認識問題についての議論を見ると、「中国が言論の自由がない一元的な国」を理由に、中国人の対日批判を「中国政府のコントロールによるものだ」と一刀両断した主張がはやっている。これも相手の実情と大きく離れている。実際、今の中国では経済の躍進やインターネットの普及などによって、政府による言論の一元化は不可能になり、多元化は着実に進んでいる。この多元化を背景に、日中関係も従来のような政府間関係を中心とした段階から、国民と国民の関係も重視しなければならないという新しい段階に入り始めた。この新しい段階に対応するためには双方とも自他の実情に基づく新しい視点を見いださなければならない。

したがって、中国にとっては、戦時の日本と戦後の日本の相違性を重視すること、資本主義社会に対する従来の固定観念を脱することが必要であり、日本にとっては、改革開放前の中国とその後の中国の変化を重視し、中国にとっての歴史問題の重みを理解し、「自由のない社会主義国」などの固定観念を脱することが必要なのである。

②思考停止と過剰反応　固定観念に伴うものは思考停止と過剰反応である。筆者の調査では、双方の若年層とも、相手に不満を抱くだけで、事実が何か、争点が何か、相手の理由が何かなどを知らず、または知ろうとしない人が多い。たとえば、日本の教科書検定制度を巡って、多くの中国人はその仕組みと性質に対して様々な誤解を抱いている(47)。そして、靖国神社参拝問題を巡る中国政府の態度に対しては、日本側の多くは、中国政府がA級戦犯の合祀に照準を当てて反対し、日本に隣国の国民感情への配慮を求めることに限定したことなどを知らず、中国側がすべての戦死者および日本の文化、風習そのものを否定したと誤解しているのである(48)。このように、当方の思いと相手の実情に大きな隔たりがあるにもかかわらず、双方とも過剰に反感を抱き、過剰に反応する。

こうした現状を改善するには、双方とも他者に理解してもらうことばかりを考えないで、また、当て推量をせずに、積極的に思考を展開し、他者を確実に認識したうえで対応を考えなければならないのである。

③混同　中国政府は対日関係の処理に当たって、毛沢東の時代から、日本の軍国主義者と普通の国民を区別すること、軍国主義の政策を決定したものとその実行に関与したものを区別すること、少数と多数を区別すること、という三つを基本的原則としてきた。しかし、似て非なるものが社会の複雑化により増え、区別をもっと大切にしなければならない今、中国の民間では一部の人が「十把ひとからげ」的に日本を見ている。政治の保守化はイコール軍国主義化か、普通の国になりたいことはイコール侵略の道を再び歩みたいことか、歴史に対する謝罪の不十分はイコール歴史を繰り返したいことか、反省の不十分はイコール無反省か。これらの問題は一定の条件の下で転換の可能性が潜在しているものの、その一定の条件を与えないためにも、それぞれ慎重に区別し、異なる性質のものとして対応しなけ

ればならないのである。しかし、「十把ひとからげ」的な考え方ではそれらを簡単にイコールと結論づけるのである。そのため、「軍国主義復活の企て」など、本来ごく少数の人に対して行うべき彼らの批判は、そうでない人にまで拡大したので、多数の人の反感と誤解を引き起こし、結局、ごく少数の人の思うつぼにはまってしまったのである。

他方、日本においても、中国人滞在者による犯罪の増加を背景に、少数の人の行為を中国人全体の問題と誇張したり、ＳＡＲＳの問題をもって中国の全てを否定したりする傾向がある。(49) いずれも個別と全般、部分と全体、傍流と主流を区別しないで、それを混同させるものである。

④上下意識とアンビバレンス　心理学では、「アンビバレンス（ambivalence）」という言葉があり、愛情と憎悪、優越感と劣等感など、同一の対象に対して相反する感情が同時に存在している状態を指す。このアンビバレンスは人間の容易に克服できない状態であると言われているが、特に日中関係においてはそれが目立った共通病因となっている。なぜなら、「不幸な五十年」のみならず、その前と後の友好な時期も含んで、これまで日中両国は対等に付き合う心理体験に乏しく、それによる上下意識はそれぞれのアンビバレンスを増幅してきたからである。

先ず日本側を見てみよう。およそ近代に至るまで日本は中国を文明の師として仰いでいたが、近代に入って以降は「脱亜入欧」論に流され、逆に中国を見下し始め、たとえ敗戦後においても、心理上は依然として中国への優越感を抱いていたのである。しかし、最近の十数年間、高成長を続けてきた中国経済と逆に、日本経済の不振が長引いていた。隣国の興隆と自国の停滞に伴う力関係の再編の兆候に直面して、一部の日本人は従来の優越感を捨てきれないまま、「再び中国に圧倒されるのか」と、焦り、嫉妬、屈折感といった不安な情緒に包まれ、自信も低下しているようである。これは、古代の中国に対する憧れと現代の中国に対する軽蔑、日中間の過去に対する申し訳ない気持と中国の歴史重視姿勢に対する反発心、といった従来の矛盾心理と重なって、日本側のアンビバレンスをいっそう深めた。その

これを背景に、日本では中国の台頭を新しい可能性と見るより、中国の発展を認めたくないとする風潮がある。その

中、一部の人は「そのうちに中国は政治的に分裂し、経済が崩壊する」ことを期待するかのように主張し、一部の人は中国の成長を日本の脅威として危惧している。総体的に見て、日本は、日中間に圧倒的な経済格差があった一九七〇～一九八〇年代と反対に、今はかつてあった心の余裕が大幅に狭められ、ナショナリズムの傾向が台頭してきた。

他方、中国は歴史上、文化・伝統をはじめ国力において長年日本の上に立ち、日本を基本的に自らの朝貢国や「弟子」と見なしていた。しかし、アヘン戦争から日清戦争にかけて、中国は国際地位が急激に低下し、二十世紀に入って以降は、「東亜の病人」として特に日本に圧迫・侵略された。それにつれて、中国人にとっての日本は基本的には憎悪と対抗の対象となってしまった。そして、一九四九年以降、中国は多くの試行錯誤と曲折をたどりながらも、国際政治上の地位が再び向上し、一九八〇年代後半からは経済をはじめ各方面にわたって進歩しつつある。その反面、人口問題、環境問題、地域格差問題、幹部の腐敗問題、政治改革問題、二極分化問題など、困難な課題も山積している。こういった栄光と屈辱の交叉に満ちた歴史と、進歩と困難がともに存在しているという現実を背景に、中国には歴史に対する自負心と屈辱感、現実に対する誇りと不安感といった矛盾する思いが錯綜している。そして、日本に対しては、過去の被害への怨恨と「師が弟子にいじめられた」ことへの悔しさと、現在の日本の製品の良さや周りの日本人の勤勉さなどに対する好感が混在している。また、地域発展の格差を背景に、現在の対日観においては、「日本鬼子」という観念が強く残存する内陸地域と「日本はもうだめだ」と思い上がる沿海地域の落差が大きくなった。これらは時々のそれぞれの状況によって、ある特定の方向へ偏るのであるが、中には日本脅威論や日本軽視論もあり、ナショナリズムにつながる要因もある。(50)

要するに、起因と表現は異なるが、お互いの上下意識が激しい日中両国はともにアンビバレンスが強く、それが健全でない危機意識と競争意識に化して、相手に対する心理上の障害を深めたのである。

五　結び――心の特性に合う処方とは

以上、三節に分けて日中関係における心の壁、傷とズレを検証した。「心の病は心の薬で治れ」という諺があるが、日中間のこうした心の問題を克服するにはどのような「心の薬」が必要であろうか。筆者は、これは心的要因の特性に合わせて処方しなければならないと考える。この視点から、以下、心の特性に対する筆者の理解とそれに基づく基礎的な「処方」を六点に分けて提示し、本稿の結びとする。

①第二節で論じたように、国際関係における物的要因と心的要因は相互補完の側面と相互矛盾の側面があり、必ずしも正比例の関係ではない。したがって、心の問題は物的要因の発展によって自然に解消できるものではなく、特定のケアが必要なのである。そのため、我々は物的要因の偏重と心的要因の軽視という従来の傾向を是正し、経済、貿易など物的関係を発展させると同時に、その背後にある双方の国民の心境、感情および考え方や思考方式などの心的要因も十分に重視し、物心両面の良性循環関係を形成させるように努めなければならない。

②人間の心には常に理性と感情の拮抗が存在しており、多くの場合、「理」では分かっても「情」では納得できず、結局、情に流されるのである。したがって、心の問題に対して、個々の国民としては如何に理性を発揮し感情を抑えるかが課題であり、為政者としては理屈ばかりでなく、理と情を合わせた総合的な配慮が不可欠である。最近、日中双方とも現在の「経熱政冷〔経済関係における熱気と政治関係における寒気〕」の状況を憂慮し、学者による政治関係改善の呼びかけがあったが、立論はいずれも国益上の必要か戦略上の必要を根拠としている(51)。しかし、日中間の政治関係を冷却させた諸要因を比較すると、国益や戦略といった「理」に対する認識の不足以上に、「情」の葛藤による影響がより注目すべきではないかと思われる。したがって、「理」による分析も重要であるが、それが「情」の葛藤への措置と合わせられなければ、砂上の楼閣になってしまう恐れがあるのである。

③アンビバレンスという相反する感情の完全な克服は困難であるが、そのうちのどの一方が主要になるのかは、多くの場合、相手の対応次第である。そのため、「攻心為上〔心を攻め落とすのが最上〕」という古典の諭しのように、国際間の対立を解決するには、力や勢で圧倒するより、心の説得、心の疎通に基軸を置くべきである。他方、日中間の長年の上下意識がアンビバレンスを増幅させてきたことに鑑みて、心の説得と疎通には、お互いに上下意識を捨て、「相互依存関係にある対等な仲間」という意識を持って相手と付き合うことが大切である。特に、日中両国は今、従来のような一方が圧倒的に強く、一方が決定的に弱いといった時期を過ぎ、それぞれ長所と短所をともに持つ相対的な均衡時期を迎えようとしている。このようないわば追いつ追われつの互角状態は往々、不健全なナショナリズムに直結する過剰なライバル意識や対抗心をもたらすが、「相互依存関係にある対等な仲間」という意識をきちんと持つことこそ、過剰なライバル意識などを克服し、お互いに相手の長所を認め、それを取り入れて自らの短所を補うという、相互牽制や相互消耗ではなく、それぞれの長所をより伸ばせる、相互補完を成し遂げるような健全な競争・共生関係を構築できるのである。

④心には万国共通のものと国によって違うものがある。前者は人類共通の善悪意識などから来た普遍的なものであり、後者は異なる文化、伝統、歴史とそれによる異なる感覚、立場、考え方から来た特殊的なものである。そのため、心と心の対立には二種類がある。一つは普遍性という側面での対立であり、日中関係を例にすれば、侵略を肯定すべきか否定すべきかなどの対立はそれにあたる。もう一つは特殊性という側面での対立であり、日中関係を例にすれば、死んでしまった人に対する日本人の思いと中国人の思いの対立である。[52] この二種類の対立はお互い混じり合い、一刀両断することができない性格を持つが、普遍性の側面を主とする対立と特殊性の側面を主とする対立には、よく区別して異なる方法で対応しなければならない。前者は原則に関わるものだから、きちんと同を求めることに基軸を置くべきである。後者は、「横看成嶺側成峰、遠近高低各不同〔山は観察者が立つ位置の左、右、遠、近などの違いによ

って異なる姿となる」という蘇軾の詩[53]の指摘のように、それぞれの感覚、視点、立場からではそれぞれ一理があるという性格のものだから、大切なのは自己の感覚、視点、立場のみに固執せずに、他者の感覚、視点、立場から見た「山の姿」も取り入れて、多角的、複合的に「山の全貌」を把握し、歩み寄りを図ることである。また、場合によっては異を残してもよいのである。

⑤本文の考察で示されたように、日中間の心の問題は歴史と切っても切れない深い関係にあり、特殊な歴史が双方の特殊な心境を作ったとも言える。したがって、心の壁を超克するには歴史事実と歴史知識の共有を基礎とする歴史認識の共有が重要である。しかし、まさにこの基礎において双方とも問題点が突出している。日本では、全般的に歴史に関心が薄いとともに、学校での歴史教育の内容は実質的に明治維新時期以前で終わってしまうことが多く、日中関係にとって特別な重要さを持つ近現代史の学習は非常に不十分である。また、加害の教訓より被害の経験に重きを置く傾向がある。他方、中国では近現代史を歴史教育の重点としているが、複合的な視点と多角的な史観の導入の面では欠如があり、また、「不幸な五十年」とそうでない時期とのバランスについても検討を要する。日中両国の若者に対する調査でしみじみと感じたのは、歴史認識での齟齬の多くは、前述の歴史教育の欠陥による歴史事実と歴史知識の非共有状態に由来しているということである。この意味では歴史に対する無感覚は無知から来るものであるとも思われる。[54] したがって、歴史認識の共有を目指すには、それ以前の、歴史事実と歴史知識の共有から出発しなければならないと考える。そのためには、双方は前述の問題点を克服し、歴史教育と歴史学習を質と量の両面から改善することが必要である。[55]

⑥人権の重視、人間の安全保障の重視など、人間中心の国際関係論が高まっている。そして、国家間の関係を司るのが人間そのものだから、国際関係はまず人間と人間の関係とも言えよう。したがって、これからの日中関係ももっと人間重視の視点から対応しなければならないであろう。ところで、この重視は、人間の利益を大切にすることと、

人間が欠点と弱点のあるものという現状を十分に自覚しそれなりの措置を行うこと、という二つの点を同時に進めていかなければならない。後者についていうと、第四節で論じたとおり、思想の偏頗による心のズレが対立を必要以上に増幅させた主因となっている。そのため、政府は理性と人性（人の本来の性質）[56]の照応に基づいて国際関係を処置しなければならないのである。なぜなら、理性という基準から当然と思うことでも、人性ではそう単純でないことがあり、またその逆もあるからである。そして、政府とは別に、国際関係をより良くするためには、為政者を含む我々個々人が思想の偏頗をはじめ人性の欠点と弱点を克服することに努力していかなければならない。そのため、日中間の現状からでは、今日、特に次の諸点を巡る「心の修養」が大切であろう。すなわち、①近視、先入観と固定観念を戒め、変化を常に意識する長期的視野と、関連を常に意識する大局観を養うこと。②混同を戒め、区別を大切にすること。③偏りと一点張りを戒め、他者のプラスの面と自己のマイナスの面を含む、物事の多面性を多角的に見渡すこと。④過剰反応を戒め、「過ぎたるはなお及ばざるがごとし（過猶不及）」を銘記すること。⑤二重基準を戒め、「己の欲せざるところを人に施すなかれ（己所不欲、勿施於人）」を自覚すること。⑥独り善がりを戒め、自他の事情を兼ねて考え、バランスをとること。（ここでは中国の「将心比心」の格言が啓発的である。「自分ならどうするかを考えて、相手の気持を思い知ること。相手の身になってわが心を自省すること」はその中身である）。⑦メディアの偏向性を戒め、対立する立場、背反する観点の存在を常に意識し、自覚的に情報源を広げ、多種多様なものに目を配ること。[57]

日中関係の心の壁を超克するには、歴史と思想の二つの方面から心の傷の療養と心のズレの克服を行う真摯な努力が不可欠であるが、何れも容易なものではない。しかし、それが困難だと十分に承知しながらも、上記の諸点をはじめ、その実行に尽力していかなければならないと思われる。なぜなら、日中両国が対立を有しつつも、好むと好まざるとにかかわらず、お互いに相手を必要としなければならない関係にあるという自らの必要からも、また世界の発展の鍵を握る日本と中国の友好を願う国際社会の要請からも、それは求められているからである。

付記――本稿は、二〇〇三年度島根県立大学「学術教育研究特別助成金」による成果の一部である。研究に当たって、宇野重昭学長より貴重なご教示を頂き、また江口伸吾助手および筆者の講義・演習を履修した日中両国の学生から率直な意見が寄せられた。記して深謝申し上げる。

(1) すなわち、本稿での「心」の定義は英語の mind；heart；feeling；thought を包括するものである。
(2) 調査の大方は次の三つである。①島根県立大学において、「東アジア国際関係史」、「日本外交史」と「総合化演習」という学部科目の履修者、「日中関係論」と「日中関係演習」という大学院科目の履修者を対象とする調査。②中国において、北京、上海の社会人と大学生を対象とする調査。③雑誌、新聞での論文や評論を中心に、現在の日中関係を巡る両国の代表的な論点についての調査。
(3) 宋健「兼相愛　交互利」(二〇〇二年九月二三日付『人民日報』)等を参照。
(4) これは日本の主要新聞紙の共通認識となっている。
(5) 詳細は「読売新聞社全国世論調査」、二〇〇二年九月十一日付『読売新聞』。
(6) 詳細は、「朝日新聞社と中国社会科学院による共同世論調査」、二〇〇二年九月二七日付『朝日新聞』。
(7) 蔣立峰「中国民衆対日本很少有親近感」、『日本学刊』二〇〇二年第六期。
(8) この五つの項目の比較は、注記のあったもの以外は筆者の調査によるものである。
(9) これと関連して、前掲の朝日新聞社と中国社会科学院の共同調査では次の結果が出てくる。「日本と中国の関係で、何か問題があるとすれば、主にどの点だと思いますか」という問いに対して、「歴史認識」をあげたのは、日本側では三四％であり、中国側では八一％ほどであった。

(10)　二〇〇四年四月十七、十八日に行われた朝日新聞社の全国世論調査による。二〇〇四年四月二十日付『朝日新聞』。ちなみに、筆者の調査でもほぼ同じ趨勢が見られた。

(11)　中国社会科学院日本研究所の調査によると、日本に親近感を持てない中国人が最大の理由としてあげたのは、「日本は近代において中国を侵略したにもかかわらず、いまだによく反省していない」ことである。この理由が占める比率は六三・八％に達した。蔣立峰、前掲論文。

(12)　金熙徳・林治波著『日中「新思考」とは何か　馬立誠・時殷弘論文への批判』、日本僑報社、二〇〇三年、四四―四五頁。

(13)　こうした若者の感覚は社会全体の雰囲気を映していると思われる。たとえば、日本ではいわゆる外務省のチャイナスクールへの批判は周知の通りであり、中国でも逆の立場から外交官の「対日軟弱」を批判する人が多い。

(14)　「日本への発注になるだろう」といううわさは何度も日本や中国で話題となったが、それが出る度に、若者を中心に日本への発注に反対する大規模な署名活動が中国で行われ、それを阻止した。「歴史問題で中国を挑発し続ける日本は感情上絶対受け入れられない」ことが最大の理由として強調された。

(15)　中国陝西省教育庁によると、十月二九日夜にあった西北大学外国語学院の外国語文化祭で、日本人教員一人と同留学生三人が、胸に赤いブラジャー、下腹部に紙コップを付けて踊り、ブラジャーから紙くずを出し観客席に撒き、極めて卑猥な踊りをした。中国人学生や教師が怒って中止させ、翌三十日正午には同大学の千人以上の中国人学生が留学生寮前に集まり、謝罪を要求した。

(16)　中国共産党西北大学委員会（西北大学の最高指導部）によると、十月三十日夜、「一部の悪い人」は、西北大学事件に対する中国人大学生の抗議集会を利用して、留学生寮を攻撃し、数名の職員と外国人留学生を殴った。翌三十一日に、それは社会の安定を破壊する騒動になり、重大な違法・暴力行為が発生した。「果断な措置を取らなかったら、西北大学は空前の災いに陥るおそれがある」という。詳細は同委員会の「告全校同学書」（二〇〇三年十一月一日）。

(17)　「平和と発展のための友好協力パートナーシップの構築に関する日中共同宣言」（一九九八年十一月二六日）。

(18)　この時期についての概観は島田虔次「日本と中国」を参照。平野健一郎監修『対日関係を知る事典』、平凡社、二〇〇一年、四一―四二頁。

(19)　「平和と発展のための友好協力パートナーシップの構築に関する日中共同宣言」（一九九八年十一月二六日）。

(20)　日中戦争期において、中国は日本占領地域、国民党支配地域と共産党支配地域という三つの地域に分けられた。

(21)　遅景徳『中国対日抗戦損失調査史述』、台北、国史館、一九八七年、二六一―二七七頁。この著書は主に国史館所蔵の一次資料に基づく研究である。

(22) 日本人学者による最近の研究においてもこの点が指摘されている。川島真「歴史からみた戦後補償」、奥田安弘、川島真ほか著『共同研究　中国戦後補償　歴史・法・裁判』（明石書店、二〇〇〇年）などを参照されたい。ちなみに、中華人民共和国側による全国範囲の「不完全な被害統計」では、死傷者三千五百万人以上、財産損失六百億ドル以上、間接的な経済損害五千億ドル（いずれも一九三七年のレート）とされる。中国軍事科学院軍事歴史研究部著『中国抗日戦争史』（下巻）、解放軍出版社、一九九五年、六二四—六二五頁。

(23) この身近の例を通して、数千万とも言われる中国の被害者とその遺族の気持を考え直せば、なぜ中国側が歴史認識問題を重視するのかを理解するようになると思われる。

(24) これについて、教科書として広く使われている『中国二〇世紀史』では次のようなことが述べられている。「中国人に対する人道上の罪に限っても、蔑視に基づく日常的差別・残虐行為、燼滅作戦のような野蛮な戦術の採用、強制や誘拐による労働者・『従軍慰安婦』の遠方への連行と酷使、関東軍第七三一部隊などの人体実験をともなう生物・化学兵器の製造と使用、高山族を含む台湾人の戦争動員とそのための徹底した日本語・日本的習慣の強制（皇民化政策）など、枚挙にいとまがない。そして実際にこうした行為を政策の各レベルで実行したのは、指導者から庶民までの、各層の日本国民であった。」姫田光義ほか著、東京大学出版会、一九九四年二刷、一二九—一三〇頁。

(25) この問題に関する近著に袁克勤『アメリカと日華講和——米・日・台関係の構図』（柏書房、二〇〇一年）がある。

(26) 一九七二年の国交回復の問題点を今の日中対立の一要因と見る日本人学者は少なくない。たとえば、矢吹晋は、二〇〇四年春の横浜市立大学での最終講義で「日中誤解はメイワクに始まる」と論じた。

(27) それぞれ、筆者の調査に寄せられた回答文から。

(28) この点は本稿第四節も参照されたい。

(29) 以下、四つの不満を示す括弧内の意見は筆者の面談調査に対する中国人学生の回答を要約したものである。

(30) 二〇〇三年八月四日、中国黒龍江省チチハル市の工事現場で、旧日本軍が遺棄した化学兵器の毒ガスが漏れ出し、一人が死亡、四十三人が負傷という被害を招いた。

(31) チチハルでの中毒事故をめぐって、中国政府は日本側に補償を求め、日本政府は一九七二年の日中共同声明で中国政府が対日賠償請求権を放棄したことを理由にそれを拒否した。しかし、日本は化学兵器禁止条約により、遺棄化学兵器廃棄の義務を負うため、「事故は無関係」とも言えず、結局、十月十九日に、「遺棄化学兵器処理事業にかかわる費用」として三億円を支払うことで中国政府と合意した。それに対して、日本政府内に「事実上の『補償』に当たり、日中共同声明に反する」との疑問の声が一部にある（二〇〇三年十月二十日付『読売新聞』)。反面、中国では、補償に応じない日本政府の姿勢は「戦争責任から逃れようとしている」と受け止められ、「絶対受け入れられない」と反発が高まっている。十月上旬、『中国青年報』は中国の若者を対象に「チチハル事故による日本への印象の変化」について調査したが、七五%が「もともと悪かったが、さらに悪くなった」、八%が「もともと悪くなかったが、悪くなった」と回答した。二〇〇四年十一月九日付『中国青年報』を参照。

(32)　これについては、拙稿「『過去への不満』と『未来への不安』」(朝日新聞社『論座』通巻七七号、二〇〇一年十月)を参照されたい。

(33)　中国の大学生を対象としたある調査によると、歴史問題に対する日本政府の曖昧な態度と中国国民の感情を傷つけた一部の日本人の行為は、日本の対中侵略の歴史に対する中国人大学生の記憶を絶えず復活し、強化させている。彼らの反日的情緒を誘発させた諸要因の中で、歴史そのものより、歴史に対する現在の日本側のこうした態度のほうがもっと直接的で大きかったのである。陳生洛「中国大学生対日本的看法」、『青年研究』、二〇〇三年十一期を参照。

(34)　たとえば、筆者の調査への回答文に次のようなものが多かった。「昔の日本が残した戦争の傷跡を自分たちのこととして考えて、と言われたが、私はどうしてもその事実を受け入れたくない。理由は、やはり自分たちのしたことではないからだ。」

(35)　田中明彦『日中関係　一九四五—一九九〇』、東京大学出版会、一九九一年、七五—七六頁。

(36)　それぞれ、筆者の調査に対する日本人学生の回答から。

(37)　前掲、朝日新聞社と中国社会科学院の共同調査結果を参照されたい。

(38)　二〇〇二年後半から中国では馬立誠、時殷弘らをはじめ、対日新思考を主張するジャーナリストや学者が台頭したが、その背景にあるのは日本の多様性に対する見直しである。たとえば、馬立誠が「世界で、日本よりずっと条件の良いところが貧困状態に陥っているのをわれわれはたくさん見ている。日本が貧しくならないだけでなく、国内総生産(GDP)五兆ドルの成果をおさめることができ、世界第二を誇っているのは、実際のところアジアの誇りである」と指摘した(馬立誠「中日関係新思考——中日民間之憂」、『戦略与管理』、二〇〇二年第六期)。しかし、こうした対日新思考は中国国内で凄まじい反対にさらされている。反対者の理由には日本の多様性に対する否定が見える。たとえば、馬氏の「誇り」論に対して、林治波は「日本はアジアの戦争成金で、刀についた血を嘗めて自分を肥え太らせた」と反論している。詳細は金煕徳・林治波、前掲書、五〇—五二頁。

(39)　たとえば中国人大学生の日本観について、前掲、陳生洛の調査研究は次のように指摘している。つまり、戦後の日中関係に対する認識に片面的な性格があり、往々、歴史問題を巡る双方の葛藤を日中関係の全てと見なし、これまでの三十年間の相互関係が基本的に順調であったことを見落としているという。

(40)　前掲の陳生洛は、この点を「道徳化」の間違いとして是正を求めている。

(41) 中国では彼らの論点を「落後就要挨打（立ち後れになれば叩かれる）」とまとめたことがある。
(42) 時殷弘らが主張する「対日新思考」への批判にもこうした傾向が見られる。
(43) 外部要因の変化を除いて、内部要因の改善、つまり、中国の統一と富強が侵略を防ぐ最も根本的な条件であるという中国政府の観点からでも、「日本軍国主義に再び侵略される」ことへの憂慮は過剰と言えよう。
(44) たとえば、「愛国無罪（愛国に罪無し）」を強調するあまり、愛国のためなら法律を含む一切の制約を受けなくてもいいという考えを多くの若者に持たせた。前記の西北大学事件の直後に見た、中国共産党西北大学委員会が指摘した「重大な違法・暴力行為」もこれと無関係ではない。
(45) 異なる性格のものには異なる基準で対応すべきだが、同様な性格のものには統一した基準で計らなければならない。そうでないと説得力を失うことになる。
(46) たとえば、東史郎裁判を巡る論争の中で、多くの日本人学者は、日本の教科書検定制度に関する中国人学者の以下のような意見に違和感を持つ。「この制度では『言論の自由』という大義の下、歴史が自由に書きかえられる余地がある。これは東史郎の一件を審判する法律上の手続きを想起させる。——強烈な政治色彩をもった一案件が、法律に基づく『手続き』によって民事訴訟案件に成り下がる——。表面上中立的な制度がなんと巧妙に社会思潮のヘゲモニー勢力と迎合していることか！　いうところの『民主制度』が何と矛盾もなく保守勢力ないしは極右勢力の利益を保証していることか！」孫歌「近代史に向きあう倫理的責任が問われている」『世界』二〇〇一年六月号、一〇四頁。さらに、同氏は竹内好を引用して、こう続けている。「日本が服を脱ぐように天皇制旧憲法を脱ぎ捨て、一変して民主国家になったそのときから、この新体制がいつでも政治的に正しい名義で旧体制の最も暗黒な部分を保護し、またこれを合法化するだろうということを竹内は鋭敏に意識していた。また、西洋の近代的価値基準の単純な流用とそこから生まれる絶対化の傾向とが、民主の訓練を実質的に欠いた民衆の『民主』感覚を産み、これが独裁の土壌となることを竹内は意識していた」。
(47) 前掲の東史郎裁判論争も一例であろう。
(48) 筆者の調査では、半数以上の日本人回答者は靖国問題を巡る日中間のこうした争点を知らない。
(49) 日本人学生に対するアンケートで、在日中国人の犯罪に関する報道を見て「中国に対する印象が悪くなった」とか、ＳＡＲＳの騒ぎによって「中国はひどい国だと思った」とかの答えは非常に多かった。
(50) 中国における日本脅威論と日本軽視論については、馬立誠、前掲論文に鋭い指摘がある。
(51) 前記、注（38）参照。
(52) 中国人の意識では罪人は死んでも許せないものであり、日本人の意識ではたとえ罪人でも死んだ以上は許してあげてもよいものであると言われている。

(53)　〔宋〕蘇軾「題西林壁」。

(54)　たとえば、歴史認識問題で中国への違和感が強かったある学生は歴史事実を多く知った後、次のような感想を寄せた。「第七三一部隊のことを初めて聞いて、すごく恥ずかしかった。これからでもまだ遅くはないから、自分自身で日中の歴史を再度調べ直し、これからの日中関係をよくしていきたいと思う」。

(55)　課題としては、日中関係史の三つの段階のバランス、各時期の正負両面のバランス、また、日本人にとっては過去への開き直りにならない教育、中国人にとっては過去への憎悪だけにならない教育、などが重要であると思う。

(56)　『広辞苑』による解説。

(57)　両国の若者のほとんどが、主にテレビを中心とするメディアを情報源としていることは、多くの調査で示されている。しかし、イデオロギーや商業主義などの影響にあるメディアはそれぞれ、自らの立場と需要に合う事実の一部か、問題の一面しか提供しないという偏向がある。それによる偏りを防ぐには本文で強調した点が必要であると考える。詳細は拙稿「信頼関係の構築と次世代教育――日中国交正常化三〇周年への省察」（宇野重昭編『北東アジアにおける中国と日本』二〇〇三年三月、国際書院、二〇九―二三三頁）も参照されたい。

宇佐美誠　「和解」というものは少し多層的に捉えないといけないように思います。幾つかの層が考えられる。一つには、共存を可能にする和解というものがあるだろう。個人間や集団間の戦争状態から脱け出して、これからはもうお互いに攻撃しあわずに、平和的に共存してゆくための和解。これは最小限度の和解と言ってもいいと思います。

二つ目は、それを超えて、設定した目的に向かって一緒に協力しあう。つまり、協働のための和解というのがあり得る。他にもいろんなレベルがあるでしょう。例えば友人の間で一方が過ちをおかしたのを他方がゆるすとか、夫婦のいさかいの後の和解。和解を仮に共存・協働・親密の三つの層に分けるとすると、中日関係、日中関係において求められるものはどの和解になるのか。また中日関係での和解という形で、そもそも日本国民全体と中国国民全体というふうに和解の当事者を規定することに伴う理論的・実践的な問題も一つの論点としてあると思います。

例えば、先生のレジュメには「二重基準を戒め、『己の欲せざるところを人に施すなかれ』を自覚すること」とある。これは否定形のゴールデン・ルール（黄金律）であり、共存を可能にする和解のための条件としても理解できると思うのです。ご発表で言われている「和解」がどのレベルのものなのか、少しご説明いただけますか。

鹿錫俊　私の理解している「和解」とは、考え方を一つにするということではありません。お互いの立場を理解しあって、お互いに相手の立場に立ってものごとを考える。それは一方が他方の考え方すべてを受け入れるというものではありません。先生が今おっしゃったような「共存」を可能にする和解です。第一歩としてはこのような和解で、その後、より高いレベルの和解を実現していきます。

柳美那　私の周りには中国の留学生の友達がたくさんいますが、彼らを通して見た日中関係における心の問題がどういうものなのか。自分なりに考えたことを申し上げたいと思います。

鹿錫俊先生はもちろん日本に留学している中国の学生をインタビューされ、あるいはインターネットの資料を通して今回の報告をなさったとは思いますが、同じ中国の留学生といっても、地域によって意見が違うんですよね。私に奨学金を下さった財団のパーティーに行ったときに、中国のある地域から来た留学生が一人いました。

北京からも一週間もかかる地域から来た人ですが、私が彼女に「中国の政府が行っている政策をあなたはどう思う」と、一言訊いたことがあります。彼女はびっくりして、「なんでそういうことを訊くの」という目で私を見ているのです。「自分は中国の政策全般はもとより、日本のこんなに立派な学校に送ってくれた政府に対して感謝している。自分を受け入れてくれた日本にも感謝している」と言うのを聞いてちょっとびっくりしたのですが、同じ「中国」の中でも、地域によっては「心理的

「障害」に温度差があると思いました。

そこで、鹿錫俊先生が「中国」という概念について何か特別に考えていらっしゃることがあればお聴き出来ればと思います。

鹿錫俊 「中国」といっても、中国全体がこのような傾向を持っているということではありません。地域間の温度差はおっしゃった通りです。私の論文もそれに言及していますが、申し上げたのは、中国のいろんな若者に対するインタビューを通して、その中で主流となっていると思われるものだけです。

日本に対して心理的な壁を持っている人と言っても、全て悪い印象を持っているわけではありません。日本に対して、実はいいイメージも同時に持っているのです。例えば、私の一人の友達は日本で企業を経営しているのですが、「アルバイトは日本人を雇いたい。日本人は真面目で規律性が高いからだ」と言っています。つまり、単純化することは出来ないということです。

石原昌家 実は沖縄出身の私もそのような意味では心の問題を持っています。私は「日本の中の外国」とか「日本人である前にウチナンチュ（沖縄人）である」というようなことを言いたくなるような存在なのです。沖縄戦の直後、アメリカ兵は日本兵一般に対して「ジャップ」と言いましたね。あの流れの中だと思いますが、（沖縄では日本人のことを）「ジャパニー」とか「ナイチャー」（内地人）とかと、非常に突き放した言い方をしていました。

私は台湾で生まれて日本人社会の中で育ったのでもともと個人的には日本人意識でしたが、沖縄に来て自分が「沖縄人」だと分かった。そこで、ものすごい「日本」への憧れが湧いてきました。憧れの「祖国」の土を踏んだ沖縄人が、本土の人に日本人でもない人間がどうして「日本復帰」と言うのかといわれ、ものすごいカルチャーショックを受けました。

ですから、日本人一般はとても好きなんだけれども、一九六四年の東京オリンピック柔道で、神永選手がオランダのヘーシンクに敗れたときには思わず手を叩いて喜んでしまった。それで日本人の親友にものすごくとがめられました。ボクシングを見ても、日本を応援しながらいつの間にか国家を意識して日本人選手が負けたら喜んでいる自分がいる。そういうのが今でも若干残っています。サッカーの時も、みんな大騒ぎしていると、ものすごく冷ややかになるんですよね。そのように、日本の中にいても「沖縄」という面がいまだに残っているし、ときおり「沖縄独立論」が沖縄の中で話題になったりします。

黒住真 林志弦先生が「世襲的犠牲者」と言われたときは、「民族」との連関で空間的・集団的なものを「世襲」という時間的な形で示されて、時間と空間の両方で出来た一つの循環的な構造を語られたんだと思いますが、鹿錫俊先生のお話は、それと同じ問題を違う角度から言われているんだなと気づきました。

この問題をもう少し広く宗教的な用語で言うと、カルマみたいな問題に関わってしまうようです。こういう言い方はあまりよくないかもしれませんが、「親の因果が子に報い」という言葉があるように、いろんな記憶だとか生活における問題が、解けないしこりとなって、自分やさらには集団を縛る。あるいは世襲されて共同的なものを縛ったりする部分がある。それを一体どうするかはかなり大きな問題だなと思いました。

鹿錫俊先生が言われたことで私が重要だなと思ったのは「物」と「心」の問題です。先ほど経済発展の問題がありましたが、みなの関心が「物」のレベルに行っているときに、その内部において忘却が起こっている部分がある。そこを「心」と言ってもいい。このフォーラム的にいうと、結局、様々な個人性とか人称性を担っている生活世界ないし個的な体験が忘れられて、経済的な利潤とか表面的な意味での生活向上を追いかけている。そのときの空白みたいなものですね。それが日本においても中国においてもある。その問題を鹿錫俊先生が言われていたのかなと思いました。

メディアの問題も、そのように蓄積されてきた問題が、今、新しいメディアの中でもう一遍、無意識裡に噴出しているような構造になっている。これは全部が繫がってくる問題だなと思いました。

鹿錫俊　確かに解けない「しこり」を感じています。私の今日の報告の狙いは、日中関係が発展するためにはやはり経済だけではなく、今こそ心理的な問題も解決しなければならないということにあります。このことが私の非常に言いたかったことです。問題提起だけで、これをどのように解決するかという解決策にはまだ行っていません。非常に難しい問題です。

塩出浩之　ご報告に大変感銘を受けました。私は日本側の「若い世代」にまだ一応入っているのではないかと自分で思っているので、その立場から、鹿錫俊先生がおっしゃった問題がどう見えているかを少し補足するような形でコメントさせていただきます。今の「若い世代」は、言い換えると「教育の対象になっている世代」なのですが、近代の日中関係に関して「歴史観」が欠けているのは恐らく否めないと思います。ただ、これがどういうことによって起こっているのか。

私は一九八〇年代に中学・高校で教育を受けた人間です。実際に教育を受けている感覚としては、「近代史」の教育というのは非常に扱いが軽い。日本以外の方は、今の日本の近代史教育について、もしかしたら感覚がずれているところがあるのではないか。それは、一つにはカリキュラムの問題があると思います。つまり明治維新に行ったぐらいでだいたい授業が終わってしまう。そういう物理的な問題がある。

なぜそうなっているかというと、基本的には「近代史」の教育は回避される傾向にある。大学は別ですが、特に今問題になっている中学校の歴史教育では教えたがらない。また教えるとすればネガティブに教える傾向がかつては確かにあったと思います。つまり、暗い部分を教えて、そこで終わるというところにやはり問題がある。勿論、それを教えてはいけないという意味ではありません。そのように消極的にしか教えないため、プライドを十分に持てない。

その「プライド」は要するに「日本は正しい」という意味ではありません。「過去についてマイナス面もあるけれども、日本人としてはこう思う」という意味でのプライドを持てない。そういうネガティブな公教育に対する反発として、最近は教科書問題があるんだと思います。

もう一つの問題は、では日本の過去について実際にどう考えればいいのかを若い世代が考えたときに、当事者を含む古い世代は必ずしも我々が拠り所と出来るような歴史のイメージを提供してくれているとは思えないことです。彼等は恐らく、「日本は正しい」と極端に全肯定したり、あるいは「近代は間違った歴史を歩んだ」と全否定に走る傾向があったのではないか。そのため、若い世代は何を拠り所にしていいかが分からないという問題があるのではないでしょうか。

当事者の「戦争経験」が、人それぞれに違う。もっと言えば、戦後の世代も含めてですが、それ（相違）を軸にしているので歴史認識が全く食い違っており、そこが十分に処理されていない。その上で、それを次世代にどう継承するかという場合に、ちょっときつくいうと「あるべき歴史をお互いに争奪する」ようなことをやっているように私には見えてくるわけです。ただ、そのあり方が、恐らく一般に教育を受けている中学生には全く分からないだろうと観察される。日本の内部の事情に即していうと、そういう部分をもう少し考える必要があるのではないかと思います。

その上で、もう一つ簡単に言うと、「日本の間違い」を含めた比較的フェアーな歴史のイメージが作られた場合に、今の十代、二十代の人々は、もはや当事者とは全く違うのだから、そういったものを受け入れられないとはとても思えません。

金泰昌　私の個人的な考え方ですが、日中間・日韓間の和解を実質的に成立させるためには歴史認識の共有が必須不可欠の前提条件であるというこだわりから、ある程度自由になるのがよいのではないかと言いたいのです。少なくとも国家の歴史とか国民の歴史という意味における歴史の認識は、それぞれの国家と国民のアイデンティティとその正当性を確認・確定・強調するためのものですから、他国や他国民と共有出来るものではないわけですよね。原理的にそうではありませんか。

また、特に東アジアの場合は、いわゆる近代化のプロセスを通して目と耳と頭が全部西欧の方向へ傾斜していましたから、近隣の国家や国民に対して、意図的にも非意図的にも無関心であったと言わざるを得ませんね。ですから、本当の和解を願うのであれば、まず互いの存在と価値と尊厳に対して十分な関心と敬意を払うところから、思考と行動を始動することが必要でしょうね。歴史的想像力と勇気と忍耐が求められますね。

鹿錫俊　先ほど塩出さんが指摘されたことには賛成です。補足として言いたいのは、私は日本と中国の中学・高校における歴史教育の違いを比較したことがありますが、共に歴史教育が理解のための教育ではなく試験のための教育という傾向が強い。つまり、年表とか事件を覚えているけれども、実は「なぜか」ということを理解していない。これは双方とも似ています。

違うところは、日本側においては古代を重視していて明治時代で終わってしまう。中国はそれとは反対に近現代に重点を置いている。そのため、互いに齟齬が生じている。

また、日本においては、教員によって教え方が違う。一部の学生は右翼の教員に教えられたためにそのような考え方になっています。中国はそういうことはあまりありません。国の国定教科書に従って、きちんと教えている。

大きくいうと、調査の結果、この三つがあるのではないかということが分かりました。

三谷博　日本側の問題について言いたいのですが、一つは「子供の教育」よりは「成人教育」の方が大事である。今、日本の歴史認識の問題について、一番問題を抱えているのは大人なのです。特に、政治のトップにいる人たち。これが、問題をいつも起こしている。

八、九年前に、東大に来ている韓国人留学生について、四百五十人ぐらいの意識調査を行いました。更に韓国から来ている留学生たちと一緒にインタビュー調査を何回もやりました。この問題をめぐっていろいろ話しているときに、韓国から来た留学生たちが一番言っていたのは、「自分たちもだんだん分かりはじめてきた。どうすれば日本人と和解が出来るかなと考えはじめたところへ、日本の政府高官が変なことを言うものだから、何回努力してもそれが一気に崩れる。そういうことをいつも経験している」と言うのです。それが現在も変わっていないのはご存じの通りです。成人教育と言っても、特に〈政府のトップにある人々〉をどのように教育するかが非常に大きな課題になっているのです。

二番目はもっと広げて日本人一般に関して、基本的な構図とは何かというと、逃げようとしている人を振り返らせようということなんですね。嫌なことを避けようとしている。とにかく逃げようとしている。どうすればその人々に振り返ってもらうことが出来るのかという問題です。その場合に、第一に「隣人」というものが自分の生活と不可分な存在になっており、相互依存関係がある。とにかく隣人を「他者」としてきちんと見つめなければいけないんだという感覚をどうすればつくれるのかという問題がある。

現在、若い人に関しては、日本でも、韓国でも、中国でも、相互交流を非常によくやっています。これは十年前には考えられなかったことです。非常にいい徴候だと私は思っております。

第二の問題は、日本人は歴史の事実として少なくとも何を弁えていなければならないのか。これは「侵略戦争」と「植民地支配」という二つの事実がその出発点になる筈です。そういう意味でこの二つを日本人の〝シビル・ミニマム〟とでも呼ぶべきではないか。多くの日本人がなぜ逃げるかというと、「真の和解」とか「心からの和解」というときに、普通の日本人は、ひょっとすると自分は土下座をさせられるのではないかと聞こえてしまうのです。だんだん分かってくれば、プロセスの中で和解が出来ていくと思うのですが、最初の手掛かりは、やっぱり〝シビル・ミニマム〟からやるしかないというのが私の意見です。

李成市　金泰昌先生が、日本人も心の問題という側面から分析できるのではないかと言われ、「無感覚」という心理状態を指摘されました。私は、それはもう少し具体的な事実に即して議論の対象になりうるという観点から発言します。先ほど三谷先生から、政治的に責任ある立場の人々が無責任な発言をするという指摘がありましたが、例えば、自民党の麻生太郎氏が以前、東大の講演会で、創氏改名は朝鮮人が願うので「施し」として日本名を与えたのであって、感謝されてもいいぐらいだというニュアンスの発言をしました。なぜこうも「無感覚」になるのだろうか、考えてみたいのです。

植民地時代に朝鮮半島に生きていた日本人と朝鮮人との間には、相互に想像を絶する心理戦があり、その心の傷は被支配者の朝鮮人側に残ったはずです。それゆえ、金泰昌先生が言われる「過剰敏感」「神経症」「ノイローゼ」といった心理障害に陥ったのでしょう。しかし、日本人の側には、他者の心を抑圧したという自覚が全く欠落しており、植民地といえば、目に見える近代化、インフラの整備のみをとりあげ、それらの施しに対する朝鮮人の感謝もなく、なぜいつまでも怨まれなければいけないのか、という言い方が常になされてきました。しかし、植民地支配の過酷な一面は、被支配者として当時を生きた朝鮮人の〝心の傷〟の問題が非常に大きなウェートを占めていると思われるのです。

「内鮮一体」とか「皇民化」の中で何が起こったのか考えてみますと、「あなたたち朝鮮人を、私たち日本人と共に天皇の赤子として平等に扱う」、そういう建前のもとに、朝鮮人の日本人化を推し進めたのですが、実のところ支配者である日本人にとって、朝鮮人を平等に扱うことなど絶対に認めがたいことでした。日本の責任ある立場の人間がどこで危機感を感じていたのかといえば、「皇民化」した彼らを、はたして日本の軍隊に編入できるか？　銃を持たせたときに、本当に敵に銃を向けるのだろうか？　上官に銃を向けるかもしれない人間をどこまで信じればよいのか。そのようなギリギリの心理戦があったわけです。創氏改名もそのような心理戦と無縁ではありませんでした。皇軍の中に金とか朴などが存在するなど許せないという話を聞いたことがあります。

一方、能力のある朝鮮人の知識人たちは「平等にしてくれるのなら自分は徹底的に日本人になってやろう。そして、日本人以上に立派な人間として栄達をはかろう」、そういう人間が少なからず出てきたわけです。そうした事実を、私はたんに歴史的知識として理解するのではなく、自分の体験に即しても分かるような気がするのです。

私は一九五二年に、この日本で生を受けました。その私が一九九八年に一年間、韓国で生活をしてみて驚いたのは、この日本では、在日にとっていまだに植民地時代が続いている、そういう抑圧のバネがまだ生き続けていることを今さらながら自覚したことです。韓国に生きる人々には、当然のことながら、私が持っているような、いつも何かに怯えるような感覚が全くないからです。「日本人以上に日本語を立派にしゃべらないと、差別されるのではないか」。私は今でこそ口に出せますが、そういう強迫観念がずっと働いていました。つまり私にとって、「内鮮一体論」とか「皇民化」というのは、たんなる歴史的知識ではないのです。戦後日本においてすら、植民地支配の暗黙の抑圧というのが私の心の中では継続していたわけです。

ですから金泰昌先生がご指摘の事実は、譬喩でもなんでもなく、しかもその由来ははっきりとあると言いたいのです。日本の若者が「無感覚」だというのは、そのような心の傷を他者に与えても、それを何とも感じない、つまり、植民地支配という人間として耐え難い凄惨な抑圧を、「施し」としか見ない感覚が、他者に対して「無感覚」という逆の心の傷を生んでしまう。そういうことだろうと理解しました。

白永端 私は東アジアの相互意識について関心を持って、それに関する文章を書いたことがあります。対外認識は相互に誤解があると私は思っています。なぜ「外国人」に対する誤解が起こるのかというと、「外国」は「自分が見たいものを見る材料にすぎない」からです。日本が東アジアに対して「無感覚」であったということは、そういうふうに見たかったからであります。だから、心理的障害の解消は、自己の内部から改革が行われないと出来ないのではないかと私は思っています。

有馬学 自分が描いている「他者」とは、実は、自分が期待する役割を演じる存在としてのみ描かれている。そういうことはよくあることだと私も思います。

Ⅸ 「大正デモクラット」対「戦中派」

長尾 龍一

はじめに

日本人の視野、日本の中で形成された世論、特に一九九〇年代以降成立しつつあるように見えるある種の国民的合意が、アジア近隣諸国からどう見えているかに接する時、自国内の合意に依拠してものを考えることは危険だと思います。私は「知識人」というものを物神化はしないのですが、しかし知識人は自国内の合意に基づいてだけ思考することをしない人たちであるべきであろうと思っています。

「世代」がこのシンポジウムのテーマの一つでしたが、あまり世代問題が取り上げられなかったように思います。それはなぜかと考えてみると、一つには、世代論が有効なのは、戦争、革命など歴史の激変に続く時期で、そういう時代には人々は鋭く世代を意識し、世代の区切り目が非常に小さくなります。例えば私たちが若いころには、先輩たちはいつも世代の話をしていました。戦争のとき何歳であったか、戦中派、戦末派、戦後派、それが更に細分されました。

当時言われたことの一つは、だれもが、自分と自分の一つ年下の間に、いちばん大きな世代の区切り目があると思っている、自分までは古い世代に属していて、自分の次の年から新しい世代だと、みんなそう意識しているということでした。この私も、一九四五年に小学校に入って、旧満州にいたので、三～四ヵ月学校に行ったら学校がなくなりました。だから、私は、自分は戦前の教育を受けた最後の国民で、僕の次の年からは、新しい戦後教育だけを受けた国民だ、自分のところで区切りがある、と感じていました。しかし、年上の人たちは、戦争に行ったか行かないか、終戦のときに中学を卒業していたかどうかに、いちばん大きな区切りがあると思っていたり、おのおのさまざまな区切り方をしていたようです。ところが戦争が遠くなるにつれて、だんだん世代の区切り目について、それほど神経質でなくなってきたようです。つまり、ここで世代論があまり論じられなかった理由は、最近は少なくとも東アジアの中では激変がなかったから、世代論にあまり関心が集中しなかったのではないかという仮説です。

もう一つのテーマは、日本の若い世代についてです。日本の新世代は歴史を知らず、そもそも中学・高校の授業でも近代史は避けられていて、その結果として何も知らない世代が育ってきているということが言われます。しかし、この主題がもう少し突き詰められて、現在の若い世代がどういう存在であるかについて、もっと関心が集まるべきではないか。現在の日本の若い世代が、特に隣接諸国との関係で持っている問題は、やはり興味の深い重要なテーマですから、もう少し取り上げられるべきではないかと思っています。

さて、李成市先生が黒板勝美について、ドイツの国家主義歴史学の影響を受けて帰国し、日本でそれと同じようなことをやろうとしたという趣旨のことを言われました。この点について、私の乏しい知識の中から、別の側面について一言申し上げたいと思います。ご存じの方も多いかと思いますが、コーネル大学のマーティン・バーナルという人が、大体次のようなことを言っています。

アーリア民族（Caucasians）が紀元前数千年に南下を始め、インドの支配階級になる。また西に行って、ペルシャを支配し、ギリシャ、ローマ文化を作り、ゲルマン文化を作り、スラブ文化を作った。十九世紀の西洋人は、白人で、背が高くて、崇高な面持ちをした自分たちだけが世界を支配しうる優れた民族だという自意識を持った。この自意識がギリシャ学に投影して、古代ギリシャ人は純粋のアーリア民族で、あらゆる文明をその天才によって創造したのだとして、古代ギリシャ学の体系を作った。この思想は、ドイツでもイギリスでも、古代史学の枠組みとして支配し、その議論が十九世紀帝国主義と結びついた。ギムナジウムなどエリート教育の世界では、古代ギリシャ語を教え、ギリシャ古典を教えることによって、アーリア民族の世界における優秀性が教えられた。特にクセノフォンの『アナバシス』のような、ギリシャ人たちが、野蛮人の世界でいかに戦い、堅忍不抜の努力によって志を遂げたのかを記した書物は、古典として読まれた。このような教育によって、いわゆる野蛮な地域に赴いた西洋帝国主義者たちが、苦難の中で自らの支配を確立するというヒロイズムをかき立てられた。

ところが、実際は全然違っていた、とバーナルは言います。トロイア戦争の時代、紀元前十二～十三世紀ごろにはすでに、東地中海は、エジプトとフェニキアの圧倒的な支配下にあった。ギリシャ神話の世界でも、テーバイはフェニキア人が建てた町、アルゴスはエジプト人が作った町とされている。そして、ソクラテスの顔をよく見ると、黒人の血が混じっているのではないか。ギリシャ語の中で語源がはっきりしない単語が多くあり、従来の古典学者たちは、アーリア系の言語で説明がつかないものは、説明不可能だと言っているが、古代エジプト語やフェニキア語など、いわゆるSemitic Languages（セム語）から多く説明がつくにもかかわらず、それを避けてきた、と。

このように、バーナルは、十九世紀、二十世紀を飾る主要な古典学者たちを、軒並み人種主義者として糾弾する激しい本を書き、今も激情的な論争が続いているわけです。ですから、十九世紀ドイツ歴史学にも、一方で国家主義の面、他方でアーリア主義の面もあったということです。

一　日本軍国主義の精神構造

ここで、日本軍国主義を作り出した精神の枠組みについて、言わなくても分かっていることばかりですが、私の思うところを列挙してみました。

一つは、日本は帝国主義に乗り出す直前まで、鎖国の中で二百数十年の歴史を過ごしてきました。ですから、いわば箱入り娘、箱入り息子で、外国人とつきあうことがどんなに難しいかということが全然分かっていない者が、突如として外国支配という野望を抱いたのです。イギリスやフランスの帝国主義者たちは、よかれあしかれ海千山千で、特にイギリスは十七世紀あるいは十六世紀までさかのぼって、すでに他民族支配の経験を積んでいて、どういう点が難しいかについて、経験とノウハウを持っていました。それに対し日本人は、突如隣接諸国に対する支配欲を持ち始めました。ここに日本帝国主義といわれるものの、一つの独自性があるのではないか。

二番目は、明治国家は、独立を危うくされた幕末から、何とかして西洋流の近代国家になろうとして、国家主義を絶対化し、国家を超えた倫理を持たなかったのです。これは一九四五年までの日本国家の基本的な特質であったと思います。そうでない人も、もちろん個々にはいましたが。ですから、例えば中国で残虐行為をした兵士たち、農民兵士たち（私の一人の叔父もそうですが）は、「自分たちは、中国で泥水をすすり、草をかみ、国のために苦労したのだ。そのことによって、それ以外のもろもろの行為は、すべて免罪されるのだ」と考えていました。自分は国のために苦労したのだ、お国のためであれば、ほかのさまざまな行為は免罪されるのである、と。この意識がある程度承継されていることから、「日本は負けたけれども、少しも悪くなかった、自分たちは一生懸命国のためにやったのだ」という考え方が、民衆の世界像、民衆を基盤として成立している自由民主党の世界像に、関係していると思います。

三番目は、Might is Right です。幕末にはヨーロッパの国際法思想が日本に取り入れられて、これが儒教の五倫五常のような普遍的倫理だと考えられました。当時国際法のことを「万国公法」といったのですが、さらに略されて「公法」とよばれ、この言葉が普遍的倫理を表す標語として、幕末の知識人たちの一部の間で非常に崇拝されました。ところが、明治六（一八七三）年三月に岩倉使節団がドイツを訪問した際、ある夜、ビスマルクがその人たちを招いて演説をしたのです。その演説は岩倉使節団の記録の中に出てくるわけですが、「自分はプロイセンという小さな国で非常な苦労をしてきた。英米は国際法というけれども、彼らは都合のいいときは国際法を引用し、都合の悪いときは実力を行使する。だから、彼らの言うことは信じてはならない。今後日本は、彼らによって苦労するだろう。そのときに、一番の日本の理解者は我々ドイツであることを忘れずにいてほしい」というものでした。これに特に大久保利通などが非常に感銘を受けて、そこから国際法に対して幻想を持つなということが、日本の知識層、エリート層の世界で強くいわれました。このあたりから始まって、力は正義であるという思想が、日本の外交の基本発想の中に入っていったと思われます。

日清戦争のあとの下関での交渉過程は、当時の外務大臣であった陸奥宗光の『蹇蹇録《けんけんろく》』という本の中で、露骨に書かれております。まず李鴻章が「今回の戦争は不幸なことであった。しかし、中国と日本は極東の大国であり、両国がこれからは永遠の平和を保つことによって西洋の侵略に対して対抗できるのだ。これから仲良くしていこう」と演説しました。それに対して伊藤博文が、二億両（テール）の賠償と、台湾、旅順・大連の割譲を要求する文書を突きつけました。見る見るうちに、李鴻章の顔色が変わって、「こういうことをしたならば、子々孫々まで我々の関係は悪くなるだろう」と言いました。それに対して伊藤は、「我が国は勝者である。あなたたちの国は敗者である。そういうことをつべこべ言うならば、今いる軍隊を北京まで派遣して、あなたたちは北京に帰れなくなるかもしれないぞ」と言いました。そして、陸奥との間で、それ以上この議論には巻き込まれないようにしようと話し合ったということが書いてあります。このときの伊藤の態度は、Might is Right という思想の表れです。

日清戦争について申します。明治憲法の中には、植民地を前提とする規定は何一つ入っておりません。同じ伊藤博文が中心になって数年前に作った憲法なのですが……。つまりは、明治二十二（一八八九）年までの日本は、将来植民地帝国になるということを基本的に想定していなかったのです。その結果として、後に台湾に対する法令の適用問題が憲法論争となり、その後も続いたのです。それ以前にも、単発的にはいろいろなことを言っている人がいますが、日清戦争から、日本人の対アジア像や日本帝国主義の構想などがにわかに具体化したのです。

さて四番目は「使命感」です。人間の行動は、正義と利益と両方が、ある程度平行していくもので、利益を追求するというだけでは、自分が説得できないし、自国民も説得できません。そこで、「自分の行動は正義のためである」という思想が必要になってきます。そこで、「日本はアジアを解放し、近代化する使命を持つ民族だ」という思想が生れました。この思想が近隣諸国に受け入れられればよかったわけですが、いろいろな点で受け入れられませんでした。もっとも、日本をモデルにして近代化しよう、そのためには日本のリーダーシップもやむをえないと思った人もいるわけですが。これは最初に挙げたように、日本はまだ国際経験があまりに乏しくて、外国とのつきあいの難しさがちっとも分かっていなかったことに、一つの付随的理由がありますが、いずれにせよ、日本人の持った使命感は「self-appointed authority」であったということです。

続いて五番目として「nationalism の二重基準」という主題について一言申し上げます。戦前の日本は、世界でも最も愛国心の強い国家であったにもかかわらず、隣接諸国は日本に支配されて、いろいろ与えられれば、すなわち幸福と感ずるであろうと、勝手に考えていました。これは戦前の日本の夫たちが（今でも多少そうかもしれませんが）、女房は俺がもらってやったので、自分に支配されても、家庭が与えられれば幸せだろうとか、あるいは長子相続制のもとでの長男が、次男に対する支配は当たり前だという、そういう発想に基づいて、支配者の役割を自分に割り当てました。その結果、自国のナショナリズムは世界最高の絶対的なものだが、隣接諸国のナショナリズムはないも同然で、何か代償を与えれば満足するだろうという枠組みが、日本の行動を支配しました。

六番目は、帝国主義的支配の対象に関わるものです。西洋帝国主義は、基本的には異なった大陸での、異なった人種に対する支配、西洋文明による、非文明国と彼らが見なしたものに対する支配でした。日本も明治以降、アジアで最初に西洋文明をある程度まで身につけ、文明による支配という西洋帝国主義の正当化事由を背景にして、帝国主義に乗り出しました。しかし、文化という面から見ると、それは中国から朝鮮半島を経て、日本に伝わったものです。もちろん日本の文化がすべてそうかというと、問題もありますが、近代日本が支配の対象にしようとした諸国民は、少なくとも文化的には同一水準か、あるいは日本の先輩たちでした。だから、喩えていえばイギリスがフランスやイタリアを植民地化したようなところがある。この点が、日本帝国主義といわれているものが、西洋帝国主義と非常に違っていたところでしょう。

二　終戦直後における知識人の三類型

以下の話は、小熊英二君の『〈民主〉と〈愛国〉』という本の書評をしたときに感じたことを骨子としています。

終戦直後、占領下における日本人は、少なくとも知識人に関しては、大きくいって、三つのタイプの人がいました。

第一は、大正時代から昭和の初め、まだ日本がある程度立憲的で、ある程度平和主義的であった時代に人格形成をして、大正期に立身出世した世代です。昭和一けたの総理大臣は、田中義一でもちょっと襲われたことがあるのだそうで、浜口雄幸は暗殺され、若槻礼次郎も暗殺未遂、犬養毅は暗殺され、斎藤実も暗殺され、岡田啓介は二・二六事件のとき、人違いでかろうじて生き残りました。要するに、昭和一けたの総理大臣は、ほとんど全部が暗殺の対象になっているわけです。ということは、大正時代に立身出世をして、大正時代の価値観の中で頂点に上りつめた人が、昭和の初めに、「昭和維新」を唱えた勢力に、徹底的に敵視されてつぶされたということで、大正と昭和初期との間に大きな断絶があるわけです。そこで戦後、大正時代に人格形成をした人たちは、いわゆる「昭和維新」が日本の大きな誤りであったと考えて、大正時代に復帰しようとしました。

大正時代にもいろいろな面はありますが、戦後の価値観からみれば、基本的に植民地支配体制の上に立っており、デモクラシーも過渡期で、そして政友会、憲政会（民政党）という保守政党が、圧倒的多数で議会を支配している時代でした。したがって、戦後の改革の中では、そこに復帰しようとする態度は、保守的に見えました。この世代の知識人は当時「オールド・リベラリスト」とよばれました（これは英語として問題で、自由主義者のことは英語でリベラルズといいます）。

それに対して、一方では軍国主義時代に人格形成をして、そこから変わりきれなかった人たちがいます。僕らが若いころ大人たちから、「物量に負けた」という言葉をしょっちゅう聞きました。つまり、物量には負けたけれども戦争の正当性は少しも変わっていないという意識の人たちは、決して少なくなかったと思われます。

第三には「戦中派」、戦中に青年時代を送り、戦争の被害者としての意識を持った人々です。負け戦の中で、何かといえば往復びんた、ぶん殴るという体罰があり、権威主義的な体制がいよいよ極端になっていて、青年たちは、その体制の病理を底辺で身に受け、旧日本に対する深い怨念を持っていました。もちろん、彼等も戦争中は軍国青年で、上から殴られた分は、下を殴ったに相違ないのですが……。いずれにせよ、その世代が戦後の解放によって目が覚めたような気分になり、新しい価値観に向かって集団転向が起こったわけです。この世代の戦後派知識人たちは、占領軍の奨励もあり、旧体制的なるものはすべて悪だとして、先行世代に対し、「おまえたちは戦争中に何をしていたか」と攻撃し、自分たちこそ戦後民主主義の担い手だと考えました。最初は被害者意識から始まりましたが、その一部は、他人を非難しているうちに、実は自分も加害者ではないかという意識を持つようになり、さらには被害者性と加害者性とが、自分の心の中に共存しているのではないかというふうに感じ始めました。

ところで、小熊君のこの本は、いろいろな点で非常に興味深いのですが、六〇年の反安保闘争は、戦後民主主義の戦争体験にこだわり続けた人たちが民主と愛国を結合して成し遂げた偉大な政治的事件であった、しかしこのあと世代交代が起こって、その世代は枯れて死んでしまっているという見方をしています。確かに戦争末期の体験は、戦後生まれで、戦後日本の中だけに生きた人々には全く別世界で、世代が変ると、こういう人たちの時代が終わったのだというのです。

三　戦後世代と東アジア

以上は日本の国内的側面なのですが、これをアジア近隣諸国との関係で考えてみます。

一つは、第二次大戦後の日本人のアジア忘却です。これには大きくいって三つの論点があります。一つは引き揚げです。大陸にいた百万単位の日本人が、戦後ほとんど残留せずに日本へ帰ってきました。これは、アルジェリアのフランス人などの例はありますが、世界史上珍しいことだと思うのです。帰国してきた日本人にとって、大陸での生活は過去のものになりました。私の母親は、当時の漢口《ハンカオ》、今の武漢生まれで、私もチチハルで生まれていますから、わが家も大陸に非常に関係があり、引揚者たちとの付き合いも多かったのですが、彼等の意識において、戦後すぐに満州体験は過去のものになりました。もし何十万の人間が留まり続けていたら、ずいぶん意識も異なっていたでしょう。

それから、トラウマの心理的消去ということです。若いころに何か恥ずかしいことをしたら、人間は忘れたくなります。これはフロイトならずとも、簡単な心理学です。戦後の日本人は、過去のトラウマは心から消して、未来に生きようとしました。自分が大陸でやった残虐行為などを、忘れようとしたのです。

もう一つは、アメリカ占領軍です。実は対米戦争は対中戦争の副産物で、中国をアメリカが支援し、ハルノートによって日本軍の撤退を要求したので、日本はアメリカに宣戦布告したわけです。ところが何となく対米戦争が戦争の中心のように意識され、東京裁判の訴追でアメリカが中心になったものですから、対中戦争を始めた近衛内閣よりも、対米戦争を始めた東条内閣の閣僚たちが、A級戦犯として集中的に訴追されました。そして進駐軍との関係がいろいろな意味でうまくいったと見られたために、対米和解によって戦争責任が清算されたと感じられました。

他方で中国は内戦、朝鮮戦争への介入、それから毛沢東晩年の乱心によって起こった一連の混乱、人民公社からプロレタリア文化大革命、それから「批林批孔」などの中で、外に十分に目を向ける余地がありませんでした。また、当時の中国の指導者たちが、日本人からは非常に大らかな心の持ち主に見えたということもあります。まず、終戦直後に蔣介石が、上海の日本人街が暴徒によって襲われていたときに、老子の言葉を引用して「報怨以徳（怨みに報いるに徳を以てす）」というスローガンを掲げ、日本人に対する攻撃を止めさせたことがあります。また毛沢東は、日本軍国主義者と日本人民とは区別し、日本軍国主義者は非難するが、日本人民は敵視しないという原則のもとで、日本に対する報復主義などに対して、抑制的な態度を取りました。こうしたことは日本人には、中国人は非常に偉大な民族で、さすがに度量があるというふうに思われて、そのころは日本の中国に対する崇拝の念は非常に高かったのです。日本に対する全面的な攻撃が始まったのは、江沢民体制以後です。例えば、抗日記念館の巨大な建物が柳条湖のところにできたのも九〇年代です。

朝鮮に関しては、朝鮮戦争、そのあと独裁政権が続いたりして、少なくとも日本を攻撃することよりも、内部のことに忙殺されている面が多分にありました。内部では抗日、反日教育は行われていたのでしょうが、日本人がそれを非常に強く感ずるという状態ではなかったと思うのです。それが七〇〜八〇年代ぐらいになって、中国、朝鮮ともに、歴史に目を向けて、日本に対する非常に激しい批判が始まりました。

ところで、世代問題に戻りますと、戦争中に青年時代を体験した日本の知識人たちは、戦前の日本に連なると感じられるような民族主義に対して強く反発し、後に保守派から「自虐史観」とよばれたような、自国に対する批判的な史観を持ちました。しかし、その世代の全盛時代においても、全体を支配することはできませんでした。小熊君のいう「戦後の日本の知識人の主流となった、戦争体験から発想する人たち」の意識の代弁者であった社会党と共産党は、終始三分の一以上の議席を占められなかったのです。ということは、戦後日本人は、少なくとも全体としては、保守党に投票し続けました。この保守党は、すなわち大正時代の政友会と憲政会の後身です。ですから結局、戦後日本は、知識人の世界だけに目を注ぐと、全体としては大正期の枠組みの中に復帰したのではないでしょうか。小熊君は、「オールド・リベラリスト」は大正期の特権階級で、全く歯牙にもかける価値がないという扱いをしているけれども、実をいうと戦後の日本は、日本国憲法も、大きくいえば、旧憲法下の大正時代の運用に近い形で運用されてきました。大正時代のようなナショナリズムが、戦後の自由民主党的ナショナリズムになりました。「昭和維新」のような、極端な右派的なものは、自民党の中でも主流ではありません。

対アジア政策に関しては、幣原外交が対英米協調を基本としつつも、中国ナショナリズムには敵対しない、中国ナショナリズムに対して、一応の理解を示すという行動で、南京の日本租界が襲撃されて国内で世論が沸き立ったときも、軍隊の派遣を抑えました。幣原は決して民主主義者でも何でもないのですが、そういう幣原外交的路線が、戦後日本の外交の主流を成しました。そういうさまざまな点で、自民党政権は大正期の復権ではないかと思われます。

これはあまり適当な発言ではないかもしれませんが、イラクをアメリカが占領して議会制を導入しようとするけれども、なかなかうまくいかない。それに対し、戦後マッカーサーの占領下で、議会制が比較的成功裡に復権した理由は、やはり大正時代に政党政治が成立していて、復活する原点があったからではないか。そういう点から考えて、戦後日本が大正期に戻ったことは、そう無意味なことではないのではないか。大正デモクラシーと戦後の民主主義のどこが違うかについて、細かくいえばいろいろな問題がありますが。

日本で戦中派世代が過去のものになるとともに、ある程度のナショナリズムが復権しました。これは抑えることはできないけれども、しかし過激化することもできないという構造の中にあります。日本の現状は、穏和なナショナリズムの復帰というのが大きな枠組みではないかと思うわけです。

「自国 nationalism の批判は他国の nationalist を喜ばせる」という一般論は、多くの現象に当てはまります。特に韓国の方々から批判を受けるかもしれませんが、日本の「良心派」として、戦前の罪を痛感し、国家を超えた倫理を持たなかった旧日本のナショナリズムを克服するという態度で韓国の方々とつきあおうとする人々があります。ところがそれに拍手してくれる相手の方々は徹底的なナショナリストで、まさに自分たちが克服しようとしている思考様式、自国内の枠組みと世界観だけからの物の観方でものを見ている。そこでだんだんへきえきして離れていくということが、しばしばあるわけです。ですから、ある種の穏和なナショナリズムによる共存ということが、相互にとるべき方向ではないかと私は思うわけです。もちろん、ナショナリズムを徹底的に超えるのが理想かもしれませんが、それは大衆の感情を基礎としなければ政治が成り立たない現代政治においては、現実的可能性を持たないでしょう。

李成市　長尾先生は、私が「黒板勝美はドイツの国家主義的歴史学を受容した」と言うけれども、それはヨーロッパ全体の思想的動向を踏まえていないのではないかという趣旨のコメントをしてくださったかと思います。私が述べたのは、黒板の歴史学が「合理的」「客観的」であることの意味に関する質問があって、そのような黒板がモデルとした当時におけるヨーロッパの歴史学は、そもそもどういうものであったかという文脈での話でした。

周知のように、十九世紀末の古文書学や文献学は、先ずドイツで歴史学の職業的専門家が制度化しました。そして、その方法論がヨーロッパ各国に伝播していきました。そのように伝播していった歴史学は、客観的科学的な歴史学に奉仕するだけではなく、ヨーロッパの歴史学そのものがその時代状況の「国民的和解」とか「愛国主義」の動員に使われていくという潮流があったということです。ですから、ドイツの国家主義的歴史学が日本に直輸入されたという文脈で言ったのではありません。

私はヨーロッパの歴史研究をしているわけではありませんが、既に日本に紹介されているゲオルク・イッガースとかジェラール・ノワリエルが、十九世紀のヨーロッパの歴史学をどのように捉えることができるのかについて子細に論じており、私はそれを踏まえて申し上げたにすぎません。

それから、黒板勝美は一九〇八年から一〇年まで、ヨーロッパでいろいろなものを見聞しますが、その中に次のような回想があります。すなわち、ギリシアのオリンピアに遊び、雷雨をついてゼウス神殿の廃墟に詣でて雑草深々たる競技場を徘徊しているうちに、古代ギリシアの文化の淵源がここにあるということを想起した。まさにその時に、「余に天来の声があった」と言うのです。それは、「我が国民の崇敬し、信仰する伊勢神宮に一大スタジアムを建て、その大祝日に全国民の競技を演ぜしめよ」というものです。

要するに、伊勢神宮の近くに競技場を作って、国民大会を開いたらどうか、という声が天から聞こえたと言うのです。まさに長尾先生がおっしゃったように、当時のヨーロッパ人がギリシアにどういう思いを馳せたかということに関わって、さらに、そこから黒板勝美が日本人として何を汲み取ったかがうかがえます。

ついでながら申し添えると、実際には、伊勢神宮の横には競技場は作られませんでしたが、一九三四年に開かれた皇紀二六〇〇年祭準備委員会で、橿原神宮前に大競技場の建設が計画され、その後、皇紀二六〇〇年の年に橿原神宮の横に大競技場が完成しています。黒板がこのことに関わっていたかは調べておりませんが。

私は長尾先生が誤解されたと申し上げたいのではなくて、先生がご指摘のとおり、黒板は当時のヨーロッパのある思想状況を見事に汲み取っているわけです。私はその黒板の嗅覚はすごいものだと思います。

長尾龍一　全くおっしゃる通りです。大きくいえばヨーロッパ史学が中立的・学問的であったわけではない。当時のイデオロギー的枠組の中で、単にヨーロッパ・アーリア主義のような変種もう一つあったというアディショナル（補完的）な議論で、李成市先生を批判したわけではありません。

小林正弥　最後の方でおっしゃった「デモクラシー」との関連ですが、私も戦前の大正時代との比較とか類似性といった議論に賛成です。最近私は特に平和問題との関係で発言しているのですが、戦後の「五五年体制」における自民党は、大正デモクラシーそのものというよりも、その前の桂園時代の方に近いのではないか、と私は（坂野潤治先生に従って）思っています。桂太郎と西園寺公望との関係は、官僚と利益誘導に立脚する政党（政友会）との結合であり、いわば「官」と「民」（政党）との結合を意味します。戦後は官僚と自民党が結合したので、むしろ自民党は桂園体制の方に近いのではないか。

最近、日本は小選挙区制度の導入によって「二大政党制化」が進んでいると言われていますが、それはむしろ一九二〇年代に政党内閣期に入った時に治安維持法が出来た頃（一九二五年）と状況が似ている、という気もします。だから、「二大政党による政権交代の時代が到来した」、というようにワーと盛り上がって、その後ひどいことになるかもしれない。そういう危険も感じる、と私は警告しているのです。

林志弦　先ほどの李成市先生のお話で興味深い点が二つあります。黒板勝美が古代ギリシアの遺跡を見ながら国民的競技場を作るという考え方を持った。そういうプロットは、ギボンが『ローマ帝国衰亡史』を書く前に神から啓示を受けたというプロットと極めて類似しているのではないかと私は思います。神からの啓示というのは誰とも共有出来ないものです。だから、自分の主張が正しいかどうかが問題になり得ず、誰も言及できない自分だけの考えになる。つまり黒板勝美はとても神秘的な経験から出発したといえるでしょう。ナショナリストの知識の根拠というのは、そういう神秘主義的なことが多いのではないかと思います。

韓国に金芝河という詩人がいます。彼はピョンサン半島というところから啓示を受けて何か悟ったという話をよくするのです。それは今のマーティン・バーナルの話と非常に類似している。漢民族の発祥はバイカル湖のモンゴルから来たと彼は言っているのですが、バーナルも同じくバイカル湖のモンゴルから出発したと言っています。バーナルのアフリカ中心主義が古代ギリシアを最高とする中心主義だとすると、金芝河さんが古代ギリシアの出発の中に漢民族の出発点を探すというのは、それはやはりギリシアを最高とするヨーロッパ・ギリシア主義の反面なのではないか。すなわちアジアの周辺部にあるそれぞれの民族主義というのは汎ヨーロッパ主義（ヨーロッパ中心主義）とも言えるのではないでしょうか。

長尾龍一　戦前日本ナショナリズムの公定イデオロギーは国家神道で、天孫降臨のように神話的要素があったが、韓国の正統思想は儒教です。儒教は啓示神学みたいなものを持ちません。韓国ナショナリズムにも「政治神学」があるかどうかは私も多少興味を持っている点です。

三谷博 私は「世代間」だけではなくて、戦後の時代と現在との間にかなりの隔絶があると思います。そのことを意識化するために黒板勝美の話に戻します。

私が李成市先生の発表を聴きながら考えていたことは、実は黒板が代表すると我々が認識していた「実証史学」というものが戦後日本で持っていた意味と今とでは全然姿が違って見えるようになったということです。我々の学生時代は、実証史学こそが抵抗の論理でした。その代表的な人物が津田左右吉です。彼は戦後日本の歴史学のアイドルでした。彼は、日本の古代神話の研究の際に、政府による権力的解釈とは違う解釈をあえて主張して酷い目にあった。しかし、抵抗してその学問的良心を守り通した。つまり、「実証史学」は「権力に対する抵抗のシンボル」として語られていました。

ところが李成市先生からは、実証史学は、むしろ日本のネイション・ビルディングのための重要な部品として導入されたんだというお話がありました。更に大事なことは、それが同時に植民地に対する認識的暴力の道具でもあった。そのことが戦後には見えなかったが、現在は見えるようになっている。そういう意味でかなり状況が変わったなあというのが私の印象です。そのような変化をある世代が感知して表現すると、それが上の世代にも下の世代にも拡がっていくのではないか。このような感想を持ちました。

長尾龍一 だいたい賛成です。今の「新しい世代」について、少し申し上げたいと思います。戦中派の知識人が歴史から退場していった中で、一般の若い世代は戦前の日本が何をしたかについてほとんど何も知らない状態になってきました。そのような若い知識人の世界において、最近インテンシブな旧植民地時代の日本の研究に集中するグループがかなり広く出て来ている。一九七〇年代の後半ぐらいからで、京大の水野直樹さんとか、都立大の森山茂徳さんというような人たちが先駆者だったのですが、最近は日本の植民地研究について、三十代ぐらいの研究者グループの層がどんどん拡がっていると思います。

浅野豊美君という人が、二十人ばかりの若い研究者グループをオーガナイズして、日本の植民地支配の法的側面の研究会というのを一年間やりました。その成果として本が出ましたが（『植民地帝国日本の法的構造』）、これらの若い知識層は、今まではほとんど忘れかけていたこのテーマに対して強い関心を持ち、新しく取り上げるようになりました。

私も広く知っているわけではありませんが、彼等の研究の特色は、先行世代と異なっています。満州にいた私の父の世代は、体験的な回想に終始した。続く戦中派知識人は、日本がいかに悪いことをしたかを道徳的に悔悟し、ナショナリズムを克服して自国の糾弾をするといった道徳主義的なアプローチでしょう。ところが彼等は純粋な知的好奇心から研究しています。

岸信介さん等が生きている時に、満州関係者が作った『満州国史』というぶ厚い本があります。今の若い世代があのグループとも非常に違うのは、まず文献学的であることです。当時の満州国の内部資料を外交史料館などに行って探し出してきて、徹底的に歴史学的、実証的に研究しようとしている。

例えばある人は「満州国における競馬の研究」をしています。

関東軍がシベリア出兵をする時に、日本の馬が寒さに弱く蒙古馬が強いことが分かり、蒙古馬の雌馬だけに重い荷物を背負わせて遠距離を走らせる競馬を、関東軍が満州で奨励していた。そのことの実証研究をしている。ただ「面白い」からだけではないかとさえ思われます。こういう世代が登場してきた。その集団がどんどん拡がっているようです。

最近の若い世代による旧日本の植民地研究が、ある狭い世界であるけれどもブームの観を呈している。それがだんだん拡がっているということを感じます。しかも、戦争のトラウマを体験していない中国や韓国の同世代の研究者たちも集まって、一種の知的コミュニティーが出来つつあるというような印象を受けます。私は消化不良ですけれども、一つの注目すべき現象ではないかと思っています。

黒住真　私もちょっと似たような経験を持っています。以前だったらある種の道徳性を掲げながら植民地のことに関わるのですが、最近は必ずしもそれを掲げないで入っていく人たちが出てきている。そのことを、私も別の分野でかなり感じます。

これは、今の若い層にある種の「無感覚」ないし「空白」のようなものが生まれており、それが一体どうなるのかという問題とも繋がると思います。社会史的な細部に関心をもつというレベルもあるかと思いますが、ただそれだけでもない部分がある。一種の狭い意味での道徳主義から解放されたレベルでの探究からもう少し奥のレベルへ新しい世代が入っている部分もあるのではないかなという感触も私は感じています。

李成市先生の話とも繋がります。三谷先生は先ほど、「実証主義」の意味は政治から距離を取ったり抵抗したりということだったのに、実は政治性を帯びていた。非常に裏腹のようになっている、とおっしゃいました。私は李成市先生のご発表の意味が一体何なんだろうかとずっと考えていたのですが、それは結局、黒板の持っている実証主義ないし合理主義が政治的だったから駄目だということを言いたいのではなくて、そこからやっぱりある種の批判的理性ないし理性的なものを掬い出そうとしているような面が李成市先生の発表には実はある。

それはちょうど、語らない父に対して子供が問い直すという話がありましたけれども、李成市先生を「子供」にして申し訳ないけど、「これが合理的だ」と子供が思っていたものも「父」は持っている。そのような文脈で「子供」の側が問い直す。そんな作業が行われているような気がします。それは、「父は無意味だったんだ」という話だけではなくて、父の持っていた政治性をもう一遍明るみに出すことによって、ある種の「世代間対話」をしている。一種の歴史的な理性みたいなもののダイナミズムをもう一遍、その中で再形成していこうとするような営みが行われているというふうにも考えられるのではないかと私は思いました。

そのような意味で、李成市先生のお話にも非常に感銘を受けました。今、長尾先生は、今の若い人たちがやろうとしていることが文献学的なことをものすごく踏まえていると言われましたが、彼等がそういう実証主義ないし批判的な理性を継承しているのかもしれないというところに私たちとしても望みを持ちたいと思いました。

長尾龍一　「父」の世代は、戦争に行って善かれ悪しかれ様々な激烈な体験をした人たちで、その子供の世代が今の団塊の世代です。そのまた子供の世代ということになると、そういう記憶の伝承は非常に少なくなってくる。しかも、三世代家族が少ない。おじいさんから聴くという機会も今の若い人たちは非常に少ない。彼等の研究が文献学的になったのにはそういう点もあると思います。

私の個人的な印象では、植民地問題については現在でもタブーが多い。いろいろなことを言うと、韓国側から「妄言」だとかと言われ、他方では日本右翼に「自虐史観」だとかと言って攻撃される。その結果として、無難に非政治的な領域に研究を限定したりしている。私は彼等に対してそういう印象も持ちました。

しかし、これは長続きしない。いつかああいう研究がもう一度政治化していく可能性があります。現在は過渡期ではないだろうか。つまり、彼らはイデオロギーの激しい対立状況の中で、知的好奇心だけを満足する無難な領域に、議論と研究を人為的に集中しているわけですが、次の世代には何が出てくるのだろうか……。

山脇直司　長尾先生のお話の最後のところで「ナショナリズム」が出てきましたが、ナショナリズムに関しても、類型化が今進んでいます。シヴィック・ナショナリズムとかエスニック・ナショナリズムなどがその中の大きな類型に当たりますし、日本共産党の論者にみられるように天皇制を否定するナショナリズムもあります。長尾先生は、穏健なナショナリズムとこれから共存できると言われましたが、先生は天皇制の問題も含めて、どういう形のナショナリズム観をお持ちなのか。その方向性をお聞かせください。

長尾龍一　何しろ私の〝種本〟はハンス・ケルゼンという無国籍的ユダヤ系知識人です。私個人はナショナリストではないんですよ。私が「日本にナショナリズムがある」というのは、そういうのが社会現象としてあるなあと認識しているだけのことです。

今の若い人たちについては、近い世代の皆さんの方が私よりよく分かるんでしょうが、私は今の若い世代について不思議に思っている点が幾つかあるのです。その一つは、自分たちの祖先がいろんなことをやったために自分たちは何の罪もないにも拘わらずこれだけ近隣諸国から非難攻撃されているということに対して「祖先を怨む」という発想があんまり見られないのはなぜなのか。これがよく分からない。

実は私は父親が右翼だったために、父親と激しく喧嘩しました。父親をかなり怨みました。エディプスコンプレックスももちろんありますが、そういうのと較べて今の若い人たちは祖先がやったことについて淡々とし過ぎているのではないか。こんなに子孫に迷惑をかけていいものかという発想があまりない。どうしてだろう?

もう一つは、天皇制について。私は終戦直後の、しかも啓蒙主義の影響を強く受けて育った人間です。だから天皇制なんていうものはいずれ無くなるのではないかと思っていました。今の若い世代が、なんのカリスマもない今の天皇に対して一応儀礼的な敬意をはらっている。例えば試験の答案に天皇や皇族について敬語を使う学生がかなりいます。そういうことなんかを含めて、今の若い世代は日本の歴史を淡々と受け入れているところがある。ここがまた私にはよく分からない。

三谷博　ついに問いかけが若い人に及んだようです。若い世代に直接答えていただきたいと思います。

小林義之　大学院で中国の近現代史を勉強しています。歴史問題というのは正に戦争の問題を考えていかなければならないのですが、情念を持っているのかと言われると、実は私自身そんなに持っていません。先生がおっしゃったように、むしろ淡々と受け入れるような形です。例えば石原慎太郎が過激な発言をしたときにも、怒りをもってそれを聴くというよりも、ただ普通に、「ナニ？　ヘンなことを言っているんだ、このおじさん……」という感じです。私からしてみれば、中国に侵略したというのはある意味で当然ですし、アメリカと戦争したということも当時の政治の指導者が誤った判断をしたからだろうなと淡々とした受け止め方しか出来ないのです。長尾先生が「何を考えているのか分からない」と言われても、「そう考えている」としか言えないような状態です。

塩出浩之　確かに過去についてはそうであったとしか言いようがないというのが実際のところだと思います。私の親とか祖父母について言うと、戦争で兵隊にとられはしたけれど、運良く行かずに終わったということもあって、強烈なことといえば祖父が少し被爆したことぐらいです。戦争について、個人的に強烈なイメージを持っていたわけでもないということもあって、「怨む」ということも特にないし、「そういうことがあったのだろう」ということで、比較的受け止めやすい立場にいるとは思っています。

ただ、父親の世代はそうでもないだろうということはある程度理解しているつもりはあります。

遠藤水城　僕は北海道出身ということもあってか、「内地」のことに対して距離感が常にあります。僕の親は戦争を体験していなくて、唯一僕の祖母から北海道の田舎でモンペ姿で逃げ回ったという話を聞いたくらいが僕の戦争との個人的なつながりです。

北海道では日教組的な教育が非常に強かったように記憶していますので反戦教育が盛んだったように思います。僕にとってはそういった教育はどこか非常に遠いものに感じられました。そしてそれと同じくらい、たぶんそれ以上に、いまの若い人が天皇制を安易に肯定していたり、過剰にナショナリズムに傾倒したりするのも遠く感じます。前者に対する反発として小林よしのり的な後者の言説が現れてきていると思うのですが、どちらも僕にとっては実感として強く作用しなかったということです。

僕は大学院ではフィリピンの研究をしています。個人としてはキュレーターという仕事をしていて、現地で展覧会や様々なアート・プロジェクトをしています。フィリピンではある一定以上の年代の方には強い反日感情があります。また地域によっても対日感情の根深い地域があります。仕事をする上でどうしても彼ら／彼女らと対話をする必要がありますし、むしろそういった対話を通さなければ良い仕事ができないというところがあります。だから、僕は自分のやりたい展覧会やプロジェクトを通して歴史を認識しているのだと思います。そこには過去とどう向き合うかということと同時に未来の、これからの文化をどうやって一緒に作っていくのかという問いが含まれていて、それらが切り離せない、結びついているということが僕にとっては重要で、唯一そこから僕は歴史に触れることができる、という実感を持っています。

X

私が生きた歴史：その体験と感覚と認識
――世代間対話としての歴史理解を目指して

金　泰昌

一　世代間の語りあいとしての歴史

私は今まで、国家とか国民という観点から歴史を考えるということに深くコミットした記憶がありません。それはもしかしたら、公教育を通して教えられた歴史というのが、私の実存的な次元にまで響くような内容のものではなかったからかもしれません。言い方を換えれば、小学校・中学校・高校を通して「国史」の時間に感動したという経験が一度も無かったからです。先生たちの教え方がわるかったのか、それとも内容自体がそもそも感動を覚えるようなものではなかったのかは、簡単に断言できません。恐らく私自身が国家の歴史とか、国民と同定された人間の特殊なあり方に関する限りでの歴史には、あまり興味が無いからでしょう。私の個人的な関心と言えば、具体的な人間の歴史です。自己と他者との出会いと、そこから切り拓かれるドラマとしての歴史です。ですから、理論化され体系化され教科書に書かれている公的な歴史よりも、悩み、苦しみ、喜び、挫折しながらも希望を捨てきれなくて生きつづけた人間たちの歴史に惹かれるのです。

歴史とは、私にとって、語りつづける生きた物語です。世代と世代の語りあいです。祖父母の世代と父親・母親の世代、そして私の世代と子供の世代が、夢と願いと望みを語りあうことです。それは世代を横断して共媒される生命・生存・生業の継承と生生の物語です。そこには、自己と他者の出会いから始まり、共に体験する苦悩と悲哀と絶望と救済という出来事があります。ここで「共に」というのが「同じく」とか「みんなと一緒に」という意味だけで理解されるべきではないということを強調しておきたいのです。それは多様・多重・多元的な相関体験なのです。ですから、一人ひとりの夢と願いと望みの共同一体化を目指す国家の歴史とか国民の歴史というのは、人間の知的・倫理的想像力を抑圧・制限・貧困化させる制度的暴力として、体制権力によって悪用されたことも多々あったという事実を、忘却しないことも重要であります。

今日の私の発題は、世代間の語りあいとしての歴史という観点から歴史についての私自身の体験と、感覚と、認識の一端を語ることによって、皆様の多様な議論の発展に多少でも資したいと思います。

まず気短な、そしてゆっくり待てない方々のために、私の発題の結論のようなものを述べさせていただくことにします。

人間は前もってどこかで決定された本質というものを持っていません。もしそのようなものがあるのであれば、それに従って・それに応じて・それに忠実に生きて行くのが人間にとって正しい途であるでしょう。それは人間を運命的存在として受けて認めることであります。しかし、人間とはこの世に生まれてきたときからいつか死ぬときまで、ときとときのあいだを、過去と未来のあいだを、自己と他者のあいだを、世代間の対話として共に語りつづける物語り的生生と考えるべきです。それは運命ではなく歴史であり、それは所与ではなく課題であります。歴史を根こそぎ剝脱された経験のあるものにとって、歴史は実証されるべき事実であるとか、客観的な立場から論ずるのが望ましいということより滑稽なことはありません。歴史の剝脱は存在するすべての史料の破壊・奪取・隠蔽・変造とともに行われるものであり、最初から客観的思考・判断・反省の余地を意図的に抹殺した悪意の所産であるからです。

二　歴史感覚の源泉——独立国家誕生の過程とその後

私が歴史ということばと出会った最初のきっかけは、一九四五年八月十五日の夕方です。それまでの揺ぎない現実としての大日本帝国が崩れ終り、大韓民族の独立・光復が実現した偉大な歴史的大転換の始動という叫び声が、あちこちから聞こえてきました。「今日から新しい歴史が始まる」ということも言われました。日本の歴史は終り、大韓の歴史が始まるということでありました。

では具体的にあらわれた新しい歴史の始まりは何だったのかと言いますと、私の個人的な見聞の記憶では、日本人に対する抑えられていた憎悪と怨念の暴発です。個人的・集団的復讐行動が断続的に行われました。そこには剝き出しの民族感情の沸騰としか言いようがない、カオス状態がしばらくの間つづきましたね。それは民族の名の下で差別され、抑圧され、排除される民族の時代を、あらゆる苦痛と悲哀をもって通り抜けてきた植民地民族の帝国支配民族への原初的報復であったと言えます。古い歴史に終止符を打ち新しい歴史を創始するためには、一度カオス——暴力と恐怖——からすべてを改めてやり直すしかないのかもしれません。天地創造とか国家創建にかかわる神話とか説話は、必ずと言っていいくらい、何らかの混沌状態から始まるということもよく理解できるところがあるわけです。とにかく、私の最初の歴史体験とそこから形成・変化・再生された歴史感覚の源泉は、このあたりにあるのではないかと思われます。

一九四八年八月十五日、韓半島の南半分に大韓民国が成立し、それと連動して、北半分に朝鮮民主主義人民共和国が九月に成立するわけです。三十六年間の帝国日本による植民地支配から解放され、独立した感激が沈静するまもなく、同一民族がイデオロギーと体制によって分裂・対立・反目するという歴史の展開に巻き込まれたのです。民族分断という歴史的状況の発展・定着・強化という体験がほとんど強制されたと言えます。他の選択の余地が見出されない国内・国際両面における政治的・社会的激動の真っ只中を生き抜いたわけです。歴史とは常に激しく揺れ動くものであり、その進展の中で大勢の人間たちがいのちをかけて闘い、そこで死んで行くもの・犠牲になるもの・犠牲にされるものを数多く目撃しました。日本人・日本国に対する反感・憎悪・敵対感で一つにまとまっていた大韓民族という民族感情が、南と北、自由民主主義と平等共産主義、アメリカ陣営とソ連陣営などのイデオロギー的・体制類型的二分法によって切断されてしまったのです。

一九五〇年六月二十五日、韓半島には戦争が起きました。一九五三年七月に休戦が実現するまで、同一民族間の骨肉相争（残）を通して、互いの反感と憎悪と敵対心が増幅・深化・沈澱したわけです。

南北のどちらにつくかというのは、一人ひとりの意志で選択された場合もありましたが、ほとんどの人間は、私自身も含めて、たまたまそうなったとしか言えませんね。たまたま南に住んでいましたし、あえて北に行くという意志もなかったし、何となく日本よりは、もちろんソ連よりも、アメリカの方に好感が感じられたというのが今から考えてみてもその当時の雰囲気でありました。私と私の家族を中心にした親戚とか友人たちのことです。それ以外の人々のことは自信をもって言えません。

この戦争を、現在韓国では六・二五戦争と称します（私の世代は「韓国動乱」という言い方に慣れていますが、これも批判の対象になるのでしょう）。六・二五戦争を通して、私自身はいろんなことを経験しました。私はその年（一九五〇年）の四月に新制高校に入学したばかりでした。戦争の途中である日突然激しい戦闘の渦中にまきこまれてしまいました。いきなり戦場で準備も何もなしに南軍と北軍のあいだにはさまれたのです。後からは「勝手に動く奴は敵と見なして殺す」と威嚇され、前の方には別の軍隊が機関銃を持って構えているわけです。もちろん、いつどこから銃弾が飛んで来るか分かりません。極度の恐怖と戦慄の中で、まったく方策無しの少年心には、専ら死なないために逃げ場を探すだけで、他の何も考える余地などありませんでした。激しい戦闘の真っ最中はむしろ無心の状態に近いものでした。ふと銃弾の音が止んで薄気味悪い沈黙が四方八方に重く広がるときが、とてつもなく怖いのです。そのような極限の瞬間にも人間は考えるのですね。「なぜ私がここにいなければいけないのか」。「誰が私をここに引っ張り出したのか」。引っ張り出された者と、引っ張り出した者との間の問題が私を怒らせました。「なぜ私という存在がここに来て死ななければいけないのか」。「何のために、誰のために死ななければいけないのか」。正直に言って、第二次世界大戦の末期にいわゆる神風特攻隊に動員された若者たちの中にも、当時の私と同年代の少年たちが含まれていたかもしれないと思うと、現在七〇歳代の人間としても、心の激痛を感じます。一九九〇年、日本に来てから、神風特攻隊員であった人々の日記や手記を読んだとき、六・二五戦争の戦場で私が思ったことと言えば、国家に対する忠誠心とか世界平和への念願では全然なくて、ただ自分が何としても生き残りたいということしかなかったという意味で、国家を愛する心に天と地の差があったのかもしれません。私が人間として未熟だったのでしょうね。正直に言えば、戦争までして守るべきもの、そのために生命をささげるべきものが何なのかがよく分からなかったのです。「国家のために死ぬ」ということばはよく聞きましたが、私自身は納得はできませんでした。私の心の中には深い疑問がありました。国家って具体的に誰のことであり何のことか？

戦争が始まってまもなく、李承晩大統領による全国向けの特別放送がありました。「偉大なる国軍は国民の生命と財産を保護するために身命をかけて戦っています。ですから絶対疑うことなく政府を信じて日常の仕事に勤めてください。国軍は必ずいつもどこでもあなた方と一緒にいます」。その放送を信じて逃げずにいると、翌日の早朝、北の人民軍がすでに進駐していたのです。大統領の放送が流れている時、すでに李承晩は釜山の方に逃げていたことが後で分かりました。また戦術上の理由ということで、漢江という川に一つしか架かっていなかった橋を爆破し、避難の途を閉じてしまったのです。

戦争がつづくなかで、韓国の軍隊による残酷な民衆の殺戮がありました。韓国の軍隊は、逃げながら、かつて共産主義に間接的に同調したという名目で、罪無き人間たちを数多く殺したわけです。私の母親の弟は日本の早稲田大学出身で、日本文学を研究した人ですが、彼の日本留学中に金銭的援助をしたことがあったので、私の父親の事業に力を貸すということでうちに来て私たちと一緒に暮らしていました。戦争勃発後のある日突然軍部に呼び出され、他の多数の人々と一緒に銃殺されたということを、戦争が終わってから知らされました。母親は最後の最後まで、生きて帰ってくることを信じていましたが。

何故殺されたのか。彼が日本で留学しているときに不穏な思想に汚染されたというのが理由でした。

私は詳しいことは知りませんが、父親と母親から後日改めて聞かされたのは、一九四五年の終わり頃に帰国してから、ちょっとマルクス主義に興味を持って何種類か文献に接したことがあったらしいのです。それが主に日本語のものであったので、まわりの反日的な人々から余計疑われていたところ、戦争で人々の心理が平常のバランスを失った状況の中で、軍当局に密告した者がいたということです。ここで反日と反共がどのようにつながり、それがまた数多い犠牲者を出すことになったのかという問題を考えざるを得ないのです。

私の家庭では独立以後すぐ、父親が所蔵していた日本語の書籍は全部処分しました。惜しいという感情もあったようですが、家族全体の身の安全のためということで焼却したおかげで、そのような問題は無かったわけですが、母方のおじは本当に悲しい最期を迎えることになったのです。

また私の一人の妹も戦場で死にました。アメリカ空軍の爆撃によるものです。北から来た人民軍といわゆる韓国の国軍の間には、戦時中の民間人に対する態度、姿勢という側面から見て、それまで韓国の内部で宣伝されてきたほどの差異はありませんでした。むしろ、正直に申しますと、南の韓国軍よりは北の人民軍の方がやや清潔でした。もちろん北の方は軍隊の中に宣伝幹部という役職があって、ある所を占領すると、軍隊が何かをする前にまず宣伝幹部が住民を集めて宣撫工作というものをしました。戦争は何のためにするのかという説明をするわけです。そして軍人たちに厳格な規律を守らせ、女性に対するレイプや子供の虐待をさせないようにする。もしも誰かがそんなことをやれば、見せしめとして銃殺するわけです。

しかし、当時まだ規律が足りなかった韓国の国軍は、至るところで赤狩りという名の下で残虐行為を行いました。そこで韓国軍のイメージが悪化してしまったわけです。そういうことを経験しながら私は、同じ民族であっても戦争が起こると互いに残酷極まりなくなるのだということを実感しました。戦争というのは集団狂気の所産であると同時に、それを限りなく増殖させるものでもあります。そして軍隊以外の人間は、人間としての価値と尊厳を完全に喪失します。特に子供と女性と老人は、邪魔者扱いにされますね。

六・二五戦争に対する北の人民軍政治工作隊の説明では、一部の親日親米の反民族資本家階級に対する、労働者階級主導の人民解放戦争であるということでした。そこで、民族分断は階級分断という歴史体験と、それに基づいた歴史認識をもたらすことになるのです。歴史とは何か。それは階級闘争であるというマルクス主義の歴史観が、強力な影響をいたるところに波及させるようになるわけです。そして、家族も職場の同僚も学校の同級生、及び先輩後輩もすべて階級意識の浸透・波及による、相互不信の社会的風潮が拡散するようになりました。韓半島の南北戦争が終わってからは、南も北もそれぞれの体制作りを別々にすすめ、形式的には北の平等志向の社会主義共和国と、南の自由民主主義共和国の冷戦的競争が展開するようになります。

それは言い方を換えれば、共産主義と資本主義の体制競争でもあったのです。しかし一九八〇年代の終りまで、韓半島の南北両方に権威主義的開発独裁体制が定着・維持・強化されたと言えますね。ある程度やむを得なかったという事情を考慮に入れるとしても、その期間が長過ぎましたし、その仕組みが堅過ぎました。南の方では、堅固な軍事独裁に対する反抗が、主に革新的な知識人と学生たちによって強力・周到に行われました。一九六一年、朴正熙陸軍少将を中心とする将校団のクーデターが成功してから始まる時代の光と影を骨肉に浸みる苦痛を以って体験することになりました。

三　学園事態と世代間の相互不信

北のことは直接経験していないので、一般民衆の歴史感覚がどうなのかはよく分かりません。ですが、南では、政府による祖国近代化政策路線と、民衆側——主に知識人と学生が表面に出ていたのですが——の反独裁・民主化運動路線との激烈な分裂・対立・衝突が続くなかで、マクロ経済的な成長・向上がもたらした相対的豊かさの実感とともに、社会的・経済的格差及びそこから生じる心理的反発が同時平行的に拡散した時代でもありました。特に一九七二年から、いわゆる維新体制という名の下に軍事独裁体制の構造的強化が強行されるに伴って、反政府・反軍部民衆運動も熾烈さを極めるようになりました。学園事態——日本では大学紛争と言われたようですが——と称された状況の中で、大学と大学人が前例の無い苦難と悲哀と絶望を痛感した暗黒の時代でありました。私自身の感覚としては、まさに哲学と政治の関係が最悪の矛盾をあらわにした時代ということだったのです。学者の政治的位相が根本から問われました。大学教授の社会的責任とは何かという問題も深刻に論難されました。恐らく当時の私が大学教授であったからでしょうが、あらゆる問題の本質が大学に集約されたのではないかとも感じられたのです。いろんな問題の中でも、歴史体験と歴史感覚における大転換が、私自身にとっては最も重要でありました。民族の独立と繁栄の探究・実現を目指す民族史という体験と、感覚と、認識が、階級闘争とイデオロギー闘争の同時進行によって、民族が二極分裂するという民族分断の歴史体験・感覚・認識に変わって行くプロセスを、身をもって経験したわけです。

しかしもっと重要なことは、民族の階級的・イデオロギー的分断の強化・拡大に伴って、急激に世代間の対立・葛藤が先鋭化したという状況変化です。いつのまにか家庭でも学校でも職場でも相異なる世代間の相互不信が深まり、意味のある対話が成り立たなくなりました。昨日までの良好な師弟関係が、突然激しい敵対関係に変質してしまったときのショックは、大変なものでした。学問の研究と大学での学生たちとの共働学習が唯一の生きがいであった私にとっては、それこそ絶体絶命の危機でありました。

学園事態が悪化一路をたどる中で、特に一九八〇年代に入ってから私自身生まれて初めて学生たち――いわゆる「主思派」（金日成の主体思想をかかげて軍事独裁政権に反抗した反体制運動の主導勢力）の学生指導者たち――によって激しく批判・罵倒・排斥されるという辛い経験を強要されました。それは基本的に三つの論点に要約されます。まず第一点は、私の対日姿勢です。それは私の家庭に関することと、私の授業内容に関するものです。特に父親の日本での経済活動が親日的であったということと、私の授業――特に「人類文化と地球社会」と「国際関係：理論と歴史」という科目――の内容が十分反日・民族史観的でないということに対する、猛烈な攻撃・罵倒でありました。何よりも韓国と日本が共に幸せになれる世界の共働構築を目指すというのが、若い世代には親日的過ぎると思われたようです。

第二点は、私の対米姿勢です。私の思想姿勢が基本的に外勢従属であるという糾弾であります。まだ民族主体史観が確立されていないということでした。階級意識はもちろん、民族精神も不十分だということです。

そして第三点は私の対北姿勢です。私はほとんど本能的に共産主義体制というのがいやでした。特に北朝鮮式の共産主義体制には共感できなかったのです。私の博士論文はマルクスとウェーバーとスミスを比較するというものでした。当時の韓国の状況では数少ないマルクス研究でもあったのですが、私とはかなりちがう彼ら・彼女らの歴史体験と感覚と認識から見て、私は反民族共同体的知識人でしかなかったようです。結局この三点が私の罪目でした。

しかしこの三点を掲げて私を糾弾するのは、戦術として標的分散的で、非能率的であるということで、結局それらを全部ひっくるめて「親日派御用教授」というレッテルが貼られました。私自身は、御用教授というのが一番嫌いでした。しかし、批判的な学生たちから見て、私が例えば政府の人口政策・地域開発・教育問題対策などとの関連で積極的に諮問・助言・提案したことが許せなかったようです。私の悩みというのは、若い世代との間に突然あらわれ、それが日々に堅固になって行く対話不在の壁と、その前で何も出来ない無力不能の挫折感から生じるものでした。私の肉体的な生命は続くかもしれないけれど、私の大学教授としての生命はここで終わるのか。本当に毎日悩みました。

一方の反体制の学生たちも一枚岩ではなく、また闘争の段階毎にその基本姿勢が少しずつ変わりましたね。糾弾と排斥のターゲットの選別と批判の重点に関しても意見がいろいろあって、当初の姿勢が徐々に変わったのです。後日リーダーの一人から聞いたことですが、私に対する批判も不公平・不正確なところが多くあったということで、学生たちの間でも私に対する認識の修正が出てきたということでした。そして一九八五年頃から私と学生たちの素直な対話が成立するようになりましたし、少なくとも私の対日・対米・対北朝鮮姿勢がある程度善意で議論されるようになったということです。

しかし、私が本当に絶望的な悲痛を感じたのは、一九八七年のある日突然、当時国軍保安司令部というところに呼出・拘禁されて、三日間昼夜を舎かず尋問・調査されたことです。精神的拷問と肉体的消耗の微妙な組み合わせをくりかえすことによって、自白を強要する仕組みを通じて、極度の非人間的屈辱を味わいました。当時誰もが一番恐れていた保安司の取り調べ担当者が、私を反体制学生運動の背後煽動者に捏ち上げようとしたのです。彼らの定義で「悪質アカ主導者」と言われる学生たちが自白したとのことでありました。五日目になってようやく、それが事実無根であることが証明されたということで釈放されましたが、私にとってそれは一生忘れられない出来事です。軍事政権側と反政府学生運動の指導者側との死活をかけた政治闘争の真っ只中で、大多数の学生たちの「いのち」（生命・生存・生活）を守り、犠牲者をできるだけ出さないようにするという「はたらき」がいかに困難であるか、ということを痛感した事件でありました。「間」を生き、「間」からの媒介をはかるということが至難の業であるということです。

四　「いのち」から歴史を捉える

ここで私は、皆様とともに改めて考えてみたい問題を提起したいのです。

まず、歴史というのは、客観的に確定可能な「もの」（実体・本体・本質）なのか、解釈し構築する「こころ」（心像・観念・理念）なのかという、歴史の捉え方にかかわる問題がありますが、私の個人的な見解としては、歴史は「いのち」（生命・生存・生活）であり、それとの関連から捉える必要があるということであります。

私が韓国での歴史的体験と感覚と認識から実感したことは、民族とか階級とかイデオロギーとか言うのがいかに反人命・反生存・反生活（生業）であったかということです。私はここでは国家のことに関しては言及しません。それは国家というのが民族や階級やイデオロギーの名の下に、ありとあらゆるかたちで歪曲・変質・悪用されてきたという事実と、それに関するさまざまの生の体験を、私なりにきちんと整理して、その上で私なりの認識を構築するためには、もう少し熟慮の時間が必要だからであります。それは韓半島におけるすべての問題が、大韓民国と朝鮮民主主義人民共和国という二つの国家の共存を通して解決されるのか、それともいずれ南北統一を実現し、一つの国家になることによって解決するのかという課題が残っているからです。私個人の意見では、自由民主主義が基本という前提で統一されるのは切願の目標ですが、例えば金正日体制の下での統一国家はどうしても受け入れられないのです。しかし、現在の韓国での五〇歳以下の世代は、その基本的な歴史体験・感覚・認識から言って、私よりはるかに親北的であります。ですから、必ずしも自由民主主義が基本にならなくてもよいのではないかと思っていますね。民族的同質性という（私から見た場合の）虚像にすべてをかけているようです。

私は民族の名の下で行われたいろんな残酷行為の実例を目撃した体験と、感覚と、認識に基づいて、民族の実像というのは、多様・多重・多層的なもので、すべての問題――たとえば政治的・経済的・社会的・軍事的対立――が民族的同質性という名の下で解決可能であるという、彼ら・彼女らの見方・考え方に全面共鳴できないのです。

現在の私の率直な心境とは、結局一人ひとりの人間の生命・生存・生活（生業）と、それが意味のあるかたちで成立・維持・向上することが可能な環境が、何よりも重要であり、それを生活の現場から地方・国家、そして地球という三つの次元を相互関連させて考える方向で、歴史を体験し、そこから生じる感覚を大事にし、そして生命と環境の保存と向上という課題を相異なる世代間の対話を通して持続的に語りあうという歴史的実践を強調したいのです。

では歴史を世代間の対話として捉えるということはどういうことなのでしょうか。まず「世代」とは何か。皆さんが考えている「世代」は、恐らく広辞苑的な意味の「世代」ではないかと思うのです。

広辞苑には代表的な定義が二つあります。（1）「親・子・孫と続いてゆくおのおのの代。親の跡を継いで子に譲るまでのほぼ三十年を一世代とする」「生年・成長期間がほぼ同じで、考え方や生活様式の共通した人々。また、その年代の区切り。ジェネレーション」。（2）「ほぼ同時期に発生または出生した、普通は同種の個体の一群。また、親の出生から子の出生までの平均期間、すなわち世代時間の意味にも使われる」。だいたいこういう捉え方だと思うのです。

私の考えはこれとはちがうところがありますが、とりあえず広辞苑的な意味だけでもって考えても、「歴史」というものは教科書に書かれている歴史とか、制度世界で言われている歴史を言う前にもっと実存的な相があるのではないでしょうか。例えば具体的に「わたくしの命」「あなたの命」「彼の命」「彼女の命」という次元からもう一回考え直すということになれば、やはり「世代と世代の間の対話」という形で形成される認識が整理され、もっと実存化され、身体化されると思うのです。その「歴史」が含む根本的な現実というのは、まさに「思想」（イデオロギー）や「物質」ではなくて、一人一人の具体的な「生」ではないかと思うんですね。「生」を基盤にしない歴史はまったく無意味というのではありません。しかし、少なくとも私の今まで生きてきたところから見ますと、どこか遠いところから聞こえてくる空言のように感じられてしまうのです。

正直に申しまして、私は韓国の歴史という一つの歴史の中だけで生きてきたという認識ではないのです。体験的にも感覚的にも、韓国と欧米と日本のそれぞれの歴史と歴史との「間」を生きてきたというのが、私自身が納得できる私の実像ではないかと思うのです。それは恐らく、祖父が身体は大日本帝国の領土の中で歴史的実存として生きたけれど、彼の心情は中国古典の世界で徨遊していたということと、母親もヨーロッパのキリスト教の世界への憧憬と植民地祖国の現実との間で、専ら神への信仰を持ちつつ生き抜いたということに深くつながっているのではないかと思われます。そして父親も、一人の韓国人としてのアイデンティティと、日本では日本人と共に企業活動をつづけるということとの間を、現実的に調整して行くための苦労と工夫がいろいろあったと思われます。そういうことも私の中に何らかのかたちで響いているでしょう。

私は、一部の学生たちから批判されたように、階級意識とか民族精神とか民族愛とか祖国愛とかいうものを、自分で本当に実感したり確信したことがないのです。不幸で未熟な人間と言われても、別に反論する意思もありません。歴史と歴史の間を生きてきた人間には、一つの歴史との一元的同一化が困難なのです。複数の歴史を生きてきた体験と感覚と認識から学んだことがあるとすれば、それはすべての物事は相克・相和・相生の過程を通じて形成・解体・

再生されるということです。そして何よりも、意味のある人間的営みとしての対話への強烈な願望・期待・希望です。私自身の場合は家庭の中での対話を通して歴史体験・歴史感覚・歴史認識の多様性・複雑性・個別性を実感することが出来ました。祖父も母親もそして父親も、出来る限り私に語りかけてくれました。そして何よりも私からの語り返し――応答・反応・反論――に傾聴してくれたのです。

その時は反感・違和感を強く感じたこともいろいろありました。しかし今になって考えてみますと、暗くて恐い抑圧の時代の韓国に生まれ育った私なりに、精一杯生きられたのは、何よりも家庭における世代間対話のおかげではなかったのかなと思うのです。対話の内容とは主に祖父の朱子学を中心にした中国古典の教養と、母親のキリスト教を中心にしたヨーロッパ的な思考と、父親の日本的実用主義に基づいた生き方が時々葛藤を生みながらも、いつ、どこで、どのような状況の中でも、生きて行く力を備えてくれたと思うからです。私も一人で考える学者というよりは、時代と状況の要請に対応するなかで主に師匠・先輩たちの言説に耳を傾けながら、学生や後輩と語りあう学者として、私に与えられた機会と課題に私なりの対応をしてきたつもりです。

私の考える「世代」というのは、お互い違う個体の間を規定する概念だけではなくて、一人の人間の中にも多世代が共存するという感じなのです。私自身が親（の世代）や娘（の世代）と向きあう時は、もちろん親（の世代）と私（の世代）と子供（の世代）に分かれますが、またもう一方では私自身がそれぞれ違う世代を同時に生きているという認識をもっています。ですから、私にとっての自己内世代間対話と、親（の世代）や娘（の世代）との間の世代間対話があるということです。私は「歴史認識」というのも、一度出来たらそれで固定化されるというものではないと思うのです。歴史は「もの」ではなく「いのち」であると考えますので、変化・成長・成熟するのが当然ではありませんか。比較的安定した時代を生きてこられた人々の歴史体験・歴史感覚とそれに基づいた歴史認識と、激動の時代を生き抜いてきた人々のそれらとはちがうかもしれません。

私はつい最近、四〇歳代の在日女性学者から、いきなり、アメリカの軍隊は私にとって解放軍なのか侵略軍なのかという質問を受けました。もちろん彼女の質問の意味は分かりました。即ち、韓国独立から始まり六・二五戦争を経て今日にいたるまでの駐韓アメリカ軍の意味と役割について、私はどのような意見をもっているのかということです。私個人の率直な意見は、アメリカ軍は韓国を日本帝国主義による植民地支配状況から解放したという意味で、解放軍であります。また六・二五戦争の時も、北朝鮮からの軍事的拡張攻勢を韓国軍だけの力では阻止出来なかった状況の中で、アメリカ軍を主力とする国連軍によって北朝鮮の人民軍による占領地域が解放されたという事実から見ても、アメリカ軍は解放軍であったと言わざるを得ないのです。そして何よりも停戦以後、廃墟になった私たちの生活世界の中で、何とか生命・生存・生活（生業）の土台が創られ、絶対貧困の状況から解放されたのも、私個人の場合はアメリカ軍との関連が深かった仕事を通しての収入があったからです。ですから貧困からの解放という視点から見ても、アメリカ軍は解放軍であったとしか言いようがないのです。その後、駐韓アメリカ経済協力センターでの仕事とか、アメリカでの研究を通して、アメリカの内部事情をより詳しく知るようになってから、アメリカに対する私の認識にはかなりの変化がありましたが、現在にいたるまで、アメリカ軍は侵略軍という考え方にはどうしても違和感を感じます。私はそういう時代と状況を通して生きてきたのです。

しかし、彼女はちがう意見を持っていたようです。それもよく分かります。現在の韓国の若者たちの中にも、アメリカ軍は侵略軍であるという認識がかなり広がっています。それは私の歴史体験と歴史感覚と歴史認識と、若い世代のそれとがかなりちがうということであります。ですから、多世代が共有・共鳴できる歴史思考を可能にすることが、非常に重要ではないかと思うのです。だからこそ、私は歴史を世代間の対話として捉えることにこだわるのです。一つの世代が体験・感覚・認識を次の世代に一方的に教え伝えて済むようなことではないからです。

三谷博　金泰昌先生からは、自らの経験を語ることを通じて今後の討議のための貴重な提言をいただきました。「世代間対話としての歴史認識」ということについて、自らの体験に基づいたご発言を期待します。

宮本直和　「親」と「子」と「孫」という世代認識がある。一方で「世代」の概念がこの日本の中でどう意識されているのか。そこで見るべきは、やはり実定法の中で確認できる日本国憲法の第十一条と九十七条ではないか。十一条では基本的人権を現世代だけではなく将来世代にも保障されるべきものとしている。

　同じく、日本国憲法九十七条は多分、憲法改正権と関わっていくだろう。では、その背後に流れている思想は何か。金泰昌先生がおっしゃったように、一つの世代に閉じこめられた知性や記憶は非常に危険性を持つ。一つの世代が判断を誤ることがあるということである。そういう配慮がアメリカ側にはあった。そして、次の世代・将来世代には、誤った前世代の方向性を修正していく復元力が期待されている。それを遡ると、建国期のジェファソン（Thomas Jefferson）やホレース・マン（Horace Mann）あたりの世代意識を原点に、ずっと生成発展してきた民主主義思想を、あの終戦の時点でアメリカは一つの「思い」や願いを込めてあそこに残したと思うのです。

　この世代思想を現代の課題にどう繋げるのか。日本国憲法の英語の原文には“this and future generations”と書いてあります。この二つ（現在と将来）のジェネレーション（世代）の間を、私は単なる足し算か順番だと思っていました。しかし気づいたことは、「ジス」（現在）と「フューチャー」（将来）の間に掛け算が入り込んでいる。単に並列ではなく、掛け合わす「間」とか「場」を、あの表現の中に入れ込んでいるのではないだろうか。つまり、「先の世代」と「現世代」、さらに「将来世代」との間に、世代間の相乗的な関係があり、そのインターラクションの中から、力強い新しい文化が芽生え、創造する可能性があるということである。

　ところで、長浜功著『教育の戦争責任』（明石書店）という本の中で、戦後、教育学者として只一人自己批判して生きてきた宗像誠也氏のことが書かれています。彼は戦中派知識人の代表の一人かもしれません。東大の教育学部の教育行政の先生として戦後も活躍された方ですが、この方が戦中の体験を纏めておられます。

　「戦局は、景気よかったのは緒戦のあいだだけで、だんだん旗色がおかしくなる。すると私の頭もだんだんおかしくなる」と述懐されています。「私はマルクス主義文献はもとより、すこしでも『危険思想』と思われそうな本を幾山も燃やしたが、それと同時に私の合理性・科学性も煙になってしまっていたらしい」。そして、宗像さんの言葉として、「私は実に悪い意味で日本人的だった。合理的に筋が通らなくなると、エイッと、気分で割り切ってしまう。その気分を安心させるために、怪しげな『理論』を考え出す。私が自分のために用意した理論は次のようなものだった」と言い、次のように語っている。

「当時右翼の社会主義的な人たちが、一君万民ということを言った。それにキリスト教式な神の前における人間の平等という考えをつなぎあわせた。天皇は神である。よろしい。天皇は神であるから、その前において国民は平等であらなければならない、軍部や財閥が威張るのはけしからぬ」と。更に「つまり、天皇のもとでの社会主義なのである」と。先ほどおっしゃった「自己完結性」ですね。デモーニッシュな体験が出発点になって、ある種の〝気分〟が交わったときに、それが一挙に自己完結的な閉鎖した思想体系になってしまう。

そうしたものが「一つの世代」で完結したときの怖ろしさ。「先の戦争世代」として、宗像先生が戦後に出したメッセージは、単に日本人に対して発しているだけではない。この事実は、典型的に一つの世代の陥りやすい「自己完結性」という思想的な問題への問いかけではないだろうか。そう考えながら金泰昌先生のお話を聴かせていただきました。

石原昌家　金泰昌先生のご体験を聴かせていただいて声も出ないぐらいのショックを受けました。私は一九四一年に台湾で生まれ、四六年に五歳半で沖縄に来ました。その三カ月後には、台湾で四七年の二・二八事件が起きます。もうちょっと台湾にいたら命が亡かったかもしれない。実は沖縄の人も殺されているのです。そういう体験がありました。

朝鮮戦争は私の小学校時代でしたが、米軍が嘉手納の基地から爆撃にどんどん飛び発って行くのを直接見ました。アメリカ軍の防空の軍事演習にも直接触れました。先生のお話と直結したような体験をしていたんだなと思います。

日本について語るならば、有事法制が制定された今、日本本土のみなさんは沖縄戦体験と沖縄の米軍基地体験を、他人事としてではなく真剣に共有しなければならない時が来たと思います。もしも「日本本土」のみなさんが、「あの戦争」で「沖縄」と同様に米軍との地上戦闘を体験していたら、こうもやすやすと有事法制が国会を通過することはなかったのではないか。それは本土の中の皆さんの声としてもあります。

さて、私が沖縄戦体験の聞き取り調査を長年続けてきた結論として言えるのは「軍隊は国民を守るものとして存在するのではない」ということです。そのことを私は状況証拠的に証明してきました。国内が戦場になったときに、軍隊は住民、国民の生命を守るどころか、国家体制を守るために住民・国民を敵の〝盾〟にしてしまう。「生命を守る」ということは全くありえない。そこのことを解明してきたわけです。

つい四年ほど前に私は知ったのですが、沖縄が地上戦闘に入った昭和二十年の四月二十日、大本営で国土決戦教令というのが出ていました。それは、本土決戦に備える兵士に対する命令ともいえる行動指針です。

それを一口で言うと、米軍との地上戦になったときに、敵(米軍)は老幼婦女子を捕虜にして、それを盾にして進撃してくるだろう。「その場合はなんらためらうことなく敵を殲滅するように」ということがはっきり書いてある。つまりそれは、沖縄戦のときと全く同じだと言えるのです。

また司馬遼太郎さんの『街道を行く』という本には、当時日本の関東にいた司馬さんが、「九十九里浜から敵が上陸してきた時に避難するため戦車の前を右往左往する住民をどのように扱ったらいいのか」と上官に尋ねたところ、「轢き殺せ」と言われたと書いております。私自身はそのことを裏付けるような証明を、長年の聞き取り調査の中でしてきたわけです。

一九七九年に「国内戦になったときに自衛隊は超法規的行動をとる」と発言して罷免されたのは自衛隊の来栖統合幕僚長ですが、この自衛隊制服組元トップは、四年前に発行した『日本国防軍を創設せよ』という本の中にも、〝国民は自衛隊を誤解している。自衛隊は国民の生命財産を守る存在ではなく国家体制を守るものだ〟と明言しています。

自民党が憲法前文に「愛国心」を書き込もうとしているのは、有事法制を発動させるための準備であり、それは（今言ったような意味の）「軍民一体」という状況を念頭においたものである。私は、今の金泰昌先生のお話を伺いながら、日本人はこういうことを日本本土における今後の大きな問題として考えていかなければならないのではないかと強く感じました。

黒住真　金泰昌先生が「多世代が共鳴する媒介的な思考」ということを言われました。それで連想したことをお話しします。金泰昌先生ほどドラスティックではないけれど、実は私自身も、父や母の気持ちとか体験が自分の中に委託されているという感覚をどこかで持っています。

私の場合は、特に父親が亡くなった後に、いろんな意味で「やはりこうなんだなあ……」と思うことが自分の中から湧き起こってきました。それが何なのかはハッキリとは言えなくても、前の世代がある種のソルーション（解釈、解決）を自分に託すような形で委ねたんだなという思いを父の「死」を体験して感じました。

もう一つ自分自身のことで言います。孔子は「五十にして天命を知る」と言った。なぜ五十歳になると「天命を知る」のかなと考えてみると、若い時は時間がざっと流れている感じがあるのですが、五十歳になってみると、やはりある種「限られた時間」なんだなとひしひしと分かってきました。そうしたときに、自分という「一つの世代」が存在したことの「意味」というものがあるだろう。それが次の世代に伝わるか伝わらないかは分からないけれども、少なくともそれなりにそれをはっきりさせなければいけないのではないか。そういうことを自分の年齢との関係で考えるようになりました。それも一つの世代感覚だと思うんですね。

孔子に自分を比すのはおこがましいのですが、やはり「五十歳」でそういうことが言われるのは何か必然性があるのかなと思います。大袈裟にいうと、一つの終末論的な時間の限りというものを感じながら、もう一つの意味が立ち現れてくるということではないかなと思います。

儒教の例では、金泰昌先生が言われたのと似たことを荻生徂徠が言っています。彼は「学問」について「飛耳長目」と言う。また学問というのは「体験」なんだとも指摘しています。ただその体験というのが自分の今の周囲のことだけだと限られている。今とは違う世代とか違う地域のことについても知らなければならない。そうすると一番いいのは、いろんな土地を歩いている人といろんな時間を生きた人である。だから老人が一番知恵があるんだということを言うんですね。ところが、老人も「その時代」ないし「地域」に限られてしまっている。その先は、やはり本を読んで学問をしなければいけないということを言っています。これは「知」についての議論です。

もう一つ、それとパラレルなのが「仁」です。仁というのも結局、自分のいる場所とは違う立場の人、例えば男性だったら女性、上流階級の人だったら下層階級の人、あるいは他の世代の人……。そういうものにシンパシーを持って自分の経験の中に取り込んでいって共感や現象の力を大きくしていくことが必要である。そのためには歴史を学んだり、詩を学んだりしなければならない。そういう学の中から「仁」とか「義」といった徳の概念が出てくるわけです。この話は金泰昌先生のお話とは別のカテゴリーだけれども並行する部分があるのかなと思ってお聴きしました。

もう一つ申し上げたいことは、ある種共鳴的な学習課程が無くなる条件ということについてです。換言すれば「対話」が成りたたない条件ということを考えてみる必要がある。宮本先生は「自己完結的になってしまうことがある」という話をされました。自己完結的になる場合としては「イデオロギー」による場合があるが、また他の条件でなることもあると思うのです。

現代の若い世代が前の世代の戦争体験とか歴史認識ということに無感覚で淡々としていることについて、戦後の時代や社会システムと関係があるのではないかという問題ももう少し考えなければいけない。つまり、なぜ「対話」とか「媒介」が成立しないのか。あるいは「対話」を成立させる条件は何なのか。そういうことを更に考える必要があるのではと思いました。

金泰昌　先ほど私の発題の中で、ある在日女性学者との世代間対話について申し上げましたが、またそれとは違う場面で三〇代後半の在日男性学者と歴史認識に関する対話を交わす機会がありました。彼は私が歴史の間を生きてきたということには共感してくれましたが、私が韓国と日本とアメリカのそれぞれの歴史の間を生きてきたのとは違って、彼は日本とその外部——実はそれは虚無ということでした——の間を生きてきたというのでした。彼は日本国及び日本国民の歴史の中に、自分の居場所がないという実感を持ちながら、その外部には何もないという現実を通して生きてきたし、生きているし、生きていくだろうということでした。

一つの国家の歴史・国民の歴史の中で、自己の存在根拠を見出せるというのは、幸せな人間の境遇と言えるかもしれません。しかし、そのような意味では、不幸せな人間たちも数多くいます。私自身も含めて、私は今までいろんな国々で歴史と歴史の間を生きる人びととたくさん会いました。彼ら・彼女らは必ずしも自分たちが不幸せだとは思っていなかったという気がします。国境を越え、民族と文化を横断して世代間対話を交わすことによって、自国史・自国民史という一つの文脈の中に閉鎖された思考・判断・行動・責任の連動を、歴史相関的に横断・共媒する観点・立場・展望がますます要請されるのではないかということを、実感してきたわけであります。

総合討論II

金泰昌　今までは発題に対する質疑と、それに応じての議論を主な課題として展開してきました。ここからはもっと相互関連的な議論になるような方向へ展開して行きたいのです。特に歴史を世代間で語り合うという問題を議題にしたいのです。私自身は、韓国における私の歴史体験と、それに関連する歴史感覚及び歴史認識と同時に、家庭内の世代間対話が何よりも私の人間形成と世界認識に影響を及ぼしたということを申し上げました。しかし、世代間対話は国境を越えて行われる必要もあります。例えば、日本と中国と韓国の相異なる世代の人々が、東アジアの歴史に対する体験と感覚と認識を語り合うということが重要ではないかということで、今回の共働研究会が開催されるようになったわけです。歴史認識が、自国史認識とその対外的押しつけになっては、国家間・民族間関係を悪化させるだけだと思います。だからと言って、歴史認識が他国史中心に創られるというのは、かつての植民時代の歴史ねつ造のように到底受容できるものではありません。ですから、ねばり強く、持続的に、相互理解を積み重ねていくしかないと思うのです。相互理解というのは、認識の一致というのではないという前提に基づくものです。私は、日本と中国と韓国の国家レベルにおける歴史認識の一致というのは、ほとんど不可能であり、それを強固に追求・要請するのは非合理的ではないかと思うのです。ちがいを認めながら、和解と相生と共福を探究するという方向への転換が必要ではないかと思うのです。しかし、現実は逆の方向へ発展して行くように見えます。皆様の教育現場での体験や感覚はどうなんでしょう。まず劉傑先生からお願いします。

対話と歴史認識——中国の視点

劉傑　今の若い世代は非常に淡々とした歴史の見方をしている。このことは、私も歴史を実際に教えながら実感しています。これはどちらが先なのか分からないのですが、実は先生たちもある意味で淡々となっている。例えば学生たちから「あの先生は非常に燃えているな」とか言われると、その先生の評価が非常に固まってしまうところがある。「非常にイデオロギー的な人だ」というイメージを強く持たれるわけです。だから、淡々としゃべる人の話がなんとなく淡々と受け止められて、淡々とした学問の世界が形成されていく。今の大学はそのような空間に変わっているのではないかという印象をどうしても持ちます。

教える方が「淡々」となって、学生たちがそうなったのか。あるいは学生たちがそのような雰囲気を作り出したことによって、先生たちもそうなったのか。その辺はよく分かりません。

しかし一つ言えることは、冷戦が終わってからの十数年間の歳月が一つのきっかけになったのではないかということです。つまり、イデオロギー的なものが何となく排除されていく中で「歴史との対話」ということがだんだん難しくなってきた。今の若い歴史研究者たちはなるべく「歴史」にしゃべらせて、それに対して自分は答えを出さない。たくさんの文献研究をするから非常に珍しい事実がどんどん出てくるけれど、それに対してこちらから語りかけるということが非常に少ない。せっかく新たに出てきたものがあっても、それに対する意味づけが非常に難しくなってきている。「面白い」という点では非常に面白いけれども、その意味づけが曖昧になっている。

大正から昭和に変わるころの幣原外交は、ちょうど中国が革命外交をやろうとしていた時期と重なっています。要するに中国が旧条約体制を壊して革命の論理で、独立国家としての外交を樹立しようとした時期です。その時期に幣原は、ワシントン体制以降の新しい国際秩序を守るために、中国に対して協調路線をとる。そして、中国が革命的な手段で条約体制を壊そうというときには、日本の外交は「いやそれは違う。やはり条約は条約である。秩序を守りましょう」と言う。

つまり、「中国は条約や秩序の破壊者である」というイメージで幣原外交と中国外交を捉える研究者も少なくない。一つの側面としてこれはたしかにそうですが、ただ、例えば満州問題についていうと、幣原外交の限界があります。幣原外交の時代の若い外交官たちにも限界があったにも拘わらず、「条約」とか「秩序」のところで研究が止まっているのです。つまり、「どうしても中国が革命外交をやらなければならなかったのは何故か」ということへの説明が不十分です。この問題への思索がなければ、本当の意味での「歴史との対話」というものがないのではないか。

もう一つは「世代間の問題」です。例えば中国の視点から言うと、中国の近代史に対する認識は「日本」を介在して行われるということがどうしてもあるわけです。その場合に、金泰昌先生のお話との関係で言うと、「親日派」の問題ですね。中国の近代にとっても、「親日派」の問題は大きなテーマです。「親日派」は戦後どのような道を歩んできたかというと、先ず終戦とともに「日本に協力した人」に対する大規模な裁判があった。その時には、少しでも日本と関わりを持った人はそれなりの制裁を受けました。

それが一段落した後に、今度は文化大革命が始まった。それは恐らく「漢奸（売国奴）裁判」の時よりももっと激しい。日本だけではなく国民党に協力した人も含めて、全部が粛清の対象となったのです。それ以降今日に至るまで、歴史上における「親日派」の人たちに対する評価は変わりません。

しかし、次の世代に対する認識はどうか。一つの例で言いますと、海外に移住した対日協力者の子供たちが中国とのビジネスで、中国と東南アジアの辺りをしょっちゅう往ったり来たりして、いろんな関係を築き上げていると言われています。つまりそれは、時代が変わって、親日派といわれた人たちの次の世代の人たちに対する考え方が変わり、むしろそれを一つの「歴史の資源」として活用しようという認識さえ生まれはじめている。これは非常に大きな変化だと私は思います。

私が日本へ留学で来たのは、一九八〇年代の初め頃です。その時代は日本へ留学に行くというのはある意味で非常に光栄なことでした。今は光栄ではないというわけではないけれども、当時とはなんとなく雰囲気が変わってきています。それは何かと言うと、一つはやはり、今これから議論するであろう「歴史認識」の問題によって作り出された日本のイメージが、世代を超えた日本全体のイメージとして伝わってきているわけです。

先ほど孔子の話が出ました。「五十にして天命を知る」ということなのですが、私は、今の日本の若い世代は「三十にして立つ」という時期を経験せずに「四十にして不惑」の時代になっているのではないかと思います。いわば、非常にクールになっている。ただ、戦前のことをある程度経験した戦後の日本人は、「日本は独り立ちをしなければならない。三十にして立つ」という意識を非常に強く持って新しい日本の姿を求めたわけです。しかし次の若い世代は、それを経験していないけれどもそれを超えている。なんとなく非常にクールな雰囲気を持っている。そういうことが中国の中でも起こっているのではないかと思います。

だから「世代間の対話」というのは非常に大事だけれども、若い世代が感じ取っている世界は、一つ上の世代あるいは二つ上の世代が感じ取っている世界とは違うわけですよね。その「対話」をどのように作るのか。東アジアで近代史というと、やはり「日本」が介在するわけですから、その日本がどのような近代史認識を持つかは、実は中国や韓国の中の世代間の問題とも非常に関係してくるのです。

文化大革命の影響が東アジアに及んだという議論が先にありました。その視点から文化大革命を捉える必要があるということなのですが、日本が内外に示している姿勢は、東アジアに非常に重要な影響を与えている。そのことを日本人は自覚しているのかどうか。自覚する必要があるのではないかと思います。

鹿錫俊　劉傑先生が留学について言われましたが、私も一九八〇年代の末頃に留学生として日本に来ました。劉傑先生と同じように、当時は日本留学を非常に光栄なことと感じていました。何も違和感がなかったですね。なぜかというと、実はそれは私の世代の体験とも関係があります。その時は文化大革命が終わったばかりなので、自分の国に対する反省がありました。そして、日中友好が強調されていた時代です。また、「日本の軍国主義指導者と日本の国民を区別しなければならない」というキャンペーンの中で教育も受けました。だから、日本留学については何も違和感がなく、むしろ中国の近代化は日本から学ばなければならないという気持ちで日本に来ました。

しかし今の中国の若者と話すと、アメリカ留学が出来ないので二番目の選択としてというような感じを受けます。それは一つの変化ではないか。やはり留学に対する気持ちの変化は日本に対する認識の変化とも絡んでいるのではないかと思います。

二番目に感想です。金泰昌先生が「世代間の対話」という課題を出されたことに私は非常に啓発を受けました。私は、「世代間の対話」は「異なる世代との対話」だけではなくて、「同じ世代の異なる部分との対話」も大切だと感じています。例えば中国の若い世代と日本の若い世代との間の対話です。

私は今、東アジア国際関係史と日本外交史を担当しています。意図的に日本人の学生と中国人の留学生を招いて座談会を開くようにしています。中国人の留学生に対しては自分の日本認識と自国認識を語るようにさせ、日本人の学生に対しては日本人の自己認識と他者認識を語らせています。そのように互いに交流した後に感想を聞いてみると、「座談会でいろいろ勉強できた」とか「相手に対する誤解が解けた」という声をよく聴きます。だから「世代間の対話」は、同世代の異なるグループ同士の、あるいは異なる体験を持っているグループ同士の対話も重要ではないかと思っています。

歴史認識の問題について一つ補足したいことがあります。今、私が強く危機感を感じていることは、相手に対して強硬な政策あるいは強硬論を唱えている人は人気がとれる。柔軟な論評をする人は弱腰だと批判される。日本においても中国においても同じような現象が出ています。これには私は学問をしている者として非常に危惧しています。感情論が今流行っているようなのです。特に日本外務省の対中政策に対する批判は一つの流行りになっていますね。官僚の腐敗への批判は別ですが、外交政策についてのこのような批判が本当に成立できるかどうか。外国人でありながらいつも疑問を持っています。つまり、感情と理性の問題をもう一度考え直さなければならないと思っています。

もう一つの感想は、長尾先生のご報告の中で非常に感銘を受けたことが一つあります。つまり、今の世界では、自国の国民の合意だからということを理由にして批判することはもうできない。本当にそうだと思います。例えば靖国神社の問題でも、お互い主張していることにはそれなりの理由があります。相手の事情、相手の立場を考えると、やはりこちら側の理由だけでは批判は成立しない。つまり、お互いに相手の事情と立場を考えるということも歴史問題を解決するための一つのポイントになっていると思います。

上の世代をどう捉えるか

劉傑　中国の私たちより上の世代は非常に苦労をした世代であるというのが私の率直な感想です。もちろん戦前に生まれた人たちは戦争を経験しており、そうでなくても建国後のいわゆる反右派闘争であるとか毛沢東の時代のいろんな苦い経験をした人たちです。この非常に苦労した人たちは自分たちの歴史とか経験としては語るけれども、あまり苦労話としては語りません。趙軍先生の話にもあったように、下放されていても「それはよかった」と言うわけですよね。これは恐らく率直な感想だと思う。現在、中国で最も活躍している四十代後半から五十代の人たちは、ほとんどがそういう世代です。彼等は下放されて、また戻ってきて「優秀な人」として活躍しているわけです。

中には大学に入って勉強した人もいます。しかし大学に入れなかった人たちも、自分で磨いたいろんな経験を改革開放の時代の中で活かして、それで成功を収めた人が多いわけですね。そういう意味では、彼らの苦労は、今になって実ったのです。彼等にしてみれば「あまり悪いことばかりではない」となるのです。文化大革命は、我々が客観的に見て評価できるところが殆ど無いにも拘わらず、趙軍さんは「三割は評価出来る」と言われました。実際に苦い経験をした人たちがそのように言うんですね。

しかし経験していない人たちは「全否定」するわけです。そういう現象をどのように理解したらいいのか。遡って、過去の日本との戦争の歴史についても同じようなことが言えるのかもしれません。つまり、自分たちが経験した過去の歴史を蘇らせて何かをするということは果たして意味があるのかどうか。建設的なのかどうか。日本と国交回復した時に、なぜ中国の一般の人たちは周恩来が示した対日外交姿勢にある程度同調できたのか。恐らくそのような感覚を持っていたからだと思うんですね。それは、歴史をある程度乗り越えた形です。

それに対して、現在の若い人たちは、あまり聞いていない人たちです。あるいは、上の世代が実際にこういう感覚で歴史を捉えているということをあまり直接聞かず、教科書などを通して見た「過去の歴史」のことを実際のこととして受け止める。だから上の世代以上に反日的になっていくという現象も実際にあるわけですね。そこは非常に皮肉な現象だと思います。客観的に見て、それが事実ではないかと思います。

一方で、歴史教科書や靖国参拝が外交問題化した一九八〇年代以降、上の世代の人々の対日観が急速に変化し、私的空間においてかつて語りたがらなかったことを、語るようになったのです。

鹿錫俊　一点補足します。趙軍さんの報告の時に私が質問したかったことが一つあります。趙軍先生は、「文化大革命がなければ成熟できない」というような発言をされました。それは、「文化大革命は少なくとも自分にとってはマイナスばかりではない」という意味だと思います。私は趙軍先生と同じ世代です。私の理解では、ここで「成熟」と言っているのは、つまり文化大革命までに我々の世代が受けた教育は非常に単純なものであった。それは「社会主義がいい。共産党が偉い」という宣伝が込められた教育だった。しかし文化大革命を体験してからは、社会主義と共産党の体制の中のマイナスの一面も自分の目で見たのです。だから、思想が変わった。より客観的に問題が見えるようになった。趙軍先生の発言はそのような意味だったのではないかと私は理解しています。

そして、私より一つ上の世代についていうと、私の中国の母校のある教官の意見は典型的だと思いますが、日本に対しては、やはり非常に警戒感を持っています。なぜかというと、戦争の時代は自分と家族が酷い目に遭わされたということがあるのと、特に今の日本の政治家の発言です。石原慎太郎知事の発言を聞くと本当に腹を立て、私と会うたびに「中国にとって一番危ない国は日本だ」と言っています。私は「石原のような発言は日本では主流なものではない」と説明はしていますが、しかしなぜこのような人が高い得票率で当選できたのか。この現象をどう解説するかというところで困惑を感じます。三谷先生も言われたように、やはり政治家である大人の発言は一番大きな影響を持っています。隣の国はこのような発言から「日本イメージ」を形成しています。他の多数を占めている人の論点をあまり知らないので、このような発言がたびたび報道されると危機感を深めざるを得ません。

米原謙　興味深い議論です。劉傑先生も鹿錫俊先生もそうですが、文化大革命を直接経験した世代は非常に苦労したにもかかわらず、それをある程度評価する。だけど後の世代が全面否定する。日本の戦争については、有馬先生が竹内好の話をしましたが、大東亜戦争に対する竹内の或る留保を含んだような姿勢ですね……。

真珠湾攻撃は一九四一年十二月八日ですが、竹内好は、彼が出していた『中国文学月報』のその翌月ぐらいの号に「大東亜戦争と我等の覚悟」という文章を載せています。〝今までやっていた戦争は「アジアの解放」だとか偉そうなことを言っていたけれど、こんなものはただ侵略して弱い者いじめをしていただけだ。ところが、米英に対して宣戦布告した政府は嘘を言ったのではなかった。本当にアジアの解放のためにやったんだ。私の今までの考えは間違いだった。私は大義に殉じたい〟。そういう趣旨のことを書いています。

戦後の竹内好は、恐らく十二月八日のその時点から再出発したんですね。「大義」を信じた自分がたしかに居た。今になってみれば、あの戦争が侵略戦争であったことは間違いないし、「大東亜共栄圏」のスローガンも捏造だったことも分かっている。しかし、その「大義」を信じて、殉じた人たちがいた。

これは要するにベトナム戦争や文化大革命の世代の話と同じことなのです。後の世代は「あれは侵略戦争だ。あなた方は犬死にしただけだ」「犬死どころか犯罪を犯したんだ」というふうに全否定されるわけだけれども、当事者の世代の人にとっては浮かばれないということになる。

竹内好は自覚的に、「あれはやっぱり悪い戦争だった。馬鹿なことをやらされた」というところから出発したんだけれども、同じ戦争を経験した他の多くの人々は、そのことを忘れたんですね。そこが非常に重要な問題です。要するに「お前らは犯罪を犯した」と言われたのでは遺族が浮かばれない。あるいは現に生きている人もそうだと思うのですが「浮かばれない」という感じがあって、それが靖国神社への閣僚の公式参拝を支持するというような形でいつも出てくるわけですね。

それを、全く違ったやり方で取り上げたのが戦後世代の加藤典洋だと思います。先ず最初に「自国の被害者」という問題の提起の仕方は非常にへたくそだった。加藤さんは多分、彼自身の問題意識から出発して、竹内好と同じところへ行ったのではないか。つまり、竹内が提起した問題を世代間で継承する形で取り上げるということにはならなかった。だから、「戦争犯罪」だとか「靖国」といった問題が出てきたときに、「それ（自国の被害の観点）だけでは済みませんよ」という形で繰り返し起こってくるという気がします。

金泰昌　過去世代を一方的に追いつめる現在世代の言説に対して、「それだけでは過去世代の人々が浮かばれない。だから彼らを彼らなりに浮かぶような言説がもう一方で必要だ」ということは分かります。しかしそれは私から見ますと現在世代と過去世代の間の対話にしかならないのです。もう一方で、過去の出来事についての将来世代への継承を考える必要があるのではないかと思います。

ですから大東亜戦争にせよ、文化大革命にせよ、韓国動乱にせよ、その世代の人間の有様を再評価するのはいいが、それを現在世代の観点だけからやると現在世代と過去世代の間に閉鎖されたものになりますね。そこから未来が開かれる可能性が封じ込められてしまうのです。例えば、まず日本・中国・韓国の三つの国だけでも「共に幸せ」になれるような「公共世界」を共働構築するという将来向きの観点から、文化大革命、韓国動乱、大東亜戦争といったものをどう考えるかという次元がないのは私には不満です。

将来世代への継承

宇佐美誠　金泰昌先生がおっしゃった、将来世代にどう継承するかという話ですね。「あの戦争」に関する日本の状況について考えてみたいのですが、戦後日本社会の非常に深いレベルでの問題性が今の現象としてあらわれているのではないかと私は思っています。単に世代間の断絶がアメリカにも日本にもあるということとは違う側面があるのではないか。それをどのように摑まえたらいいのかは難しいのですが、例えば一つの説明として、個人的な記憶あるいは集合的な記憶が継承されるためのいくつかのチャンネルについて考えてみたいと思います。

その一つはやはり「家庭」を通じた継承だろうと思うのです。日本で大学教授をしているあるアメリカ人とずいぶん前に雑談をしているときに、彼が自分の祖先は一七〇〇何年かに、どこそこの村で虐殺を受けた生き残りであるとすらっと言ったのです。これには非常にびっくりしました。

日本ではそんな昔にまでさかのぼらなくても、数世代前の祖先について知っている人は非常に少ないですよね。これはもちろん近代の戦争で日本人の大半が加害の側にあったということと関連しているわけです。長尾先生もおっしゃったように、被害者が同時に加害者でもあるということから「話さない」という面もあるでしょう。ほかのいくつかの要素もあると思いますが、とにかく家族というチャンネルが細いという問題がある。それから、学校教育を通じての記憶の継承というチャンネルもありますが、これが日本でどのくらい機能しているかは問題です。

さらにもう一つ、ここまでの話には出てこなかった別のチャンネルがあると思っています。それは、広い意味での「政策」を通じた継承です。日本の文脈をいったん離れて話をしたいと思います。ポーランドを含めた東欧諸国で民主化が進みましたが、そのときに過去の人権侵害についてどういう社会的な取り組みをするか。林志弦先生はラストレーション（公職浄化）をめぐる論争について問題提起をされたと思うのですが、ラストレーションを含めていろんな政策があります。

例えば人権侵害の実態を調査して記録し、政治的に可能ならば公表もする真実究明委員会というものを立ち上げるという例がたくさんあります。多くの国では政府がやりましたが、他に教会がやった例もあるし、NGOがやった例もある。だから今「政策」と言いましたが、真実究明委員会の場合には必ずしも「官」だけがやるわけではありません。いずれにしてもそういう公共的機関が過去に行われた人権侵害の事実を掘りかえし記録して公開する場合、それは過去に対する一定の社会的評価、つまり個々の人権侵害は社会のなかで思い出され思い返され続けるべき重大な歴史の一こまなのだという評価を表すわけですね。

ラストレーションの場合にはもっとはっきりと、人権侵害について有責な者を公職から追放するということによって、過去に行われたことについて集合的な否定的判断を示しているわけです。そういった追放の事実をメディアを通じて知る、あるいは学校教育のチャンネルの中で教えられる。そうすることによって、自分たちの社会での過去の出来事の記憶が、それに対する評価とセットになった形で、次の世代に継承される。こういうことがあると思うのです。

だから「政策を通じた継承」と言っても政策そのものが記憶の継承を目的としているのではなくて、政策がシンボリックに示す評価が、過去のその社会で起こったこと、あるいはその社会の軍隊なら軍隊が他国で行ったことについての記憶に付着して、その一定の評価とセットになった記憶が次の世代に継承される。ところが日本の社会については、このチャンネルが戦後非常に弱かったのではないかと思うわけです。

ほんの一例ですが、アジア諸国の戦争被害について結局「賠償」というものは行われなかった。しかし日本のODAがもともと賠償に代わるものとして始まったことは皆さんご承知の通りです。そうすると、意味合いとしては、受け取る側は「これは賠償としての意味があるんだ」と思っていても、肝心の日本の国民の方が、加害責任、賠償責任をしっかりと実感していないという問題があるのではないか。

逆に言うと、日本軍のいわゆる従軍慰安婦問題に関して、法的な意味での法廷ではなく民間の法廷ではあったけれども、二〇〇〇年に女性国際戦犯法廷が行われたことは非常に意味があった。あれは、日本で「政策を通じた継承」が従来非常に弱かったところを強める働きがあったのではないかと思うのです。この問題は、単に「世代間の断絶」ということでは済まない。こういう構造的な問題に対しては、やはり意図的にチャンネルのあり方を変える努力が社会のあちこちでもっといろんな形で行われなければならないと思います。

原田憲一　私の専門は「環境学」と「資源科学」です。金泰昌先生がおっしゃったように、将来世代と過去世代とをどう繋いでいくか、という歴史意識がないと環境問題は絶対に解決しません。ところが今はエコテクノロジーとかエコビジネスというように、すべて技術論的に解決しようとしています。

今我々は「加害」の問題を論じていますが、将来世代に対しては、まさしく「加害者」の立場に立っているのです。大量消費で環境破壊をして、イラクでは劣化ウラン弾がばらまかれているのに戦争を止めないでいる。

だから、将来世代に対して我々はどう謝罪するのか。どんなチャンネルを創って、何が失敗だったかをどう認識して発信するのか。そのヒントを過去の体験に求めなければならない。これは「歴史」の問題ではないと思うのです。加害者の立場にある我々が、将来に対して今までの失敗をどう伝えていくかという観点がないと、何となく「日韓中で過去に不幸な歴史がありました」ということで終わってしまいます。

もう一つは、「近代」の問題です。日本人の歴史的なトラウマは、過去に目を塞いで、未来を見ようとしないことです。若い人もそうだし、団塊の世代である私たちも大きな声ではそれを言わない。親の世代に対して、「なぜ戦争が起きたのか……」

という「問い」を発することすらしなかった。大学紛争の経験も一切封印して、若い人に伝えていない。そういうトラウマがあると思うのです。この「近代」の中に、排除性とか、暴力性とか、支配性という問題があると私は思っています。

そういう中で日韓中の思想的な資源をどう未来に対して活かしていくか、というもう一つの課題があります。ではなぜ日韓中の歴史をもう一回洗い直すのか。今までは十六世紀か十七世紀のヨーロッパに始まる「近代」という大きな流れの中でいろんな問題があった。しかしこれからは、日韓中の歴史的体験および思想資源を活かして何かを協働で創っていこうという姿勢がないと、結局、歴史は死んだものになってしまう。

私は答えを持っているわけではありません。環境教育や資源教育のヒントをいただこうと思ってここに出てきています。断絶もいろいろある。難しい問題もある。制度的な問題もある。だけど、歴史家にはそういうことを乗り越えて、過去世代と将来世代を我々が媒介出来るような途を、しかもそれを日韓中の思想資源と我々の失敗の中から、引っ張り出していただけると有り難いと思っています。

有馬学　過去世代と現在世代の間の話にしかならない、それは将来世代への伝達に繋がらないというご意見は分かりますが、ただ対話に参加して発言するという気にならないと仕方がないということがあると思うのです。

少し戻ります。先ほど米原謙先生が竹内好に触れておっしゃったことは非常によく分かります。まさに「浮かばれない」ということですが、大岡昇平が言っていることも基本的にそういうことだろうと思うんですね。その「浮かばれない」ということを、誤解を恐れず敢えて換言すると、「どのように肯定できるか」というような問題になるのではないか。

ただ「肯定する」ということではなく、ああいう問題についてはある回路がいるんですね。どういう回路を持ってくれば肯定することになるのか。つまり、方法が要るのです。ある意味では「歴史」とは「肯定する方法」をいかに見つけ出すかという課題に対面することではないかと時々思ったりもしています。それを「肯定」と言ってよくなければ、いかにポジティブに関わるか、あるいは参加するか、と言い換えてもいいかもしれません。

いかに「肯定」するか。その方法をどうやって開発するかという回路が一度入ってこないと、現在世代と将来世代の問題について発言するスタンスが作れないということがあると思います。

三谷博　私も歴史をやっていますが、史料を内在的に理解することが職業歴史家の一番大事な課題だと思っています。ただ、私は、その意味づけをする場合に「肯定」とは違う言葉を使おうと思っています。有馬さんのおっしゃることはよく分かるのですが、「肯定」という言葉を使うと、また誤解を招くのではないか。私は最初の本のあとがきで、「歴史家の仕事は鎮魂である」と書きました。死者も、生き残った者も、浮かばれない。まさに〝意味〟が剝奪されてしまう。そういうことが、歴史の中にはよく起きる。後の世代や生き残った者がそれを理解して、「あなたのことは覚えていますよ。あなたがなぜこうやったかは分かります」と言う。実際は死者に対して直接伝えることは出来ないけれど、そのように語ることが鎮魂の行為だと思うのです。

第二次大戦の死者の場合でもそうです。私の専門では、明治維新もそうでした。私の最初の本は、実は徳川幕府の外交官たちに対するレクイエムだったのです。だれもそういうふうには読んでくれませんでしたが……。あの場合は悲劇に終わりましたが、私はやはり彼らはある意味で正しいことをやったと思うのです。正しいことをやったのに、誰も評価してくれなかった。そして悪し様に言われ続けた。その名誉回復のために書いたと言っていいと思っています。

しかし、第二次大戦のケースは、日本人に関していえば「正しいことをやったのに」とは必ずしも言えません。それでも、本人たちを放っておくにはしのびない。中には本当に真面目で真面目すぎたから特攻隊になった人もいただろう。それから、本当に酷いことをやった人もいたでしょうが、とにかくその人のやったことを知って記録する。それ以外に「鎮魂」の方法はないのかもしれません。

大岡昇平も、竹内好も、「書く」という行為自体が実は「鎮魂」の行為だったのではないかと思うのです。「書く」ことによって書いた人と共に死ぬのではなくて、テキストとして遺し次の世代に伝える。そして「同じようなことが起きるかもしれないぞ」と、次の世代に考えさせることは可能だと思うのです。

金泰昌 私自身の考え方を申しますと、有馬先生がおっしゃることはよく分かりますが、誤解の余地もあるのではないかという憂慮を感じます。そういうことは必要ですが、それによる弊害を蒙って苦しみ、悲しみ、傷む人がまだ生きているということも考慮するべきではないかということです。その間は彼等の苦痛をかえって拡大することになるのです。ですから、直接の被害者が亡くなってから世代を超えて、しかも開かれた立場から公平に「肯定」する面があれば肯定することもあり得ると思います。ですから、過去世代と現在世代の認識調整の問題だけではなく、将来世代への継承を考える必要があるということを申し上げるのです。また関係隣国との友好関係も無視することはできないと思います。

金泳三氏が韓国で大統領になったときに、彼個人はその前の軍事政権の支配者たちが民衆に対して犯した罪を「歴史清算」という形でやりたかったのです。しかし、実際にやろうとしてみると、国論が二分されるくらい激しい問題になってしまった。その時に彼が言ったのは、今は被害者と加害者の両方が入り組んで複雑極まりない構造になっているので、すぐそれをやると国家の将来を危うくするくらいの大問題になる。これは「歴史の判断」に任せよう。取り敢えずは現在国家がぶつかっている難題を乗り越えるところからやるということになったのです。

これは金泳三氏が「判断をしない」という意味ではありません。判断する必要はあるけれど、今、加害者・被害者が直接真っ二つに分かれて存在しているところへこの問題を持ち出すと、決着がつかないし、そのために蒙る被害の方が大きすぎる。金泳三大統領は、時期が熟するのを待つという態度を取ったのです。それを厳しく批判する人もいます。しかし、その後の歴史の進展を考えますと、世代が変われば時代認識もかなり変わるということです。ですから一つの世代の判断ですべての問題に決着をつけようとするのは危険であるということです。

　私の受け取り方は、やはりこれは「世代間の問題」だということです。ただ、ある世代がやったことの是非をその直後の世代が全否定するとか全肯定するとかというのは、感情的反発とか心情的偏見から十分自由になれない可能性がまったく無いとは言えないかもしれない。ですから、二、三世代くらい経過してから判断するということも必要ではないかと思うのです。竹内好や大岡昇平や加藤典洋といった人々の議論は、自分たちの世代からの視点に限定されているように感じられます。

有馬学　少し誤解があるようです。「肯定」ということで言うと、私自身はまだ何も言っていないわけです。それが出来れば今すぐ言うのです。しかしそれが出来ない。私が言ったのは、「肯定する方法を開発しなければいけないのではないか」です。多分、竹内好や大岡昇平はそれをやろうとしたんだと思います。私は、自分が考える手掛かりとしてそれを引いたのであって、私自身はまだ、「鎮魂」という行為を行っているわけではないのです。

　金泰昌先生は大岡を読んでも加藤を読んでも伝わってこないと言われる。それはいわば時間の経過の中で、我々の側が時々刻々と変わっていってしまうという問題があるわけです。最近の慰安婦問題のシンポジウムで、橋爪大三郎氏が〝二十年前、三十年前に問題にならずに、なぜ今問題になっているのか〟という意味の問いの立て方をしていました。実は新たな事実が発見されたわけではない。細かく調べた人は少なかったかもしれないけれど、例えば私だって子供のころから、そういうことがあったことは知っていたわけですね。

　そうすると、新しい事実が発見されたことによって問題化したというよりも、受け取る側の意識が変わったことによって問題化されていく。今私が申し上げたのも、こちらの方が竹内好や大岡昇平の時とは変わってしまっているという問題です。竹内や大岡は自分のやり方で「肯定」の方法を開発しようとした。だから、こちらが違う方法を開発しない限りは、いつまでたっても「もうあの時に済んでいるでしょう」ということにはならないわけです。

金泰昌　何が誤解なのかよく分かりません。時間がたつにつれて意識も変わるし認識も変わるので、一世代の観点だけでものごとの判断に決着をつけてしまうことの危険性を指摘したのは、只今の有馬先生がおっしゃったことにも通じるところがあると思われます。

「世代思想」を持つ文化

宮本直和　ノモンハンを満州戦車学校で追体験して日本に帰った司馬遼太郎さんが、陸軍なり組織なり制度世界なりに対する批判をもって、戦後の日本に一定のメッセージを送り続けた。同じノモンハンで戦争体験された住友生命会長の新井正明さんは、その際片足を負傷し、帰国されました。そこへ訪ねて行かれたのが東大政治学の丸山眞男さんです。その時、病院で見舞った丸山さんは、ベートーベンの「絶望から希望へ」という言葉を贈ったのです。丸山さんは、ご承知の通り、徳川時代の儒教及び国学の研究を進め、『日本政治思想史研究』を完成させた人です。いずれにしても、新井正明さんは、実存的な鎮魂を経て、絶望からの回帰をはかったのである。

さらに、新井さんは安岡正篤氏の言葉で精神的に立ち直り、「忘却とは忘れ去ることなり」即ち、一端「忘れる」という経緯を経て、住友生命の中で過去を乗り越え、活躍し始めます。「忘れる」ということが公共的なのかどうかは別ですが……。そして、その後も安岡正篤の思想とか孟子の思想を学びつつ、組織の中で公共的に活躍をはじめるわけです。

ここで、ノモンハンを共有した二人、司馬遼太郎さんと新井正明さんですが、一人は戦後の日本の制度世界に対する批判を行い、一人は実存的な鎮魂の後に新しい企業活動を始めます。戦争を体験した人に、ある日、戦争の主体者責任ということがある世代に重くのしかかってきたときに、そこからどう実存的に抜けていくか。実際に、司馬遼太郎さんのような抜け方もあれば、新井さんのように抜けて行かざるをえない運命もある。

ところで、アメリカ合衆国のマサチューセッツ州で一八三七年に、初代教育長となったホレース・マンという人がいます。現在、ボストン市役所にホレース・マンの立像が建っていますが、なぜアメリカの人々が、そこに彼の立像を建てたのか。実は、彼はアメリカの「公立学校の父」と呼ばれた人で、没後全国の学校に肖像画が飾られています。そのホレース・マンが、「世代」(generation)を語るときに何を出してきたか。

彼はリッチフィールド法律学校で学んだ弁護士で、州の下院議長でもありました。このマンは、アメリカ法の特徴である、絶対不可侵の自然権を基盤に、「次世代」の権利を守るべき「先世代」の義務を説き、無償制の公立学校制度を確立したわけです。それが、「学校税」(school tax)の課税を可能にしたホレース・マンの世代思想です。彼は「上流にある家に住む人は、その水の流れを清く健全なままで下流の家に流さないといけない」(『第一〇年報』、一八四六年)と語り、川の上流に住む者の下流に対する責任論を展開し、「先の世代」と「後の世代」の権利義務関係を明らかにしたわけである。こういう責任が先ほど原田憲一先生がおっしゃった世代責任としてある。

では、「次世代」はどうすればいいのか。万一、上流の世代が鉱毒事件を起こして毒の入った水を流してきたとする。そうすると、「次世代」というのは、世代独自の責任と判断で、その前世代のやった戦争行為あるいは戦争の記憶というものを自分の世代なりの生命の主体性で感知してそれを咀嚼し、自浄作用をしながら更に次の世代に伝承する責任を背負っている。そういう緊張関係にあるのではないか。

そうすると「次世代」というのは、重層的な世代間関係にあって自らが歴史認識を読み替え、新しい時代の力を創り出し、蓄積していく責任がある。その辺のところを一つの「世代思想」として持つ文化が、重要なのである。そのような世代間関係の観点を今回の議論は持っているのではないでしょうか。

金泰昌　東京大学の宮本久雄先生の大学院セミナーの院生たちと、夜を通して話したことがあります。院生の中の一人が、あるフランスの哲学者の言説をテコにして「幸福」の問題を語ったとき、幸福と許しの関係が論点になりました。

前の世代がやったことが次の世代に大きな弊害を与えた。その場合、次の世代が前の世代を怨み、殺したくなるくらい憎しみを持ったときに起きる「世代」と「世代」の間の悲劇の悪循環をいかにして断ち切ることができるのか。そして両方が幸福になる道があるのか、というのが、その院生の問題意識であったわけです。

そこで私は、若い学生時代にフランスで聞いた二つのフランス語の諺を引用して私の意見を言いました。その一つは「理解するとは許すこと」という諺です。そして、「許すことは忘却すること」であるという諺です。この両方の諺を一緒に合わせると幸福と許しの関係への新しい展開が開かれるのではないかと提案したところ、彼は「まさにそれを自分が今研究している人が唱えているんです」と答えて大笑いになりました。

なぜ私がそれを言ったかというと、韓国のキリスト教の牧師が、自分の息子を殺した殺人者を自分の養子にして育てたという事実が『愛の原子爆弾』という本として著され、大変な感動を人々に与えました。私も若い時その本を読んで、一晩涙を流しながら感動したことがあります。ここでは全部詳しくは話せませんが、とにかく自分の子供が殺されたわけですから、普通の人は絶対許せないでしょう。にもかかわらず、自分の子供を殺した人を自分の養子にして、立派な人間に育てたのです。それは、神様の前で自分の良心との戦い、怨みとの戦いの日々であったと思います。そしてついに彼が育てた人が、また素晴らしい牧師になって神の愛と許しの上に成り立つ人間の幸福を語るようになったのです。私がここで言いたいのは世代間対話というのは、幸福をもたらすことも不幸をもたらすこともあるということと、どこかで許すということも必要であるということです。

「抑圧の移譲」という問題

黒住真　少し話のスケールが小さくなります。「階級問題」もある意味では「世代間の問題」とパラレルに考えられる部分があるなと思いました。人間社会というのは下のクラスがだんだん上に上がってきて、上のクラスがまた滅びてという、ある種の周流が行われている面がある。そういう新陳代謝があります。

その時に、例えば一番よくない構造だと丸山眞男さんが言っているのが「抑圧の移譲」です。上の階級による抑圧に普通は堪えられないのだけれど、堪えるためにどうするかというと、下の階級への抑圧にそれを転化する。それでだんだん下の身分を抑圧していって、一番下は犬を蹴るしかない。この「抑圧の移譲」というサイクルでは、しかし結局解決はできないわけですね。

もっと小さいレベルでは、昔は大学の体育会のしごきというのがありました。上の学年の人が下の学年の人をいじめる。自分の学年が上に上がったら、今度は自分が下をいじめる。一つのしごきのサイクルがあるわけですね。

他方では、現在の教育制度とかシステムによって抑圧されている部分が、もっと弱い部分をまた抑圧するというような構造になっている。広く言うと、それも世代間的な抑圧と似た部分があるのではないか。つまり、（世代間的な抑圧が）社会構造にも投影していると見れる部分もあると思います。そこでもやっぱり循環するサイクルをどう解くかという問題がある。しごきの連鎖を無くする場合と同様に、自分は抑圧されてきても、自分が下の階級を抑圧するということを止めなければいけないんですよね。

結局それは宮本直和先生が先ほど言われた問題になると思うのです。「歴史認識」ということもまさにパラレルな問題で、そのことを歴史から学ぶことによって、自分がある程度はその問題を「解いて」その次に手渡す。そうすることが上の世代の下の世代に対するたしなみであり、ギフト（贈与）にもなる。そのために後で叩かれても、「もって瞑すべし」かもしれません。私は仏教のカルマの話をしましたが、そういうことも繋がる問題としてお聴きしていました。

三谷博　私も黒住さんと全く同感です。金泰昌先生が前におっしゃったことに戻ります。

先ず、私から見た上の世代、下の世代との関係をどう考えるかということですが、金泰昌先生は上下の世代が十五年ずつの重なりを持っていてそれが循環していくんだとおっしゃいました。しかし現在は、以前と違ってみんなが長命になったために仕事を離れてからでも生きていけます。しかも、あいた時間をボランティア活動などで使っておられる。今から先は、親の世代が年老いて引退して子供に譲るということにはならないだろう。ということは、年長世代・老年世代が自分の孫以降の世代のために緊張感を持ち続けて生きていただかないと困るなあと、一方では思っています。

若い世代は無感覚だと皆さんおっしゃっているわけです。私も日頃、若い学生さんたちと接触していますが、結局今の若い世代は、「日本は昔から今のように豊かで平和だったに違いない。これから先も永遠にそうだ」と思っていて、世の中が変わるという感覚がないと思うんですね。私の推測では、中国ですら今の二十歳前後の人はそうなっているかもしれない。

文化大革命に関していうと、これは本当かどうかしらないのですが、「文化大革命って何なの？」と聞く人がいるという噂を聞いたことがあります。つまり、親の世代は一切語らないし、都市の新しい中産階級は非常に豊かなので、世の中のどこに問題があるのかという感覚がなくなっている人もいる。これが本当かどうかは知りませんが、でもいずれはそういう状況が三国共通に訪れるのではないか。

しかし、実際に我々が経験しているところでは、世の中は放っておいても必ず変わる。そうすると、「世の中は変わり得るのだから、大事なところで踏ん張らないといけないんだ」ということにどうやって気づいてもらうかという問題があると思うのです。それについては、今の若い人たちは気楽にNGOに出かけていくという面もあるので、部分的にはわりあいよく分かっている人が出てきている。

人口の多数派ではなくなっていく上の世代が、「我々が一生懸命にやっていることは実はあなたたちのためであって、私が死んでから気づいたのでは手遅れになる。その時君たちは酷い目に遭うんだぞ」とお説教するだけでは通じません。何かいい知恵はないでしょうか……。

未来を志向する現在と歴史認識

李成市　私は今回、自分自身が考えている歴史認識の原理的な問題について提起させていただきました。そのことにも繋がるのですが、今いちど強調したいことがあります。「過去」の解釈について私はこんなふうに考えています。それは何も私だけが言っているわけではなくて、多くの歴史研究者たちが最後にそういう境地に到達するようなのです。過去の歴史解釈というのは常に「一つ」ではない。しかも変わりうる。なぜ変わるかというと、「過去に対する問いかけ」が常に変わっていくからです。これはE・H・カーが『歴史とは何か』の中で言っていることです。

彼はまた、歴史とは「現在と過去との対話である」ということを繰り返し述べています。しかしその部分をよく読むと、その「現在」というのは常に変わりゆく、未来を志向する現在であるといっています。未来に何をプロジェクトする現在であるかによって「過去」の解釈も変わっていく。その時々のプロジェクトによって、「過去」の解釈が変わりうることを彼は言っているわけです。

そういう繰り返しの中で、「過去」は多様で多面的な姿を表してくる。そういうことだろうと思うのです。大化改新を事例にとることにします。

なぜ江戸時代の人が全く知らない「大化改新」が明治以降にこの日本列島に住む人たちの常識に属する知識になったのか。もちろん、『日本書紀』に書いてあることですが、なぜ「大化改新」がその中から国史の重要事項としてピックアップされるのかといえば、蘇我氏と中大兄皇子・中臣鎌足の対立というのは、維新政府にとって自分たちの正当性を国民に知ってもらうためには非常に都合のいい物語なのですね。つまり、中大兄皇子たちは天皇権力が正統であるにもかかわらず、蘇我氏の専横のなすままにあったが、その蘇我氏を正統な彼らが武力で引きずりおろした。この物語は近世においても、やはり正統的な京都の天皇家がありながら、ずっとそれをないがしろにしてきた江戸幕府が存在してきたという図式で維新政府が語るときにはとても都合が良いわけです。

これは何も私が突飛な解釈を提示しているのではなく、日本古代史の研究者がしばしば言及することです。書くか書かないかは別にして共有されていることです。しかし、表面には出てきません。

また、高校や中学校の試験や歴史の先生になるための採用試験で非常に出題頻度の高い問題に、「遣隋使、遣唐使の歴史的意義を述べよ」というのがあります。正解は何かというと、特に遣隋使の場合が問われるのですが、「対等外交」の四文字を解答として求めています。

当時の隋と倭国のあり方からすれば、かなり違和感のある「対等外交」という単語がなぜ求められるかと言えば、これは明治国家の現実的課題の投影でもあるわけです。明治国家が不平等条約をどうやって克服するか。一八五〇年代から一九〇〇年代まで五十年以上をかけて、近代日本国家が目指すべき最大の課題が、不平等条約をいかに撤廃していくかだったのです。

そういう現実的な課題を克服するプロセスの中で、欧米と日本の関係が、日本の古代国家形成史と対中国外交との関係に投影され、日隋外交の段階に至ってようやく、中国から冊封されていた古代国家日本が隋の煬帝に対して、へりくだった姿勢ではなく、冊封を拒絶する段階に至ったとみるわけです。これは単なる古代史の問題ではなくて、近代国家日本のプロジェクトがそういう過去を浮かび上がらせるわけです。

歴史研究者はこのように「未来に何を意欲するのか」という現実的な課題の中で史料を読み、過去に問いかけていく。その中で「過去の解釈」というものは生まれてくるのだろうと思います。そうだとすると、今回私が報告させていただいたのも、東アジアの歴史認識をめぐって、各国が経てきたネーション・ビルディングというプロセスの中で、今何が問題になるか、克服されるべき現実的課題は何か、国民間の和解や階級間の和解を実現させるためには何が必要か、という問いかけの中から「国史」が形成されていくということなのです。

やっかいなのは、その解釈が自己完結的で非常に閉鎖的であるために、その国を超えては認識が共有できない場合がしばしばあることです。東アジア諸民族の諸国家の人々が、どうすれば歴史認識をよい形で共有し、それを拡大させていけるのか。これは原理的な問題に立ち返って考えれば、それほど難しいことではないと思うのです。やはり、「歴史認識」を考えるときに、我々が現在置かれている状況をどのように見るのか、その現実的課題をいかに共有するかに関わっているのだと思います。

先ほど原田先生がおっしゃったように、現在の世代が次世代に負債を渡さないようにしないといけない課題がたくさんあります。環境問題のように、日本だけではなく東アジアが共有せざるをえない課題があるわけです。そのような課題が何であるかを議論しないと、やはり歴史研究者の視点がぼけると思うのです。そのようにして原理的な視点から歴史認識を考えることも重要ではないでしょうか。

コロニアリズムの後遺症は実は、韓国だけが抱えているのではありません。この日本においても、これを植民地支配の道具として用いた側が、その合理的な支配の方法を日本国民に対しても徹底的に応用しているという意味で、今も生きているとみることができます。この問題は精神治療と一緒で、自分がどういうプレッシャーを受けてきたかを自覚することによって、そのプレッシャーからある程度逃れることが出来るのではないでしょうか。私はそういう観点から、我々が受けている価値拘束は一体どこに由来するのかを、その起源にまで遡るという発想で述べたつもりです。三国なり四国なりの複数の国々で「歴史認識」を議論するときにこういう視点があってもいいのではないかと考えています。

金泰昌　将来世代との関係を考える場合、基本的に二つのスタンスが想定されます。たしかにE・H・カーの場合は、先生がおっしゃったような形での「未来」が「現在」の中に含まれてるかもしれません。私はそれにもかかわらず、E・H・カーの歴史観とは違うと申し上げたいのです。

私自身の考え方としては、「未来」を「現在の領土」として見る場合と「未来」を「他者」として見る場合とは違う、ということです。現在から未来に向かって、現在の延長線上（発達線上）で未来を構想するのが、先生がおっしゃった「プロジェクト」による未来の構築です。しかしそうではなくて、「未来」が「他者」として、現在に吹き込まれた未来をも含めた広い意味での「現在」に問いかける。その観点が〝将来世代観点〟ということなのです。

将来世代観点というのは現在の延長線上の未来ではありません。今までの未来学もそうなのですが、その観点で「未来」を考えたとしても、韓国と日本と中国の歴史認識が共有可能な地平を開くにはかなり問題があると思われます。ですから、現在の延長線上の未来を構想すると同時に、それとは次元を変えて、「未来」の方から現在に問いかけるという、もう一つの視点をも合わせ持つことが重要ではないかということです。

そういう意味でE・H・カーの歴史観には、私は不満なのです。私が「現在という場において未来と現在が対話するのが歴史であって、現在と過去が対話することに限らない」と言ったのはそういう意味です。

黒住真　「未来からの問いかけ」というのは、もう少し具体的に言うとどんな感じに……。

金泰昌　それは「他者としての未来」と言いましたように、私たち現在世代の観点・論理・認識の中に回収・同化できない次元としての将来世代の観点・論理・認識を尊重するということです。もっと俗な言い方をすれば、今の私たちの考え方だけで将来世代のことを勝手に決めるなということです。たとえそれが現在世代の善意に基づいた判断と行動であっても、その結果が将来世代にとってこの上無い大迷惑になる可能性もあるわけですから、出来る限り将来世代自身の立場と観点と利益を大事にするべきであるということです。

黒住真　それはたとえば卑近な例として、子供と親との関係で、親が子供にあまりに酷いことをしている場合に「子供に対してそういうことはしないようにしよう」とか、逆に「これだけのことはある程度子供のためにしなければ」ということがあると思うのです。ただ、この「子供のためによかれ」と親がやっていることが本当に子供にとっていいことなのかどうかは分からないわけですね。そうすると、結局それは次の世代に委ねるということなんですか。

金泰昌　いやそうではありません。もっと具体的に、私と私の娘の関係で言います。私の妻は、自分がバイオリニストになるという夢が果たせなかったがゆえに娘にそれを投影して、娘の未来と自分の未来を一緒くたにしてバイオリンの練習をさせました。その時に娘が反発すると、「これはお前のためにやっているんだ。母親が子供のために最善を尽くしているのになぜ分かってくれないのか」ということで、母親と娘の間で葛藤があるのを側で見ていました。

私は、妻に向かって「お前がやっていることはお前の満足のためではないか。お前は『娘のためにやっている』と言っている。俺から見ていて、そういう面もあるだろうけれど、しかしそれが本当に娘のためになるかならないかは娘が判断することじゃないか」と言いました。そうすると、妻は、「あんたは冷静に言っているけれど、それは本当に子供のためを考えていないからそうなんだ」と反論し、結局、夫婦間の喧嘩になりました。

もちろん母親が「これは子供のために最善のことだ」と思う心は大事にしなければなりません。しかし、それだけで自己完結するのではない。もう一方で、娘は独立した人格です。一人の人格として夢があって当然なんですよ。それを聞く耳を持たなければならない。

だから私が言いたいのは、「現在から投影した未来」を否定しているのではありません。そこは誤解しないでください。それも大事だけれど、もう一方は、「他者としての未来」から逆に見る、というもう一つの視点があってこそ、バランスが取れるのではありませんか。

長尾龍一　まず、歴史が現在との対話であり、現在の問題をもって歴史を見る。そこまではいいと思うのです。しかし、「歴史学」というのは、やはりそういう形で現在に完全に従属した領域ではない。

例えば現代的関心から古代を見て、明治国家の独立というようなことから遣隋使を見るというのは第一次的接近です。しかしひょっとすると、自分が現在こういう人間であって、こういう関心をもっているから、そのように見えているのではないか。「大化改新」がそのように見えるのは、明治国家の現象と関わっているからではないのかということで修正をしていくうちに本当の歴史の像に迫る。もちろんそれは人間のやることです。完全ではないけれども、やはり歴史学というのは第一次的接近の段階だけで終わるものではないだろう。「歴史を共有する」ということが単に「現在の関心を共有する」ことから出来るというものでもないだろうと思います。

補足して言うならば、自国の現代的関心から歴史像が創られていると自力で自覚することも出来るけれども、また「対話」によって、外国の人から見たら「お前は、自分では客観的だと思っているけれど実際はこうだ」と言われて気がつくということがある。だから異なったバックグラウンドを持った者同士の対話によって、本来の歴史像に迫っていくのだと思います。このようにして、第一次的接近で抱いた歴史像を、第二次、第三次と修正しつつ実像に迫っていくことが歴史学ではないか。これは歴史家に対して釈迦に説法なのでかえって失礼かと思います。もちろんそんなことは十分にお分かりでしょうけれど。

それから「未来」に関することですが、神や預言者によって未来に「神の国」がやってくることが絶対確実だという確信があれば、「未来から現在を照射する」ということが出来るでしょう。しかし人間にとって「未来」は未知であり、思いもかけない、現代人にはとうてい知り得ない世界が「未来」なのです。従って「未来から照射する」というのは神の絶対的知識を分有している人間以外には出来ない。そういう点で、金泰昌先生のおっしゃることはよく分かりません。

三谷博　実は「未来」も過去の「死者」もそうなのですが、多分「他者への敏感さ」というか、「心を開く」ということが核心にあります。「未来」に対しては、これから来るものに対するいわば畏怖の念といいますか、「ひょっとしたら自分は間違ったことをしているかもしれない」という反省があってはじめて「今」がよく見えるということがあるだろう。「過去」に向かっていえば、過去に生きた人々の中には本当に犠牲者もいるわけです。彼等の痛みの心を感じ取るとか、また立派なことをした人についても似たような、心を開くという発想があり得ると思います。

自分とは異なるものに対する「畏怖の念」というものを持って心を開いておれば、そう間違ったことをやらないだろう。私は今、世代間の問題をそのように理解しています。私は、そういう感受性をつくるのが「歴史学」だと理解して歴史学をやってきたつもりです。私自身はもともとそんなに理解力がある人間ではないのですが。

金泰昌　長尾先生のおっしゃることは逆ではないかという気がします。私が問題にしたのは、まさに人間が到底予知することが不可能な未来に対して全部知っているような錯覚に基づいて、将来世代（子供や弟子）のことを現在世代が決めて、それがお前のためになるんだということは危険ではないかということです。ですから未来というのは、未知の他者であるが故に私たちの勝手な判断で断定出来ないから、私たちの領土のようにあつかってはよくないということを申し上げたのです。

自分は最善を尽くす。しかし、それでも回収出来ない余地が「未知」として残る。その部分はそれで大事にして、そこ（未知）から見るという視点をもう一つ持たなければならない。他者を自己の中に回収して、自己の拡大をしているにすぎないのに、それをついつい「他者のためにやっている」と勘違いする可能性がある。それに対する戒めとして、「未来」も「他者」として見るべきだということなのです。

それを「神秘」と言ったり「未知」と言ったりするのは、「未来」というのはまだ来ていないのだから分からないからです。それを近代の哲学はあたかも全部分かったように議論する傾向があった。特に科学万能主義は、仮説とその検証を通してその結果を予測するという、一種の因果論的な考え方と確率的な考え方であって、その度合いは違うけれども、そこには「現在の中に未来を回収する」という思考がある。それに対する一種の自己反省・自己抑制が必要であるということを「将来世代観点」という言い方で表現したわけです。

ですから、私のまったく個人的な意見で申し訳ないのですが、従来の過去との対話としての歴史学のありかたから、未来学的思想力も内包するより開かれた歴史学のありかたへの転換は不可能なのか、という問題を、一度議論してみたいのです。

李成市　私は近代国家が創った歴史像がいいと言っているのではありません。一言でいえば、「歴史」という営みそのものが、金泰昌先生がお使いになった言葉でいえば、極めて実存的なものであるということです。ですから、ハイデッガーのいう世界＝内＝存在としての人間存在のあり方でもいいのですが、人間が過去に対して様々な思いを想起するという営みそのものが、すぐれて実存的であるということを言いたいだけなのです。つまり、現在、歴史認識上の齟齬、誤解というものが招いているものの中には、やはり過去に対する認識が絶対不変のものであるとか、私の認識は正しくて、あなたは間違っている等の思いこみが強くあります。しかし、我々が固く信じているものは常に、ある知的拘束を受けた時代の産物であり、過去の解釈については、ある時点からの未来への展望との相関物にならざるをえません。

だからといって私は全部相対化してしまうという立場に立っているわけではありません。人間の営みには、「思慮」によって相互に共有しあえる事実というのがあると思うのです。全部、夢、幻だとは思いません。しかしながら、時代によって、ある局面だけが強調されたり、誇張されたり、その意味があまりにも偏在するということがあります。

史料を別の角度から読めば、ある意味でその解釈を変えることができます。それは恣意的に史料を読めというのではありません。歴史を探究する者は、三谷先生の言葉で言えば「謙虚な、開かれた視点からの史料の読みとり」ということが最低限必要だろうと思います。

都市化・平和運動・同世代対話

長尾龍一　今まで抜けていたと私が感じていた部分をお話しします。大きくいえば「都市化」という、近代に入って世界中で起こっている現象との関連です。明治維新の時の日本の農民人口が八割あったかどうか正確な統計は分かりませんが、現在は農民人口も非常に少なくなっている。その間に都市化という大きな現象が起こった。

戦前の日本陸軍が中国の中で侵略戦争を展開し、残虐行為を行ったと言われている人たちの大部分は農民兵士でした。その農民兵士たちの記憶の伝承がどう行われているかについては、一つには子供たちが都会へ出ていってしまって伝承されないとか、農民で物を書くという人が少ないとかの問題がある。その点で「農民の戦争体験の伝承」ということがテーマになるのではないかと思います。

これについては大牟羅良さんという、満州からの引き揚げ者で戦後は岩手県で行商をしていた人が、『ものいわぬ農民』とか『戦没農民兵士の手紙』という本を出しています。彼は戦死者を出した家庭を巡って、前線の農民兵士が家に出した手紙を集めたのです。これらを読むと、都会人とは非常に異なった視野があります。

農民が農家にいるときは、いつ田植えをして、いつ頃稲刈りをするとか、いつどういう畑にどういう種を蒔いたらいいとか、肥料はどうするんだということをよく知っている。プロで大変な技術者です。しかし、一旦都会に出てくると、農民の持っている知識は何の価値も認められない。色は黒く、動作は粗野で、肉体労働以外には全く取り柄のない人間のように扱われる。昭和の初めの農本主義的右翼思想や、ファシズム・暗殺といった現象の背景には、農民の欲求不満があったと思うのです。

農民兵士は、基本的には軍隊のヒエラルキーの最低線のところに置かれ、殴られる、打たれる。外国に行った農民兵士が残虐行為を行った心理的源泉は、そういう欲求不満と抑圧の移譲ということがあったのではないか。この点は世代間の伝承という意味で一つの重要なテーマではないかと思っております。

一言付け加えると、私は旧満州から昭和二十一年七月に引き揚げて帰ってきました。父の故郷である九州の山の中にいた叔父たちは全くの農民でした。上の叔父は華中の長沙の戦線に参加し、もう一人の叔父は沖縄の宮古島で終戦を迎えたのですが、特に上の叔父はよく戦争中の話をしていました。昼の一日の務めが終わって夜になると略奪に行くのが日課で、それが悪いことだという思想がほとんどなく、自慢話として話していました。彼等のそういうオーラルヒストリー（口述歴史）をもっと早くやっていたら、様々なことが発掘できた可能性があったのではないか。

小林正弥　私は、今の平和運動の課題と世代間対立の問題とは相当関係していると思うので、これを紹介して皆さんの議論を伺いたいと思います。実は同じように平和を求めていても、世代間で発想もスタイルも違う。そこで、内部で議論が起こってきています。

例えば戦前を経験し、歴史感覚や理論的知識も持っていて、ベトナム反戦運動あたりで中心的な役割を果たしてきたような人々が、「反テロ」世界戦争をきっかけにして始まった最近の若い人達の平和運動を批判する、ということが起こりました。若い層にはそういう歴史感覚や理論的知識がないけれども、九・一一テロ以降の展開を非常に心配していて、立ち上がっている。最近はデモとは言わずピース・ウォークとかピース・パレードと言ったりしますが、そのような新しい形態の抗議行動を行っている。若い人たちは自分たちの世代に対して、その世代に合った方法で何とか訴えようとしているわけです。

政治的に無関心で活動的でない人が多い世代にアプローチするために、彼らはなるべくアートを使って訴えたり、あまり闘争的なデモではなく、楽しくワイワイした雰囲気でアクションを行おうと一生懸命試みています。昔のように活字で訴えるという方法では運動が広がらないので、例えば映像によって訴える方法を重視して、なんとか自分たちの同世代に浸透させようと、一生懸命工夫しているのです。

しかし、このような方法は、昔の運動に慣れている人たちからは、非常に情けなく見える。「君たちの歴史的・理論的な知識は浅い。もっとしっかりと運動論についても議論をするべきだ」と言ったり、「抗議運動はもっと怒りを込めて激しく行うべきだ」と言ったりするわけですね。取り上げる問題にしても、「あの戦争」という話が今回はありましたが、第二次世界大戦における日本の戦争責任問題、加害者責任問題、従軍慰安婦問題等々を追及し訴えてきたので、そこに強調点を置く。若い方から見ると、それはある意味で自分たちの世代が直接の加害者ではないので、むしろ今の戦争問題の方を取り上げることにウェイトがあるんですね。

両方の世代の世代感覚によって、どこにウェイトを置くかが違う。平和の実現という目的は共通するけれども、その背景にある心理は随分違う。だから、私は鹿錫俊先生のお話を聴いて非常に共感したのですが、やはり、訴える対象の人々の心理的なダイナミズムを見ないと、方法が有効ではなくなってしまう。そこで、若い世代に訴えようと思えば、その方法はかつての世代の方法とは異なってこざるを得ない。けれども、年長世代は納得はせずに、最近は総合雑誌のような公共的なメディアにおいても批判をするということになってきているわけです。

平和運動では、いろいろなグループがそれぞれバラバラにやっていて、一生懸命なんだけれども相互の対話があまりない。ましてや、世代を超えた対話はさらにない。年長世代からすると、「君たちは我々の世代の経験から何も学んでいないではないか」と言いたがっている。若年世代の方から見ると、「そんなことを言っても、何もあなた方は伝えようとしてもいないではないか。直接アドバイスしてくれればいいものを、いきなり活字で批判を加えてくる」と不満を持つ、という構図があります。

これはまさに世代間問題です。この世代間の問題を、歴史的経験や理論的知識を踏まえながら、実践の問題としてどういうふうに解決するか。これが、今まさに求められている問題です。私は「とりあえず世代間対話というディスカッションの場をつくろう」としています。しかしどういう形態にするかとか、いろいろ問題が生じてくる。これをどうううまく乗り越えられるか（これについては、鈴村興太郎・宇佐美誠・金泰昌編『世代間関係から考える公共性』発題Ⅸの「平和運動の世代間対話をめぐって」を参照）。アドバイスがいただければ有り難い、と思っています。

劉傑　「世代間の対話」が大事だということは議論の中で分かるのですが、聞いているうちに私がちょっと感じたのは、「同じ世代の日本人同士の対話」は、むしろ無いのではないかということです。これは農民兵士の問題とも関係すると思います。つまり世代間の問題と並行して、実は同じ世代の日本人同士の対話がない。だから、相互に嚙み合わない議論が一方であるわけです。

その議論を追いかけるような形で、若い世代も大きくいうと二つの流れがある。一つは、例えば「アジアとの対話」を積極的にやろうという人たちがいる。もう一つは、むしろ日本の独立自尊という言葉があるように、とにかく日本を再認識して日本が取るべき針路をもう一回取り戻そうという考え方を持っている人たちがいて、それぞれに次の世代に何かを伝えようとしているわけです。

小林よしのりさんが描いた漫画を読む若い世代もいれば、そうではない若者もいるわけですね。例えば私が学生のレポートを読んでいると、小林よしのりの漫画を見てその影響を受けた世代が明らかに育っている。レポートの全部を見ると分かるように、かなり少数派ではあるが、そういう世代も成長して一つの集団になっている。

我々は「世代」を一括して議論していますが、実は若い世代は幾つかの流れもあるわけです。その幾つかの流れを、我々はどう見るのか。これは今までにはなかった視点です。むしろ若い世代が見ている「上の世代」は、「議論」というよりも「喧嘩」でしかなかった。それぞれの行っていることは平行線を辿っている。その中でどちらを「選択」するかというところに彼らは追い込まれています。

同じ世代の歴史家は、同じ事実に対して同じ解釈をされているわけですが、そのようなこと（若い世代に対して、議論に参加することよりも喧嘩のいずれかに付くことを求めている現状を打破すること）についての「対話」の空間がない。あるいはその（議論をするという）土台が日本の中にはまだ出来ていない。

むしろアジアの国々との間では、逆に「対話」の場が出来やすい。つまり、（日本以外のアジアの国では）このような議論についていく人たちが来るわけですから、そこで議論をしやすいという現象が起こっているのではないかと私は思います。

日本では農民兵士の話を含めて、日本人の間では戦争体験を十分に語りあっていない。だから私は、「次の世代との対話」以前に「同世代の対話」をまず何らかの形で進めるべきではないかと思います。

石原昌家　今のお話との関連で申し上げます。私は三十四年間、大学で教員をしてきましたが、その間、私が一貫して求めてきたのは、過去世代と現在世代と未来世代をどう繋いでいくかということです。具体的には、沖縄戦だけではなくて、「戦後体験」の聞き取り調査を続けてきました。スタートした時点の方々はほとんど亡くなっていますが、それを私個人だけでやるのではなく、常に学生と一緒にやってきました。最初は学生と私の歳はそんなに違わなかったけれど、今は親子ほどの年の差になっているわけです。聞き取りの対象は当初は学生たちの親の世代ですが、今では祖父母の世代です。

学生たちはどう変わるかということですが、特に戦争体験の話になると、自分の親からも祖父母からも、何も聞いていない。それを無理矢理聞かすように宿題を与えるという形でやってきました。「ここで初めておじいちゃんと向き合って話が出来た」とか、「あれからいろんな話をするようになった」とか、そういう変わり方もあれば、ごく最近では私の子供よりも更に年下の世代ですが、その学生たちもどんどん変わっています。

ハンセン病の元患者についてホテルが宿泊を拒否するという問題が発生したときに、沖縄にもハンセン病元患者さんがおられるので、すかさず学生たちが「一緒に風呂に入ろう会」というのを作りました。そして、ハンセン病の元患者の方と一緒に風呂に入って、背中を流したりということをやったものだから、全国紙でも紹介されたのですが、そんなふうな変化もあります。

また、沖縄にある軍事基地の中ではどんなことを行ってきたかを、元アメリカの海兵隊の方に現在進行形の話として語ってもらっています。自分は三十二通りの殺し方を教えられてベトナム戦争で実際に多くの人を殺してきたとか、軍事基地の中から外に出るときの目的は酒と女と喧嘩の三つしかないとか、そういうことを授業の中で具体的に話すものですから、私の授業なんかよりものすごいインパクトがある。一言もおしゃべりしないで一生懸命に聴きます。若い世代への聴かせ方もそんなふうに工夫すれば随分変わっていくなということを実際に体験しているわけです。

社会構造との関わり

黒住真　今の石原昌家先生の「繋ぐ」という話とも関わります。劉傑先生は、同じ世代間の中でも意外に対話の構造が成りたってないとおっしゃいました。小林先生も、世代間のある種のギャップのことを言われました。長尾先生も、農民が外に出たときにある種の孤立性を持っていたという話をされました。それらは結局大きく言うと、日本の社会的構造とすごく関わる部分がある。俗に言われるようにタコツボ型の社会になっていて、その中間を繋ぐ部分が意外と非常に少ない。

結局上に何かがあり、それぞれ孤立したタコツボが、上から分配されるものを受け取るという構造になっている。だから、その間でのヨコの掛け算が非常に少ない。この構造は近代以後の社会の大部分にあり、戦後もその問題は案外と乗り越えられていないと思うんですね。

儒教の話ばかりで恐縮ですが、論語の中に「君子は矜して争わず、群して党せず」という言葉があります。「君子は和して同ぜず」とパラレルになっています。そうすると、君子は「群して党せず」ですが、逆にひっくり返して言うと「小人は党する」わけですね。君子はみんなでいることはあるけれど、党を立てることはない。先ず「対話」とか「議論」という構造があって、それが大きな政治的な力学になってくると「党」という形になるというのなら分かるのですが、現実はいきなり「力」と「力」が喧嘩して、選択をして「党」を立てている。

そのことを劉傑先生は、ただの「喧嘩」になっているとか「選択」の問題になっているのではないかと言われました。そういう党派性で「自分の仲間に付くのか、付かないのか」というような話になって、党派と党派の間の憎しみあいとか貶しあいになっている。そういうところから日本は乗り越えなければならないと思うのです。結局それはいろんな要素を「繋ぐ」という問題なる。また日本の中間集団の存在の問題にもなる。また、「メディア」が一見繋いでいるようだけれども、実は繋いでいないという問題があります。

もう一つは、大きくいうと、個々の人が社会のシステムの中で、それぞれが孤立した形で生存はしているけれども、人間と人間との間の対話的な関係から「人称性」が捨象されている。若い人が淡々としているという問題の背景にはそういうこともあるのではないか。そのようにいろんな社会的な広がりないし構造の問題があるので、それを乗り越えるという形での「対話」のあり方を考えていく必要があると思います。

小林正弥　劉傑先生のコメントと黒住真先生の意見に賛成です。公共哲学一般の原理として大事な話だと思います。昔の丸山眞男の頃の議論だと、農村の封建的な社会とか学問のタコツボ化を打破するのが「市民」だと言われていたのですが、私がいろいろ見聞するに、最近は「市民」の世界もタコツボ化している。これは相当深刻な問題だ、と思っています。

それから、我々は中間集団に期待しているけれども、ＮＰＯやＮＧＯの世界もタコツボ化しているという場合が少なくありません。率直に言えば、相互の交流が少ない。対話が少ない。それぞれが排他的な仲間集団になって、しばしば相互の間で衝突が起こる。そういう非常に困る傾向がある。我々は学問の分断を超えようという趣旨で「公共哲学」を展開しているわけですが、市民の間もタコツボ化されている。特に日本に強い傾向なのでしょうが、これをどう超えるか。こういう問題意識も公共哲学に入れる必要がある。私はそれを超えるために「ネットワーク」とか普遍的な「友愛の精神」を強調し始めているところです。

金泰昌　「市民の世界のタコツボ化」というのは正確な表現ではないと思われます。ある意味では「タコツボ化された市民」を塊りとして捉えたのが大衆です。群衆にも似たようなところがありますね。そこには主体化された個々人の責任意識というのが欠落しています。それこそ、滅私奉公の論理に回収されやすいし、むしろそこで一種のやすらぎを感じるのではありませんか。一人ひとりが思考と判断と行動と責任の主体になるというのは、ある意味ではものすごく困難な重荷でもあるわけです。ですから大衆社会化がすすむところには、徹底的に原子化され一切の自他相生の関係から切断された、弱くてちいさい自我だけが、塊体のようなかたちになっているという現象が存在するのです。

「大衆」の特徴は、バラバラで本能的な反応だけはあるが深く考えない。現在の次元より高めようとか、対話し共働して何か新しい次元を開くというようなことは一切ない。ただあるのは、「自分はあまり偉くないけど、他の奴が自分より偉くなるのはもっと嫌いだ」という思いです。それで足を引っ張ったり、中傷謀略をしたりする。ポジティブな目的意識は無い。しかし、ネガティブな嫉妬だけは根強い。ある程度一貫した観点も、立場も、意見も、個別的には持たない。全体の中で、全体とのニセ一体感を自分のよりどころにする。しかしそれが何らかの事情で崩れますと、今度は正反対の「滅公奉私」の心理・群衆心理に巻き込まれる。自分で判断しない。ですから公共性を考える場合、何よりも大衆とか群衆ではなく、市民になることが出発点であると言えますね。

劉傑先生がおっしゃった心配は共有します。同世代間の対話をまずやって、今度は世代間の対話をやるべきである。先生がおっしゃった通りです。では一億二千万人が「同世代間の対話」ができるかというと、そんなことはありません。

同世代であれば同じなのかというと、同じではないわけですよ。同じになる必要もありません。多様な世代意識が多様な形で次の世代と対話すればいいのであって、一つの世代が一つに纏まって、纏まった世代が次の世代と対話するということではないわけです。

私が言いたいのは、「世代間の対話」がないと、それこそ社会が断絶されてしまう。社会がどこへ行こうかというときに、「親の世代がやったことの責任を俺は取らない」という言い方が果たして成りたつのか。そんなことは成りたちません。

もう一つは、こういう観点から「拉致問題」を冷静に見ますと、そもそも歴史的思考がない人たちが、大衆化された形で強力な集団主張ばかりをつづけるというところにも問題がありますね。前の世代がどんなことをやったかという問題を念頭に入れての歴史的な判断力が働けば、違った発想も出てくると思います。自分の家族が拉致されたことの罪悪を、世界中を回りながら糾弾している方々の中で、日本軍関係業者に半強制的に連行され、さまざまな性的暴力の被害者になった女性たち、及びその家族たちの訴えに、片耳でも傾けた事例がありましたか。

私は北朝鮮の体制には本能的嫌悪感を感じます。北朝鮮の今までの対外行動のほとんどは到底納得出来ません。ですから、北朝鮮を庇うつもりは全然ないのですが、それにもかかわらず、日本のマスコミの報道や、一部の公論の流れを聞いてみますと、「歴史忘却症」というか、「歴史感覚拒否症候群」というか、そのような傾向が圧倒していると思わざるを得ませんね。

日本人拉致よりも何十倍も量的に多いし、その意味から見ても酷いことをやったことを忘れている。公式・非公式に確認されたと言われる事例を全部合わせても百名単位でやられたことを中心に話しているけれども、何万人単位の被害者のことに対して、ほんの僅かでも感覚があるのだろうか。そういう感覚の全然ない議論が一方的に進展しているのです。私はどちらが正しいとかと言っているのではありません。遠い昔までさかのぼる必要はないが、私の歴史体験と歴史感覚に基づいての認識と判断が可能な範囲内で考えても、どうもバランスが崩れているとしか言えません。

拉致問題はまさに過去世代と現在世代とが重なった部分で起こった問題です。そうすると日本による韓国人・朝鮮人の拉致は遠い昔の話ではありません。今も生きている人が共有する同時代的問題です。なのに、何故そのような歴史感覚が無いのか。世代が同じでも違っていても、同時代的問題を素直に語り合うということが大事ではないかと思うのです。東アジアに向けた開きを今考える上で、こういうところも心理的障害になっているのではないかと思います。

なぜ「世代」の問題が重要であり、「歴史認識」の問題が重要なのか。「歴史認識」というのは日本で言われているいわゆる「歴史認識論争」だけに限られるわけではありません。歴史的体験や歴史的感覚というものを持って今起こっていることを見れば、それは前の世代にも、未来の世代にも繋がる。こういう認識が必要なんですね。「今」は、ここで単独に孤立しているものではないのです。

あるネオリベラリストの経済学者が、〝日本はアジアの中に自らの席を見つけなくてはならない。貿易、投資だけではなく、人や文化の交流、経済協力など多くの面においてアジアとの関係を構築していくことをもっと重く考えるべきだ〟ということを言っています。発言の背景に何があるかは分かりませんが、とにかく私はそれを善意で捉えています。ネオリベラルな観点から見ても緊急性を感じているわけですよ。

ネオリベラリストが抱えている問題点を含めて、何が障害要因になるかを更に私たちが考えたときに、特に今回の議論に絡めて言うと、バランスの取れた歴史的感性、歴史的理性、歴史的勇気が果たす役割があるのではないかということを切実に感じます。それを私たちの生活世界の方から養育するためにも「世代間の対話」が必要になるわけです。

歴史学者には別の観点があるでしょうけれど、歴史学者も「人間」です。専門を異にする人々との対話の中では、時には歴史学的な厳密さという枠から一歩出て、専門領域を横断媒介するような対話をすることが最も重要ではないかと思うのです。

国境を越えること、他者体験の必要性

劉傑　その通りだと思います。「世代間の対話」というのは国境を取っ払わなければ成立しないのではないかと思うのです。日本の世代と世代の間が非常に多様化しているのは確かです。

同じ世代の中でも非常に多様化されていて、しかし「アジアと対話をする」ということに必ずしも対応していない。そこが大きな難点だと思います。

例えば「歴史認識」の問題でいうと、その部分は中国と韓国とは恐らく近いかもしれません。同じ世代の間では、ほぼ共通した歴史認識を持っている人がほとんどである。これにはいろんな原因があるでしょう。あるいは、これからどんどん変わっていくということもある。ただ、日本の非常にバラエティに富んだ歴史感覚、あるいは、コンセンサスが存在しない歴史感覚とでも申しましょうか、そのものと、中国や韓国の同じ世代の人たちとの〝ズレ〟をどう克服するかが現実の問題としてあると思います。

この間、西安に留学した学生と話をしましたが、そこが西安事変の舞台であるということを誰も意識していないわけです。一方中国の若者は、西安事変というものが日本と中国の近代史の中でどういう位置付けになるかという歴史感覚を持っている。学生たちの感覚のズレが非常に大きい。そういう意味では、同じ世代同士でも、国境を超えたときの対話の難しさということを、やはり強く意識する必要があります。

三谷博　おそらくここにはビジネスマンタイプの方はあまりいらっしゃらないのではないかと思いますが、実際に中国に行って商売を始めてみると、「どうも問題があるらしい」と気がつかれる方が結構いるのではないか。そういう方の現場体験というものも語っていただいて、このような場でまた議論してみることも必要ではないかと思います。そういう現場での話を我々が聴いて考えるだけではなくて、学生たちとも一緒に話していただくことも大事ではないか。「世代間対話」で若い人へというときに、「実際にはこういう問題があるんだ」というような形で考える糸口を作ることも大事だと思います。

それから、いくら海外旅行をする人が多くなったとは言え、やはり日本列島から出たことのない人が多数派です。同じ世代であっても「どこに問題があるか分からない」という人が結構いるんですね。

石原昌家　私のゼミの学生たちは戦争体験の聞き取り調査をずっとやっているものですから、全国にいろいろと紹介されます。それで、ゼミの交流を私のところにどんどん求めてくるんですよね。ある時、学生たちのゼミ交流で本土から学生がやってきました。学生たちを、沖縄戦の諸様相が凝縮されている「がま」という自然洞窟に案内して、がま体験というのをしてもらいました。真暗闇にして、「ここでこういうことがあった」ということを説明します。ものすごいインパクトがあって、認識がガラッと変わるほどです。

その後、本土の学生から報告書が送られてきました。それを読むと、「石原ゼミの学生たちの演出が鼻にかかった」と書かれている。どうも認識や受け止め方に大変ギャップがある。ひめゆり資料館に案内して、ひめゆりの生き残りの方の話を聞かせたりしましたが、「自分の体験に酔っている」とか、「資料館そのものに悪意がある」と、心の内にある生の声を文字にして送ってきました。案内した学生たちはものすごいショックでした。「これに対する意見をください」という報告書だったので、反論の形の意見を書いて送ったわけです。

そこから大変な問題になっていきます。そのあとこの問題は朝日新聞やいろんなメディアで、「本土と沖縄の認識の違い」とか「戦争体験の継承の仕方の問題」とかという形で取り上げられていきます。

長崎の被爆体験者の証言を聞いた中学生の「キャンディー事件」というのが朝日新聞に取り上げられたのをご存じでしょうか。証言者に生徒がキャンディーが投げつけたという事件です。ご存じでしょうか。事前学習が十分になされてないと、戦争体験の深刻な部分を受け止めきれなくてパニックになったのではないか。同じ年代でも、認識の違いによって、こうもギャップが生まれる。

黒住真　石原先生がおっしゃったように、ある種の体験を再体験することが大事だと思います。つまり、体験の記憶が薄くなった場合には、やはりいろんな形でそれをもう一遍再体験することによって歴史的想像力を開いていく。個々の体験を個人の中に閉じこめて消えさせてしまうのではなく、聴く人にそれを伝える。そういうプロセスがすごく大事なのではないかと思います。

戦後日本の経済成長は、若い人たちに生きるための「システム」を与えたとは思いますが、自分と人との間で本当にコミュニケーションするとか、自分自身がワクワクしたり、人のことに強い共感を持ったりするというような、いわゆる「人称的な体験」を無くしていくような方向で社会システムが作られてきた。このことがすごく裏目に出ているという気がするのです。

「教育」の問題で言うと、より抽象的な知識をどんどん覚えさせるという方向で教育プログラムは成りたっていますが、そういう知識はほとんど無駄なんですよね。そういう知識のために若い人のエネルギーが注がれているのは、ものすごくおかしなことです。もしかすると、私は現在の教育のプログラムを逆さまにした方がいいのではないか。人々が上に昇るだけではなくて、下に降りる。生活世界をもう一遍再獲得する。そういうプロセスも必要ではないかと思います。

これは原田先生の話でいうと、自然を実際に体験するという問題にもなるかと思います。身近な人間の体験を本当に感じ、更には他の人たちにも隣人を感じる。そしてまたアジアの他の国の人たちとの繋がりを体験する。やはりそういうことが必要です。私は、若い人たちに悲惨なことを「見ろ、見ろ」というだけでは大人の責任は果たせないと思います。彼等自身が基本的に自分の人称的な体験性を深め、高めるような道を大人はあまり用意していなかったのではないかと思うのです。

これまで若い人に「ご飯を与える」ことはしていたかもしれないが、彼等を孤立した世界にどんどん閉じこめていった。金泰昌先生の概念でいうと、「生きている」という実感を与えるような道を提供してなかったという問題がものすごくあるのではないかと思っています。

金泰昌　「生きる」とは「他者と共に生きる」ことです。いろんな体験が必要だけれど、今の日本に特に欠けているのが「他者体験」ではないかと思います。食事一つをとっても、家族がバラバラにとっている。私が日本に来て一番驚いたことはそれです。食事は皆と一緒に食べるのが普通なのに、なぜみんな別々に食べるのか。これでは「対話」になりにくいなと思ったのです。

「生きる」とは何か。要は幼いときから「他者とも生きる」ことである。「わたくし」とは「わたくし」と「他者」である。だから何回も言いますが、私はオルテガの「わたくし」の見方を大事にします。「わたくし」とは「わたくし」と「わたくしの周りの一切」であり、その中に「他者」が含まれるわけです。

生まれてから三歳ぐらいまでの間に、どういう関わりを母親と持ち、父親と持つかによって、だいぶ違います。これはピアジェの発達心理学からも言えることです。私自身を見てもそうですし、私の娘についてもその時期の接し方が人格形成のもとになっているようなのです。その時に「私は私だ」という「わたくし」観を教えたのか、それとも「わたくしは他者だ」と教えたのかで随分違うと思うのです。

私たちの世代から次の世代を考えるときもそういうところが大事だと思います。もしも彼らのためにやれることがあるとすれば、難しいことを一方的に教えるよりは、「生きる」ことをたがいに語り合うことが大事だと思います。「生きる」とは「他者と共に生きる」ことであるという、この基本的なことを共に学ぶことです。その後は本人が自力で開拓していけばよいのです。ですから歴史というのも専門歴史学者による国家の来歴の解明だけではなく、人間の生きてきた来歴を世代間で語り合うこととして理解するという観点も重要ではないかと思われますね。

宇佐美誠　他者の体験を共有するというお話がありました。しかし非常に原理的なレベルに遡ると、「他者」の経験を丸ごと共有は出来ないと先ほど申しました。そこで、この二つを繋いで少し話したいと思います。

結論としてはかなり悲観的なことを言います。一言でいうと、戦後六十年近くの間に日本の社会が失ったものは非常に大きい。日本の国内外で戦争の被害体験を受けた人が亡くなってきています。その人自身の口から聞くことがもう出来ないわけです。もちろん、その人の受けた体験が言葉にされるときには、先ほど言ったように削ぎ落とされるものがあります。しかし直に話を聴いている人は、話す人の言葉だけではなく、間合や表情ども一緒に情報として受け取っているので、受けとる情報量は比較的多くて、共感しやすい状況にあります。だが文字になったものを読むとなると、たくさんの情報がそこでさらに削ぎ落とされる。時間が経てばたつほど直接聴く機会がどんどん失われてしまいます。もっと早くからその人たちから聴いておればよかったのですが、それを十分にしてきませんでした。完全に手遅れという意味ではありませんが、やはり失われたものが大きいということを自覚することが重要ではないかと思います。

三谷博　私の身近なケースは学生です。たまたま今私は東大教養学部でアジア科というところの主任をやっています。十数人いますが、中国や韓国やほかの国と交換留学生の制度があって、中国や韓国の場合は年に三人ぐらいを一年間預かってもらったりしています。確かに彼等は異国社会で生き延びてきたという自信を身につけて帰ってきますが、だからといって何かそこから歴史的な感覚を身につけてきたかというと必ずしもそうではありません。

それから、学生に限らず今の若い人の多数派は国内に閉じ籠もっているが、少数派は平気で外に出ていきます。卒業旅行だと言って中国に入り込み、日本人の友達のところをぐるぐる周りながらどんどん一人で行ってしまう。ほとんど言葉が出来なくても中国からベトナムまで行って、急用ができたため何とか呼び戻そうと苦心した学生もおります。あるいは友達と二人でルートを決めずにいきなり中南米に飛び込んだ学生もいる。現地の人たちと一応生き延びるための会話を交わしたとしても、そこにどんな問題があるかということに感づいて帰ってくる学生は必ずしも多くないのではないか。

自信をつけて帰ってくるけれど、現地の人々と自分との関係とか、過去にあったことと自分の生まれた日本社会とがどういう関係にあるのかということについての想像力は、かえってなくなるということもあるかもしれない。そうすると、そんな学生たちが歴史感覚に目覚めるのは、何かの傷を負ったときでしかあり得ないと思うのです。その傷の負い方によっては、拒絶してしまう。では、そういう問題を発見するということが一体どうしたらできるのかということが今の具体的な問題としてあると思います。

鹿錫俊　歴史感覚あるいは歴史思考の養成、歴史知識の伝承ということと関連して、私が今危機感を感じていることがあります。それらを養成するための材料として使われている書物について見ると二種類がある。一つは、我々のような専門家によるもの、もう一つは歴史を専門としない人による漫画やテレビドラマ等です。

学問の世界では後者はあまり力を持たず相手にされないかもしれませんが、若い世代にとっては後者の方が面白くて読みやすい。専門家が書いたものは、歴史を研究しないかぎりはあまり読んでいない。だから歴史的な思考の養成にあたって、専門家は自分が一生の力を込めて書いたものを、どのようにして若い世代に向けて普及していくか。これがやはり一つの課題ではないかと考えています。

「歴史する」ことの意味

白永端　大きく二つ申し上げます。世代間の歴史体験はどうすればいいのか。私は「歴史する」という言葉は日本語にも韓国語にもないと思います。「哲学する」というのはあるかもしれませんが。私は敢えて「歴史する」という感覚をみなさんと共有したいのです。歴史意識というのは専門家だけではなくて、みんなが共に考えるべきだと思っているからです。

それは大きく二つの意味があります。先ず、文字であれ文字でないものであれ、とにかく記録する。二番目は、「変化」という時間的観念を通して今日を考え、生きようということです。

私は、学生たちが歴史的な感覚と想像力を増幅させるようになるために、一つの課題を与えています。それは「生活の中で歴史をする」という課題です。先ず「三代の歴史」を書こう。この課題を与えられた学生たちは、最初は多分、とても戸惑うんですね。しかし、「三代の歴史」を書く過程で、親の世代やおじいさんの世代と会話をしなくてはならないじゃないですか。

それで喜んでいる人もいるわけです。

というのは、韓国の若い世代も日本と同じく親の世代との会話があまりないのです。こういう課題が与えられて、やっと対話が出来た。そういう喜びを聞いたことがあります。この中で感受性が開発されるのではないかと思います。

私は学生の報告書を見るたびに、一つ問題があることを発見しました。それは、親の世代あるいはおじいさんの世代が学生たちに言わない部分があることです。「対話」というのは、お互いに疎通する喜びだけではない。苦痛も伴うことなんですね。「言わない」というのは二つ原因があると思います。先ず、言いたくない過去がある。日帝時代に親日派的な行動をしたとか、軍事独裁政権の中で協力したとかの経験は「言いたくない過去」なんですね。しかし最も深刻な問題は、あまりにも平凡で言うことがないという場合です。

私がその学生たちにいつも言っているのは、個々人と「他者」との関係で全てが成りたつのだから、個々人の問題に限るものではない、ということです。だからそれは「社会的な存在」としての関係でもあるし、質問をし、記録をしているその学生と祖父母自身との関係でもある。それはまた学生たちに、「あなたが記録したいのは何であるか」という判断基準を育てることにもなる。それはすなわち現在の自分自身の自己反省であり、未来をどう生きるかということとの関係で過去をどう捉えるかという問題でもある。

二番目の話は、現在、東アジアの近代的な歴史学というのは、学生たちに「歴史知識」は与えられるかもしれなけれど、歴史感覚や歴史感受性はあまり育てていないという状況のことです。そこには、東アジアの歴史学が制度として作ってきた歴史学の植民性という問題があります。もちろん、西洋の近代歴史学そのものにも問題があるかもしれないけれど、それを受け入れた日本の帝国大学が再構成した歴史学というものがあまりにも一般の人との距離がある。このフォーラムには歴史学を専門としている方がいらっしゃいますが、一般の人にはよく分からない、制度として表れる歴史学的な専門用語が一杯あるわけなんですね。

その植民性がよく表れているのは二十世紀前半期の日本の歴史学です。もとより植民地下で形成された朝鮮の歴史学には一般の人との距離があるわけです。だから、これからの歴史学は制度の中だけではなく、制度の外での歴史意識の清算や、それがどういうふうに流通するかということに関心を持つべきではないかと思っています。

長尾龍一　今、白永端先生が、例えば対日協力者の親と子が自分の過去をどうして伝承出来るかが難しいと言われたのですが、まさしく日本の一番の問題もそこにあります。つまり、日本が戦争中に行ったことは、もっと大きくいえば明治国家全体の中でやってきたことを伝承することは、非常に苦い薬なわけですよ。この苦い薬を、次の世代にどうやって飲ませるか。

仮に学校教育において、日本の過去の罪悪と言われているものについて率直に教えようとすると右派の攻撃がある。子供のころは、こういう話は美味しくない。テレビで面白いものだけを見るというように、エピキュリアンに育った世代に陰気な話を次から次にするということはなかなか難しい。しかし我々が良心的にそういうものを教えようとするときに、その難しさをどうやって突破するのか。やはりこれは「世代間伝承」という非常に大きな問題だと思うのです。

一つ私が思うことは旧約聖書のことです。これはユダヤ民族が神の前に罪を犯した結果として、王国が分裂する。北のイスラエル王国が滅びて、南も滅びて、バビロンの虜囚になる。一旦は戻ってきたけれど、また次から次に苦難がある。どこまでも陰気な話が貫かれている。それを繰り返し繰り返し自分たちの祖先の物語として読む精神力がユダヤ民族をつくっていると思うのです。

今の日本人にそういう精神力を求めたとしても、それこそ楽しいことばかりで暮らしている人たちには簡単には受け入れられない。

先ほど、日本の学生が西安事変の知識がないお話がありました。国共合作の中心は抗日運動であり、中国民族が如何にして日本に敵対して団結する必要があるかということがその背景にあるのですが、そういう話を日本の若い世代に伝えて、そういう苦い薬を次から次に飲ませる教育をするというのは非常に難しい。

私は自分の子供に対してはそういう教育はしています。現に中国の東北部に行っていろんな施設を見せたりしています。しかし、これを一般的に教育現場でやるとなると、若い教師自体がそういう陰気な仕事を引き受けるモチベーションがない。まあこれをどうするかは、教育として次の世代へ記憶の伝達をする上で重要な問題だと思いますね。

金泰昌　私は、今おっしゃることがよく分からないのです。なぜそれがそんなに難しいのでしょうか。自分の話をするのが一番手っ取り早いので申し上げますが、私が子供のころは毎日、朝食は家族一緒で食事をしました。黙って食事をするのは消化に悪いからということでよく話し合いました。毎朝話をしていると、いろんな話題が次から次へと出てくるわけですよ。私の親父は、大東亜戦争が終末に近づいた時、軍部の要請に応じて飛行機二台分の献金をしたことがあったという話が出ました。そして昭和天皇の誕生日の式典に招かれて昭和天皇とも会ったというのです。そんなことを言うのは当時の韓国ではタブーです。そんなことが分かったらどんなことが起こるか分からない。しかし、そういうことも話してくれたのです。

その時私は、金九先生が命がけで独立運動をしていて、それを援助した人々のことを本を読んで知っていましたから、「同じ金の使い方なのに、一方では命がけで独立運動をやっている人に援助をする使い方もあるというのに大日本帝国軍部に協力したなんて言っているのは子供として恥ずかしい」と父親を責めたのです。すると、父親の方から「当時の状況では軍部からの要求を拒否することは不可能であった」という話をした。私の若い血をたぎらせて親に反発をしてでも、「対話」をしている間に、親父の言い分も分かるようになりました。そういう毎日でした。

その時にまた母親が「そうだよ、お前の父親は清水次郎長や二宮尊徳を尊敬し人間としての道理をつくすという心情であっただけだ」と言う。別に父親を弁護するためではなくて、家族同士の話です。その時私は、日本で起こっていることや、父親がやったことや、父親の世代がどういうことをやっているかということが分かったのです。だからといって父親は何事も隠そうとしなかった。むしろ愛する子供と共有することが父親としてのやり方であったと思われます。私は父親から世代間対話の実践を学びました。ですから私も娘にそうしています。

長尾龍一　それはその通りだと思うのです。私の父親もいろいろな話をしました。例えば熱河作戦の時に、後ろに朝鮮人慰安婦団があって、トラックの上で死んだ女性がいたという話を父親から聞いたりしました。ファミリーにおいてはそういうことがあり得ると思います。要するに私が言っているのは学校教育の場でそういうことを組織的に伝承しようとすると、やはり非常に難しい。心理的に難しいことがあるだろう。それが「苦い薬を飲ませる」という話だというのです。

李成市　私は、長尾先生のお話を大変興味深く伺わせていただきました。こういう論文を読んだことがあるからです。二〇〇一年に「新しい歴史教科書をつくる会」の歴史教科書が刊行されたときに、ソウル大学のある先生が、ソウル大学の学生たちにアンケートを取ったという書き出しから始まる論文です。

その先生が入学してきたばかりの三、四十人の学生たちに「我が国の歴史教科書について思うところを述べよ」と、前期と後期に分けて二度ほど書かせてみたというのです。そうすると、三分の二以上の学生が「我が国の歴史教科書はあまりにも民族主義的だ」などと、さまざまな批判が噴出したことをあからさまに書いています。子供の時には歴史に関心を持っていたのに、小学校から中学校へ、中学校から高校へと国史を習えば習うほどに歴史が嫌いになっていく。歴史に関心が持てない。自分の歴史とは思えない。よそよそしいと感ぜざるをえない。そういう批判をありのままに報告しています。

「我々に自信を取り戻させようとして、いかに我が民族が優秀かとか、独立運動をいかに戦ったかとかと書いてあるけれど、これは姑息な治癒である。姑息な治癒は大きな病を生むだけだ」という激烈な批判まで記しています。

この研究者の専門は、中国東北地方の歴史です。高句麗の後の六九八年から九二六年までの二百二十年間、鴨緑江を跨ってあった渤海という地域の歴史を専門にしている学者です。彼は今四十七、八歳になる友人なのですが、ソウル大学国史学科の卒業論文から一貫して渤海史を勉強し、そしてソウル大学に招かれたわけです。彼は若い時から、いかに渤海史が韓国史であるかということをずっと語り続けてきたのです。

そのアンケートを前にして、彼は「韓国ではいかに渤海史が韓国史であるかということをやってきたが、中国は渤海史は中国史だと言い、旧ソ連のロシアでもシベリア民族発達史としてロシア史の中に入れてきた。中国やロシアの態度が正しくないように、我々の態度もあまりにも民族主義的な見方を堅持してきた」という反省を書いています。

新しい世代のそういう激烈な批判を前にして、渤海史に関する今まで見たことのないほど極めて冷静で柔軟な見解です。「しかしながら」と彼は続けます。「我々は大国の狭間にあって生きていくという困難な民族的課題を抱えながら、我々だけが武装解除するわけにはいかない」。しかも「自分自身がこういう矛盾に満ちたことを言ってしまった」ということまで最後に書くわけです。

こうしたところから私が申し上げたいことは、長尾先生は次の世代に歴史を伝承することの困難さを「苦い薬をどのように飲ませるか」という譬喩でおっしゃったのですが、若い人たちは意外と「苦い薬」を飲む準備があるということです。つまり、苦い薬を「甘い」と言って飲ませて、そこで繕うよりは、ある程度、誠意を込めて語ることの方が教育効果があるのではないか。そのことを私は、彼の苦渋に満ちた論文の中から学んだのです。何よりも彼自身が最初の学習者だったわけです。

三谷博　若い人たちは苦い薬を飲む準備があるんだという李成市先生のご発言に勇気づけられます。なおかつ、それでも現状はどうかということと、更に私が何をやりたいかということを申し上げたいと思います。確かに今の若い人はある意味で柔軟な人が多いと私は思います。過去にこだわってない。問題は、教師の側だと思います。それは大学の教師だけというより、むしろ中学校、高校で教えている先生たちです。

中学・高校の教科書には近代史が三分の一から半分近く書いてあるのに、そこは教室では教えられない。私が高校生のときもそうでした。何とそれから四十年近くたった今でもそれが変わっていない。先生たちが、教えることを逃げているのです。

私は中学と高校の教科書を作っています。中学の教科書は中学校の先生と一緒に作っておりますが、多くの方は「苦い話」を教科書に入れたいとはあまり思っていない。私は「書かねばいかんのだ」と言って、自分でそこを書くから載せられるのですが、若い先生たちは必ずしもそれを歓迎していない。それが今の実情です。なんとか苦い薬を飲ませるための工夫をしないといけないというのが今の私の思いです。

苦い話をいきなり持ってくるのがいいのか。もちろん教科書にはそれなりに書けますが、問題は教室でそれを教えてもらわないといけないのです。そのための工夫として、副読本をきちんと作って、先生たちには「こういう筋で考えれば納得できるでしょう」という模範を見せる。それを私はやりたいのですが、なかなか出版社は乗り気になってくれません。

もう一つは、先ほどの白永端先生の「三代の歴史」のお話を聴いて、私はすぐそれを自分の大学のクラスでやりたいと思いました。しかし、なにしろ戦中の話を語れるおじいさん、おばあさんが既に亡くなっている家庭がほとんどです。つまり、ファミリー・ヒストリーを調べさせても出てこない。すでにそういう時代になってしまっている。しかも、おじいさん、おばあさんがいらしたとしても、直接自分が関わった過去を語れる家がどれくらいあるだろうか。

私の家の場合は、父は戦場に行っておりません。親戚でもごくわずかしか行った人がいないので、私は子供の時から戦争の話を聞いて育っていません。ゆえに私は極めてナイーブな歴史の把握をずっとやってきたんだなと、今さらながら反省しています。

学生に苦い話を調べさせる前に、まず自分の家の父母の話を聞いて、その個人史を作ってみるということは十分可能だし、意味があることだと思います。私自身は父母が亡くなる前に話を聞き取っておいて、子供のために小さな伝記を書きました。そういうことは、やってみると確かにいいことです。もっと早くやればよかったと思います。

ただ、私の場合、これは絶対に子供にしか見せない。あるいは親族の何人かに配ることとしか想定していませんでした。これを学校の先生の授業で使って成績をつけてもらいたいとは絶対に思いません。つまり、自分の家庭の中のかなりきわどい部分を権力の目に曝すということは、道徳的に見てもあまり良いことではないかもしれない。しかし、学生たちにそういう作業をやってほしいなという気持ちが、同時に非常に強くあるのです。

それで白永端先生に教えていただきたいのですが、大学の授業として個人史というよりは家族史というものを作らせるときに、教師と学生の権力関係をどう処理なさっているのでしょうか。

白永端　二つ申し上げます。ソウル在住の人、あるいは地方からソウルに来ている人たちの家族を見ても、三代が一緒に住む家族は韓国でもあまりありません。もちろんおじいさんの世代はだいたい亡くなっている。だから方法としては、戸籍を調査して、亡くなられた方の親戚あるいは友人を訪ねて話を復元してみるという方法を提示しています。だから、史料を多く調べた人にいい点数をあげるわけです。

私も他人の私生活のことを知ってしまうことになります。私はカトリックの神父でもありませんから、そういう事実を知ってしまうことをとても恐れております。だから私は、出来るだけ社会的関係がある歴史を書いてもらうように提示しているのです。また、家族史あるいは個人史を見せたくない人は、例えば中国にいる華僑のビジネスマンといった他人の話をしてもらっております。

有馬学　白永端さんと李成市さんの話に少し元気を得ました。実際に学校教育の中で何らかの伝達をしようということ自体は、現に制度として相当広範囲に行われています。私が言っているのは、今俗にいう「平和教育」というやつです。私のゼミに来る学生に聞いてみると、ほぼ例外なしに「うんざり」しています。そういう効果しか与えていない。これはいろいろ理由があると思います。彼らは「平和教育」だけを取り上げて反応しているわけではないと思うのです。例えばヒロシマへ行って平和記念館を見るという「平和教育」も、できあいのコースとして一連の枠組の中に全部組み込まれている。そんな学校や教師にうんざりしているわけですね。

私は自分の子供を中学校に入れる時、近くの公立の中学校には入れたくないと積極的に思いました。なぜならそこの「校則」というのがある。それは紙一枚ではなく、ぶ厚い冊子にびっしり書いてある。例えば「用事がなければ違うクラスの教室に行ってはならない。なるべく簡潔に用事を済ましてすぐ戻れ」といったようなことが書いてあるわけですね。これはほとんど監獄だなという感じがしました。しかしその監獄の中で「平和教育」が行われている。うんざりするのは当たり前なのです。

そのような狭い意味で制度化された学校「教育」しか想定しないというのはやはり非常に問題だろう。教育は基本的には多分、社会が行うものだと思います。金泰昌先生が「何で難しいか分からない」とおっしゃったのはご自身の家族の実体験としてはよく分かるのですが、社会全体で行使できるかどうかというと難しいと思わざるをえないわけですね。

「苦い薬を飲ませる」ということについていうと、むしろ「なぜ飲まないのか」をよく考えた方がいいという気が最近はしています。つまり、恐らく彼等には、我々が語ったり与えたりしようとしている「歴史」がつまらないんでしょうね。これは大学生でも同じではないか。先ほど白永端さんがソウル大学の先生によるアンケートとそれの受け止め方の話を伺って感じるところがあります。考え方が二つある。つまり、(歴史教育を)「飲みやすい薬を与える」ことだと考える場合は、我々歴史研究者が目指す歴史学とはまた別の「歴史」を、いろんなもので割るなどして作って飲ませるという発想になりますね。坂本多加雄氏が言っていた「歴史研究と歴史教育は違う」という考え方にも半面で繋がっていくことになる。

結局アンケートがある程度有効であったり、教師の側にもインパクトを与えたりするということは、要するに基本的に「歴史学の枠組」そのものに関わってくるというか、それを組み替えなさいということではないかと思うのです。それは、私が実際に学生に授業をする中で、だいぶ前から感じていたことです。

ただ、これを変えるには物凄くエネルギーがいる。実践的に直ちに実現するのは難しい。我々研究者は、「歴史学」「歴史研究」の枠組みを組み替えていかなければいけないということをどこかで感じている。しかし、学生に歴史を教えているときには旧態依然たる部分でお茶を濁してきたというところがある。「つまんないよ」というのは、その矛盾が吹き出しているのであって、その非常に正直な反応ではないかと思うのです。

だからそれは一人の研究者として、また大学で歴史を教えている人間として本格的に取り組むべきプロジェクトであるということを改めて強く感じました。

ただし今私が言ったのは、こちらから向こうへしゃべる話ばかりです。こちらから投げるボールがつまらないと、向こうから投げかえしてくるボールだって面白くないだろう。そこのところも本当は考えなければなりません。彼らが一番面白がっていることが何であって、それをこちらがどう受け止めるかということがなくて、「こちらが語ることだけをちゃんと受け取れ」というのでは「対話」が成り立たないだろう。このことを一言付け加えておきます。

公教育としての歴史教育の限界

金泰昌　一人の「人間」としては「父親」であり、「兄貴」であり、「先輩」でありというように、いろんな立場があります。そういう時に格好いい話だけをして、相手が自分の言うことを信じるかというと、そうではありません。格好いい話ばかりをすると、むしろ逆に「果たしてそうか」と疑われる。できるだけ真実に近いことを語ればいいのです。その中には恥ずかしいこともあるだろうし、自分に不利なこともあるでしょう。長期的に見ますと、真実を語る方が信頼の土台が構築されることになると思います。

「制度世界」に頼っているだけでは限界がある。制度世界が持っている根本的な限界があるからです。その限界を補うには、「教師」として、そして素直な「人間」として、別の人間に対してどう向き合うか。本当の対話を考えるのであれば、自分の体験と感覚と認識に基づいて事実を語ることが大事ではありませんか。

私は歴史教育を公教育として教えるということは、果たしてどういう意味を持つのかということを皆様とともに考えてみたいのです。しかし、いろんな制限や言い難い事情があるような気がします。あまり論じようとしない社会心理というか、学界の雰囲気もあるようです。私自身の経験から言えば、あまりにも国家色が露骨に出ていたり、民族主義的解釈に傾斜しているという側面が教育的逆効果をもたらしているような気がします。韓国はもちろん、日本も中国もその現状はちがいがないのではないかと思われます。歴史及びその教育をもっと私たちにとって意味のあるものにするためには、自己と他者とが共鳴・共感・共有できる人間的真実を語ることが大切ではないでしょうか。

黒住真　有馬先生がおっしゃった問題は結構大きい問題だと思います。林志弦先生は世襲的被害意識という話をされました。それは韓国の若い人が「民族主義が一辺倒の話ならもう聞きたくない」と言ったという話とも結びつきます。日本の場合は、結局、世襲的被害意識ではなくて、世襲的加害意識がある。これは政府の制度によってではないかもしれないけれども、やはりある段階で一種の公的な歴史のような形ですごく語られたんですね。そういう意味で歴史学者や歴史の教師が、ある種オフィシャルなヒストリーを「これは苦い薬だ」という形で飲ませようとしたところがある。それが実はアイロニカルであって、まさに敵対的共犯関係なのです。

実際私も有馬先生と同じことを経験しています。「国民の歴史」派になっている今の若い人に聴いてみると、大抵は中学高校の時に「もうそんな話はもう嫌だ」と思ったという学生が結構いるのです。つまり、公的な話としての苦い薬が効き過ぎた。ちょっと苦いともう飲めないのか、そんなにいい気持ばかりでいたいのか、とも思います。ただ薬を与える側の問題、与える薬の質の問題があります。公的歴史は事実的には本当かもしれないけれど、やはりそれも何か出来合いの歴史というか、欺瞞がすごくあったと思うのです。

そして「嫌だなあ」と思ったら、今度は何か「甘い飲み物」の方へ行くようなところがあります。そこのセットはものすごくおかしな共犯関係になっている。そのことは、今の金泰昌先生の話で言うと、結局はアメリカを「悪者」にしていいかどうかは分からないのですが、一応「悪者」にさせていただくと、アメリカの冷戦構造下の枠組にスポッとはまっていると思うんですよ。「公」と「公共」という問題でいうと、「公的な歴史」あるいは「イデオロギー的な歴史」から解放しなければいけないという問題があるのではないか。

それで、現在の「制度としての教育機関」の中でも、公的な歴史を話さなければならないわけではありません。やはりそれなりに「対話性」を持った、ある種誠実な探究としての歴史をやることが出来るのではないか。私自身は歴史家のご苦労が十分に分かっていないのではないかと思いますが、いずれにしても従来の歴史教育のレベルを乗り越える努力をしていけば、少々苦くてもそこで得られるある種の喜びや、「分かった」という実感を若い人は持つようになるのではないか。そういう意味で強くなる方向へ彼らを解放してあげなければいけないのではないかと思います。

宮本直和　自己閉鎖的な日本列島型教育体系の中で、ひょっとすると、あらゆる「戦争」が「桶狭間の戦い」と同じようなものとして語られているのかもしれません。先ほどおっしゃったように、生活世界の現実に入っていくようなプログラムが本当に有りや否や。見たくない歴史や事実を伝えるプランがあるのかどうか。歴史的感受性を磨いてきたか。戦争自体を知らない私ども戦後世代が、どこで古い革袋を破っていけるのかということなのです。

このことは、自虐史観とも違う、より根源的な日本列島型教育の宿す矛盾をも問いかけていると思うのです。実際、生活者の視点を見失った歴史はリアリティが欠落し、感受性を麻痺させる。その結果、未来を展望し、未来世界を構築する次世代の健全な歴史創造力を喪失してしまう。また、新鮮な血流と生き生きした鼓動を伝える柔軟な血管組織と、敏感なる神経組織が未発達なままで加齢（aging）を重ねた世代は、内部崩壊の危険をも有する。今日、社会問題化した「いじめ」なども、こうしたトータルな教育観や歴史認識の甘さから派生してくる。より志の高い国家や世代形成のためにも、古い皮袋を克服する必要性があるのではないでしょうか。

ところで、タイ国で一時流行った歌があります。「朝起きたら日本製の家電を使い日本車で会社に行く。私は一体何人なの？」。タイ人のアイデンティティを問いかける歌がもてはやされる中で、タイ大丸の不買運動があった。そして、バンコクの日本大使館に学生たちが生卵を投げつけるといったことが新聞紙上に時々出ていました。

ただタイの場合は、戦争中にタイのエメラルド寺院にあるプラ・シー・ラタナー・チェディの仏舎利を一時日本に寄贈（増上寺に安置）したり、また連合国の指示で返したりという関係にあったものですから、直接の日本軍との悲惨な戦争体験はありません。しかし、カンチャナブリーまで行って、当時の捕虜収容所に似せた戦争博物館（JEATH）に行き、その展示物を見た瞬間から、戦争の悲痛な傷みたいなものが感受性を通して伝わってきました。それから、タイのメナム川のほとりの仏教寺院には、約二十年前のことですが、日本人の元兵士が残っていました。いわゆるビルマの竪琴がタイの生活世界の中にはまだ残っていた。実際、私自身が初めて「古い革袋を破られた」と思ったのは、カンチャナブリーの体験と、このビルマの竪琴みたいな体験です。

ある時私は、タイの国立図書館で東南アジア諸国の教育史の本を読んでいました。わが国で出版された教育史の本であれば、大体は「アメリカの教育制度はこうこうこうなって」というように、非常に希望に満ちたことが書いてある。ヨーロッパはちょっと複雑ですが、悲惨なことは書いていませんでした。

しかし、シンガポールの教育史の中には、「日本軍が上陸して校庭に穴を掘り、シンガポールの学校の教員を捕らえて穴に埋めた」というようなことが書いてあったわけです。そして、ふと横を見ると、タイの高校生や大学生たちが国立図書館内で勉強をしていて、時々楽しそうにしゃべっている。教育の歴史についての知識を吸収するために日本国内と同じ感覚で図書館で本を読んでいるときに、突然そういう事実を垣間見て、古い革袋が開いた。これは私の非常に個人的な体験です。

戦後世代は戦争のことを語ってくれる先の世代が亡くなっていく中で、そういう出会いのないところへ追い込まれているのではないかと思いました。

原田憲一　体験的な話をします。私は戦後生まれで、遊びというと食べ物を取りに行く、拾いに行くことでした。乗用車に乗っているのはＭＰだけなので、道端に立って「ハロー、ハロー」と言って宣撫班からチョコレートをもらいました。私の母親は軍人の娘だったので、「魂まで売ってはいけない」と物凄く怒られました。「米兵に物乞いしたら絶対にいけない。誇りを失ってはいけない」と言われました。私は、「飢え」を、少しですが知っています。

日本では「二〇三〇年問題」はあまり騒がれていません。ローマクラブの『成長の限界』の予測のうち、どうも当たっていそうなのは食糧生産と人口増加です。欧米では二〇三〇年頃に大きな食糧危機が来るのではないかと問題になっています。日本は今、食料自給率はカロリーベースで四割しかないわけです。

学生と話してみると、国内の環境問題への意識は結構あります。だけど「国内だけでは全然駄目だぞ」と言うと、「どうしてですか」と尋ねるから、いくら国内だけ無農薬だ、減農薬だ、有機栽培だと言っても、食べ物の六割は外国から来ているのだから、そこもきれいにならなければ駄目だろうと話します。

野菜にしても多くは東南アジア諸国から来ているわけです。私がフィリピンに行った時に、「自分のおじいさんは日本兵に殺された」とか、「自分は軍属に入っていたので日本語を少ししゃべれます」などと言う人もいる。恐らくその人も戦後は「親日派」として迫害されたと思うんです。そういうところが本当に日本人のために安全な食べ物を作ってくれる筈がないわけです。学生にそういう話をします。

だからこそ今のうちに謝罪して、和解して、「農薬なんかを使ったらあなたたちの子供も苦しむし、我々も苦しむ」と訴えなくてはならない。アジアの過去をいかにして清算するかは、我々の食料問題を考えただけでも、大きな現実問題です。フィリピンで対日感情が悪いという話が先ほど出ていましたが、ナタデココのときもそうです。ナタデココがブームになって、ココヤシ林をいっせいに作った途端に、日本でブームが終わった。ブームに踊らされた農民は惨憺たる有様で、また彼等の心に塩を塗り込んでいる。

それから、四年ぐらい前にインドネシアでものすごい山火事があってシンガポールにまで煙が行った。これは日本で椰子の実油を使った洗剤が流行ったので、椰子畑を作るために大々的に焼き畑をさせた。その一部が被害になったわけです。

だから東南アジア諸国との関係は、日本一国の食料で考えるべきではない。地域全体の食料確保とか環境保全を考えて、お互いに過去を清算して次の展望を開いていかなければならない。そういう点で「歴史の問題」は生活世界では本当に切実な問題だと思っています。別に制度世界で教えられないとかということではないのです。

今の冷凍枝豆の大部分はインドネシアから来ていますが、それは一種の飢餓輸出なわけです。そういう問題をビアガーデンに行ったときに学生に話します。エビの問題もそうです。インドネシアに行くと、エビの養殖場としてマングローブが見事に全部切り開かれ、惨憺たる有様です。にもかかわらず、日本の商社は「安いから」ということで、輸入先をどこかに移してしまう。

未だに和解もしていない人々を再度ひっぱたいて、心の傷に塩を塗って回っているのが今の日本の消費行動です。そういう点から考えると、こういう生活世界の問題をなんとか「歴史」の中で解いていかないことには、東南アジア地域は、「アメリカのコントロール」以上に問題があるのではないかという気がしました。

山脇直司　私は四つの問題をこれからも考えていきたいと思います。

最初は石原先生が発表された沖縄の「平和の礎」に関連して、過去の歴史を「想起」するとはどういうことか。パブリック・メモリーのあり方はどうあるべきかという問題です。

二つ目は有馬先生のご発表の際に提起した朝鮮特需をどう記憶すべきかという問題です。戦後日本のサクセス・ストーリーの背景に、この問題が盲点として存在するのではないか。戦後の経済成長とか一国平和主義を、我々の世代が新しい世代に教えるときに、朝鮮特需をどう評価するか。これは単に甘いだけではなく、ちょっと辛みもあり、苦くもあるような事柄でしょう。

三つ目に戦後の歴史学研究会を支配した唯物史観をどう批判的に記憶するかという問題です。そうした偏った歴史観への反発として、現在の別な意味で偏った「自由主義史観」なるものが生まれてきたと言えば言いすぎでしょうか。戦後、歴研が信奉したパラダイムは、やはり「科学」ではなくて一つの「信仰」だったと私は思います。やがてやってくる社会主義や共産主義というパラダイスから現在を相対化する歴史法則主義を、ずっと前にカール・ポパーは痛烈に批判しましたが、そのような歴史法則主義が羽振りを利かせた戦後歴史教育を、我々はどのように責任を持って総括するか。いわば「戦後歴史学」の歴史をどのようにして批判し総括するのかという課題があるでしょう。

四つ目はナショナリズムの問題です。韓国と日本のナショナリズムはやはり違うと思います。植民地主義に対抗するナショナリズムという、フィヒテ以降の図式を当てはめれば、韓国のナショナリズムは一種の「抵抗のナショナリズム」でしょう。それと、エスノ・ナショナリズムと異なるシヴィック・ナショナリズムをどう考えていくのかという問題も長尾先生のご発表の際に提起しました。特に未来の日本は多民族国家として多文化的になっていき、いろんな来歴の人が来るようになると思いますが、いわゆる一国史観で語れない歴史をどのように日本で語っていくかという問題は、私が構想中の「グローカルな公共哲学」にとって、重要な課題になると思います。

柳美那　率直に申し上げます。今回、いろんな先生方の話を聞いてまず驚いたのは、こんなに日本批判でいいの？　という感じでした。日本を全面的に批判するということではなくて、他の研究会では聞けなかった単語も一杯出てきて驚いているのは確かです。植民地時代の問題が私の専攻ですが、それをどう受け止めるかという問題ですが、やはり私は植民地時代の徹底的な研究が完全にはなされていないと思っています。

やはり韓国の留学生たちと話してもそうだし、韓国にいる学生あるいは一般の人もそうなのですが、「植民地期は無条件に日本が悪かった」とか「韓国が、朝鮮がやられた」とか、あるいは「朝鮮王朝の末期が駄目だった」とかという言説があるわけです。「でも本当にそうなのか」という疑問には、あまり関心が向いていません。

ただ、今の若い友達などの研究を見ると、そうでもないこともあり得ます。先ず私は植民地研究をしている者として、植民地がどういうものであったのかを徹底的にやるべきであり、そこから会話を通してそれをどう伝えるべきかという問題に行くんだと思います。

諸先生の専門家としての研究が、一般人との間にいかに距離があるかという問題も本当にそうだと思います。私個人としては、「こんなに図書館で一生懸命勉強しても、何が変わるのかな」と思ったことがあります。そういう接点を結びあう、媒介をどうするかということをきちんと考えていかなくてはならない。そういう意味で、やはりメディアのことを考えないといけないと思います。

ただ、韓国では白永端先生と個人的に話したこともありますが、インターネットがとても盛んです。その極端な例ですが、大統領まで選んでしまいました。そのインターネットを通した会話というのをどう考えていくべきか。それが全面的に善いとか悪いとかではなくて、それを「歴史学」「歴史研究」「歴史教育」あるいは一般の人の歴史への興味というものとどう接点を結んでいけばいいのか。自分の課題として、そういうことをきちんと考えていかなくてはならないと思っています。

林勝彦　「歴史認識」と言っても太平洋戦争など過去の問題から、原田先生が指摘されたように「将来世代」から考えるべき大きな問題まで様々あります。

私は昭和十八年生まれです。率直に言って教科書ではそういうことを全く教えられませんでした。NHKに入ってからいろんなことを知るようになったという世代です。親父なんかは太平洋戦争の話になると「鬼畜米英」ということをいつも話に出していましたが、日本が東北アジアや東南アジアで犯したことについてはほとんど語ることがありませんでした。そういう世代のそういう家庭に生まれたわけです。私が今NHKで何が出来るか。今回のテーマをもとに、個々の番組の中でいろいろ活かしていくしかないと思っています。

話が飛びますが、日本は世界で第二の経済大国とはいえ、日本はずっと嫌われているわけですよね。日本のある村では、みんなが数万円ずつのお金を出しあって風力発電の装置を幾つか取り付けるということが行われています。私は原発絶対反対論者ではありませんが、例えば東南アジアでそういうことをすれば役に立つのではないかと思ったりしています。

アウシュビッツを取材したときは、ドイツの青年たちが早朝に起きて町の掃除をして、十一号館に献花をしていました。そういう具体的なことを目の当たりにすると、少なくともドイツの人たちは、日本人がアジアで嫌われているほどにはヨーロッパで嫌われていないのではないかと思いました。これから日本がもう少し善い国として生きていくためには、出来る人がそれぞれ出来ることからやっていくしかないのではないか。

西岡文彦　大変収穫のある研究会だったと思います。いただいた最大のキーワードは「歴史する」です。これはとても大切だと思いました。

我々は「歴史する家族」というものを実践出来ることでしか救われないと私は思います。私の場合、父は戦争で中国に行った経験を持っており、母は九州で爆撃の際にアメリカ軍の戦闘機の機銃掃射を受けた経験を持っており、私は、子供の時からその話を聞いています。恥をしのんで申しますが、我が家には中国で日本軍が行った残虐行為を撮った写真がありました。私は、子供の時からその写真を見て育っています。したがって、南京大虐殺はデッチ上げであるというような話が出てきますと、怒る以前に呆れてしまいます。日本軍が中国大陸で残虐行為を行ったのは、厳然とした事実です。そういう事実をデッチ上げと称する言説が罷り通ること自体が、私には全然わからない。それは別に私に「歴史認識」があるからでも何でもない。子供の時から親から現実を聞いていたからだと思います。

そういう写真が我が家にあったというその一事をもってしても、少なくとも私は日本人として、生涯、中国の方には頭が上がりません。ですから、中国の先生と韓国の先生をお招きして、歴史認識が「苦い薬」というメタファーで語られること自体に非常な恥ずかしさを感じます。日本の恥だと思います。苦いというならば、コーヒーだって苦いわけで、苦いということが、それを受け容れない理由になるという議論は理解できません。本質に全く関係ない議論だと思います。

もう一つ非常に違和感を持ったのは、大半が教員の集まりでありながら、学校教育の批判が多いことですね。制度世界としての学校教育ではなかなか歴史教育が出来ないことはわかりますが、だからといって教員が集まって学校の制度批判をしても私はあまり生産性がないと思うのです。

我々が親から聴いた歴史を語り、自分自身が体験した歴史を語ることとなりで、制度世界における教育の歴史観の不毛を打開すればいいのではないでしょうか。

自分の体験で言いますと、九・一一テロがあったその日に私は授業をやっておりました。夜間で教えているものですから、社会人学生の中に国際線のスチュワーデスがいたんですね。その日は欠席です。ニューヨークから帰って来れませんから。二週間くらいしてやっと彼女が帰って来られたので、教壇に上がってもらって、今ニューヨークはどうなのか、国内線のセキュリティはどうなっているのか。そういう話をしてもらいました。

現実というものは想像を上回りますから、たとえば機内食にしてもナイフとフォークを使わないで食べる状態になっている、というような話が出てきます。私は非常に感心しまして、「よく聞いておくように。歴史が今日起きて、そのことが十年先、二十年先にどういう結果を招いていくかということを全部リアルタイムで覚えておけば、君たちが将来家庭を持って子供を授かったときに、自分たちが歴史的な転換点でどう振る舞って、どのようにして家族を守っていけばいいかがわかる。これほどすぐれた教材はないから」と、話しました。私なりに「歴史した」わけです。

テロ直後に国際線のスチュワーデスが話してくれたことは、私などが話すことよりも鮮烈な印象をもって一生覚えていると思います。今後自分たちがいろんなクライシスに出会ったときに、自分の糧としてくれるだろうと思います。それは「制度社会」がどうの、「教科書」がどうの、「語りにくい」のという以前の話だと思います。どうして「苦い歴史」としての歴史史料を子供は見ないのか。それは当たり前ですよ。大人が見ないからです。

最初から「今の若い者は……」とか、「苦い薬は……」と規定して始まる議論には私はついて行けません。毎日彼等は何を見ていると思いますか。私たちが正視できないほど「恐い」ホラー映画を平気で見ています。「恐い」こと、「暗い」ものに対して、今の若者は私たちよりはるかにタフです。したがって若者にそれを教えたいんだけれど、どうも彼らは苦いものは苦手でという議論は私にはついていけません。「歴史」というテーマで韓国の先生と中国の先生をお招きして、そういう議論になることにも、大変な恥ずかしさを感じました。いかなる学問であれ、最後の主体は「人間」です。自分自身が人間として、その歴史をどう歴史するかということを保留しておいて、若者の感受性を批判したり、制度世界としての教育制度を批判することには賛成は出来ません。

矢崎勝彦　どちらかといえば、先生方は全部「知」の供給側ですが、私は需要側の一人として聴かせていただいてきたわけですが、先ほど西岡先生も言われたように「歴史する」という白永端先生のお言葉にハッとしました。これまでの「学問」は、あらかじめ存在するものとしての「知」を受け入れる側に伝えるという、供給側から多分見ておられていて、それをいかに流通させるかまでが課題になっていたかと思うのです。しかし我々需要側の立場から申しますと、いろいろ並べられた中から何を選択するかはこちら側にあります。だから、「歴史する」という言葉は非常に大事な点を衝いているのではないかと思いました。

また、制度世界による歴史学の植民地化ということを白永端先生は言われました。制度世界から生活世界へ（一方的に）供給されるという現象があるわけですが、公共哲学を学び語っている人間として、この「知」をどう受け入れるかとなったときに、そこに歴史学だけではなく今の「学問」全体の課題、知識人が一堂に関わってお話いただくべき非常に大事な「知の供給つまり、こういう会を開くことをお願いしたのは、私の「無知の自覚」と「恥ずかしさ」から来ています。今の多数派の日本人は、やはり私と同じく「無知」と「恥ずかしさ」をまだ自覚していないで生きているだろうと思います。自分の体験と多数派の日本人とを重ねて、どうすれば糸口をつかめるのかというところを探っておりました。

長尾龍一　「苦い薬」という言葉が随分批判を受けております。これには長く言えばいろんなことがありますが、やはり昭和十年代に起こした、我々の祖先のやったことについて、例えば司馬遼太郎さんみたいに「あれは昭和の自分たちとして『他者』の軍部が日本を占領してやったことだ」、「他者」のことだと思えば、それ自体が一つの歴史現象として「面白い」とか、客観的に見られるけれども、自分たちの集団の一員がやったんだということになれば、やはりそのことを語るのは非常に「苦い薬」であって、そのこと自体が苦くないとは私は思わないのです。

側の問題」があるのではないかと感じました。こうしていろんな分野の方々が国を超えて「公共哲学」を語り合っていただくことの大事な出発点がここにあるんだなと改めて再認識させていただきました。

三谷博　この会議の冒頭に私は、人は生まれてくる家族を選ぶことは出来ない、各人が「異質」であることを認めた上で話をしましょうと申し上げました。

私の場合は家族が戦争とあまり関係のない家であったということで、非常にナイーブな状態で歴史家となり、日本の近代史をやってきました。恥ずかしいことに何も知らないできたところ、一九八〇年代の終わり頃になって、中国や韓国から留学生がどっと来るようになりました。私が何の知識も持たない地域の人たちが、突然目の前に現れました。だけどなんとなく問題はこちらにありそうだというので、当時は非常に話をしにくい状態でした。今から十数年前ですが、それを反省して少しずつ勉強してきたというのが実情です。

特論

在日二世以降の異邦人感覚と〈国民のための歴史〉

――「国籍変更」問題に寄せて

郭　基煥

民族とか階級というのは、個人を外から縛る宿命でもなければ、他方、個人が内部から措定する価値でもない……。それらは個人を促す共存の諸様相なのである。

――メルロ＝ポンティ

在日は今日、あたかも子供が波打ち際にこしらえた小さな砂の山のような印象を受ける。在日という砂の山は絶え間なく訪れる波によって自らと同じ成分であるところの砂浜の高さ――海抜ゼロメートルに限りなく近い高さ――に向かって崩れ、均されていく。そういう印象を受ける。

こうした表現で私が言おうとしているのは直接的には、殊に一九九〇年代半ば以降、年間一万人以上の在日朝鮮人・韓国人がその韓国籍・朝鮮籍を日本国籍に変更している、という事態である。大まかに言えば、戦後七十万人ほどいたと言われる在日朝鮮人・韓国人のうち、現在、三分の一ほどは日本国籍を取得している。

この事態は「客観的」な視点から考えれば、一見、必然的なことであるように思われるかもしれない。したがってまた「崩れていく砂の山」として捉えるような私の表現は感傷的であると違和感を覚える人もいるかもしれない。もっとも基本的な事項を確認しておくと、在日朝鮮人・韓国人は日本の朝鮮植民地化に端を発する。日本の終戦時、すなわち朝鮮の解放時、日本には二百万人ほどの朝鮮人がいた。概略的にいえば、解放後、諸般の事情により日本に残った約七十万人の朝鮮人とその子孫がいわゆる在日朝鮮人・韓国人（以下では「在日」と略記する）(1)であるが、戦後六十年以上がたった今日、在日の主流は当然のように二世・三世、あるいは四世である。彼ら／彼女らのほとんどが生まれたときから日本語を話しており、またその生活の全域において「日本人」と変わらない生活をしている。こうして、彼ら／彼女らのなかで、何らかの事情、何らかの信念に基づいて朝鮮名を名乗っている人々は、しばしば日本人から、「日本語がお上手ですね」とナイーブな褒めことばを聞かされて、うんざりするような当惑を覚えることになる。

ことばに関してさらに言えば、在日の主流は朝鮮語（韓国語）が話せない場合、あるいは話せたとしても、韓国への「留学」や、朝鮮総連が運営する学校を含めた日本国内の各種の施設や組織での人工的な語学学習プログラムによって、第二言語として、したがって意図的・意識的に習得している場合がほとんどである。そのことは、在日の主流は仮に朝鮮語（韓国語）を身につけていたとしても、それはむしろ日本語を媒介にして習っている、ということを意味する。たとえば私は、私の父母と同じくらいの年の在日韓国人二世の女性に朝鮮語を教えているが、教えるに際しては日本語で説明をしている。しかも教えている私の方の朝鮮語も、また日本語を媒介にして習った言語であって、ネイティブスピーカーではない語学教師が自分と同国人に外国語を教えるときに感じざるを得ないであろう、ありふれた困難、すなわち、「この表現はほんとうに正しいのだろうか」、「通常、用いられるものだろうか」といった種類の疑問を常々、抱くことになる。私と彼女の学習風景を誰かが外から覗いたとき、つまりは客観的に見たとき、それはおそらくありふれた「外国語の学習時間」以外のなにものでもなく、ここに同国人同士の交流を見る者はいないだろう。しかも、言語こそがその人の思考を組み立てるのであり、世界認識の原型であり、したがって言語こそがその人が何者であるかを構造的に規定するもっとも重要な要素であるとするのならば、今日の在日の主流は、「客観的に見れば」、内面からしてすでに「日本人」と変わらない。

もちろんこのような言い方は問題を含んでいる。多くの人がすでに述べているように、この言い方は「日本人＝日本語を話す人」という暗黙の了解を前提にしており、または「日本語＝日本人の占有物」という表象を前提にしたものだからである。こうした暗黙の了解または表象を退けて、「中立的に」「客観的に」言えば、在日の主流は「日本語人」であり「日本文化人」であるということになるだろう。またこの視点からすれば、多くの人がそうするように、「在日朝鮮人・韓国人」と呼ぶよりも、「在日」とのみ呼んだほうが適切であるように思われてくる。いずれにせよ、「客観的な」視点から見る限り、もはや在日は「在日朝鮮人・韓国人」と呼ぶだけの内実を欠いてしまっている、ということは明らかである。

このような固有の言語や文化の喪失という事情が在日の国籍変更の背景をなしていることは間違いない。すなわち、在日という砂山の成分はもはや周囲の浜のそれと変わらない。そうである以上、砂浜の地平に溶け込んでいくこと、すなわち国籍変更の流れは自然ではないか――。

しかし、客観的には自然にみえるこの現象をめぐって、激しい意見の対立がある。つまり変更を是認する立場と否定する立場の対立がある。それは公的な言説空間においてのみばかりではなく、在日の日常生活においても起こっている。しかも意見の対立は各々の実存に深く関わるものであるために、感情的なものにもなりやすい。本稿は、特に二世以降の在日の歴史との関わり方に着目しつつ、同時に昨今の物語論の視点を取り入れつつ、この問題についてしばし冷静に考えてみようとするものである。

ただし、あらかじめ断っておくと、以下の記述の主眼は、国籍変更の是非を論じることそのものにあるのではない。

すでに述べたように在日にとってこの問題は、自分の実存に関わるものである以上、究極的には各々が選択すべきものであり、その選択に対して他者（他の在日も含む）がコミットメントする場合は、仮に自分の選択と異なっていたとしても、その選択そのものに対しては、それもまた他者の実存を賭けた決断として受け入れるという態度こそが求められると考える。したがってここでは、議論をするに際して、また実際に在日が国籍の選択をする際に、考えておく必要があると思われること、しかしながら実際には考えられてこなかったと思われることを記述することに、むしろ主眼がある。

一　国籍問題のわかりにくさ

それにしても在日の国籍問題は、当事者ではない人達、たとえば多くの日本人にとっては、何が問題になっているのかというポイントさえわかりにくいのかもしれない。私自身の経験から言っても、国籍に関して周囲の日本人と話していて、こちらの意図なり、「思い」なりが相手に共有された、という実感を持つことのほうが稀である。たとえば、日本人とはとても思われない私の名前と、その「日本人並み」の日本語の「上手さ」との「落差」に驚いた人が、私に「ナニジンか」と聞く。そうした場合、私は自分が韓国籍の在日朝鮮人の三世であることを、この種の問題についての相手の知識や相手と私の関係、さらにはその場の状況などを勘案して、その都度、諸々の語彙を用いて説明することにしている。しかし先方にとって、日本に生まれたときから暮らしているということと、朝鮮人であるというアイデンティティを持つということを結びつけて考えることは通常、困難であるらしく、私はしばしば先方が慣れ親しんでいる常識的な社会的カテゴリーの中に整理される。先方には潔癖症的な整理整頓の欲望が働いていて、私は、諸般の事情があるにせよ、最終的には日本人か、朝鮮人／外国人かのどちらか、ということにされる。私は時にその整理整頓の仕方自体を問題視し、「遺伝子的に規定できる日本人がありますか、あなただって元を辿ったらナニジンかわからないでしょう、外国から来なかった人ってこの国にいますかねえ、そもそも生まれたとき人は誰もただひとつの生き物に過ぎないのではないですかねえ」といった具合に、いっさいを混濁させるといった手法を取りもする。いわゆる「脱構築」によって、先方もまたそんなに簡単には既存の整理の枠組みに収まらない存在であることを理解してもらおうと試みる。その結果、何か新しいことに気づいた、という顔をしてくれる人もいれば、興奮し怒り出す人もある。経験的には成功不成功は先方の常識への依存度に大きく左右される。というより、それまで妥当してきた自分のモノの見方への服従度に左右される。

このように、どんな人も、ナニジンであるかをめぐる社会的カテゴリーにきれいに収まるものであるという予断が、整理への欲望の結果としてのみあるということを忘却するとき、在日の国籍問題はそのポイントさえわからない問題になってしまう。こうした予断的二項対立図式が機能している限り、二世以降の在日が日本で〈生まれ育った〉という事情と朝鮮人・韓国人アイデンティティを共に主張すること、さらにはこの両義性こそをアイデンティティとして主張することは、曖簾に腕押しに近いものとなる。二項対立図式が機能している中では、日本生まれ・育ちを強調することは、最終的には（諸般の事情があるにせよ、またそれを受容するにせよしないにせよ）自分が日本人であることを主張しているものと受け取られ、朝鮮人・韓国人アイデンティティの主張は副次的なもの、公認を求める資格を持たない個人的な想念として処理される。そしてここにもうひとつの硬い常識、すなわち日本人＝日本国籍、朝鮮人・韓国人＝韓国籍・朝鮮籍という図式が働くとき、日本で生まれ、育ったという事情を強調する以上は、日本国籍を持っているに違いない、あるいは持っていなければならない、というロジックが現われる。言い換えれば、仮にも日本で生まれ、育ったその事情を当人の人格にとって重要な要素として認定してもらいたければ、日本人であると言うべきであり、また、そう言うのであれば、日本国籍を持つことが当然である。さらにロジックが逆に流れて、日本国籍を所持する以上は、朝鮮人・韓国人アイデンティティは個人的な想念の枠内に収めてもらわなくてはならない、となる。逆に朝鮮人・韓国人アイデンティティを主張する限りは、日本生まれ・育ちという事情は、それが事実だとしても偶然的な過去の出来事であるべきであり、その偶然的事情から日本で今後、生きていくことの必然性を主張してはならず、いずれ韓国・朝鮮に帰るべき者であることを示す記号としての韓国籍・朝鮮籍を所持していなくてはならない。この図式にあっては、難しい問題はない。否、あってはならない。

このように考えてくるとき、在日の国籍問題は、多くの日本人にとって、「わかりにくい問題」なのではないように思われる。それは問題の根が了解されたとき、既存の常識が疑われる可能性がある以上、どちらかというとむしろ、「わかってはならない問題」なのではないか。

ここで忘れてならないのは、日本生まれ・育ちという事情と朝鮮人・韓国人アイデンティティを同時に主張することが困難なのは、そもそもナニジンであるかをめぐる、以上に述べたような二項対立図式が機能している限りにおいてである、ということであろう。この点を忘却するとき、日本に生まれ、育って、今後も日本に生きていくつもりであるならば、在日は日本国籍を取得すべきである、という言説がまことしやかに語られることになる。

現在、日本でもっとも広範な読者を持つ在日の論者の一人である鄭大均氏は、こうした言説を主張する代表であろう。国籍変更を是認、より正確に言えば、積極的にそれを推奨している論者である彼は『在日韓国人の終焉』（文春新書、二〇〇一年）というセンセーショナルで、在日のある人々にとってすれば、はじめから強い反感を呼び起こさないではいられない題名——そのような反感は織り込み済みであろうが——の著書において、在日韓国人が韓国籍を有しつつも韓国への帰属意識が希薄であり、また韓国籍を有する外国人であるにもかかわらず外国人意識が希薄である、という点を指摘し、在日は、「アイデンティティ」（彼の定義では主観的な帰属意識）と「帰属」（客観的な帰属の形態、つまり具体的には国籍）の間にずれがある、と述べる（一四―一五頁）。またこうしたずれは在日韓国人を

「不透明な存在」「自分自身を説明できない存在」に仕立て上げており、その結果、「韓国や朝鮮籍を維持しているということは、自らの運命をある程度は祖国に託することを意味するが、帰属意識もない国に自らの運命を託すという態度を私たちはどう説明したらいいのか」（二一一頁）という問題が在日につきまとうことになることを指摘する。

　なるほど、彼が言う「自分自身を説明できない存在」であることは、多くの在日が感じるところのものであろう。しかし、いったい韓国籍・朝鮮籍を持つ限り、当の国への帰属意識を持って然るべきであり、そうした意識を持たない以上、日本国籍に変更するのが然るべきだとするロジックは、どこに根拠を持つのか。日本に生育し、今後も日本にい続けるつもりだという意味での日本への帰属意識を持った以上は、韓国籍を放棄すべきだというロジックは、どこに根拠を持つのか。その最終的な根拠が、上に述べた二項対立図式（常識知）にしかないとすれば、彼のロジックは議論の出発点ではあっても、結論ではあり得ない。

　したがってまた、「自分自身を説明できない存在」であるという在日の困難は、彼の言う「アイデンティティ」と「帰属」のずれを示す以前に、そうしたずれこそが在日の現実である限りにおいて、在日の現実と常識知とのずれを示すと考えるべきなのではないだろうか。

　ここにはさらに考えるべき問題がある。彼の目には、おそらくはほとんどの在日論がそうであるように、在日と日本人の関係、在日と「本国」の関係ほどには、在日と在日、すなわち〈在日同士の関係〉が視野に入っていないように私には思われるのである。つまり、そもそも、この関係を視野に納めていないがゆえに、在日は「説明できない存在」になってしまうのではないか。彼の言う説明の困難または不可能は、日本人または本国の韓国人を前にした状況を想定している。もちろんこうした状況における説明の困難は、個人の意識にも反映し、自分に対して自分を説明できないという困難、すなわち「アイデンティティの葛藤」をもたらすであろうし、その意味では彼がそこまで述べていないとは言え、重要な指摘であると考える。しかしながら、問題を在日同士という観点から考えたらどうなるであろうか。端的に言えば、在日が韓国籍・朝鮮籍を所有しているからといって、他の在日を前にした場合には、「説明できない存在」としてあるわけではない。次節では、〈在日同士の関係〉に関わって考えていきながら、国籍変更是認論の前提となっている在日の民族性の喪失という事態を再検討してみる。

二 〈在日同士の関係〉の寸断と紐帯

〈在日同士の関係〉への視点の欠如は、現実の事情を反映しているという側面がある。現実の生活の次元、言い換えれば実存の次元においては、あえて同じ民族の構成員同士の交流の常態（たとえば日本国内における日本人同士の交流）というものを基準にすれば、〈在日同士の関係〉は無残なほどに寸断されている、と言わざるを得ない。

たとえば好きになった異性に自分への関心を持たせようとして、自分が実は在日である、ということを打ち明ける。が、驚いたことには、相手もまた在日であった、といった珍事を、私は聞いたことがある。これは、もちろん両者が日本名を用いていたことから起こったわけであるが、この類の「おまえも在日だったのか」という出来事は実はあちこちで起こる。あるとき、下宿を探しに不動産屋を訪れたとき、私が自分の朝鮮名を言うと、通名があるでしょう、大家にはそちらで通したほうがいいですよ、と営業員に言われた。もちろん私は不快であった。しかし、すぐに、それを超えて複雑な気持ちにならざるを得なかったことには、彼は、実は自分もまた在日であると言ったのである。在日の二世あたりだと、この類の話は、たとえば自分が日本人にいじめられていたとき、その自分を助けてくれた人がふいに現われた、それで感謝していると、のちになって日本人だと思い込んでいた救済者が実は在日だったとわかった、という形で経験していることも多い。こういった「おまえも在日だったのか」という珍事が示しているのは、まずはもちろん在日の多くがその「在日性」を潜伏させて日々を送っているということであり、またこういった他の在日との出会いに驚くという在日の感受の仕方が示すのは、自分以外の在日が存在しているということをほとんどの場合、想定しないで日々を送っているということであろう。またここからは、当事者がともにそうであることを知らないままに在日同士が出会っているという、おそらくはより多く起こっていると思われる事態もまた透けて見える。

こういった日常の場における態度、つまり他の在日との交流の機縁のつかみがたさ、そして出会う可能性をはじめから想定していないという態度は、在日が事実上、民族的少数派であるという単純な事情に拠るものでもある。しかしここでそれ以上に着目したいのは、在日が日常的意識においては、在日性を自分のものとしてのみ捉えているという点である。もちろん、こうした在日性の私秘的感覚（＝在日とは私である）が生じてきたのは、日本人との関係からであろう。端的に言えば、在日の外にはナショナル・ヒストリーという圧倒的な日本人のための物語がある。在日の多くは、公的な言説に、人生の最初から、そしてそれ以降、持続的に触れる学校という場において、日本人のための物語を学ぶ。在日は自分とは異質であるはずの「われわれ日本人という主体」の形成過程に巻き込まれる。在日は、日本人のための「われわれ」の物語を学びつつ、自分を物語の中の一員に溶かしこんでいく学生と教師の「公的秘儀」の中に巻き込まれる。こうして学校はそれ自体、物語の一部になっていく。

私には奇妙な記憶が残っている。登校時の集合場所で、ある児童が、たしかなかなか出発をしようとしない他の児童たちにむかって、突然、こう叫んだ。「きさまらそれでも帝国軍人か！」。ふざけて何かの真似をしただけであり、偶発的なできごとに過ぎないとしても、この偶発には上に述べた「公的秘儀」という背景があり、そのときはそのことをさして気にも留めなかった「在日である私」が示すのは、日本人の物語が他の児童と同様、私にとっての世界とそのまま重なっていたということだろう。

重要なのは〈在日同士の関係〉が、この日本人の物語と重なってしまった世界を動揺させる危険／可能性を常に持つ、ということだ。ひとりの在日が日本人に向かい自分が在日であること、朝鮮人・韓国人であることを明かすことは、それ自体としては、日本人物語化した世界にさして大きな影響は与えない。実際、それはしばしば勇気ある告白としてさえ日本人に受け取られる。日本人が告白の勇気に敬意を払うことは、在日に同情することと同様にたいして難しいことではない（さらに今日の状況で言えば、活動家たちがメディアを通して、あるいは街頭での示威行為を通して、したがって明確な意図に導かれて、何らかの自分達の主張を訴えることも、世界そのものを根底から揺るがすわけではない。今日の状況で言えば、それはむしろ望ましい世界の漸進的な変化をさえ垣間見せる）。では日本人物語化した世界にもっとも深い衝撃を与えるのは、何か。それはむしろ在日が他の在日とごく普通に交流しているという事態ではないか。その交流は日本人物語化した世界を変革しようとする意志の表れではなく、端的にその世界がその内部に「穴」を持っていることを示してしまうのである。穴においては、日本人物語化した世界が、意識されない地平としての世界ではなく、ひとつの対象として語られうる。少なくともそのように日本人には憶測されるだろう。穴は意識されない地平としての世界を、覗かれる世界に変貌させる。在日同士の普通の交流は、可能性としては常に、日本人物語化した世界を足元から崩してしまう。〈在日同士の関係〉は、日本人物語化した世界にとって、あってはならない穴なのだ。

そのように考えたとすれば、在日がおのれの受難の歴史を語る恒常的な表現、すなわち「わたしたちはことばを奪われた」というのは、重要な側面を見落としている。歴史的な事実としての朝鮮人への日本語の押し付け＝朝鮮語の剝奪は、それによって生じた事態も含めて言うならば、「在日同士の普通の交流」の機会、したがって日本人物語化した世界をひっぺかえす機会を奪われたと言うべきなのだ。朝鮮語の収奪は、穴を埋めることなのだ。

しかしながら、在日同士の普通の交流の機会が奪われたという事態は、実はまたある特殊な形態の交流を生み出す機縁にもなる。交流が絶たれた在日は、そうであるが故に、家庭という場に最後の交流の場＝世界の穴を作った。一見すると、在日の家庭においてさえやはり交流は絶たれているように思える。私の父が語ったところによると――多少、出来過ぎで、いつもの誇張が含まれているようにも思うが――私の祖母、つまり父の母は病院で死ぬ直前、枕元にいた父とその兄（叔父）に向かって、「ムル」と言った。「ムル」は朝鮮語で水のことを言う。祖母は最期の瞬間、水を望んだ。その祖母が思わず発したことばは自分の母語だった。しかしながら、父を深く失望させたことには、叔父はその場できょとんしていた。父は事情があって自分で朝鮮語を習っており、かろうじて理解できたが、叔父は習っておらず、自分の生母の最期のことば、最期に語った生母にとっての母語がわからなかったのである。こうした事態に思いを巡らすとき、果たして在日の家庭は在日同士の交流の場なのか、その場にいるのは在日同士なのか、という疑問を持たざるを得ない。しかしながら、このいささか出来過ぎの話にもひとつの真実があるのであって、それは何よりもこの種の話がなされたという点である。話は単なる「小話」ではない。それは、在日の歴史の全体（朝鮮の植民地化と言語文化の抹殺）を――意識しないところで――参照し、かつ聞いている私を歴史の中に組み入れるように（私は何者なのか）働く話であり、事件を偶発的なものではなく、必然的なものにするストーリーであり、その意味で、ある種の「物語」であるといえる。

ところで在日の家庭はしばしば在日文学の主題になる。典型的な骨格は、社会での抑圧に疲弊し、自尊心を傷つけられ続けた父が、その鬱屈を凶暴にも妻や子に向けるというものであり、またそのように文学の主題となってきた当の事態から、たとえば民族差別の問題の影に隠れた朝鮮人家庭における男性中心主義の問題が提起されもする。が、物語論という視角から考えておくのがいいように思われることがある。父の暴力ということに関して言えば、それ自体としては明らかに日本人の家庭においてもまた起こっていたことであろう。にもかかわらず、それはむしろ在日の状況として暴力を目撃した当事者の意識に浮上し、語られ、かつ在日文学の主題にもなる。それはとりもなおさず歴史や社会が参照されることによってであり、ここでは在日の物語が発生しているのだ。

在日同士の関係を摩滅してきた日本人の物語は、常に在日の家庭という場に独特の物語を生み出しうる。抑圧とは、抑圧を語ることができないという事態でもある。世界をまるごと覆う日本人の物語によって家庭の外で現実に抑圧され、また抑圧を語ることを禁圧された在日は、家庭という場で、抑圧をしばしば身体で、暴力や不機嫌な表情で、表現する。それはそれ自体として何かを物語るわけではない。そうした表現はその表現の場に巻き込まれた者たちにとっては、自分の生の圏域に吸収し得ない他者として、耐え難くも呪わしい天災のごときものとして現われる。が、人が呪わしき天災と日々の寝食を共にできるものではない以上、常に呪わしき天災をそれなりに筋道の通った解釈を通して馴化するよう、動機付けられる。こうして受け手が実際にも、呪わしき天災を、ほかならぬ社会や歴史を参照に、その全体の中で解釈し、全体の中に位置づけることを選択し、それに成功したとき、在日の物語は生まれる。

私たちはしばしば言語を民族の独自性を保証するものとして考える。しかし言語が民族と関係して重要なのは、なによりもそれが構成員同士を繋ぐものだからではないか。あるいはさらに進めていえば、何かしらのメディアによって交流が制度的に保証されている者同士の関係をこそ民族として考えるべきではないだろうか。そのように考えるならば民族にとって言語は、それが関係のメディアである以上、重要な要素であるとしても、むしろ重要な要素のうちのひとつに過ぎない。

ここで重要なのは、物語もまたひとつのメディアたりうるということだ。家庭の中で作られる在日の物語はただそれを共同で作った家族構成員に結束を与え、さらに自分達を歴史の中に位置づけるだけではない。そのように位置づけたとたん、彼／彼女は他の在日との間に一定の関係を築いている。言い換えれば、在日の物語の中に入るとき、すでに在日は他の在日と共存の関係に入っているのだ。ここで私たちは日本人のための物語による〈在日同士の関係〉の寸断や、国籍変更をめぐる意見の激しい対立という現実的な状況を考えなおす必要がある。たとえば私は、生家からほんのわずかな距離のところで営まれている焼き肉屋の在日一家とことばを交わしたことがないが、それでもその前を通るたびに、自分でも何を知ろうとしているのかわからない関心をその店に向けている。ある在日が私に語ってくれた話は示唆にとむ。彼女の母はダンス講師をしているのだが、その教室にはひとりの在日が通っている。互いに在日同士であることを知りながら、そのことを教室では明かさないし、特別に会うということもしない。しかし教室に通う在日の主婦は、しばしば彼女の家の玄関前に何も言わないままに、キムチを残していくことがよくあるという。ここには気遣いという非言語的な交流、もしくは紐帯があるのだ。またこうした紐帯があればこそ、国籍変更をめぐる意見の対立もまた激しいものになるのではないか。

在日は民族性を喪失した、ということがらに関して注目していいのは、それが繰り返し語られているということ、しかもその事態が歴史と全体との関わりの中で語られているということだ。それをひとつの物語として考えるならば、まさにそのように語ることによって民族の非言語的な紐帯が作られ続けている、ということ、言い換えれば、民族性喪失の物語はそれ自体、民族の獲得過程であると見なしうるという点である。

以上で私はいわゆる歴史の物語論という立場に依拠しつつ、在日の民族性について述べてきた。歴史は、過去の出来事を現在の観点から取捨選択的に取り出し、その出来事を一定の因果律の中に配列する営みである以上、一見、そう見えるように、中立的な事実の報告であるというよりは、常に何らかの「虚構性」を帯びた構築的営みである、というのが歴史の物語論の骨格であり、こうした観点を取る限り、ナショナル・ヒストリーはむしろ国民のための物語であるほかない。私の主張は、在日は、日本における国民のための物語、つまり日本人のための物語に包囲されており、その状況は一方で在日同士の交流を寸断するが、同時に主要には家庭を通して在日の物語——公的権威を帯びた歴史という形態に発展する以前のものであり、文学と地続きであるような、固有の意味での物語——を生み、それを媒介に、非言語的紐帯という、地下茎のイメージで捉えられるような交流を生み出しもするということである。

たとえば私は他の在日に会うとき、相手が在日であることを知ったとき、どうしてか、あたかもそうすることが私たちの間の取り決めであるかのように、よそよそしくなってしまうことがある。そのとき、私にとって相手のいる場所は、いわば私の秘密が公開されている場所である。そのとき私は沈黙する。けれども密かに、私の意図を超えて、関心を寄せてしまっている。私と相手の間には価値観も、言語も、また実践的な意味での運命も共有されてはいない。それでも、私の秘密に向かうそれのように、沈黙の関心が伸びていく。この沈黙の関心、非言語的紐帯は、いったいなんなのだろうか。次節では、さらに、その内実を探ることを通して、在日、特に二世以降の世代の在日の、生の形式と共存の形式を、考えてみたい。

三　ナショナル・ヒストリーと二世以降の異邦人感覚

他の在日に向かう沈黙の関心、非言語的紐帯の内実はなんなのか。それを考えるためにまず、ナショナル・ヒストリーを学校という公的機関で学ぶという経験が、在日にとってはいかなることなのか、ということをもう一度、考えてみよう。

ナショナル・ヒストリーはそもそも、前提として宛先を日本国民に指定しており、また日本国民が他ならぬ「日本の歴史」を学ぶということは、すでに生きている自分達の世界を省みるという営みに他ならない。ナショナル・ヒストリーが原理的に在日にとってひとつの暴力たらざるを得ないのは、この点に関わる。というのは、在日もまた、二世以降である場合、日本社会をすでに生きているからである。もっともこの言い方は実は過剰である。というのは、ひとは誰も、まず自分が見出す周囲の世界を生きた後で、その世界が何らかの名称で呼ばれることを知るのであって、その逆ではないからだ。日本で生まれた在日は、既に生きている生の舞台が日本社会と呼ばれる社会であることをのちに知るのであって、それを知った上で、この社会を生の舞台として選ぶわけではない。ここには二世以降の在日の世代特有の生の経緯がある。これ以降の世代の在日は、日本人がそうであるのと同じように、「日本社会をすでに生きている」のではない。そうではなくて、日本社会を、その名前で呼ばれうる社会であることを知る前に、すでに生きているのだ。

そうである以上、在日が日本の歴史を学ぶということは、日本人と同様、自分がすでに生きている世界を省みる、という営みである一方で、そのすでに生きている世界が同時に日本人という他者の世界であることを気づくプロセスである。したがって、日本の歴史を学ぶことは、在日にとって、すでに生きている自分達の世界が取り上げられる経験、簒奪の経験と言わねばならない。この言い方は過剰でも、不当でもない。「元来、日本社会は日本人が作ったのであり、在日はその世界にあとからやってきたのであるから、簒奪というのはおかしい」。そういった反論がありうるだろう。しかし、歴史=物語論の立場に立つ限り、この反論は成り立たない。この立場からは、「日本社会は日本人が作った」というのは事実の報告ではなく、まさに歴史を語り、学ぶというプロセスの中で構築されるものに他ならないからだ。

「日本の歴史」は二世以降の在日に、自分が現に生きている世界が同時に他者たちの世界であること、言い換えれば、在日が「自分達の土地の異邦人」であることを教え込む。細心の注意を払うべきは、この場合、日本の現実の「歴史そのもの」の故に、在日が異邦人であるというわけではない、ということだ。

もっとも、こうした「日本の歴史」が生み出す二世以降の在日に特有の異邦人性（=自分達の土地において異邦人であること）は、当人の日常にあっては忘却されている場合がほとんどであろう。それは日本人が「日本の歴史」によって教え込まれる「自分がこの社会の正当な構成員にして継承者である」ということを、日常にあって忘却しているのと同じことだ。つまり、「日本の歴史」が教える日本人と在日の間の境界線は、日常にあっては、しばしば無化されている。

しかし、在日二世以降の異邦人性が日常において無化されているからといって、そこに主観的な意味でのリアリティがないということではない。日本人が「日本社会」の正当な（かつしばしば唯一の）構成員であり、正当な継承者であることを思い起こさせる言説は、メディアにおいても、プライベートな世界でも、いつでもひょいと顔を出して、在日を慌てさせる。私は、通名（日本名）を使っているある在日女性が、結婚式のとき、司会者から「ヤマトナデシコのような」と「賞賛」され、その親類一同がはっと息を呑んで、それからこっそり苦笑いをする、という場に居合わせたことがある。こうしたことなどもまた在日の日常の一面なのであって、そのことを考えれば、在日の異邦人性は忘れきるなど困難なものであるはずであり、それはむしろ主観の奥深くに収納されているのだ、と見るべきだろう。

しかしまた、こうした異邦人性は、広い意味での「トラウマ」のようなものとしてあるわけでもない。語りえない過去の深い精神的な傷を「トラウマ」と呼ぶ限りにおいては、そうしたものとは多くの場合、異なる。すでに述べたように、朝鮮植民地化に関する諸々の歴史的知識は、自分や自分の家族の不運をそれなりに納得のいくものにするための説明として用いられることがあり、また、そのように「利用」することが可能である。こうして、元来の理想的な姿から引き剝がされた家族や自分という在日の物語ができあがるとき、異邦人性はすでにその物語の中で表舞台に登場している。「自分が生きている世界において自分が異邦人である」という、広い意味での知は、在日の物語の中ですでに常に語られているのだ。

こうして、在日の物語の中に異邦人性が表現されるとき、その物語が、何らかの元来の姿を起源として設定するものである以上、その元来の姿が私の現実よりもリアリティを持ったときには、在日は「すでに生きている世界」の現実を単に〈日本人という他者の世界〉として捉えるということを超えて、〈他の可能性もあったうちのひとつの現実〉として捉える神秘的な感覚（「私」は偶然にもここにいる）を持ちうるだろう。

では、日本国民のための物語によってもたらされ、在日の物語の中で語られ続ける、この二世以降の世代の在日に固有の異邦人感覚はいかなる可能性を持つのだろうか。最後にこの点について考えてみたい。

四　異邦人の可能性

私がここで「異邦人感覚」ということばで考えているのは、自分の生活の現在の舞台であり、しかも未来においてもそうであり続け、そこから抜け出すことはないと考えられているような生の舞台としての社会を、しかし唯一のそれではなく、他の可能性もあったうちのひとつの現実として捉え、同時に自分をもまた他の可能性もあったうちのひとつの現実として捉える「感覚」である。呪わしき天災を馴化しようとする過程で生じてくる在日の悲運の物語は、なんらかの自分達の「元来の姿」を内包する以上、こうした「感覚」を在日に持つように動機付けないではいられないだろう、というのが私の主張である。もちろん私はこのような「感覚」がすべての在日の恒常的な感覚であると主張したいわけではない。が、在日がたとえば何らかの耐え難い苦境に立たされたとき、悲運の物語を手繰り寄せる中で、常に生じうる可能性のある「感覚」ではないか。

こうした「感覚」は一見すると何か逸脱的なもののように思われるかもしれない。それは世界への、または自分への責任をもった関与を放棄する態勢であり、ありていにいえば、逃げ口上のように思われる。が、果たしてそうだろうか。

たしかに既に述べたようにそれが在日を取り巻く一定の状況から生成してきたというのは事実である。しかしそうだからといって、この「感覚」ということばが示唆するように、ことがらがことがらとして別個に独立的にあり、にもかかわらずその「真の姿」を、それを受け取る側が自分の側の特有の仕方で受け取ってしまっている、つまり、この「感覚」によって「真の姿」を捻じ曲げて受け取っている、と考えるのは、おそらく早計である。問わねばならないのは、こうした感覚の反対のもの、すなわち今ある現実の世界と自分を唯一のそれとして見なす態度が正当な認識か、という問題である。

この点について本格的に論じることは本稿の範囲ではとてもできそうにない。が、次のことだけは指摘しておかなければならない。今ある現実の世界と自分を唯一のそれとして見なす態度は、それもまたそもそも日本人の状況から生成してきたものであるということである。端的に言えば、そうした態度は、日本人のための物語に自分が溶け込んでいくことによって生成してきたものではないか。感覚ということばを使うならば、おそらくはそうした態度もまた日本人のための物語が生み出した感覚に過ぎない。ここで私たちはあえて、いかなる物語にも浸かってはいない世界というものを想像してみたとき、そこに立つ「私」にとって世界はただよそよそしいばかりのものではないだろうか。「私」が「今、現に生きている」ということを超えて、そのことについて省みるとき、しかも「歴史」や「物語」を参照することなく省みるとき、「私」は今いる場所に現にいることに必然性を見出すことはなく、「私」はここにいるのではなく、別のどこかにいるのではないか、ここにいる「私」は別の誰かではないだろうか、という感覚をなだめることは難しいだろう（まさにここにあらゆる国民国家が用意しているもののうちのひとつである、日本人のための物語に人が誘惑されるもっとも根本的な動機がある）。そうであれば、「異邦人感覚」はそのものとしては決して「逸脱的」なものなのではなく、いわば裸の実存の世界と私の捉え方なのではないか。また、在日二世以降の異邦人感覚は、裸の実存の世界と私の捉え方の、歴史的なバリエーションなのではないか。

では、歴史的バリエーションとしての在日の異邦人感覚は、現在という歴史的時点にあって、当人と世界に何をもたらすのであろうか。最後にこの点について考えてみよう。それは当人に苦痛をもたらし、当人を世界への積極的関与から遠ざけるものであろうか。おそらくそうではない。すでに述べたように、この感覚が、「私」はここにいるのではなく、別のどこかにいるのではないか、ここにいる「私」は別の誰かではないだろうか、という感覚である以上、孤独、他者との交流が絶たれていることは、それが自分の存在の不安定さを見せつけるという点で、極度の苦痛であろう。孤独が苦痛であるということ、このことの意味はむしろ孤独こそが快の条件であるような傾向を増している現代にあってはきわめて重い。異邦人はそうであるからこそ「私」であるかもしれない他者のところへ、自分を探そうとするように——そしてより重要なことには——「私」であるかもしれない他者が「私」ではないことを確かめようとするように、赴くよう駆り立てられる。在日の物語は他の在日との間に非言語的な紐帯をもたらしうるが、この物語が一方でもたらす異邦人感覚は、紐帯が閉鎖的なものとなったり、閉ざされた民族意識になることを妨げるように働くのであって、そうであればここには開かれた紐帯といったものが生じる可能性がある。さきほど紹介したキムチをこっそり置いていく在日の姿からは、そうした開かれた紐帯が垣間見えるように思われる。また、それを垣間見たときには、彼女が在日以外の、困窮の中にいる人の家の前にこっそりとキムチを置いていく、そんな光景も目に浮かぶ。私の秘密は他の在日の立つ場所にのみあるわけではない。「地に呪われた者」たちは、私にとって、ただそれだけで、すでに常に私の秘密なのだ。いつもそこには、否、そこにばかり、沈黙の関心は走っていく。

異邦人は、他者とつながるときにおいてのみ、「私」でいられる。こうした異邦人は、他者が「私」でないこと、「私」とは相容れない存在であることを知ることを忌避するような生のあり方が、グローバリゼーションや「価値観の多様化」などにより、もはや困難な現代にあって、また何らかの目的や関心を媒介とした他者との横並び的な関係を持ちつつ「我々の未来」といったものを志向していく生と社会のあり方、つまり広い意味での進歩主義に環境等の問題により根本的な反省が求められている現代にあっては、ポジティブに考えるべき存在ではないだろうか。

五　異邦人感覚の表現としての韓国籍・朝鮮籍

今、国籍変更に関わる問題について何が言えるのだろうか。まず言えるのは、在日の「民族性」の内実を言語や文化ではなく、ここで示したように、言語なき紐帯と異邦人感覚に求めることができるのならば、国籍変更が「民族性」の喪失に拍車をかけるといった見方は退けられる、ということである。あえていえば、国籍変更に反対する意見が公的な場で、または私的な場で語られているとき、すでに常に紐帯が活性化しており、民族が生成しているのだ。しかしまた、在日が「説明できない存在」であるということをもって、アイデンティティとずれてしまった帰属である韓国籍を維持することを批判するのは当を得ていないと考える。ここで述べた異邦人としての在日は、そうであるが故にポジティブに捉えることができる。「説明できない存在」の議論の前提であるアイデンティティについて言えば、この、ここに今、現にいる自分を、どこかにいるかもしれない自分の、暫定的な現実として捉える異邦人にあって、それこそが「説明できない」種類のものだ。異邦人は自分がどこに帰属しているのか言えない。統計や調査は、在日の日本への定住化傾向を示し、彼らが日本を永遠の居住地として考えていることを示す。が、その永遠の居住地を異邦として捉える感覚があるとすれば、その感覚はアイデンティティの概念枠組みではそもそも説明できないのだ。そうであれば、帰属意識もない韓国の国籍を維持することは、この感覚を表現するための、唯一、可能な方法なのではないか。そしてまた異邦人がポジティブな存在として考えられるのならば、その表現である「空虚な」韓国籍もまたポジティブに考えることができるのではないだろうか。

はじめに述べたように、この問題は究極的には個人の選択の問題であり、コミットメントする場合には、選択が自分と違うとしてもそれを受け入れるのでなければならないと考える。したがって曖昧な結論に見えても、以上、考えることが忘れられていると思われることを述べることで本稿を閉じることにしたい。

（1）「在日」の呼称をめぐっては、その出身地である朝鮮半島が朝鮮民主主義人民共和国（北朝鮮）と大韓民国という二つの国家に分断されているという事情を反映して、複雑な問題がある。北朝鮮側からすると、自分達は、韓国に居住する者も含めて同じ朝鮮民族であり、居住しているのは朝鮮半島であり、その言語は（韓国で話されているものも含めて）朝鮮語であるが、韓国側はその同じ事象を指して、各々、韓民族、韓半島、韓国語と称している。分断状況は以上のように同じ事象に対して別様の呼びようを作り出してしまったのである。

こうした事情に加え、日本の北朝鮮と韓国に対するイメージの極度な違いなどを背景にして、「在日」のことを表現するに際しても、単に「在日」と呼ぶ以外に、「在日朝鮮人」、「在日韓国人」、「在日韓国・朝鮮人」など、それぞれに複雑な思惑に支えられた様々な呼称が混在する状態になっている。ここでは、論文や、メディア報道などを含む、「他人事的に」もしくは「客観的に」在日について述べるような場合は除外して、在日が必要があって自分自身の出自について主観的に語るような場合（在日が「私は……である」という具合に自らについて言及する場合）に限って若干、その状況を見ておきたい。

このような場合に限れば、在日は自分のことを述べるとき、「在日韓国人・朝鮮人」などと両方を併用して述べることはめったにないだろう。この言い方は明らかに「在日韓国人」と言う者、「在日朝鮮人」と言う者、その両方の立場を中立的に眺める超越的・客観的視点からなされた表現だからである。通常は単に「在日」と言うか、「在日韓国人」と言うことが多いように思われる。もちろんそのように言う多くの人は韓国籍所有者であろう。しかし「在日韓国人」と自称するのは、韓国籍所有者だからである、というだけでは話はすまない。というのは、「朝鮮人」ということばが、国籍を超えて、コリアンという民族を示す包括的概念として利用できる以上、理屈から言えば、韓国籍であっても在日朝鮮人と言うことも可能である（後述するように実際、そのような人はいる）。にもかかわらず、在日の多くがこのことばを避け、在日韓国人と呼ぼうとするのは、日本人が作り出した朝鮮ということばに対する否定的なイメージ、さらには昨今の北朝鮮に対する否定的イメージと自分を引き離したいという動機が働いているからだと思われる。このあたりのことについては「わかりにくい問題」などと考える必要はほとんどない。

日本人の読者であれば、一度「もし自分が朝鮮半島出身の者であったら」と想像してもらいたい。そのとき自分を誰かに紹介するのに在日朝鮮人と言いたいか、在日韓国人と言いたいか。どちらの言い方のほうが言いやすいか。後者であると答える方がほとんどではなかろうか。そうであれば、そのとき働いている心の動きと、在日が自らを在日韓国人と言う心の動きとはほとんど同じだと考えていいだろう。というのも、在日が現在のように言語的・文化的に日本人と「同化」してしまっている以上、韓国・朝鮮をめぐる解釈さえも同化してしまっていると考えられるからである。

一方、在日の中にも自らを「在日朝鮮人」と呼ぶ者は少なからずいる。この場合、そう自称する者は多くが朝鮮籍所有者だが、必ずしもそうだというわけではないということに注意すべきである（なお韓国籍と朝鮮籍についてありそうな誤解を解いておくと、朝鮮籍、韓国籍と、その出身地域の間には関係がほとんどない。在日の出身地域はほとんどが朝鮮半島南部であるため、必然的に韓国籍所有者のみならず、朝鮮籍所有者もまたほとんどは朝鮮半島南部、つまり現在の「韓国」の出身者である。したがって朝鮮籍を所有している在日は、なんらかの意味で北朝鮮に国家としての正統性を承認している場合、そうでなければ「韓国」の正統性に対して懐疑的である場合などが考えられるが、いずれにせよ、出身地域により自動的に決定される種類のものではなく、当人のなんらかの「意識」によって選ばれているものである）。韓国籍所有者であっても、状況次第で、在日朝鮮人という呼称を使用する在日はいる。

この場合、在日の多くに在日韓国人という名称を用いさせている、「朝鮮」ということばが否定的イメージを持っているという事情が、逆向きに働いていていることがあるように思われる。つまり「朝鮮」ということばに対する否定的イメージを作り出したのが日本人であり、「朝鮮人」は「元来」、否定的に捉えられるべきものではないという認識の下に、イメージの暴力を避けるのではなく、それに対抗しつつ、自己を肯定する意味で、あえて「在日朝鮮人」という名を使用するという場合がある。さらには韓国人ということばが明白に北朝鮮に住む朝鮮人（「韓民族」）を除外した、その意味では狭い概念であり、逆に朝鮮人という概念が韓国人を含みうる包括的概念であるが故に、殊に朝鮮の政治的統一を志向する者や南北朝鮮の民族的、文化的、歴史的など、何らかの「同一性」を重視する人たちが、在日朝鮮人ということばを好んで使っているように思われる。

以上のような状況にあるため、在日をめぐっては、政治的に中立的な表現というのはどこにもないと言わねばならない。在日朝鮮人か在日韓国人のどちらかの表現を選択したときには、もちろん他方の立場を排除／抑圧することになってしまう。それだけではない。在日朝鮮人・韓国人という併記的表現も、「朝鮮」の民族的同一性を重視する立場からは、分断という歴史的状況を追認するものだという批判を免れない（確かにこの表記はあたかも在日朝鮮人と韓国人がいるかのような印象を与える）。しかも本稿が採択した「在日」という略記表現でさえも、在日朝鮮人という表現を求める立場からは「朝鮮人」忌避の風潮に便乗するものとして異議が申し立てられうるものである。

しかし結局のところ、在日について書かないこと、語らないことこそが最悪の選択であるとすれば、必然的に何者かへの暴力となるにしても何らかの表現を採択せざるを得ない。私としては、ここには安易に整理できない様々な思惑なり立場なりがあるということを念頭に置いた上で、本稿を読んでいただきたいと願うしかない。

おわりに

今なぜ東アジアの歴史を語りあうのか

金　泰昌

今回の公共哲学京都フォーラムに掛けた私の期待と願望と希求は、国境と世代を越えて東アジアの歴史――その体験と感覚と認識――を率直に語りあうことであります。相異なる年令と関心と立場と専門領域を持った日中韓の学者たちが、それぞれの知と徳と行における基本的な価値観・倫理感・美意識をたがいに尊重するという合意を前提にしながら、誰かのまとまった話を誠実に傾聴し、それを受けて、それに応じるという姿勢で、賛同もしくは反対の意見の表明、また別段の意見無しという応答を示し、それに対する当初の発話者の再応答を待ち設けるという成行き・過程・展開を何よりも大事にするということであります。

ではまず、今なぜ語りあうということにこだわるのかというところから、このフォーラムに対する私の期待と願望と希求の一端を申し上げることにいたします。私個人の意見で大変恐縮ですが、「語る」とは「話す」と随分ちがうということが、発想の原点にあります。「話す」とは「放す」もしくは「離す」でもあります。それは誰か――結局自分と言っても同じことだと思うのですが――の心の「内面」・「内側」・「内奥」で思っていることを、言語・記号・象徴などの媒体を通して、「外」の「他者」に向かって――「外」の「他者」は目前に存在する場合もありますし、不在の場合もあります――あらわ（表・現・顕・著）すことです。自己からの一方的な発信・発表・発言であります。「語る」とはそれとはちがい、まず誰か――この場合は自分ではなく他者です――が話したことを受けて、それに応じるという状況と脈絡の中に自分を置いて、賛同であれ、反対であれ、自分なりに応答するということです。このような私の考え方の根拠はどこにあるのかと問われたら、例えば『説文解字』とか、数多い中国古典を読みつづけたきた学習と思考と経験に基づいて形成された過程にあるとしかお答え出来ませんが、いずれにしても、私はそのように思うのです。

それでは、なぜ「語りあう」ということを強調するのかという問題に移ります。普通日本では「語り合う」とか「話し合う」と書きますね。しかし私は「語りあう」と書くことにこだわります。それは日本語の「あう」ということばの豊かな、そして大変重要な多義性をそのまま活かしたいからです。そして、そこに含まれている誤解の可能性を減らしたいからです。

まず「あう」という日本語――もっと厳密に言えば、大和言葉《やまとことば》でしょうが――は、「合う」と書かれる場合と「会う」もしくは「逢う」と書かれる場合、また「遭う」もしくは「遇う」と書かれる場合が、それぞれ細かい所で複雑で微妙な差異があり、それが無視できない意味をもつからなのです。複数の日本語辞典を調べてみた結果に基づいて、私なりに整理したそれぞれの漢字表記につながる意味説明の特徴と思われるのは、「〈合う〉は二つのものの形・性質・内容が同じになる。合致する。一致する」・「〈会う〉もしくは〈逢う〉は互いに出会い・顔を見て、相手を認識する」・「〈遭う〉もしくは〈遇う〉は何かをしている時に、悪い事態が自分の身に起こる」――特に『広辞苑』第五版の説明を手がかりにしましたが――ですね。「語り合う」というのは、意識するかしないかは別として、意見と立場と観点の複数性と相異性と個別性を無視して、どこかで単一性と同質性と全体性への回収・同化・統合を目指すという力学が作動する可能性を解消できないのです。ですから「合う」ということばには、どこか他者否定のはたらきが含まれているような気がするのです。いろんな意見や解釈の余地があると思いますが、少なくとも京都フォーラム側にはそのような意図はまったく無いということを明確にしたいので、あえて「語り合う」という表記を極力避けたいのです。

「合わせて一つにする」（合体・合一・一体化）という発想・思想・観念・イデオロギーなどがもたらした数多くの個人的・集団的悲劇を目撃・体験・反復してきた私としては、その意図と動機の善悪とは関係なく、常に、どこでも、その危険性に対する慎重な警戒が必要であると思うのです。

「語りあう」とは「話しあう」ともちがいます。「話しあう」とは、自己中心の一方的に偏向した自己発信の取引にすぎません。他者の存在と尊厳に対する配慮が不在なのです。独話の交換でありますが、対話になっていないのです。「語りあう」というのは、まず他者からの語りかけがあって、それを受けて、それに応じるというところから、自己と他者の出会いが成り立ち、たがいの顔を見つめながら、誠実な向きあいと傾聴と応答が展開するということです。それは、決して賛同・同化・一致を企む目的的行為ではないのです。あえて言えば、複数性・相異性・個別性の相互認識・相互理解・相互尊重に基づいての、相和と和解と共福の多様・多重・多層の可能性であり、その地平を切り拓くための対話と共働と開新の持続的な過程と、それがいずれはもたらすであろう結果に対する信頼を重視するということです。

では今なぜ、東アジアの歴史なのかという問題ですが、それは私自身が国家と国家の不幸・不和・不信の関係による苦痛と悲嘆と絶望を身に沁《し》みるほど体験したが故に、何とかして将来世代には同じ体験を反復させたくないという切実な願いがあります。だからこそ、日本と韓国と中国に生まれて生きて行く、そして、いつかは死んで行く人々が、それぞれの文化と伝統と宗教を持ちつづけながらも、共に幸福になれる世界―相和と和解と共福の公共世界―を共に築き上げて行きたいからです。それは国家史―自国史―公史でもなく、個人史―自分史―私史でもない、あえて言えば、その間からその両方を新しい次元に向かって共に展いて行く国家横断史―自他横断史―公私横断史という意味での公共史を体験し、その感覚を蓄積し、そこから認識を形成して行くという途が開拓される必要があるのではないかと思うわけです。

過去への関心というのは、人類共通の現象であると思われます。問題は、誰の過去・何の過去・どちらの過去を過去の事実として確認し、それを記録として残したのか、そして、それを私たちの過去として受け継ぎ、それを未来への課題として、最善の対応を考え実践すると同時に、将来世代につなげるのかが問題であります。私の個人的な生涯をふりかえってみますと、初・中・高・大学校で学んだ・教えられた・聞かされた歴史とか歴史学というのは、王様の名前と業績を記憶したり、戦争で勇名をあげた英雄の偉業を賛美したり、自分の祖先とその後裔としての私たちの誇りを認識するべきであるということです。なぜ王様たちの名前をおぼえなければいけないのか。なぜ英雄たちだけが賛美され、彼らの勇猛の基盤になった無名の兵士たちのことはあまり語られないのか。自分の祖先はともかく、自国の栄光が本当に自分の誇りに直接つながるのかどうかとか、果して本当に自国の歴史は自分の誇りになるようなものであったのか。もしかしたらその栄光というのは、あまり根拠の無い、そして自他が共感出来るようなものではないのではないか。などなど、疑問と自省と懐疑が多々あるけれど、それが非国民とか裏切り者とか売国奴というような罵倒によってほとんど根絶されてしまうところに、歴史教育のこわ（怖・恐）さがありました。

国家に対する忠誠・愛国心・滅私奉公という生き方・考え方・生と死の究極の意味が、強固なシステムによって強制されたという意味では、日帝時代と独立以後の韓国の状況の間にそんなに大きなちがいは無かったという感じがします。程度の差はあるかもしれませんが、国家史―自国史―公史という歴史のありかただけに傾斜した歴史教育は、いつかどこかで過剰な自己幻想に変質する可能性を孕んでいるのでありませんか。しかし、そのような歴史と歴史が確認し、記述した過去の記憶――公的記憶――を奨励し、それに基づいて過去と現在と未来をむすび・つなぎ・いかすという体験と感覚と認識を、正しい歴史認識のありかたであると声高くとな（唱・稱）える人々もいらっしゃいますね。それはどこでも、いつでも私たちのまわりによく見られることです。最近、日本ではそのような歴史観が強調されていますね。

そのような時代状況の中で考えられる唯一の代案は、個人史─自分史─私史の途ではないかという考え方もあります。もう十年程前のことになりますが、ある著名な中国の元老歴史家──実名を明らかにするのがどのような影響を彼と彼の家族にもたらすのかまだ判断がつかないので匿名にしておきます──と彼の自宅で日本と中国と韓国の歴史を語りあったとき、自分は国家史すなわち中国史にはあまり関心がなくて、死ぬ前に是非自分の歴史研究の成果を整理しておくために、全力で取りくんでいるのは家族史である、と言っていました。国家史というのは、自己正当化の要請が異常に強くはたらくので、真実からの距離が節度を超えて遠くなる場合が多いし、巧妙な隠蔽と歪曲と捏造による操作を避けることが困難なので、厳密な学問的・学者的良心に基づいた過去の事実確定とその記述がほとんど不可能であるからだ、ということでありました。自分が書いたものが後世に残るようにするためには、党や政府の検閲がそれほど厳しくない家族史というかたちを取るのが、ある程度安全であるということです。彼の場合は、自分というのを彼自身という個人ではなく家族単位で捉えていました。それはどこまでも彼の私的な意見にすぎないということで、公的な歴史解釈という枠からはずして、当時の党と政府によって公認されていた過去の確定とその記述ではない、それとはちがう、彼の学問的・学者的良心に基づいた歴史を語り、歴史学を保存するということでありました。

しかし彼は、いずれ私のような中国人ではないという意味における他者、中国一国史的な歴史観や彼の学問的・学者的良心に基づいた歴史解釈を共有出来ない学者たちと、自由に、率直に、たがいに対する尊敬をもちながらも、相異なる意見をぶつけあうことが彼にとっては切実な願望であり、希求であるとも言っていました。まだそのようなことは当時の中国では許されていないということでした。私は、彼の言うことを十分理解できました。韓国も長い間似たような状況でしたから。表面的には、現在の日本や韓国では表現と言論の自由があり、ですから、どんな意見を発言しても、それで生命の安全が脅かされることはないと思います。だからと言って、本当に国家史―自国史―公史とはちがう歴史認識を表明することが素直に受容されていると言えるのでしょうか。そして、他者を、他者としてその他者性を認め大事にするという姿勢をもって、他者と向きあって語りあうという風土や気質が定着していると言えるでしょうか。

私が今回の公共哲学京都フォーラムにおける発題と質疑討論と発展協議を通して感じたことは、まず社会的記憶喪失というか、過去（の事実）に対する選択的忘却が、いかに私たちの日常の生活感覚や社会的言説の中に深く浸透しているかということであり、歴史的固着観念の暴威による歴史的想像力の貧困化が、いかに深刻かということであると同時に、より素晴しい未来を開くための歴史教育という発想自体が、いかに敵対視されているか、ということであります。そのような状況の中で、社会的記憶喪失とたたかいながら、豊かな歴史的想像力の育成を試み、未来を開く歴史教育のありかたを真摯に語りあうということに誠実に参加していただいた共働対話者の方々に、真心を込めて感謝の意をあらわしたいのです。

第 54 回公共哲学京都フォーラム（所属・肩書きは 2007 年 4 月現在）

［発表者］

渡邉　昭夫	平和・安全保障研究所副会長
石原　昌家	沖縄国際大学教授
趙　軍	千葉商科大学商経学部教授
劉　傑	早稲田大学社会科学総合学術院教授
有馬　学	九州大学文学部教授
林 志 弦	韓国・漢陽大学校歴史学科教授
鹿 錫 俊	大東文化大学国際関係学部教授
李 成 市	早稲田大学文学学術院教授
三谷　博	東京大学大学院総合文化研究科教授
長尾　龍一	日本大学法学部教授
金 泰 昌	公共哲学共働研究所長

［討論参加者］（五十音順）

稲垣　久和	東京基督教大学教授
宇佐美　誠	東京工業大学大学院社会理工学研究科准教授
遠藤　水城	フリーランス・キュレーター
黒住　真	東京大学大学院総合文化研究科教授
小林　正弥	千葉大学法経学部教授
小林　義之	笹川平和財団日中友好基金事業室リサーチアソシエイト
塩出　浩之	琉球大学法文学部講師
原田　憲一	京都造形芸術大学教授
白 永 瑞	韓国・延世大学校人文学部教授
宮本　直和	追手門学院大学教育研究所員
山脇　直司	東京大学大学院総合文化研究科教授
米原　謙	大阪大学大学院国際公共政策研究科教授
柳 美 那	韓国・国民大学校日本学研究所専任研究教授

［総合司会］

林　勝彦	東京工科大学メディア学部教授

［主催者側の出席者］

西岡　文彦	京都フォーラム企画委員・多摩美術大学助教授
矢崎　勝彦	京都フォーラム事務局長

原田憲一（はらだ・けんいち） 1946年生まれ．京都造形芸術大学教授．『地球について』（国際書院，1991年），『都市空間を創造する』（日本経済評論社，2006年）．地球環境学・資源人類学．

白永端（ぺく・よんそ） 1953年生まれ．韓国・延世大学校人文学部教授．『ポスト〈東アジア〉』（共編著，作品社，2006年）．朝鮮史．

宮本直和（みやもと・なおかず） 1950年生まれ．追手門学院大学教育研究所員．『教育権と世代思想』（大阪創作出版会，1980年），『松下幸之助に学ぶ「思い」の技術』（彩図社，2002年）．教育史．

山脇直司（やまわき・なおし） 1949年生まれ．東京大学大学院総合文化研究科教授．『公共哲学とは何か』（ちくま新書，2004年），『東アジアにおける公共知の創出』（共編著，東京大学出版会，2003年）．公共哲学・社会思想史．

米原謙（よねはら・けん） 1948年生まれ．大阪大学大学院国際公共政策研究科教授．『近代日本のアイデンティティと政治』（ミネルヴァ書房，2002年），『徳富蘇峰——日本ナショナリズムの軌跡』（中央公論新社，2003年）．日本政治思想史・日本政治論．

柳美那（りゅう・みな） 1968年生まれ．韓国・国民大学校日本学研究所専任研究教授．「植民地期朝鮮における経学院——儒教教化機関と儒教イデオロギーの再編」（『朝鮮史研究会論文集』第42集，2004年）．「植民地期朝鮮における明倫学院——〈儒教振興〉をめぐる植民地権力と儒林勢力の相克」（『史滴』第26号，同）．朝鮮近代史．

『中国国民政府の対日政策　1931-1933』（東京大学出版会，2001年），『中国における共同体の再編と内発的自治の試み』（共著，国際書院，2005年）．日中関係史・中国近現代史．

李成市（り・そんし）　1952年生まれ．早稲田大学文学学術院教授．『古代東アジアの民族と国家』（岩波書店，1998年），『植民地近代の視座——朝鮮と日本』（共著，同，2004年）．朝鮮史．

長尾龍一（ながお・りゅういち）　1938年生まれ．日本大学法学部教授．『思想としての日本憲法史』（信山社，1997年），『ケルゼン研究Ⅰ』『ケルゼン研究Ⅱ』（同，1999年・2005年）．法思想史．

〔討論者紹介〕（五十音順）

稲垣久和（いながき・ひさかず）　1947年生まれ．東京基督教大学教授．『宗教と公共哲学』（東京大学出版会，2004年），『靖国神社「解放」論』（光文社，2006年）．宗教哲学．

宇佐美誠（うさみ・まこと）　1966年生まれ．東京工業大学大学院社会理工学研究科准教授．『社会科学の理論とモデル4　決定』（東京大学出版会，2000年），『世代間関係から考える公共性』（共編著，東京大学出版会，2006年）．法哲学．

遠藤水城（えんどう・みずき）　1975年生まれ．フリーランス・キュレーター．ジェイムズ・クリフォード『ルーツ——20世紀後期の旅と翻訳』（共訳，月曜社，2002年）．現代美術．

黒住真（くろずみ・まこと）　1950年生まれ．東京大学大学院総合文化研究科教授．「公共形成の倫理学」（佐々木毅・金泰昌編『公共哲学10　21世紀公共哲学の地平』東京大学出版会，2000年），『近世日本社会と儒教』（ぺりかん社，2003年）．日本思想史・倫理学．

小林正弥（こばやし・まさや）　1963年生まれ．千葉大学法経学部教授，公共研究センター共同代表．『政治的恩顧主義論——日本政治研究序説』（東京大学出版会，2000年），『非戦の哲学』（ちくま新書，2003年）．政治哲学・比較政治学．

小林義之（こばやし・よしゆき）　1978年生まれ．笹川平和財団笹川日中友好基金事業室リサーチアソシエイト．日中関係史．

塩出浩之（しおで・ひろゆき）　1974年生まれ．琉球大学法文学部講師．「議会政治の形成過程における「民」と「国家」」（三谷博編『東アジアの公論形成』東京大学出版会，2004年）．日本政治史．

林勝彦（はやし・かつひこ）　1943年生まれ．東京工科大学メディア学部教授．元NHKエンタープライズ21・エグゼクティブプロデューサー．

［編者紹介］

三谷博（みたに・ひろし） 1950年生まれ．東京大学大学院総合文化研究科教授．『ペリー来航』（吉川弘文館，20003年），『東アジアの公論形成』（編著，東京大学出版会，2004年），『明治維新から考える』（有志舎，2006年），『国境を越える歴史認識――日中対話の試み』（共編，東京大学出版会，2006年）．日本近代史．

金泰昌（きむ・てえちゃん） 1934年生まれ．公共哲学共働研究所長．来日（1990年）以後，*Co-creating a Public Philosophy for Future Generations*（co-eds., UK: Adamantine Press Ltd., 1999), *The Generative Society: Caring for Future Generations*（co-eds., Washington, D. C.: American Psychological Association, 2002），シリーズ『公共哲学』（共編，東京大学出版会，全20巻，2001-2006年），シリーズ『物語り論』（同，全3巻，2007年）．政治哲学・比較社会思想．

［発表者紹介］

渡邉昭夫（わたなべ・あきお） 1932年生まれ．平和・安全保障研究所副会長．『アジア太平洋の国際関係と日本』（東京大学出版会，1992年），『日本の近代8　大国日本の揺らぎ』（中央公論新社，2000年）．日本外交論・安全保障政策．

石原昌家（いしはら・まさいえ） 1941年生まれ．沖縄国際大学教授．『空白の沖縄社会史――戦果と密貿易の時代』（晩聲社，2000年），『オキナワを平和学する！』（編著，法律文化社，2005年）．社会学・平和研究．

趙軍（ちょう・ぐん） 1953年生まれ．千葉商科大学商経学部教授．『大アジア主義と中国』（亜紀書房，1997年），『国府台経済研究　社会転換期における日中文化交流特集号』（編著，千葉商科大学経済研究所，2004年）．中国近現代史・日中関係史．

劉傑（りゅう・けつ） 1962年生まれ．早稲田大学社会科学総合学術院教授．『日中戦争下の外交』（吉川弘文館，1995年），『中国人の歴史観』（文春新書，1999年）．近代日本政治外交史．

有馬学（ありま・まなぶ） 1945年生まれ．九州大学文学部教授．『日本の近代4　国際化の中の「帝国日本」』（中央公論新社，1999年），『日本の歴史23　帝国の昭和』（講談社，2002年）．日本近代史．

林志弦（いむ・じひょん） 1959年生まれ．韓国・漢陽大学校歴史学科教授．*Nationalism beyond Nationarism: Between Ethnic and Civic Nationarism*（Sonamoo, 1999），『植民地近代の視座――朝鮮と日本』（共著，岩波書店，2004年）．歴史学．

鹿錫俊（ろく・しゃくしゅん） 1955年生まれ．大東文化大学国際関係学部教授．

東アジア歴史対話――国境と世代を越えて

2007年4月20日　初　版

[検印廃止]

著　者　三谷《みたに》 博《ひろし》・金《きむ》 泰昌《てえちゃん》

発行所　財団法人　東京大学出版会
代 表 者　岡本 和夫
113-8654 東京都文京区本郷7-3-1 東大構内
http://www.utp.or.jp/
電話 03-3811-8814　Fax 03-3812-6958
振替 00160-6-59964

印刷所　株式会社三陽社
製本所　牧製本印刷株式会社

ISBN 978-4-13-020143-8　Printed in Japan

シリーズ **物語り論**

全3巻

宮本久雄・金 泰昌［編］

1 他者との出会い　A5判　4800円

2 原初のことば　A5判　4800円

3 彼方からの声　A5判　4800円

公共哲学［全 20 巻］

1	公と私の思想史	3400 円
2	公と私の社会科学	3600 円
3	日本における公と私	3600 円
4	欧米における公と私	3600 円
5	国家と人間と公共性	3600 円
6	経済からみた公私問題	3200 円
7	中間集団が開く公共性	3800 円
8	科学技術と公共性	3800 円
9	地球環境と公共性	3800 円
10	21 世紀公共哲学の地平	3800 円
11	自治から考える公共性	3800 円
12	法律から考える公共性	3800 円
13	都市から考える公共性	3800 円
14	リーダーシップから考える公共性	3800 円
15	文化と芸能から考える公共性	3800 円
16	宗教から考える公共性	4500 円
17	知識人から考える公共性	4500 円
18	組織・経営から考える公共性	4700 円
19	健康・医療から考える公共性	4500 円
20	世代間関係から考える公共性	4700 円

ここに表示された価格は本体価格です．御購入の
際には消費税が加算されますので御了承下さい．